宇野隆夫［編］

モノと技術の古代史　木器編

吉川弘文館

木製高杯の数々（鳥取県 青谷上寺地遺跡，鳥取県埋蔵文化財センター提供）
杯部外面に 4～6 枚の花弁紋様を浮き彫りしていることから「花弁高杯」と呼ばれる。山陰から北陸地方に分布し，とくに青谷上寺地遺跡から未成品も含めて多量に出土していることから，主にこの遺跡で製作されたと考える研究者もいる。鉄製工具が普及する弥生時代後期には各地で木製容器の精製化が著しく発達しており，この「花弁高杯」はその代表例のひとつである。

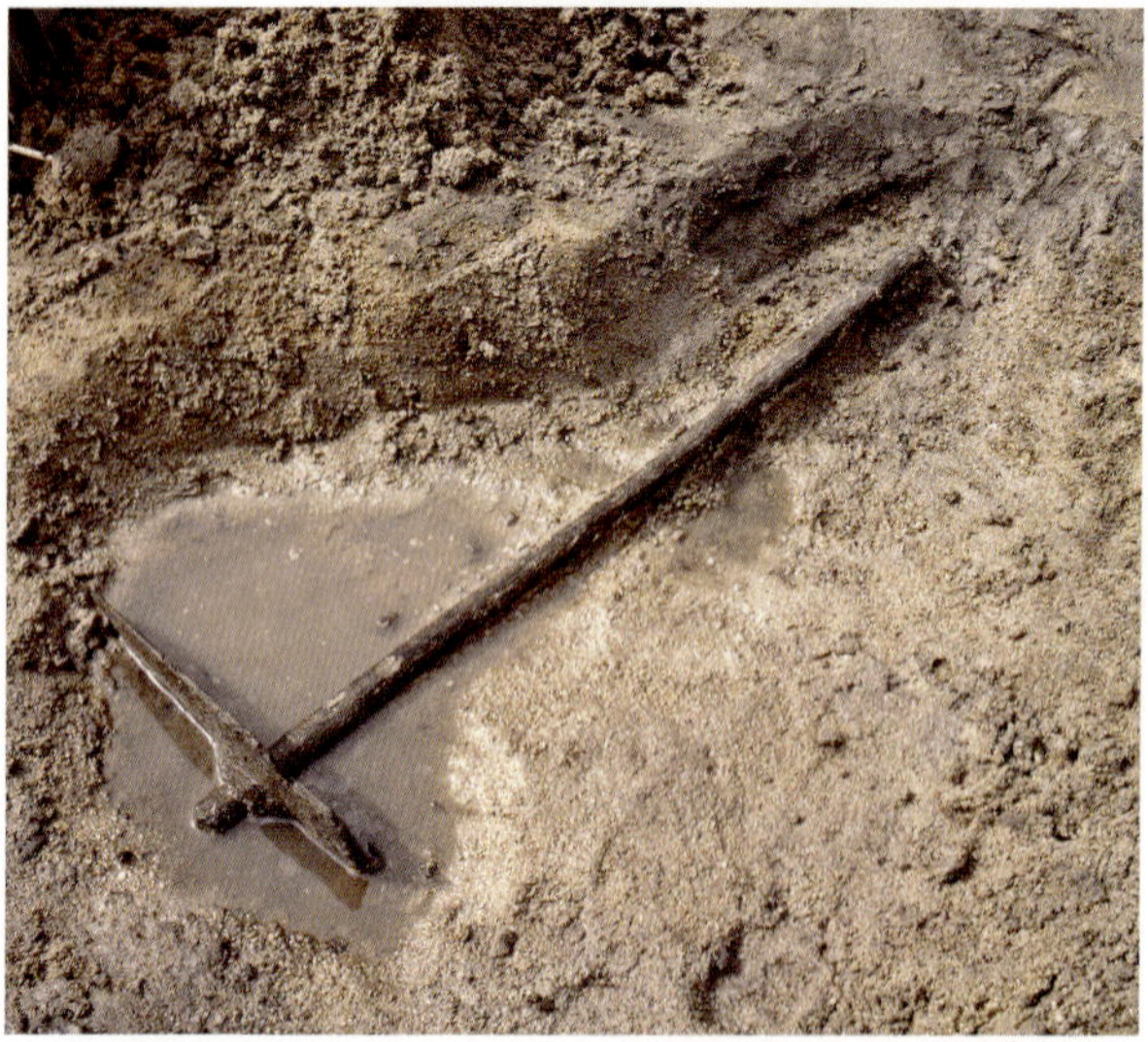

弥生早期の農工具（上）と，**そのままの形で見つかった鍬の出土状況**（下）（福岡県 雀居遺跡，福岡県埋蔵文化財センター所蔵）

近年の研究で，日本列島への水稲耕作の伝播が紀元前10世紀ごろにまで遡るという説が出ている。福岡平野や糸島平野では，いくつかの遺跡でこの「弥生時代早期」の鍬・鋤，脱穀具（杵と臼），斧柄などが出土している。このうち直柄の伐採斧は現状でみるかぎり，水稲耕作に関わる鍬や脱穀具より早い段階から日本列島で出土しているため，水稲耕作の伝来とは系譜が異なるという説もある。

箱作りの琴（鳥取県 青谷上寺地遺跡，鳥取県埋蔵文化センター提供）
弥生時代の琴には，板だけのタイプと，写真のように下に箱や槽がつくタイプがある。いずれのタイプも，短辺の片側には弦を懸けるための突起があり，もう片側にはその弦を集めて固定するための集弦孔を備える。また，箱作りの琴には弦を張らずに上板を敲いて音を出す「琴板」と呼ばれる打楽器も存在したことが，島根県内の神社に伝わる例からもわかっている。この青谷上寺地遺跡から出土した琴には，鹿（一説には羊ともいわれる）や，月と日などの線刻が描かれている。

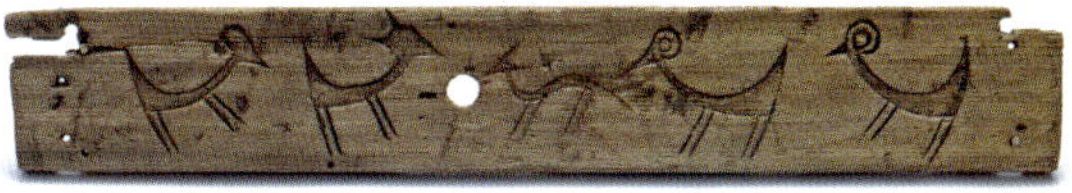

建物の戸口を構成する部材（大阪府 北新町遺跡，大東市教育委員会提供）
収穫物や交易品などを管理する古墳時代の高床建物（倉庫）の戸口には，きわめて厳重な構えが設けられた。この北新町遺跡では，閂受けを作り出した両開きの扉板，扉板の外側につく方立と辺付，そしてこれらを上下で固定する楣と蹴放しが，同じ井戸枠材に転用されていた。

古墳で用いられた木製立物（奈良県 四条1号墳，奈良県立橿原考古学研究所提供）

蓋（笠）形・翳形・幡竿形・儀杖形といった木製立物などは，葬送儀礼に用いる器物を巨大化して古墳の墳丘に樹立したものである。また，盾形・靫形・甲冑形といった武具を模した木製立物は，悪霊や凶癘魂から祭場や葬所を護る機能が期待されていたとする見解がある。

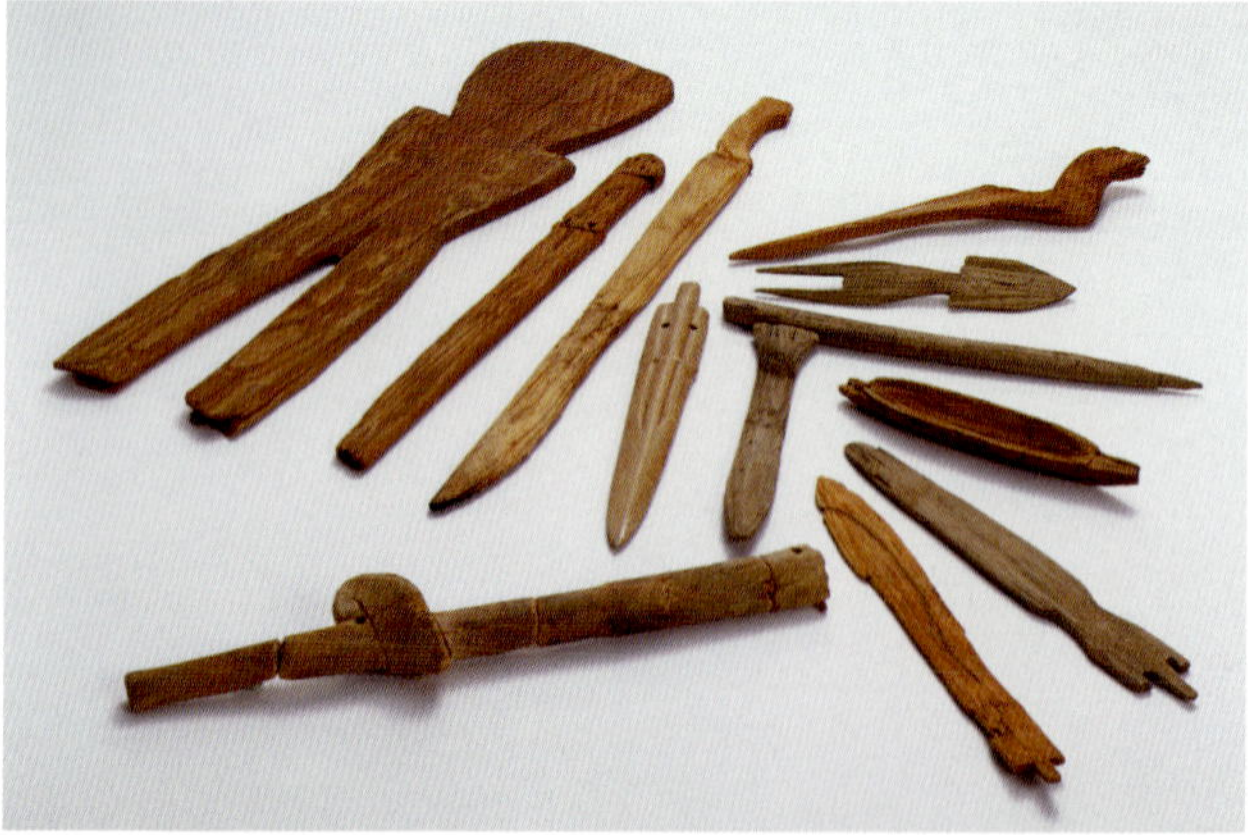

木製祭祀具（中央の1点は銅剣形骨角器）（鳥取県 青谷上寺地遺跡，鳥取県埋蔵文化センター提供）

人形・刀形・剣形・鳥形・舟形など，弥生時代以降，様々な形態と素材による「形代」が古代にいたるまで用いられた。これらはカミへの奉祭品のほか，祭祀の主宰者が使用するもの，霊やカミを送迎する鎮送用具など，木製祭祀具としてミニチュア化される以前の用途ごとに，その期待される機能が異なっていた可能性が高い。

はじめに

天平時代の技術の粋を味わうことができる正倉院展には毎回二〇万人以上の人々が押し寄せるといいます。それらのすばらしい保存状態もさることながら、当時のデザインや工芸技術の高さが人々の心を捉えて離しません。正倉院の宝物が、現代の技術で再現できるのだろうかと素直に疑問をもつ人もいるでしょう。人間国宝や無形文化財が古代の技術に挑むといったテレビ番組が高い視聴率を得ることなども、いにしえの技術に対する現代人の高い関心を読み取ることができます。

石、土、木、草、革、骨、角、貝など自然界で得られるあらゆる材質に手を加えて、人間は暮らしを続けてきました。衣食住を満たすところから始まり、しだいに自ら作り出したものに精神を込め、心をも満たすようにもなりました。石から金属を抽出する技術を獲得するとさらに生活や文化を豊かにする道を見出しました。さまざまな材質に対して、人々は技術を駆使しながらモノを作り、欲求を満たし、その繰り返しが生活、文化、技術の発展につながったといえます。

その発展の様子をモノそのものの研究から説明しうるのが考古学という学問です。国内では日々多くの遺跡が発掘され、大量の遺物が土から姿を現します。さまざまな種類の遺物、すなわち、土器、石器、木器、骨角器、金属器には当然その材質に応じた作り方を見出すことができ、また使われ方を読み取ることができます。そこに考古学の醍醐味があります。また考古学のみならず、当時のモノを文字や絵画で明らかにする文献史学や美術史、そしてとくに進展著しい文化財科学はその醍醐味を一層深いものにしています。しかしその醍醐味を、しかも網羅的に一般の方々に伝える機会は必ずしも多いとはいえません。

そこで今回、木、漆、土、金属という四つの素材に焦点をあわせ、モノと技術についてテーマごとに解説するシリーズを企画しました。そこでは銅鏡、銭貨、刀剣、建築物、生活用品など、形あるさまざまなモノとそれらの作り方、使い方について触れ、学ぶことができるでしょう。その学びを通じて、日本独自の技術の発展や大陸から伝来した技術の吸収・融合など、日本人のモノと技術に関する足跡がみえてくるかもしれません。現在、世界に冠たる技術立国の履歴がここに描かれています。

本巻では、多種多様な森林資源に恵まれた日本列島に生きる人びとが古来、木々をさまざまな道具に作り変えて「木の文化」を発展させてきた姿を、考古学の技術史研究の立場から描きます。

本シリーズが、日本のモノ作りをあらためて見直す端緒となれば望外の幸せです。

二〇一八年三月

編者一同

目次

序章　日本列島のなかの木器利用

宇野隆夫
山田昌久
樋上　昇

1　「木の文化」を発達させた日本列島の地理的環境

ヨーロッパの「石の文化」に対して、日本は「木の文化」を発達させてきた。それは初夏の梅雨、夏から秋の台風、冬季の降雪などを起源とする豊富な降水量によるところがきわめて大きいといえる。

さらに、この列島は狭い国土にも係わらず南北に長いうえ比高差も大きいため、南から順に亜熱帯・暖温帯・冷温帯・亜寒帯に気候区分がなされており、それに伴って亜熱帯広葉樹林帯・常緑広葉樹林帯（照葉樹林帯）・落葉広葉樹林帯（夏緑樹林帯）・常緑針葉樹林帯と、さまざまな植生帯が分布している（沼田・岩瀬二〇〇二）。

さらに、プレート（北米プレート・太平洋プレート・ユーラシアプレート・フィリピン海プレート）の違い、火山活動、河川活動などもまた、この列島における森林資源の多様さを産み出す要因となっている。

「適材適所」という言葉が示すように、この列島に暮らす人々は、この多種多様な森林資源をその日常生活において巧みに使い分けてきた。

例えば愛知県清須市に所在する東日本最大級の弥生時代集落である朝日遺跡では、弥生時代中期から古墳時代にかけて、針葉樹で約二〇種、広葉樹で約四〇種もの樹種を用いていることが、これまで出土した木製品の樹種同定結果からわかっている（愛知県埋蔵文化財センター二〇〇七）。そのいっぽうで、静岡県東部や琵琶湖沿岸地方のように、針葉樹の大径木を多用する地域もあり、同じ時代における木材利用の多様さもまた、この日本列島の特徴といえるだろう。

2　人と森林とのかかわり

世界のなかでも主要先進国のひとつとなった現在もなお、日本列島の七割以上が森林資源に覆われている。しかし、ほんの一五〇年前の江戸時代までは、多くの山々は「禿げ山」に近かったことは、今となっては知る人が少ないかもしれない。これは建築物・生産用具から日々の燃料材にいたるまで、この列島に暮らす人々が木材に頼り切っていた所以である。その日常生活を支えてきたのが集落の近傍で人為的に営まれた「里山」の存在である。「里山」という用語は近世以降における植物資源の利用から産み出された概念であるが、人の関与によって維持・管理された森林という意味においては、その成立は遥か昔にさかのぼることができる。

今から約七万〜六万年前に形成された砂礫層から出土したハリグワ製の板（兵庫県明石市西八木遺跡）についてはその評価が分かれるが、約一万五〇〇〇年前とされる縄文時代草創期以降、列島の各地において多量の木製品が遺されるようになる。

縄文時代に主として利用された落葉広葉樹林のうち、とくに重要視されたのがクリの木であった。今から約五〇〇〇年前の縄文時代前期の青森県青森市三内丸山遺跡では、花粉分析の結果から集落の近傍においてクリを優先的に「育てて」いたことが明らかになっている（山田一九九三ａ・吉川ほか二〇〇六など）。ただし、これがいわゆる「栽培」につながるものなのかについては、現在もなお定説をみていない。ただ、少なくとも三内丸山遺跡の周辺において、他の樹木を意図的に伐採してクリが生長しやすい環境を整えていたことは間違いない。

主として東日本における縄文時代中期までのクリを他用した文化は、今から約四〇〇〇年前の縄文時代後期に気候が急激に冷涼化することで終焉を迎える。その後はクリに替わってトチ・コナラ・クヌギといった樹種が生活における有用材の主体を占めるようになる。

続く縄文時代晩期には、中国大陸・朝鮮半島から水稲耕作が北部九州地方に伝播してくる。この日本列島における最初期の鍬・鋤類は、その故地である朝鮮半島南西部と同様、クヌギ節を用いている。しかし、弥生時代前期の同じく北部九州（福岡平野）の鍬・鋤類をみると、その後の日本列島で主流となるカシ類（アカガシ亜属）へと使用される樹種が置き換わっている。暖温帯（照葉樹林帯）の代表的な樹種のひとつであるカシ類は、朝鮮半島には自生していないが、日本列島の中部地方より以西では縄文時代以来、堅果利用（とくにイチイガシ）はされてきたものの、木材としてはほとんど利用されることがなかったために、幹の直径が六〇チセンを超える大径木が豊富に育っていた（山田一九九三ｂ）。カシ類はクヌギやコナラなどよりも強度が高く、しかも大径木へと成長する。このことに目をつけた北部九州の初期弥生人が、意図的に鍬・鋤類の使用樹種の転換を図ったのであろう。

ただ、コナラやクヌギの有用性が失われたわけではなかった。これらの樹種は、主として竪穴建物や掘立柱建物の建築材、そして日々の燃料材に用いられていく。また、木目の美しいケヤキやヤマグワは容器類に、弾力のあるイヌマキやイヌガヤは弓に、カシ類とともに照葉樹林の主要な樹種であるクスノキは臼に利用された。ここにおいて、日本列島に育つ多様な樹種をそれぞれの性質に合わせた最適な用途に利用する、文字どおりの「適材適所」が成立することとなる。

このなかで、とくに使用頻度の高いコナラやクヌギは、いったん伐採しても、その切り株から新たな芽が育つ、「萌芽更新」という性質を有している。そしてこれらの樹種は二〇〜三〇年経つと、再度利用できる太さへと生長する。

この「萌芽更新」により、集落の近傍にコナラやクヌギ、さらにはクリ、シイノキ、イヌマキ、ヤマグワが混交する森を意図的に創っていったようだ。というより、むしろこうした人間の森林資源への関与抜きには、数百年間も同じ場所で営まれる大規模集落は維持できなかったといっても過言ではない（樋上二〇一七）。

3　木器の生産と流通

弥生時代前期は、基本的には鍬・鋤類を作るための有用材であるアカガシ亜属が自生する照葉樹林の森の近辺に集落を営み、その森を利用し尽くした。ただ、アカガシ亜属は生長が遅いうえ、弥生人が水稲耕作を営むために生活の場とした氾濫原平野では河川の氾濫による森林の長期生長の阻害などにより、集落の周辺からは、カシ類を主体とする長樹齢の常緑広葉樹林は急激に失われていった。

前述のように、その後、集落近傍の森はコナラ・クヌギなど落葉広葉樹を主体とする植生へと替わっていくのだが、農耕や土木作業に必要不可欠な鍬・鋤類を作るためのカシ類の有用性までがなくなったわけではない。

そこで弥生人たちは、まだカシ類の大径木が豊富に自生する山地へと分け入っていく。ただし、当時の日常的な行動範囲は集落を中心として、せいぜい半径が二〜三キロ程度であり、その圏内で直径六〇センチ以上のカシ類が調達できない地域では、山地に近い集落と交渉して木材を入手する必要が生じた。

例えば大阪府東大阪市の河内平野中央部に所在する瓜生堂遺跡では、弥生時代中期には自前での木器生産は基本的におこなわず、ここからおよそ四キロ離れた東大阪市鬼虎川遺跡で作られた木製品を使用していたことがわかっている（田代一九八六）。同様に福岡平野でも、集落近辺での入手が可能なコナラ・クヌギを用いたごく身近な日常材以外はすべて外部（山口譲治によると佐賀平野の可能性が高い）に依存していた。また、愛知県の朝日遺跡では、濃尾平野東側の丘陵縁辺の集落から木材を入手して、朝日遺跡のなかで製品へと加工していた。さらに、関東平野北部の利根川氾濫原平野では、育成地の長期安定が保証されないので、関東平野南部からのアカガシ亜属材の導入の可能性が議論されている（山田一九八六）。

こうした自前で木器生産をおこなわない（あるいは木材資源を入手しない）集落へと木材資源や完成された木製品を供給する集落では、原木の伐採→丸太の搬出→板への分割→製材→未成品（作りかけの木製品）の製作→最終仕上げといった一連の工程がきわめてシステマティックにおこなわれていた。

とくに加工するための斧の刃先が石器であった弥生時代中期までは、カシ類やコナラ・クヌギといった堅木を加工するには水に漬けて表面を乾燥させてしまわない工夫が必要とされた。それゆえ、木器生産地においては、河川から水を引き入れて、原木や未成品を水漬けする施設が存在した。

この弥生時代中期までの鍬は、規格性のある未成品に比べて、完成品は刃部幅や柄の装着角度が一定しないことに特徴がある。おそらく使用者が未成品状態の鍬を入手して、自身の体型や癖に合わせて刃部幅や柄の装着角度を工夫していたためであろう。弥生時代中期までの集落において、未成品状態の鍬が大量に出土するのは、一本のアカガシ亜属の大径木を伐採しても、そこからできる鍬をいちどきに使用するわけではないため、未成品の状態でストックしておく方が合理的だったためだろう。

しかし、加工具がほぼ完全に鉄器化する弥生時代後期には、こういった未成品は特定の遺跡を除いてほとんどみかけなくなる。どうやらこの段階において、木材の入手が可能な集落で製品への最終仕上げまでを一貫しておこなうようになったと考えられる。それとともに、鳥取県鳥取市の青谷上寺地遺跡のように「花弁高杯」と呼ばれるきわめて精緻な容器類が集中生産されるようになる（鳥取県埋蔵文化財センター二〇〇八）。

この弥生時代後期にいたって、首長層の管理のもと、特殊品の製作にある程度専念する工人集団（木器専業工人）が出現する。さらに古墳時代前期以降、この木器専業工人は、鍬・鋤類や農具類など、日常生活で使用する製品を作る人々と、首長間での贈答品や古墳への副葬品のような精製品を作る人々とに分かれていく。そして、とくに後者は首長や王の膝下へと組み込まれ、のちに「部民」として再編成されていくと考えられる。

4　他素材との交流

本シリーズ『モノと技術の古代史』は、金属編・陶芸編・漆工編・木器編の四冊からなっている。一見、それぞれ全く異なる領域のように思えるが、じつはこのなかで「木器」は他のすべての領域と重なっているのである。

例えば「金属編」であつかわれている工具（斧・鑿など）・武器（剣・刀・戈・鑓など）・農具（鍬・鋤先）は、木の柄や鞘など無しには使用できない。また、加工具における鉄器利用の開始は、木器の表面に遺存する加工痕からもある程度の識別が可能であり、これに関しては鉄器研究者と木器研究者が共同で研究を進めていく必要性がある。

「陶芸」はもちろん陶土（磁器では長石や石英を砕いたもの）を練って焼いた器を指しているが、「木器」においても当然のことながら容器が存在している。そのなかでも弥生時代中期に一般化する土器の高杯は、どうやらもともとは木製高杯のかたちを土製に写し替えたものだったらしい。この高杯のみならず、本来は土製容器と木製容器を組み合わせて初めて使用された当時の食器の組み合わせが完成するのである。縄文時代の籠の起源には、獣皮袋の口窄めを移転した痕跡があり、可変構造で製作されていた。しかし、植物木部は変形での組織劣化が生じるので、やがて口窄め構想は廃棄され、変形の無い構造へと転化した。

「漆芸」の分野においては、私たち木器研究者があつかう品々のなかに、容器類のほか、装身具・調度品・祭祀具・威儀具など、多数の漆製品が存在している。

この三分野のみならず、石器や骨角器もまた木器と密接な関連性を有していることは明らかである。このように、木器は旧石器時代以来、他の素材と組み合わせて用いるというきわめて重要な役割を担っているのである。それゆえ、木器研究者は他素材の研究者とも積極的に関わっていく必要性がある。

5　木製品研究の現状と課題

この日本列島における木器の研究史については、第一章の山田論文において詳しく触れられているので、ここでは簡単に述べるにとどめたい。

木器研究は、実際に遺跡から出土する木器の形状が現在の民具ときわめて近しいものがあるために、民具学との相互交流のなかでその研究が進展してきた。そして、その出発点は一九三七年に発掘調査がおこなわれ、一九四三年に刊行された奈良県田原本町唐古（・鍵）遺跡の報告書にさかのぼる（末永ほか一九四三）。

この『大和唐古弥生式遺跡の研究』（以下、『唐古』とする）において木器の項を執筆した小林行雄は、当時知られていたいくつかの遺跡の出土例のほか、朝鮮半島や台湾の農具と比較研究をおこなって、「用途別」に木器を分類・執筆した。その小林行雄が、同じ『唐古』の報告書で弥生土器の項では大和第Ⅰ様式から第Ⅵ様式まで、「時期別」に執筆したのと好対照である。この影響はきわめて大きく、『唐古』刊行から七五年を経た現在でもなお、木器の報告に関しては、その所属時期を捨象して、単に器種（つまり用途）別に記述している報告書が大半を占めている。

後述するように、木製品は当時の日常生活におけるありとあらゆる用途に及んでいる。つまり、ある特定の時期、あるいはある特定の遺構における木器群の纏まりは、それ自体がひとつの生活様式のほぼ全容を示している、とみることができる。それゆえ筆者（樋上）は、遺跡出土の木器を報告するさいには、最低でも時期ごと、できうることなら遺構ごとに分けて、そのなかで器種別に記述する必要性があると考え、実践している。そしてこの意義は、過去の人類生活の復元を個別場面ごとに提示する帰納法的研究の展開を構想しているという点にある。

列島規模の大規模開発にともない、とくに一九八〇年代後半から九〇年代には全国各地で木製品の出土量が急増した。その結果、各地の自治体において、遺跡の調査担当者は大量の出土木製品の整理・報告に頭を悩ますこととなった。このような悩みを解消すべく、一九九七年に始まったのが、出土木器研究会の活動である。この研究会では、全国各地の調査担当者や研究者が同じ遺跡の同じ木器を観て、それぞれに忌憚のない意見を述べ合い、この分野の研究に大きく寄与してきた。その研究成果の一端は、二〇〇九年に刊行された論集でも知ることができる（出土木器研究会二〇〇九)。

6 本書の特徴

原始・古代の出土木器(木材を素材とする遺物)は、本シリーズの他編「金属器・土器・漆器」とは異なる、土木材・建築材・器具材・調度材など広範な遺物群を有している。また、素材そのものの中に環境情報や時間情報が含まれており、人類の生活様相を時間経済で議論することが可能である。

さらに、金属器の柄の木器部はグリップエンドの有無や屈曲によって、制動動作や荷重圧力の大きさを規定し、鞘の存在は刃の欠損回避や危険性忌避などの管理状態を規定する。また、漆器木胎部の器面は、石刃工具加工での磨り仕上げの一般性から、鉄刃工具成形では水分量調整を経た材の場合磨り仕上げの省略が生じ、轆轤挽き仕上げでは成形加工が一定の器面平滑化まで到達できるなど、下地付けの技術に工具変化による素地条件の変異を生んでいたと考えられる。

遺跡研究を担ってきた「考古学」分野は、当初、モノを研究してモノの変異や変遷を議論していたが、フランス革命後のヨーロッパで、王家の歴史から地域社会(市民国家)の歴史を説明する構想の追加により、地域社会における過去の人類が関与した痕跡として、遺跡情報を素材に歴史を語る目的が付加された。モノ研究と人類社会研究や歴史研究との間には、それに関連する研究構想や分析手法の開発が必要であったが、それらは十分に成熟したものにはなっていない。旧来の「考古学研究法」の枠組みでは、形態研究をもとに時系列と分布空間を重ねた系統研究までは行き着けても、機能・効果や経済を議論する構想に対応する研究展開は困難であった。「技術」や「経済」は、遺物の数量の統計研究では十分に議論ができず、人類集団の規模や知己社会から系統社会そして制度社会への変容の議論が無いのでは、日本の原始古代社会形成論は、結局は常識論に終始するばかりになってしまう。

木器研究は初期の段階では、民俗学者のなかの民具研究者や建築学研究者に委ねられた時期があった。農具研究や織機（布）研究、編み物（籠・笊・敷物）研究、建築材研究などは、そうした先学の、近現代知の体系のなかで研究が進められた。その結果、道具種・建築構造・籠の技法などが、専門研究者の知の体系をもとに、演繹的な手法で研究されていった。近年、考古学の専門教育を学んだ研究者によっての木器研究が進み始めたが、まだ資料研究からの帰納法研究の展開は大きな飛躍を伴った解釈にいたるか、近代知の援用による解釈に留まるかの段階にあることは否定できない。

それはまた、遺跡の研究者の研究構想が明確化されていないことにも多くを負っている。技術発揮は集団規模・経済空間・技術（環境交渉力）によって具体化されるのであるから、原始・古代における資源利用の議論は、道具種や交渉資源種や数量を提示するだけで、近代知の常識的な解釈を付け加えるのでは、モノと提示した社会像の間にはあまりにも大きな飛躍が横たわってしまう。技術史研究の構想が、本シリーズの先行目標である小林行雄の「古代の技術」「続古代の技術」以来、遺跡資料研究者によってまだ成熟させられていないのであろう。

社会人類学の狩猟採集社会・農耕牧畜社会などの基準が時代を分けることに導入されると、空間を限定する手続きの無いままに、各歴史社会の区分に適用が進み、近隣社会と区分する手続きを経ぬままに、日本でも縄文時代と弥生時代が定義されるようになった。技術研究・経済研究においても、こうした概念の借用に甘んずることなく、概念規定の時間軸内の各時期への適用判断をおこなうために、モノの観察研究・モノの統計研究を越える研究手法の開発が、新しい技術史研究を作り出すのであろう。

7　本書の構成について

本シリーズ『モノと技術の古代史』は、金属編・陶芸編・漆工編・木器編の四冊からなっている。この木器編が他の三冊と最も異なるのは、そのカバーする領域がきわめて広大な点にある。先史～古代における金属はおおむね工具・武具（馬具）・農具・漁撈具・祭具などに、陶芸は基本的に貯蔵具・調理具・食器に、漆工は容器・装身具・威儀具・調度類・楽器などに限定されるのに対し、木器は本書の第二章で樋上が述べているとおり、掘削具・農具・工具・調度類・狩猟具・武具（馬具）・漁撈具・運搬具・紡織具（編み具）・容器（食事具）・装身具・祭祀具・威儀具・楽器・葬具・建築具・土木材など、その利用範囲は他の素材の比ではない。

そこで、この木器編では、できうるかぎりすべての分野をカバーすべく、

第一章：日本原始・古代の木工技術（山田昌久）
第二章：木製品の組成と社会変容（樋上昇）
第三章：生活用具（村上由美子）
第四章：木製の武器・武具・馬具（橋本達也）
第五章：運搬具（宇野隆夫）
第六章：祭具・儀具（穂積裕昌）
第七章：樹種の特性・分布と利用（中原計）

という構成とした。

ただ、この章構成においてもなお、紡織具（編み具）・狩猟具・漁撈具・建築部材・土木材に関しては手が及ばなかった。

また、本シリーズのタイトルは『モノと技術の古代史』だが、木器の研究は現存の民具との比較からそれぞれの使用法（用途論）に偏りがちであり、本シリーズの眼目のひとつである「技術」的視点に関しては、山田論文・宇野論文で触れられているのみである。

それゆえ、主としてその「技術」的視点を補足するために、コラムとして「工具形成過程史と木組み技法」（山田）、「木器からみた鉄製工具の出現」（樋上）、「弥生・古墳時代の『舞羽』――本当に『綛かけ』だったのか」（山田）、『農事暦』――農具組成の変遷と農耕技術」（樋上）を加えた。

さらに、第五章の宇野論文の補足として穂積裕昌氏に、とくに造船技術について「丸木舟から準構造船へ」と題するコラムを依頼した。

最後に、序章を作成するにあたり、本巻編者の宇野隆夫が体調を崩されていたため、山田昌久、樋上昇が共同で執筆したことを記しておく。

参考文献

愛知県埋蔵文化財センター『朝日遺跡Ⅶ』二〇〇七年
出土木器研究会『木・ひと・文化～出土木器研究会論集』二〇〇九年
末永雅雄・小林行雄・藤岡謙二郎『大和唐古弥生式遺跡の研究』一九四三年
田代克己「石器・木器をつくるむら、つくらないむら」金関恕・佐原真編『弥生集落』（弥生文化の研究　第七巻）雄山閣、一九八六年
鳥取県埋蔵文化財センター『弥生の至宝～花弁高杯とその背景』二〇〇八年
沼田眞・岩瀬徹『図説　日本の植生』講談社学術文庫、二〇〇二年

樋上　昇『樹木と暮らす古代人―木製品が語る弥生・古墳時代―』歴史文化ライブラリー四三四、吉川弘文館、二〇一七年
山田昌久「くわとすきの来た道」『新保遺跡Ⅰ　本文編』群馬県埋蔵文化財調査事業団、一九八六年
山田昌久「日本列島における木質遺物出土遺跡文献集成――用材から見た人間・植物関係史」『植生史研究』特別一号、日本植生史学会、一九九三年a
山田昌久「縄文人は食料として植物をどう利用したか」・「縄文人は生活用具として植物をどう利用したか」『新視点　日本の歴史1　原始編』新人物往来社、一九九三年b
吉川昌伸・鈴木茂・辻誠一郎・後藤香奈子・村田泰輔「三内丸山遺跡の植生史と人の活動」『植生史研究』特別二号、四九～八二頁、日本植生史学会、二〇〇六年

一　日本原始・古代の木工技術
――伐採・製材技術と減少・増加加工技術――

山田昌久

1　出土木器研究の形成

木工技術研究小史　明治時代には出土木器は少なく、日本の原始・古代の木器の研究は実資料を基にしたものは無かった。この時期の研究では、黒川真頼『工芸志料』において、「大古から、削りて造る弓・矢・桙・刀室の類、刳りて造る臼・槽の類、編結して造る置座の類」などとして、木工技法と製品の説明がなされたことが注目される（黒川一八七八）。出土木器の研究は、大正・昭和初期に始まった。一九二〇年代の青森県是川中居遺跡の調査、一九三〇年代の奈良県唐古・鍵遺跡の調査、一九三〇年代に着手され一九四〇年代後半に本格化した千葉県菅生遺跡・静岡県登呂遺跡の調査、一九四〇～一九五〇年代の大分県安国寺遺跡の調査、などによって進められた遺物研究である。

是川中居遺跡を調査した杉山壽榮男は、植物性遺物を意識して追究した日本最初の研究者である。しかし、「縄文土器」に伴った是川中居遺跡の弓・漆器・樹皮製品・籠などの遺物は、当時は「先住民族」のものと考えられていた。

日本では、第二次世界大戦の敗戦の後、神話や皇室の歴史ではなく市民国家の日本史が構想され、考古学の成果をもとに「縄文時代」が位置づけられたので、それ以前の考古学研究では、「縄文土器」の使用者を日本史系列で捉えることは一般的ではなかったのである。もっとも当時でも、喜田貞吉は「縄文土器」が古銭とともに発見された事例に着目し、日本古代の時期に「東北地方では縄文文化」が残っていたという説を提出したので、縄文文化が日本史の中で語られたこともあることにはなる（現在から見れば、東北地方の後進性を考えるようなこの説は、もちろん成立するものではないが）。

「歴史」という構想は、もともとは王国の記録で権力者の正統性を示すものであったし、類似する「叙事詩」は英雄の功績をたたえるものであった。しかし、フランス革命後に生まれた市民国家は、「歴史」を王家の記録とは別に、それぞれの地の人類集団の社会展開として構想する必要に直面した。そこで、地域の人類集団としての「民族」社会の展開という構想に切り替える必要があった。一九世紀末から二〇世紀のヨーロッパ社会では、各国に考古学会が組織され、文字記録に加えて地域に残る文化遺産から地域の過去を探ることや、大航海時代以降に知った地球各地の人類の歴史への関心が高まった。地中海の対岸のエジプトや、アジアの遠古の人類文化を探ることも始まった。日本の歴史も、一九四五年以降に飛鳥・藤原京以前の「日本史」を考古学で描くようになったのである。

京都帝国大学の考古学研究室による唐古・鍵遺跡の調査では、「弥生土器」とともに発見された木製農具や容器群などの遺物に対して、同じ遺構や地点で発見された土器様式ごとに木器の所属時期も提示されたし、木器自体の形態的変異も追究された。鍬鋤《くわすき》や杵臼《きねうす》の発見などから、以前は東南アジアに起源を持つとも考えられ、籾の圧痕も認められていた「弥生土器」が使用された時代に、稲作を行う器具の存在が確認された。その結果、「弥生文化」は日本文化の起源に関わる文化であると考えられるようになった。また、出土木材を徒手切片法で採取して三断面の二次元組織観察によって、木材の種類を同定する手法も導入され、遺物ごとに木材種の調査が実施された。この「弥生文化」の実体研究は、第二次世界大戦後、登呂遺跡の発掘に引き継がれて、「木製農具」「木製生活用具」「水田遺構」「住居群」などが複合的に検出され、具体的な「弥生時代農村」が提示された。日本史始原期の中に、弥生時代＝農耕の時代と位置づける歴史観が定着した（「弥生文化」の規定は水田稲作を指標とするだけで良いかは問題があり、地域王権の特徴やアジア極東での地域社会の限定手続き、そして経済構造などから規定する文化限定が必要である）。

唐古・鍵遺跡の報告者である小林行雄は、東アジア世界との関係にも眼を配った、『古代の技術』（一九六二年）、『続古代の技術』（一九六四年）を著した。木工技術に関しては、『続古代の技術』において記述があり、「中国の春秋戦国時代から漢代」の鉄器普及の影響を受けた「日本の弥生時代」に、鉄器加工によって枘を作り出すことが可能になったことや、古墳時代の黒塗りの漆器（現在では発色材は黒だけではないことが明らかになっているが）が伝わったことなどが指摘された。小林は、技術伝播の系譜を示し、日本の弥生文化・古墳文化を東アジア史上で位置づけたのである。しかし、一九六〇年代の高度経済成長期の開発前遺跡調査の定着以前には、湿地遺跡の発掘情報はまだ少なく、植物素材遺物を「系統研究」して技術史研究をする者は現われず論争は不活発であった。

こうした状況が大きく変化したのは、開発前の遺跡調査が構造化されたことによって、遺跡出土木器の報告が頻繁化した、一九六〇年代後半から一九八〇年代のことである。縄文時代では、滋賀県滋賀里遺跡・京都府桑飼下遺跡・福井県鳥浜遺跡などで各種の木器や縄紐類などが発見された。斧・削器・磨石などの石製工具による減少（除去）加工技術や、細木・樹皮・蔓《つる》・縄紐・繊維束による「巻き・絡め・組み」などの増加（集成）加工技術の存在が明らかになった。岩手県萪内遺跡・北海道忍路土場遺跡・富山県桜町遺跡では、組み仕口の加工のある構造部材が発見された。弥生時代では、静岡県山木遺跡・大阪府池上曽根遺跡・岡山県上東遺跡などで、高床建築の構造復元、未製品に着目した木製農具の製作工程復元と工具鉄器化（根木一九七六）、地域社会の分業生産などの存在（田代一九八六）が指摘されるようになった。古墳時代では愛媛県古照遺跡で建築廃材を利用した大型の堰遺構が発見され、建築廃材を再利用して川床に打ち込み、さらにツヅラフジの「蔓」で緊縛する増加加工の固定法が明らかになった。これは、有用木材の構造研究の遺跡情報への適用以外に、遺跡調査の必要性から蔓の組織が同定された最初の事例である。

日本における開発前遺跡調査の指導機関的役割を担った奈良国立文化財研究所には、木器に関わる研究室が設置され、系統的に木器研究にあたる研究者が生まれ、論文が発表されるようになった（黒崎一九七〇、町田一九七五、工楽一九八九）。筆者もこのころから、石斧柄の製作工程や柄の損傷頻度の高さに供えた準備品の多さを指摘したり（森川・山田一九七六）、漆器の器種増加過程や重ね塗り回数の器種差などを指摘したり（山田一九八四）、木製農具の日本列島内での地域性や伝播について指摘したりするようになった（山田一九八六）。また、出土木器の集成が企画され、近畿地方古代編（町田・上原一九八二）、近畿地方原始編（上原一九九三）が刊行された。一九九〇年代には、樋上昇により形態を指標とした農具系譜研究が数回にわたって示された（樋上二〇〇〇ほか）。このころから、地域別・時期別整理を行う木器の系統研究者が増えはじめた。祭祀具（宮島一九九八）・斧（飯塚二〇〇一）・武器武具（橋本一九九九）・漆器（工楽一九八九）・籠類（名久井一九九九）・織機（東村二〇〇九）・楽器（笠原二〇〇四）などである。また、日本弥生・古墳時代の出土木器の全容を地域別・時期別に整理した研究が纏められた（山田二〇〇三）。

木器研究者が増加することは、多くの見解が提出され活発な議論を経て正しい理解へ近づくことになるから、歓迎すべき事態だといえる。しかし現状はまだ、個々の器具研究に関わる研究者数は少なく、まだ十分な議論がなされていない段階といえる。提示される諸概念は、必ずしも十分に整えられたものにはなっていない。現在の遺跡調査報告者の激務は、遺跡研究諸分野の研究能力を網羅して保有することを許してはおらず、委託に依存する埋蔵文化財調査構造を生み出している。この構造的問題から、資料観察や技術研究は少数集団の提起する成果が蓄積することになっている。筆者が湿地遺跡の調査指導を依頼された回数は二〇〇を超えるが、基本的に報告執筆者に助言はしても報告執筆には関わらないようにして、報告者を多様にすることをめざした。奈良文化財研究所の木器研修も全国の研究者育成に貢献した。現在、木器研究者は定着し、日本や韓国に出土木器研究会が生まれているし、中国でも専門研究者が育ち始めている。

一方、木器の用材に関する研究分野は、唐古・鍵遺跡の三断面観察法が戦後の研究にも引き継がれた。朝鮮から帰国した亘理俊二は登呂遺跡や千葉県加茂遺跡の報告で樹種同定に関わった。島倉巳三郎は遺跡調査からの委託によって国内の多くの遺跡の樹種同定に関わった。加えて、京大の木材研（現生存圏研究所）の島地謙・伊東隆夫、元東北大の鈴木三男・元森林総合研究所の能城修一による樹種同定情報が蓄積した。近年は分析会社に委託しての用材研究が定着している。用材研究として、島地らによる日本最初の用材データベース（島地ほか一九八六）、木器器種を厳密に認定した用材データベース（山田一九九三）が刊行された。そして近年、日本各地の木器研究者が参画した用材・技術のデータベース（伊東・山田二〇一二）が刊行された。

古照遺跡で試みられた蔓植物や羊歯葉柄《しだようへい》などの同定は、有用木材とは異なり日本国内に同定標本が充実しておらず、標本作成の必要があったため、素材研究が進まなかった。鳥取県福岡遺跡の巻き技法による浅鉢形の籠が、アケビ材と同定されるなどされたものの、木材同定のように多くの遺跡出土資料の同定からは外されてきた。近年、東北大学の小林和貴によって蔓植物の同定標本製作が進み、蔓材の同定例が急速に増加しはじめた。しかし、蔓植物や樹皮の資源判断は、木本植物よりも組織形成過程の微細な採取適期の理解が必要で、蔓ランナーの月ごとの成長変化や変異成長の判断が要求される。遺物研究に必要な同定項目は、「蔓種」の認定以外に、「木材同定」とは別次元の採取月や採取圧による発生月別生成変異情報を含めたものが要求される（後述）。現在、その作業は始まったばかりで、発生月別・成長期間別の、そして地域別の議論のための標本は、まだ十分に確保されていない。

最後に、実験研究について触れておきたい。木器研究は、石や鉄素材の利器作用部の遺物とは異なり、それらを装着した道具の全容を理解することに大きく貢献する。そこで、器具形態の時空間比較といった旧来の考古学が構想した編年研究・系統研究・組成研究とは異なる、機能研究・効力研究の実施を可能にする。筆者は二〇年来、一七ヵ所の実験フィールドを確保して、復元器具や復元施設による実験研究を展開してきた。近年は、他の研究者も実験成果を示した研究成果を提出するようになった。実験考古学が「やってみてできた」といった体験ではなく、器具研究における有効情報を得るための研究へと転換した。本論でも、その成果の一部が示されている。

2　原始・古代木工技術研究の背景――工具変化と技術発揮、技術内容と森林資源観

工具変化と技術発揮　本論では、原始・古代における木工技術について概観する。関連して、各技術変化が人類に、どのような施設や器具づくり効果をもたらしたか、そして、どのような資源観や経済観を形成させたか、について言及する。

人類の森林資源観は、その時々に保有している木工具や搬送具によって変化する。現在適材とされる木が、原始・古代の時期には必ずしもその器具素材として使用されていないことがある。それは、その植物を利用するための技術がなかったり、経済規模が違っていたりするからである。たとえば、縄文時代にはケヤキ樹皮製の曲げ物は製作されているのに、スギ薄板を使用した曲げ物は確認されていない。刳《く》り物容器は多様な形態のものを作り分けているのに、

曲げ物容器は晩期の段階に樹皮製のものが認められているだけである。樹皮を切り取り、曲げて針と糸で縫って綴じ合わせる技術はあったものの、薄板を作り出す技術がなかったので、スギの大径木は曲げ物用の資源とは見なされなかったのであろう。結果的に、断熱性や吸湿性の考えられた容器はあったものの、軽量な曲げ物はなかったので、適材基準は異なっていたのである。

また、生態系の違いによって入手できる樹種は異なるので、施設や器具の用材は必ずしも一種の植物に限定されてはいない。日本列島では「縄文時代」早期末以降、住居を集中させた居住地が、海岸平野部から標高一三〇〇㍍の山地にいたる多様な標高帯の地勢に、普遍的に作られるようになった。それらは、北海道から九州にかけての亜寒帯針葉樹林から常緑広葉樹林に作られた。こうしたさまざまな生態系に居住地を作ることができた背景には、技術発揮時に可変性・融通性を可能にした、切る・削る・潰す・磨《す》るなどの機能ごとに器種分化した工具が成立した時代性がある。厳密にいうと、後期旧石器時代前半期の時期にも、石斧が生まれたが、その後の氷河期に一旦途絶えたと考えられる（山田二〇一七）。

大径木を伐採後打ち割り製材することが一般化し、工具の切削効力向上によって、施設や器具の生産時に木材を伐採後直ぐに加工するのではなく、保管して安定させた後に成形加工ができるようになった。仕口複合の精度や木組み後の変形を回避した木工技術は、とくに弥生時代以降の石刃工具から鉄刃工具への変化・器種追加の過程で、技術発揮構想を大きく変えた。縄文時代に石製工具でクリ材に施されていた仕口加工とは別次元の用材法＝管理材利用によって、弥生時代以降、大径木材を製材し、仕口を多用する建築が始まり、古代には斗栱構造を持ち礎石を有するヒノキ材・ケヤキ材の都城や寺社建築などが誕生した。もちろんこうした時代でも、建築物ではない柵や堰《せき》などの構造物製作時には、縄や蔓を使用した緊縛固定も行われていた。鍬鋤の固定も西北九州の仕口固定や、弥生時代に広まった円形孔への挿入固定だけでなく、緊縛固定が古墳時代にも多用された。

注意するべきは、そうした木工技術の運用が日本列島すべての地域で同様に発揮されていた訳ではないことである。九州地方の踏み鋤や方形柄孔の鍬などの集成構造やスギ板机の構造などを見ると、近畿地方以東の増加（集成）加工物とは、明らかに技術が異なっている。しかしこの地の建築材には広葉樹丸太材が使用されている。つまり原始古代の技術は、単に時代別の展開として説明するだけではなく、地域差や階層差（技術集団）そして森林差により生じる用材ごとの木工技術の違いにも目配りをする必要があるのである。

打ち割り製材法を駆使した分割技術の普及は、大径木長材の分割利用を進めることになった。短い材であれば斧で木口を広げることで割ることができるが、長い木材の場合は木口を広げるだけでは割れが全体に進まず、木箭（楔）や鉄箭（鉄斧）を掛合で打ち込み、割れ口を追って箭《や》を順次打ち込んで広げることが必要になる。木部に交差組織がある広葉樹の場合、割り口を箭で開いただけでは針葉樹のように、開いた木口の割れが時間をかければ自然に進んでいくことは期待できない。長い材を打ち割り製材した工具や割り材は、縄文時代後期以降に認めることができるが（北海道忍路土場遺跡の木箭や北陸の環状配置木柱群を事例として）、弥生時代には掛合を含めて道具立てが整い、さらに鉄刃工具でアカガシ亜属材などの堅い木の木口を広げて分割することが可能になった。割り板を利用した建築材や鍬鋤類が多数確認されるのは、この打ち割り製材技術の普及に連動するものである。

小径材の利用はもちろん縄文時代から確認されている。弓などは、中には太さを調整したものもあるが、多くは素材の太さを大きく変えずに製作されていた。また建築材では、枝材の使用も一般的であった。柱に使用した木は、その上位材も使用されたと考えられる。しかし、材質と強度から刃に木部を切り進む鋭さを作れない石斧で細い木を切断しようとすると、対象木が打圧で撓《しな》ってしまい効率的な採取が困難である。石刃の斧は、根を張った立木の幹が打撃圧を受け止めて撓らない太さに育った木を伐採することを構想した道具だった、と考えられる。しかし、鉄刃工具に変わっても、弥生時代から古墳時代の鉄斧には、同時代の中国に認められる幅広の「鉞《えつ》」はなく、弥生時代から古代の鉄斧は刃幅が狭いものが一般的である。対象木に当てづらい、刃幅の無い形態はあまり変化していない。このような鉄刃工具はまた、幅広斧による丸太や分割材のハツリ整形も中世以降とは異なっていたことを物語っている。

原始古代の時期の鉄長刃工具としては、弥生時代以降に鎌がある。しかし、鎌刃の厚さは作り分けされておらず、茎《なかご》もない。近世に発達した柴刈り用の刃の厚い鎌は、中世以降に広まる鉈《なた》と同様に、原始・古代にまでは遡らせることはできない。また、機能部が長い工具という点では、弥生時代から古墳時代前期の歯が短く高さがない板鋸《いたのこ》が、古墳時代後期以降に張り鋸、古代以降に木の葉鋸に変化する。歯の張りや歯長で平坦面切削をリードする鋸は古墳時代後期から使用されたと考えられる。ただ、木の葉鋸までの鋸は横挽き用であったとされている。

以上から、日本の木工技術は、必要な太さの木の選択伐採から始まり、大径木加工用の道具立てが先に組織され、続いて小径木加工用の道具立てが組織された、とすることができる。そして、製材法によって芯が分割されるこの時期の木材分類は、芯さり材・芯持ち材といった近世以降の整材法による木取り認識とは異なる理解が必要なのである（井上二〇〇九）。

技術と森林資源観　そうした木工技術の追加過程は、森林資源条件の開放につながっていた。南北に長く標高差もある日本列島では、地域生態系が異なる。また、原始・古代の時期の気候変動と地形変動は、海岸平野や内陸盆地の地形形成過程に大きく影響を与え、関東平野や濃尾平野のような、流域の比高差が大きく上流の山塊からの土砂移動が頻繁にある土地では、氾濫原平野の上部層は堆積や移動が繰り返されていた。たとえば、埼玉県の荒川流域の氾濫原では、台風などの大雨による河道変化ごとの蛇行部にできた自然堤防が多数埋積している。河道変化で、古墳時代の人類居住が途絶え、耕作地となった遺跡も発掘されている。同じ古墳時代後期に群馬県の渋川扇状地周辺では、降下テフラの堆積や堆積後の流出テフラの移動先での再堆積が、数十㌢から二㍍に及び確認される土地もある。このような地形形成は、直接的に居住地や耕地の経営に影響を及ぼすだけでなく、地域植生を頻繁に攪乱していた。そのような土地では人類が利用しようとする森林は長い生成期間を保ちにくく、南関東の海浜部などの遠隔地から生育期間の長いアカガシ亜属材の搬送が必要であった（山田一九八六）。

日本列島の海岸平野の地形形成過程は一様でない。大阪府の河内平野では、弥生時代に大和川の土砂移動によってラグーンが陸地化していくたびに、居住地や耕地が作られていく過程が、古くから提示されていた。地形変形を生じ続けた河内平野では、弥生時代や古墳時代の遺跡から芯持ちの丸太を利用した多様な樹種の柱根が検出される傾向にある。静岡県の静岡平野は、安倍川の氾濫原が比較的単純に海岸部に押し出されて形成されている。氾濫のたびに運ばれた土砂が随時海岸線を移動させた。弥生時代中期以降順次新たに形成された土地に、人類は居住地や水田を南下しながら作っていった。若干の河道変化はあるものの流出地が少ないこの地では、径二㍍を超えるスギ大径木が生成していた。その背景には、数百年間安定した平野地があったことが、出土材の木取りや年輪数の調査からわかっている（山田二〇〇六）。類似した地形形成の地としては、滋賀県の琵琶湖沿岸平野や山陰の海岸平野があり、これらの地では弥生時代からのスギ大径木利用が確認されている。

また、阿蘇４火砕流で古くから地形形成が進み、河川規模が小さい福岡平野では、後期旧石器時代以降、海水準の変化による変形以外では、地形は大きくは変化しなかった。そこで平野内の微高地には各時代・各時期の遺跡がそれぞれ確認されている。縄文時代晩期以降、居住地・耕作地の密度が高いこの地では、建築材は芯持ちの広葉樹小径木で賄われていて、机《つくえ》の天板《てんばん》などスギ大径木の使用はあっても限定的であった。クスノキを板目にとったねずみ返しなどがあり、平野には一㍍を超えるクスノキが生育する土地があったものの、この地ではスギやヒノキの大径木は基本的に利用が少なかったことがわかっている。限定された海岸平野に密度高く居住地や耕作地が作られた福岡平野では、弥生・古墳時代の多数の農具が発見されているが、木製鍬用材を早くから消費してしまった結果、地域森林からの素材調達に行き詰っていた、とする見解も提出されている。この地では、初期の木製鍬の形態はアカガシ亜属の大径木を厚く割って製作する立体的なものであったが、弥生時代前期の終わりごろから薄く割った板から製作する平面的なものへと変化した。もちろんこの変化は単純なものでなく、資源減少以外に中国からの新しい農具が日本列島や韓半島へ移転された、社会的背景があったことはまちがいない。後述するように「踏み鋤」や方形柄《え》孔鍬《あなすき》の増加（集成）加工の器具のように、明らかに外部からの技術導入を考える必要があるからである。しかしこの素材板の幅や厚さの変化からは、一木から生産できる鍬の数を四～五倍に、資源木の太さを三分の二以下にするような、用材構想の変化と考えることができる。鍬の形態変化は、資源の効率的な利用を考えた結果だということが、浮かび上がるのである（図1）。

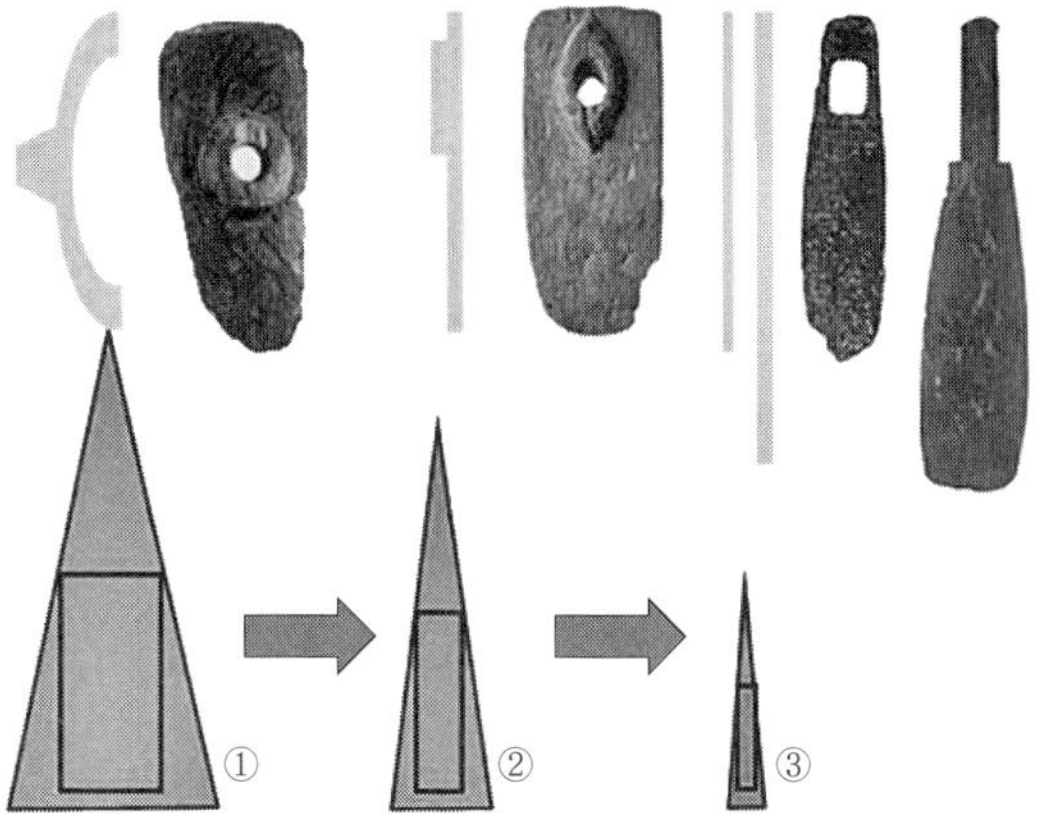

図1　木製農具の形態変化と必要資源木の太さ木取り変化（①帯文土器にともなう湾曲鍬，②弥生時代中期時にともなう着柄突起を持つ平鍬，③弥生時代中期以降の方形柄孔の板鍬と柄と緊縛固定する突起を持つ鍬）

　木は肥大・伸長生長する。人が生まれたころに生えはじめた木が、大人になるころには見上げるばかりの高さになり、幹は丸太のままで建築物の柱として使用できる太さになる。このような木の生成速度は、原始・古代の人類に年単位とは異なる、長年構想（世代もしくはそれを越える）の資源観を意識させた。さきに、資源の生成時間を短縮して利用する構想があったと指摘したことがある（山田二〇一七）。林床に実生して、初期に上位の木々に光をさえぎられた木は、光合成によるデンプンなどの有機物にする作用が制約される。東北日本の縄文時代遺跡出土のクリ材には、年輪幅が八〜一〇㍉もある事例が少なくない。国内一〇地点で行っている伐採実験では、光合成の期間が短い初夏の時期に木を切ると、晩秋以降の伐採と比較して萌芽更新率は低くなることがわかっている。また、冬季に面的に伐採した林分では、大きく張った根が残り、光合成による炭素の蓄積が十分で、初期生長量が大きく、年輪幅は一〇㍉に達する。このことから、縄文時代には面的に伐採した林から、光を十分に受けて萌芽再生した初期成長の大きな木を利用する、一五〜二〇年生の木を利用する資源観があったと考えられるのである。

一方、木は季節によって二次木部化以前の木部や樹皮の材質が変化する。夏前の樹皮繊維は縄紐にする柔らかさを有しているが盛夏以降には樹皮が堅くなりはじめ剝ぎ取ることが困難になる。樹皮繊維を利用する目的の場合の資源観としては、伐採木の剝ぎ取り以外に立木の部分的樹皮剝ぎ取りの存在も考える必要もあるが、再生適期とは異なる時期に代採する必要があることになる。森林資源の利用は項目ごとに一様ではなかったのである。同様に、当年生の蔓ランナーの木部形成量は、秋には一定の強度を持つ厚さに成長しながら、材分割や巻き編みや絡め編みのような、素材を変形させる加工が可能な材質になっている。しかしランナーの成長は先端部で進むので、夏期に伸びた部分は肥大化もその後になるので同じランナーの木部は同じ成長をしてはいない。縄文時代の遺物から蔓分割や変形加工があったことが確認できるので、季節の移り変わりを見定めて材質判断する資源利用構想が行われていたことがわかる。しかし、人工圧がかかる林床の蔓ランナーは、加圧によって随時新しく発生する。秋に発生した蔓の成長はおそい。九州では冬場も残って翌夏前には利用可能な状態になる。そこで多時期採取が可能となる。しかし積雪地ではそれらは成長できずに終わり、通常期の生成蔓利用に止まる。九州の縄文時代中期以降の蔓製品の多さは、こうした生態系の賜物なのである。

日本列島は、八〇〇〇年前ごろから温暖で降水量の多い土地になった。その結果、多様な植物によって構成される温帯森林に覆われた土地になった。しかし、周囲に多様な植物が存在するからといって、人類がそれらを享受できるとは限らない。資源ごとに運用する技術を持っていなければ、人類にとって「多様さ」は「豊かさ」ではない。先に触れたように縄文時代早期末から前期に始まる道具種増加は、切る・削る・穴を開ける・磨るなどの、減少技法に対応する石刃工具群を確立させたと評価できる。そして、弥生時代以降には鉄刃工具への切り替えと各工具内の器種分化によって、技術発揮のさいに、より個別の道具立てを用意できることになった。木工具以外にも、背負い運搬具や橇《そり》・修羅《しゅら》などの運搬具が発達し、古墳時代後期には動力改変として畜力を利用した搬送も加わったので、遠隔地を資源地として認識しての資源地近隣で集中生産した器物を、搬送する経済構想が可能になった。

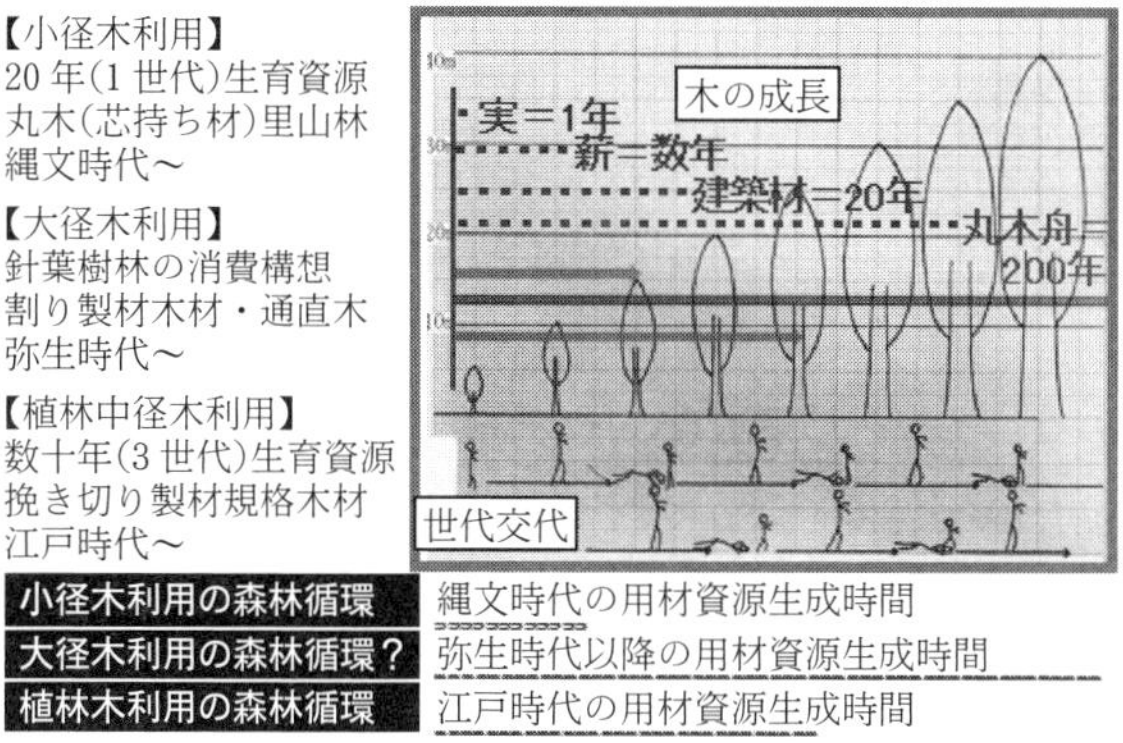

図2　木の成長時間と技術差による資源認識

出土遺物の樹種や年輪の径からは、各時代の技術や資源観を推測することができる。たとえば、現在の建築材はヒノキ・スギなどの比重が軽く真直ぐな針葉樹材が多いのに比して、縄文時代から古墳時代の掘立柱構造の建築材には、スギやヒノキの利用や分割材の利用例が確認されるだけでなく、クリやコナラ節などの広葉樹の丸太材の使用例も多い。柱を土に埋ける建築物では、土中で劣化が進みにくい木を選ぶ必要があったため、スギ材のような土中での劣化が早い材は本来避ける必要があるが、この時期にはまだその差異は十分に意識されてはいなかったようである。しかし、古代の都城や寺社建築などの大型建築では、礎石の上に柱を置く形が中国より導入されるので、木材劣化が減少し都城や国衙ではヒノキ・スギやケヤキの大径木使用が一般化した。材の軽さは搬送の容易さに繋がったのである。

この用材変化には、材質の問題以外に資源生成地の拡大や、長い生成時間を必要とする資源観の切り替えが連動している。中世後期からの大鋸や前挽鋸などの縦挽き製材具の登場によって、節も切り分ける木工技術の時期になると、五〇㌢程度の中径木を六〇年程度で生成させる、針葉樹植林という資源構想が可能になる。しかし、それ以前は「打ち割り製材」の時期であったので、節の部分はうまく割れない部位であった。この技術では、直径一㍍程度のスギでは有効利用できる部分が少なく、二㍍以上の木が利用されていた（図2）。

3 原始・古代の木工具の変遷

出土木工具 日本の原始古代の木工具は、どのように変化したのだろうか。発掘成果が蓄積したので、後期旧石器時代から奈良・平安時代の時間帯の、斧・鋸《のこぎり》・鑿《のみ》・錐《きり》・槍鉋《やりがんな》・鐁などの器具の生成や消滅、また形態分化によるそれぞれの器具の器種増、そして工具素材の変更過程が、おおむね把握できるようになった。技術を「労働手段体系説」で説明することではすまないことは、一九〇〇年代の「技術史論争」で検討されてきたので（山田一九八一）、考古学で従来なされてきた、時期別の木具変遷や組成研究では技術理解には限界がある。しかし、遺物研究では以下のような状況が確認されている。

斧では、
○石器・鉄器といった工具刃部の材質変化
○石と鉄の材質差による刃部形態の変化
○刃の付け方によって変わった切削効果（片刃・両刃）
○制動方向や打ち込み角度に関わる斧刃設置形態（縦刃斧・横刃斧）
○制動動作を規定する多様な柄形態と着装構造（柄の長短・直柄と屈曲柄）
などの違いが確認されている。石斧・鉄斧共に縦刃斧と横刃斧があり、柄の長さにも長短の違いがあった。しかし日本の原始・古代には、刃幅の長い鉞は基本的に確認されていない。派生工具としての鉈も未発達であった。

鋸には、
○弥生時代末から古墳時代前期に使用が始まった鋸は、小さな鉄板に刃を付けて木の持ち手を上位に付けて挽く「鉄板刃鋸」
○古墳時代後期とされる持ち手を横位に付けたアームに板刃を張った「張り鋸」
○古代からの持ち手を横位に付けた湾曲長刃の「木の葉鋸」
などが認められる。鋸は、弥生時代から古墳時代前期の細工用の小型のものに始まった。しかし、そのような細工鋸での切削では鋸身の「ヨレ」による切削面の乱れを起こしがちだった。そこで、それを抑える効果を求めて鋸歯をアームに張った鋸が古墳時代に導入されている。古代になると鉄を多く使用して、鋸身の高さを増し、歯を長くそして湾曲させて成形し、茎に木柄を付けた木の葉鋸が使用されるようになった。加圧が高まり、切削対象が拡大した。

造作作業の木工具には、

。石刃・鉄刃の鑿（鉄刃の工具には軸を湾曲させたものも存在）
。石刃・鉄刃の錐（手持ち錐・手もみ軸を付けた錐、弓などの回転具による錐）
。打ち割り製材の捩れやササクレ面整形用の石刃・鉄刃の手斧
。平坦面を仕上げる鉄刃の槍鉋

などの道具が確認できる。かつては、鉄製工具の導入によって始まったと考えられていた、上部に出枘《でほぞ》が作られた柱や貫孔《ぬきあな》のある柱が、石製工具を使用していた縄文時代でも確認されるようになった。縦挽き製材用の鋸や台鉋の使用は、現状では一五〇〇年代の遺跡出土木材に挽き切り痕のある板材・角材が確認されているので、このころからと考えることができる。中世後期に打ち割製材からの移行があったと考えられる。また、古代の都城建築や寺社建築で採用されたとされていた、仕口である「ワタリアゴ」が弥生時代の福岡県比恵遺跡出土建築材で確認され、「ヒブクラハギ」が古墳時代前期埼玉県城敷遺跡の出土材で確認できた。弥生時代・古墳時代の造作作業用の木工具は、古代の木の葉鋸以外の器種がすでに存在していたのであるから、こうした増加加工のための木工技法が運用されていたことは、木工具組成の面では問題はない。

木材分割の木工具には、
。短材の場合は石刃鉄刃斧で直接打ち割るか、石斧鉄斧基部を掛合で敲《たた》く、打ち割り方法
。長く割裂性の高い材の場合は、掛合で木箭を木口へ打ち込み広がった割れ先に側面から木箭を追加打ち込みし割り裂く方法
。鍬鋤材など堅木材の場合は、鉄斧で木口を開いた後、割れの先に側面から木箭を打ち込んで割り裂く方法

などの存在が確認できる。打ち割り製材技法では、回旋木理や交差組織など木材の組織構造によって、割りやすさや

分割成果が異なる。木材利用時に樹種ごとの割裂性判断が必要になる。また、割り裂き面の捩れやササクレを補正する、石製工具が必要になる。中国では新石器時代から組成に加わっていたが、日本では弥生時代からその作業に有効な柱状片刃石斧の使用が始まる。弥生時代に木箭・掛合との組成が完成し、日本ではこの時代に打ち割り製材が普及したことがわかる。

原始・古代の木工具の研究は、近現代のさまざまな用語や概念が、そのまま適用できないことは前述した。遡った時代の木工具諸形態は、現在の道具名称では必要十分に呼び分けることはできない。近年の遺跡研究では、かつて注意を図ることが必要とされた「近現代の民俗誌の器具名称や技術概念の適用危険性」について、検証なしで使用する研究が多く認められるようになった。人文系の研究者の場合は認識不足としか言いようがないが、遺跡研究に関わる研究者の分野拡大（歓迎すべきことではあるが）により、理工学研究者による議論が加わり、技術史概念の時代認識が十分でない議論が打ち出されるようになったためと考えられる。

考古学者が遺跡調査の項目増を諸科学分野の研究者に依存している今日、諸概念の錯綜を解きほぐす役割を担うものは不在である。原始・古代史の分野では、近代概念では説明が及ばない諸概念の、先行概念の整理や形成過程の提示こそが研究課題である。近世・近代の切り斧・割り斧などの斧の細分認識は、古墳時代以前の斧刃の木柄着装構造では歯の厚さ作り分けが難かったことからも、適用が困難であることが容易に想定される。木楔《きくさび》（箭）の使用が加工時の切り幅確保目的でなく、割り広げ目的であったことからは、同一形態の器具が異なる使用法であったことがわかり、用語適用が一貫できない課題も浮かび上がっている。同じ木製器具の機能についても、豆莢《まめざや》などの打ち棒なのか草の刈り払い具かなどと、器具名称を一つに限定することも単純ではない木器も存在する。原始・古代の器具は用途別に作り分けられていないものもありそうで、工具名称を特定すること自体が困難な資料も少なくないのである。

4　木工具の時代別特徴

後期旧石器時代の石斧　人類が利用した生存圏内の三物資、鉱物・動物・植物のなかで、植物は、食糧以外に器具・装置・施設・燃料の素材として、多角的に使用される物資である。そして、前述のように植物とりわけ多年生の植物は、人類の時間と重なり合う生成年数や季節的材質特性を有する。人類が木の槍を使用した痕跡は前期旧石器時代に遡るとされている。しかし、人類が倒木・漂着木・落枝など自然の作用によって入手できた木材を利用するだけでなく、刃部を磨製加工した石斧を使用して、木材の切り口を広げて（切削面複合を効率的に行って）伐採切断する技術を保有したのは、後期旧石器時代のことと考えられる。

現在、日本列島内の遺跡からは、三万年前を遡る「斧石刃《おのいしば》」が現在九〇〇点ほどが発見されている。礫《れき》を打ち欠いて刃を付けた「敲打具」は、狩などの際の破壊打撃には有効な石器である。しかし、伐採や木材加工用の「斧」に求められるのは、強烈な一撃ではない。切削面を効率的に複合させ切り口を拡大するためには、刃部側縁部で木を削り、湾曲面形状で摩擦を減らして木の中を進むことでできる、類似切削面の複合が可能となる、斧刃先の磨製曲面仕上げが必要である。

この時期は気候の温暖期でもあり、福井県水月湖の湖底堆積物「年縞」の花粉分析によれば、スギ・ヒノキ科・コナラ属・ハンノキ属などの生育が確認できる（中川二〇一七）。その点からもこの石器が森林資源へ向けられた可能性が想定される。長野県日向林B遺跡出土「斧石刃」の注目すべき点は、刃部の縦断面形に厚手のものと薄手のものがある点で、厚手のものであれば「縄文時代」前期鳥浜遺跡の「斧石刃」と大差ない厚みと規模を有している。この厚みの石刃であれば、木の切削（伐採）時の木からの荷重に対する応力を十分に確保でき、木材の連続切削が可能である。さらに、刃先を下位から見た刃線形に湾曲形態のものと、傾斜（流れ）形や直線形のものがある点で、縦刃斧と横刃斧の作り分けがあった可能性も考えられる。そして、縦刃斧と横刃斧の二つの固定法と制動動作の違いによって、出土石斧刃石器の折れ方や減り方が異なっていたことも指摘できる（図3）。図の上段は「斧石刃」の刃線斜行型で、上段右側写真は縦斧使用による偏刃化と斜め折れを示している。また下段は刃線湾曲型で、右側写真は捲れ割れと固定形に相関する折れ形状を示している。近隣の貫ノ木遺跡からの出土品も含めると、粗割り用敲き石（ハードハンマー）や斧石刃加工用の置き砥石《といし》も検出

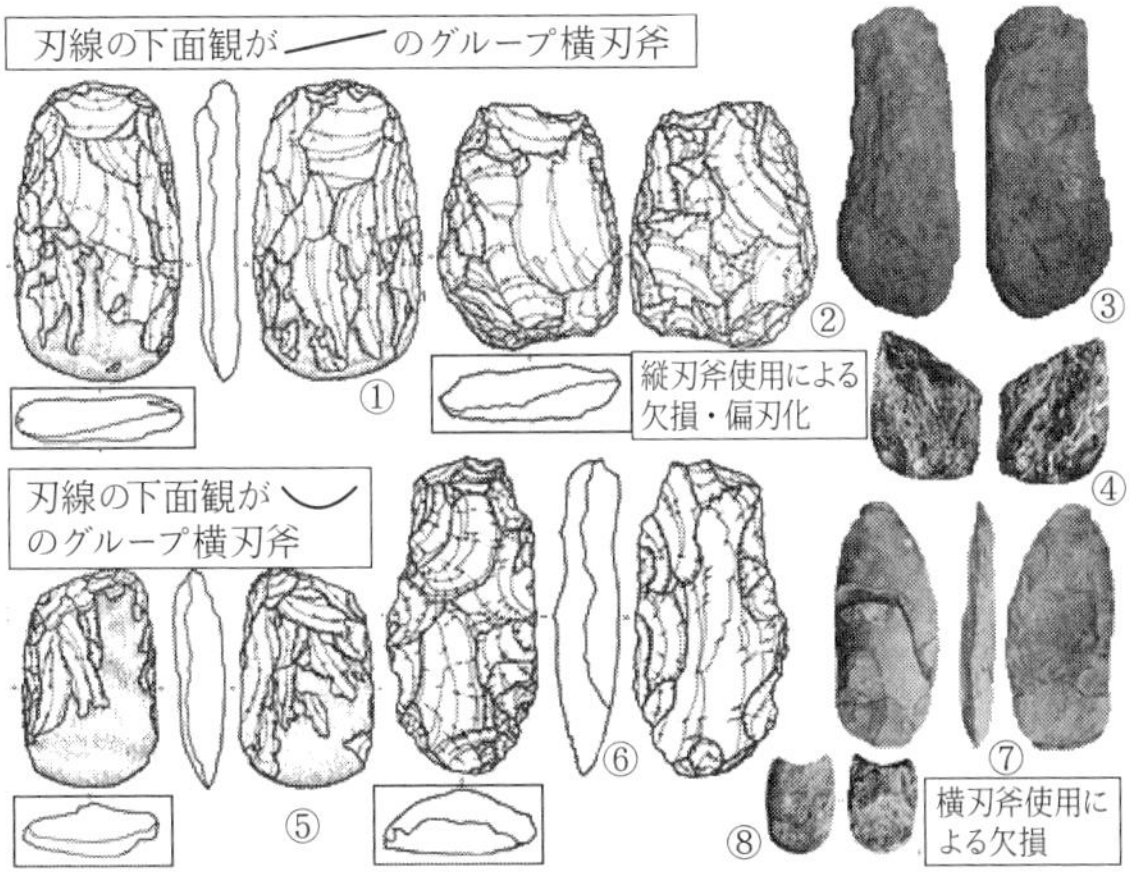

図3　後期旧石器時代の斧石刃石器の刃線2形態と変形・欠損（①長野県日向林B遺跡の刃線仮面形斜行型斧石刃完成品，②同遺跡の刃線仮面形斜行型斧石刃未完成品，③長野県広原Ⅱ遺跡偏刃石刃〈縦斧刃としての使い減り〉，④同遺跡刃線下面形斜行型斧石刃欠損品，⑤同遺跡刃線下面形湾曲型斧石刃，⑥同遺跡刃線下面形湾曲型石斧刃未完成品，⑦東京都武蔵台遺跡刃線下面形湾曲型斧石刃欠損品，⑧同遺跡刃線下面形湾曲型斧石刃欠損品）

図4　後期旧石器時代前半期の斧石刃加工用器具（①②置き砥石，③長型敲き石，④短型敲き石）

されているので、後期旧石器時代前半期に、この地点周辺で「斧石刃」の製作・補修が行われていたことが判断できる（図4）。

打製石器の時代とされてきた後期旧石器時代の「（刃部磨製）斧石刃」は、日本列島以外では、まだそれほどの数は発見されていない。しかし、オーストラリアなどでも発見されていて、後期旧石器時代において、木材切削時に加工面複合を効率的に達成する「（刃部磨製）斧石刃」を木柄に着装した石斧が、新人の渡海先の両地に存在していた可能性は否定できない。

後期旧石器時代の人類の生活様式は、移動を基本としており、移動しながらの拠点で持ち運べる量の石から、利用する分の剥片をとってその場で使用したと考える傾向がある。その活動痕跡として、石器・剥片・石材塊（原石・石核・残核）が視覚的に纏まって残る場所＝遺物集中地点が発見されている。しかし、時間をかけて製作した「斧石刃」を長期使用するようになると、その器具を無駄にせずに、「繰り返し使用」する構想が浮かび上がる。後期旧石器時代の人類は、持ち運べる石から小破片をとって器具を補修しながら使用したり、消耗品をその都度作って使用したりするばかりではなく、特定目的のための手間のかかった専用器具の「長期」利用を行っていたのである。長期使用の器具は、消耗品の放棄の仕方と異なった形で遺跡に残存する。そこで、「長期」利用型器具は、遺跡において一般的な遺物集中地点から離れて検出されることがあったり、次の使用のためにデポジット状態での発見例されることがあったりする。後期旧石器時代後期の大型石槍先形尖頭器や刃部磨製「斧石刃」のような石器種の検出状況は、こうした保有型器具の管理特徴と考えることができる。

「縄文時代」前半期斧と社会評価　「長期」利用型器具の登場によって、人類は仮置き地を求めることになった。一定以上の大きさや重さのある器具を移動生活中に保持しつづけることは、行動に支障が及ぶからである。しかし、仮置き地点を確保することは、結果的に移動生活（形態）を制約する。やがて、取り置きの状態が確認されるようになり、しだいに管理用の施設を必要とするまでの器具種数を有する生活への移行が始まる。日本列島は前述のように八〇〇〇～七〇〇〇年前には、最も温暖な時期を迎えた。日本海に暖流が入るようになり、蒸発した水分が降雪水量を増やしたので、日本列島は多種多様な森林生態系が誕生した。このような環境変化に応じて、人類はたびたび対処の仕方を切り替えていた。考古学者は、後期旧石器時代から「縄文時代」へと変わったと説明してきたので、縄文時代が一万年以上続いたと説明してきた。しかし、考古学者が先史土器をすべて「縄文土器」と括った時間区分に過ぎない「縄文時代」は、現在そろそろ再構成しなければならない時期に至っている。ただ、環境変動への対処（適応）期として後期旧石器時代からの八〇〇〇年間を、「継続期」や「移行期」として評価してしまうのは、技術評価や社会評価が欠如した認識である。人類の空間認識と器具管理認識の変容が、地域内の集団関係を形成するこの時期の評価は、地球史からの地域分節史の始まりを説明する後期旧石器時代の地域形成、に関する歴史観が必要である。そして、この時間は「移行」ではなく気候変動期の個別対処法の「ゆらぎ」期であったと認識できるのである。

人類は、日本列島が多種多様な生物が存在する生態系に変わった八〇〇〇～七〇〇〇年前から、用途に応じて多様な器具を作り分けて保有するようになった。さらに、石鏃・錐など特別な使途に特化して目的を果たす道具類を作った。斧のような木工具は、後期旧石器時代全半期と同じく、石刃の固定方向などを変えて目的別に作り分けられたが、さらに検出された木柄からは、その長さや装着角度、装着構造を変えるなどの動向が認められる。多種の石斧を使いわけることによって、動かすことのできない大型の装置や施設も作り、重たい器具も作って、拠点を整備して技術発揮する生活が始まった。また道具の長期使用も一般化した。

この技術構想は、人類が継続的に居住する場所を確保したことで、移動時の保有量や規模の制限を越えて、必要な種数や大きさの道具で生活するものである。後期旧石器時代の器具保管地確保構想（デポ遺跡）から、定着地内保管構想（居住地遺跡保管施設）への変化は、前者が器具の繰り返し使用であったのに対し、後者は器具や装置を資源利用毎にそのつど組成を変えて使用することが考えられたものであった。人類はそれまでは利用しなかったものを「資源」とすることを可能にした。人類は利用する資源種数を拡大することによって居住地周辺の資源量を増やした。定着生活によって資源育成の時間を見積もることを人類に与えた。

筆者は、このような技術構想と生活構想の変化の時期を示順として、「後期旧石器時代」の後半期と「縄文時代」の早期前半期までを別に考える時代区分を示した。「縄文時代」早期末以降の時期を日本列島における「系統社会群生成の時期」の生活と位置づける歴史観を提示してきたのである（山田二〇〇五）。

木工具としては、後期旧石器時代末から「縄文時代」草創期にかけての時期には、三万年前の「刃部磨製斧石刃」とは異なった、長者久保・神子柴・栫ノ原遺跡の名を冠した「石斧横刃」が確認されている。しかしその石斧は、その時期に前後して気候変動・生態系変動があったため、後の時期への工具系統を伸ばすことはできない。森林資源交渉器具として全面を磨製加工した石斧刃が、日本列島各地で系統展開する八〇〇〇〜七〇〇〇年前は、他の工具と連動した生活技術の転換があった。前述のように、遺跡に残される器具や施設の種数が格段に増加して続くのと、この時期以降の石斧系統展開は相関している。施設設置型の居住地遺跡が各地に高密度での分布が確認できるこの時期、日本列島内に数十〜一〇〇平方㌔圏に、固有の土器様式を有する、土器分布圏が出現する。居住地を長距離移動しない生活が、空間内の人的関係を恒常化させた結果、土器様式を共有する地域社会が出来上がったのである（山田二〇一四）。日本海を挟んだ、ロシア沿海地方からアムール川流域の地域にも、たしかに同時期に居住地遺跡が確認されている。しかし竪穴住居址には柱穴が明瞭に残らず、私は床置き柱で上屋を保持した構造であったと指摘した。通年居住ではなく不在季節が存在するとなると、冬季不在の時期に凍結擾乱により構造変形による倒壊の恐れがあったために、掘立柱構造が回避されたのである。人類が広域移動した可能性があるこの地の先史土器は、日本列島のような数万平方キロの類型土器圏を見せてはおらず、日本列島と同じ規模のアムール川流域空間では、集団の分節化やその系統展開を明確に説明できる土器圏設定は困難な状況にある。

「縄文時代」「弥生時代」石斧の形態変化と増種過程　日本で開発に際しての事前遺跡調査制度が一九六〇年代に整えられると、それまでの学術調査では経費・体制の面で及びにくかった、湿地遺跡の発掘が増加した。湿地遺跡には、動植物素材の器具や動植物各部位の遺体が残っていたので、その遺物研究が展開した。各種工具木柄やそれに付属した固定材から、鍬の蔓植物固定・斧の樹皮固定の存在が明らかになった。「斧石刃」に残された固定痕跡からは、繊維を撚った紐固定の存在も確認された。

考古学の斧研究は、石器・鉄器によって進められたため、「斧刃」を「石斧」「鉄斧」と呼んで、形態研究やその時空間分布研究が進められてきたが、木柄の発見によって器具としての「斧」全容を捉えた研究へと構造転換が始まった。佐原真の「石斧論」（佐原一九七九）は、斧木柄や民族例をもとに石斧を議論した画期的な研究である。しかし、佐原の石斧部位名称の「斧身」は、石器・鉄器研究の「石斧」「鉄斧」の影響が残存しており、「身」が「斧刃」に当てられることは検討が必要だった。筆者は「縄文時代」「磨製斧石刃」で議論されていた形態差が「斧木柄」への装着構造に関係したものであることを示した（山田一九八〇）。器具としての斧研究は、このころから大きく転換しはじめた。

これまでに判明した縄文時代から古墳時代の出土斧刃や斧木柄の遺物から、縦刃斧の各類型（図5）と横刃斧の各類型（図6）を示すことが可能になった。また実験伐採を進めたことで伐採時の制動動作や器具の効力に関する情報

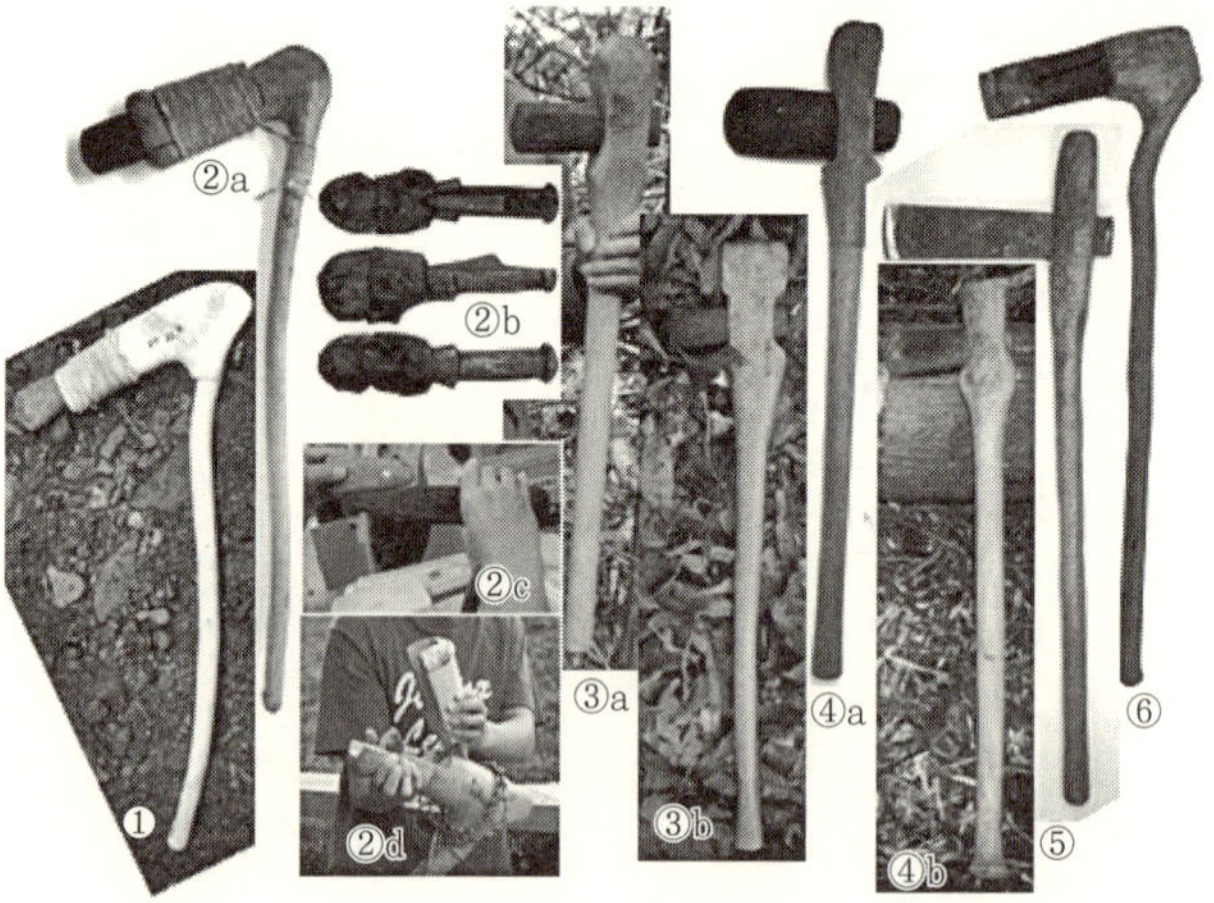

図５　縄文時代〜古墳時代の縦刃斧の変遷（①類：鳥浜遺跡石縦刃緊縛固定屈曲木柄斧：略称：鳥浜型石縦斧，②ａ類：桜町遺跡石縦刃添え木緊縛固定屈曲木柄斧：略称・桜町型石縦斧，②ｂ類：下宅部遺跡石縦刃添え木緊縛固定屈曲木柄斧：略称：下宅部型石縦斧，②ｃ類：是川中居遺跡石縦刃添え木緊縛固定屈曲木柄斧：略称：是川中居型石縦斧，②ｄ類：荒屋敷遺跡石縦刃被せ木緊縛固定屈曲木柄斧：略称：荒屋敷型石縦斧，③ａ類：滋賀里遺跡石縦刃柄孔挿入固定直木柄斧：略称：滋賀里型石縦斧，③ｂ類：菜畑遺跡石縦刃柄孔挿入固定直木柄斧：略称：菜畑型石縦斧，④ａ類：下郡桑苗遺跡太型蛤石縦刃柄孔挿入固定直木柄斧：略称：太型蛤刃石縦斧，④ｂ類：中在家南遺跡石縦刃柄孔挿入固定直木柄縦斧：略称：両刃石縦刃斧，中在家南型石斧，⑤類：板状鉄縦刃柄孔挿入固定直木柄縦斧：略称：板状縦刃鉄斧，⑥類：基部袋状縦刃孔柄挿入固定屈曲木柄縦斧：略称：袋状縦刃鉄斧）

が蓄積した。

後期旧石器時代末から「縄文時代」草創期の横刃屈曲柄石斧（図6①）は、斧石刃が横断面中央部を山形に高めているので、屈曲木柄の台部に横刃になるように置かれて、添え材を付加して蔓等で巻きつけ固定したものと考えられる。この固定法の斧は、縦振りして木に打ち込む制動動作になるので（図7①）、立木への打ち込み時に木によって石刃を上に押し上げる圧力がかかる。そこで、斧石刃の形態を甲高にすることで質量を高めて、押し上げ圧に対する応力を確保する工夫がなされた（図8）。三万年前の刃部を磨製整形した斧石刃の場合は、この甲高形態は考案されていないが、透閃石岩《とうせんせきがん》という硬質な石材は選ばれているので、斧石刃にかかる荷重に対する応力を石材の硬さで確保しようとしたと考えられる。

「神子柴《みこしば》型横刃屈曲柄石斧」の制動動作は、刃先が幹の曲面にあたる際に切削有効打点が限定される。対象木が小径の場合、有効打範囲が小さくなる。少しでも有効打点を外すと、刃先が幹から左右に逃げることになる。この石斧で有効打撃を行うには、作業者の打ちつけ技能に器用仕事が求められる。実験では、対象木を太くするか刃部平面形を円弧ではなく直線的に作ると、打撃時の横ずれが少なくなった。また、柄を長くすると切削動作の振りが大きくなり、やはり打ち損じが多くなった。この斧石刃先に対応する木柄はいまだ発見されていないが、パプア・ニューギニアの民俗誌では、横刃屈曲柄石斧の柄はそれほど長くは作られていない。これは、振りを小さくして、狙いをつけやすくするためと考えられる。この横斧での伐採の場合、切り口を顔の高さにする必要が生じる。その結果、背の高い切り株が残り、採取木材量が減った。実験初期には、直径二〇㌢のコナラの木の伐採に五〇分四〇〇〇打撃以上を要したが、刃部を直線にすることと制動作業の慣れによって誤打が減り、三〇分かからずに伐採できるようになった。また、実験案の固定構造だったとした場合、打撃時の衝突圧に対する固定強度が十分にあ

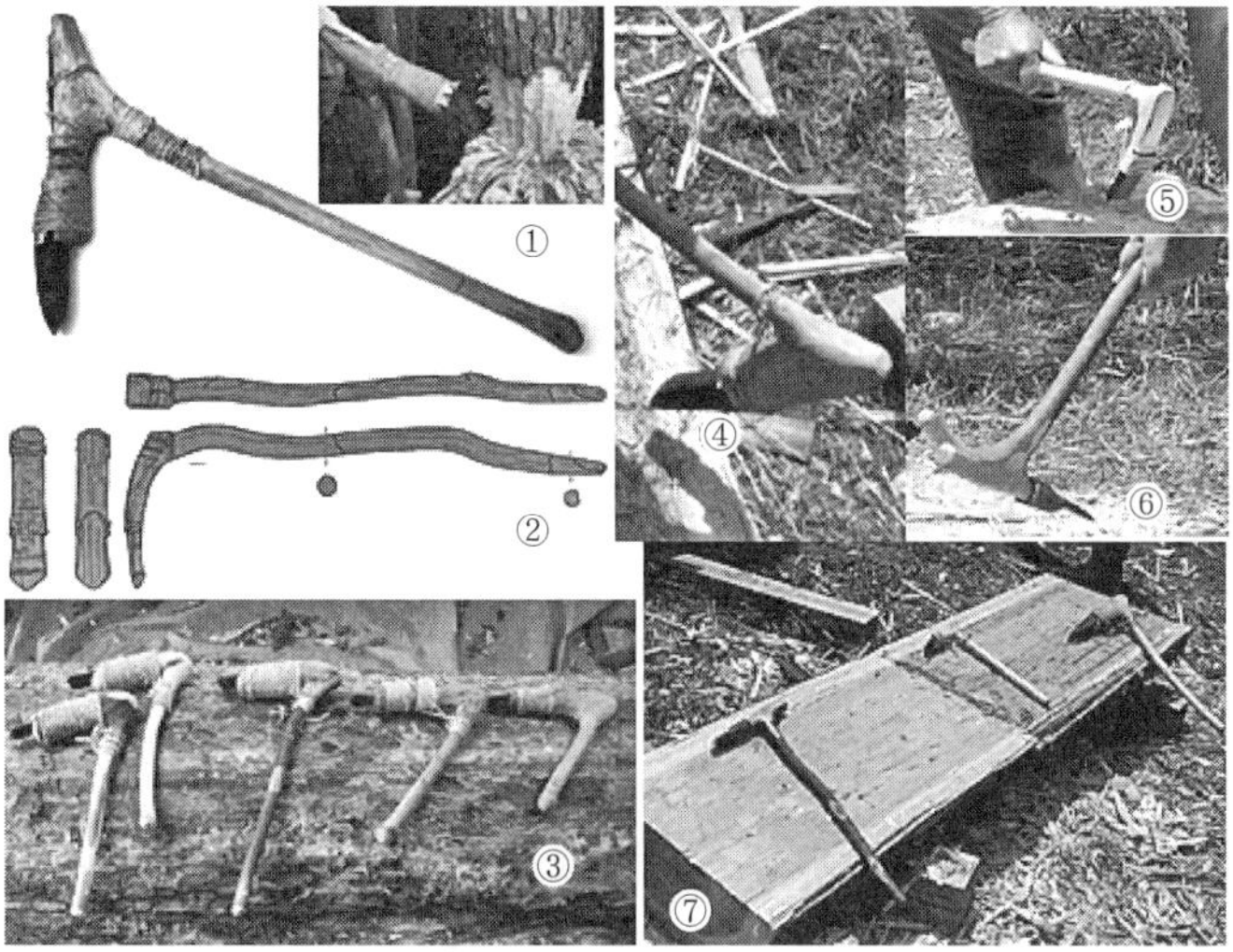

図6　縄文時代〜古墳時代の横刃斧の変遷（①類：神子柴遺跡石横刃添え木緊縛固定屈曲木柄：略称：神子柴型石横斧，②類：紅葉山49遺跡石横刃緊縛固定屈曲木柄：略称：紅葉山49型石横斧，③類：鳥浜遺跡横石刃緊縛固定屈曲木柄＝柄長各種：略称：鳥浜型石横斧，④類：柱状片刃横石刃緊縛固定屈曲木柄：略称：柱状石片刃横斧，⑤類：扁平片刃横石刃緊縛固定屈曲木柄：略称：扁平石片刃横斧，⑥類：基部袋状横鉄刃孔柄挿入固定屈曲木柄：略称：袋状鉄刃横斧，⑦類：④⑤⑥による平面整形効果の比較）

図7　縄文時代〜弥生時代斧の作業動作（①：図6①類，②：図5①類，③：図5②a類，④：図5③a類，⑤：図5③b類，⑥：図5④b類，⑦：図5⑤類，⑧：図5⑥類）

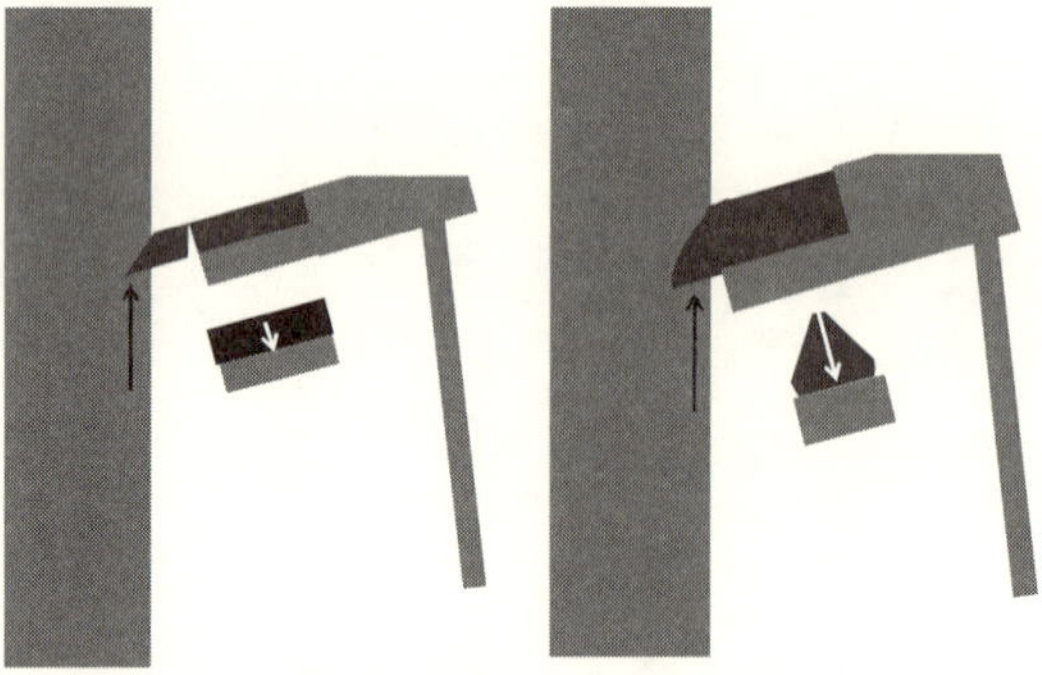

図8　神子柴型斧甲高形態の折れに対する工夫

る石斧だということがわかった。

続く「縄文時代」前期の全面磨製「斧石刃」と、屈曲木柄を組み合わせた「鳥浜型石縦刃屈曲木柄斧」（図5①）から鉄斧の登場後までの形状変化は、順次その改変理由が明確である。この動向には、日本列島内集団に限定できない太型蛤刃石縦斧や、中国や朝鮮半島集団からの技術移転と考えられる鉄斧への移行も含まれる。石から鉄への変化による特徴的な打ち割り使用法を付加させた鉄斧のように、斧機能の効率化・付加・転換が含まれている。

「鳥浜型石縦刃屈曲木柄斧」は、固定台部に斧石刃基部を装着する上部半開ソケットを刳りぬいて、そこに挿入後ソケット部の外側を樹皮・蔓植物・紐などで緊縛固定する構造になっている。基部まで定型的に成形する「磨製石斧刃」は、確認例では最も古い「鳥浜型屈曲木柄」の固定構造に見合ったものであった。しかしこの固定構造は、石斧で対象木に切りつけたときに、制動動作から切削時に斧石刃に捩れ負荷がかかるため、木柄の固定部に作ったソケット部が割れやすいという課題を持っていた。実験考古学の実施時にも、「鳥浜型屈曲木柄」はソケット割れが生じやすく、毎年柄を作りかえる必要があった。同型の木柄は、北関東地方や東北地方でも発見されており同形態の「斧石刃」の分布を考慮すれば、西日本でもこの石斧形態が存在した可能性が高い。

この石斧での伐採実験データからは、径一五〜二〇チセンのクリが一〇〇〇〜一二〇〇打撃、一五〜二〇分で倒木できることが判明している。最も太い実験伐採木は胸高直径九七チセンのスギで、二万四〇〇〇打撃で延べ三日半かかって倒木したが、記録時間と検討時間を差し引いた実働時間は五〇〇分強であった。この石斧の登場によって、一住居を造る際に必要なクリ材約二五〜三〇本が、二〜三人によって一日で調達可能になった。この石斧の使用によって、東日本の地域に幹の太さを活かしたクリ丸太柱を利用した竪穴建物による居住地が普及した。

続いて五〇〇〇〜四五〇〇年前、「縄文時代」中期後半の時期になると、富山県桜町遺跡出土例を代表とする、添え木をあてて緊縛固定する新たな屈曲木柄縦斧が登場する（図5②a）。この「添え木あて緊縛固定の屈曲木柄縦斧」には、「縄文時代」後期の東京都下宅部遺跡例（図5③c）、「縄文時代」晩期例の青森県是川中居遺跡例（図5③b）など、固定構造を改変する工夫が続いたことが確認されている。また、「桜町型添え木固定石斧」の改変とは別に、福島県荒屋敷遺跡例（図5③d）のようにソケット固定構造を変えた「上被せ添え木」を付ける形態の石斧がある。この三類型は、固定構造の改良を目指した過程を示している。なかには未成品であるが新潟県大武遺跡例のような「短柄斧」も見受けられ、「弥生時代」以降定着する縦斧用木柄の長短分化は、「縄文時代」晩期にすでに始まっていたことがわかる。一連の添え木あて緊縛固定法は、固定構造の柔軟性を生み出して、打撃時の衝突圧や斧石刃の回転圧荷重での木柄の斧石刃固定部の壊れを防いだ工夫である。斧の耐久財化をもたらしたこの固定構造登場以降、鳥浜遺跡のような斧木柄未成品の大量保管の必要性はなくなった。

斧木柄の発見例で確実な石斧直柄は、「縄文時代」晩期の滋賀県滋賀里遺跡や佐賀県菜畑遺跡の資料である。この時期には福島県荒屋敷遺跡や新潟県大武遺跡での石斧屈曲柄の発見例も確認されているので、石斧の形状は屈曲柄と直柄の二者が並存していた。斧直柄の場合、石斧刃の頭部が挿入孔の反対側に出るので、斧を振り動作で木を切削する以外に、掛合《かけや》による大きな打圧で斧刃先を木に打ち込むことがしやすくなった。アカガシ亜属材のような堅い木の木口を開く作業が可能になる、形状改変であるが、菜畑遺跡の石斧直柄（図5③b）はまだ斧石刃に厚みがなかったのでこうした加工にも使用可能であったが、弥生時代になると斧石刃が厚みを増すようになる（図5④a）。太型《ふとがた》蛤刃《はまぐりば》と呼ばれているこの斧石刃登場の意味は、当時日本列島や朝鮮半島で中国の鉄刃農具の代替に、木で農具を作ったことと関係がある。堅いアカガシ亜属やクヌギ節の木で鍬鋤を作ろうとすると、用材入手時に木の堅さに対応できる石刃強度での伐採が必要になった。石斧による木の切削メカニズムである、刃先側縁端で削り石刃縦断面の曲面によって摩擦を減らして木部を回転しながら削り進む切削動作では、硬い木を切り進む際に木からの強い荷重が石刃刃先へかかる。それに対する応力を確保するには、刃を厚く作り石材の低い強度を質量の大きさで補うことが必要だったのである（図9）。ただ、同じ弥生時代に日本列島の北東部では、アカガシ亜属やクヌギが生息していなかったため、コナラなどの別の木を使用して木製農具を製作していた。石斧刃先の太さは、西日本のものより薄く全体的にやや小型で、この地域内の伐採可能なコナラ・ミズナラなどの木を利用していたものと考えられる（図5④b）。弥生時代の石斧直柄には、柄長の短い事例が認められない。堅木伐採用の石斧の場合、腰や肩を利用した大きな遠心力での打圧が必要であり、肘や手首で振って切削を行う加工用の斧は、横刃石斧もしくは鉄斧で対応したものと考えられる。縦刃鉄斧の中には、短い直柄に着装するものも確認されるので（図11①）、刃の材料の切り替え時期における斧形態の特徴と考えられる。

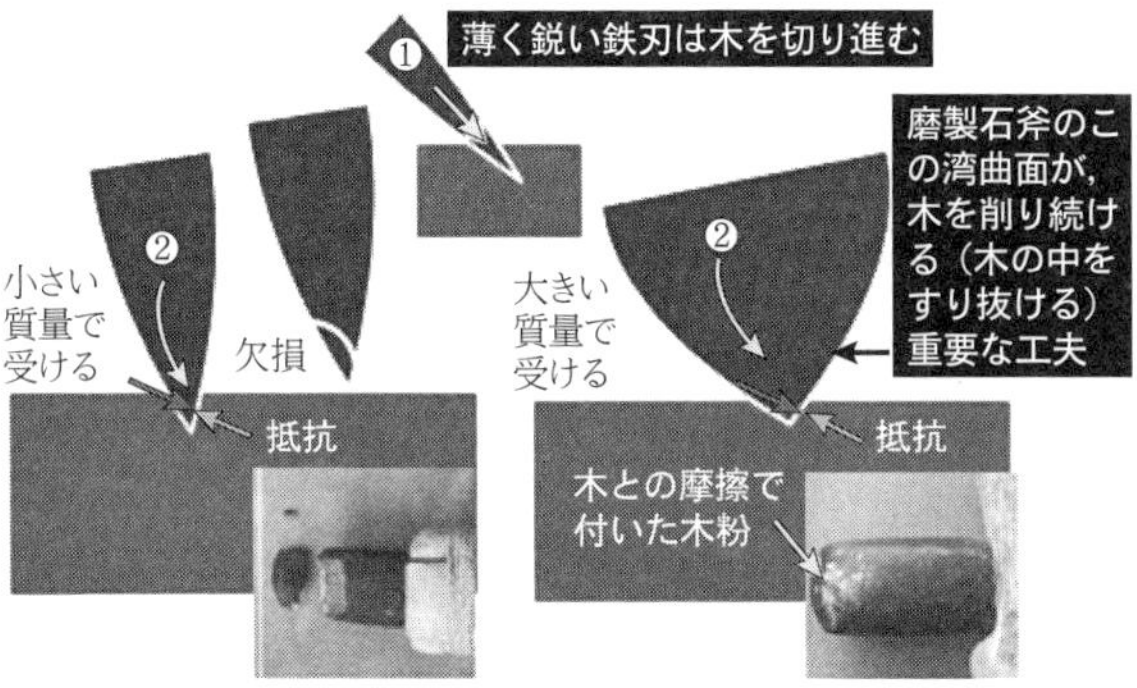

図9　石刃縦斧の切削メカニズムと荷重増に対する厚刃化

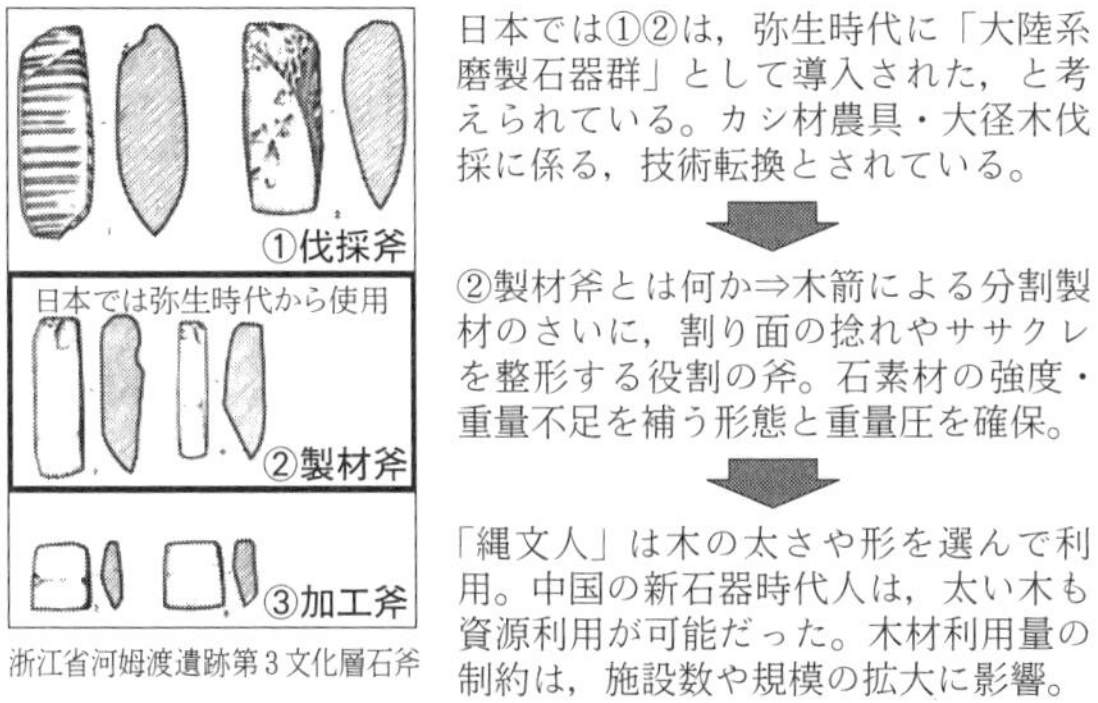

図10　中国新石器時代における斧石刃の作り分け

横刃石斧は、鳥浜遺跡でソケット刳り抜き方向を変えて、石刃を横に固定する試みがなされた遺物があるが、基本的には屈曲木柄の固定台部上面に固定用のくぼみを作って石刃を固定する形状が「縄文時代」前期から認められる。図6②は、北海道紅葉山49遺跡出土の事例であるが、台部の基端部が丸みを持たせて作られている。基端部が切削対象に当たらないようにした形態なので、伐採用というよりも刳り抜き加工用の石斧であったと考えることができる。「縄文時代」の屈曲木

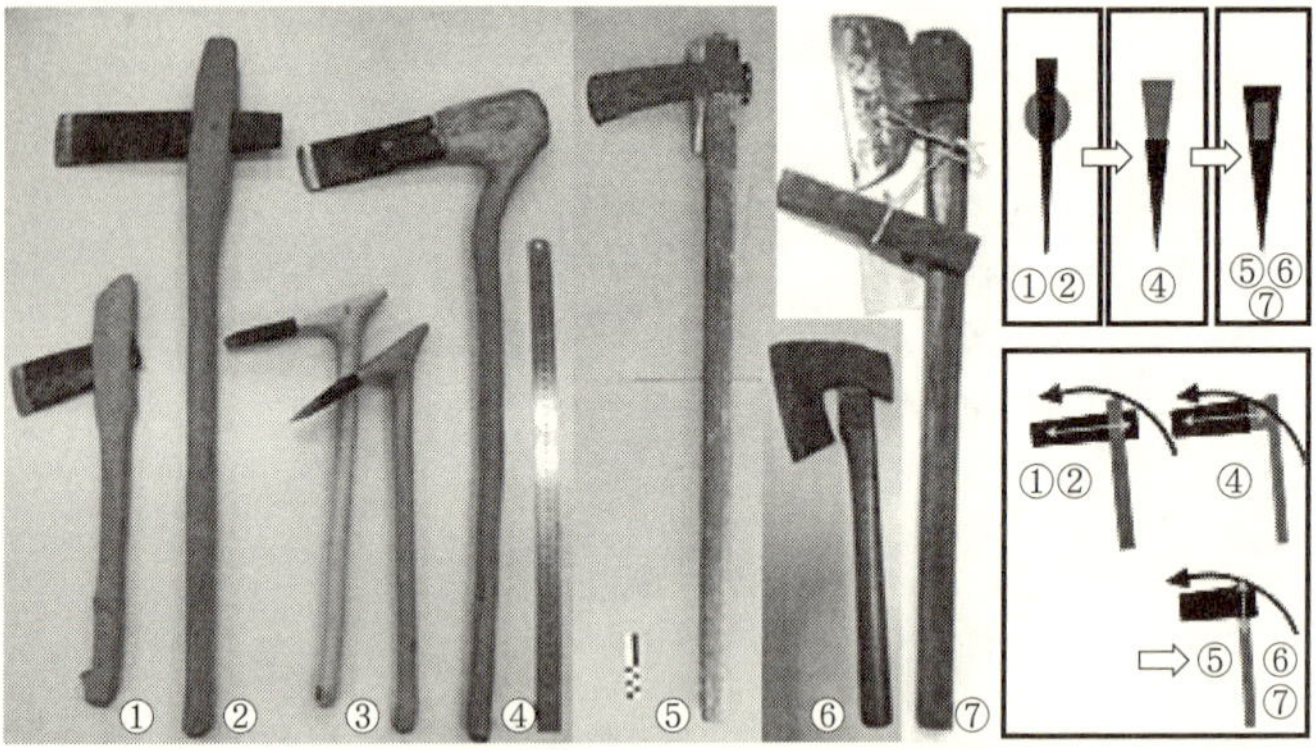

図11　鉄斧柄長分化と固定構造の変化（①板状斧鉄刃短直木柄孔挿入固定縦斧〈弥生時代〉，②板状斧鉄刃長直木柄孔挿入固定縦斧〈弥生時代〉，③袋状基部斧鉄刃孔挿入固定短屈曲木柄横斧〈弥生時代〜古墳時代〉，④袋状基部斧鉄刃孔挿入固定長屈曲木柄縦斧〈弥生時代〜古墳時代〉，⑤クサビ状斧鉄刃挿入孔固定長直木柄縦斧〈古代〜近代〉，⑥クサビ状斧鉄長刃孔挿入固定短直木柄縦斧〈中世〜近代〉，⑦クサビ状斧鉄長刃孔挿入固定長直木柄縦斧〈中世〜近代〉。※模式図は，長柄斧＝振り斧〈腕振り〉・短柄斧＝手斧〈手首振り〉の制動動作。①〜④の斧鉄刃と木柄の打撃方向と近似した方向の挿入では，誤打時に斧鉄刃が外れる。⑥〜⑧の打撃方向と交差する方向の挿入では，鉄斧刃の脱落が防がれる。また，①の固定形状では，木柄の凸部が浅い角度の打ち込み時に障害となる。②の鉄刃基部袋部に挿入固定する形状は，その障害を取り除く効果がある。③④によって，斧鉄刃の厚さによって打ち込み角度を決定することができるようになる）

柄石斧は、伐採用の縦斧と刳り抜き加工用の横刃斧が作り分けられていたのである。

日本では、弥生時代の石斧は、縦刃直柄（太型蛤刃）石斧に加えて、屈曲柄石斧として扁平片刃のものと柱状片刃のものが作り分けられる。中国では、浙江省の河姆渡遺跡や跨湖橋遺跡など新石器時代の七〇〇〇〜八〇〇〇年前の時期から、伐採用の両刃加工の石斧・柱状片刃の石斧・扁平片刃の斧石刃や木柄がすでに存在し、伐採用・製材用・加工用の斧の作り分けがあった（図10）。しかし日本では柱状片刃の斧石刃（小型の石鑿は除く）は、弥生時代から石斧の組成に加わることになる。

図10②の屈曲木柄横刃石斧は、後述する製材作業に打ち割り面の面整形に使用されるものと考えられる。斧や鍬の屈曲柄は、石刃や鉄刃を緊縛固定するものであるが、都合の良い幹と枝のなす角度や捩れのない枝の柄材を確保することが課題である。斧木柄では、柱状石片刃の着装柄を製作するときに、分枝角度に頼らずに幹の部分の太さを利用して都合の良い角度を作り出す「反り柄」が、

弥生時代の前期末から中期の時期に認められる。しかし、柱状石片刃は長さを長くすると折れやすくなるため、この木取りの柄では刃先を対象にあて難い難点があったため、すぐに幹と枝の股の角度を利用する木取り方に収斂した(長い刃先木鍬は、弥生時代末以降この反り柄型の木取りに移行した)。

「弥生時代」～「古代」の鉄斧形状変化と減種・増種の過程

「弥生時代」中期以降、斧は順次鉄斧へと切り替わっていく。例外的に関東地方の茨城県南東部のように、「古墳時代」に入っても石斧が認められるような地域もあるが、弥生時代後期には斧は鉄器化がほぼ達成される。刃の素材が鉄に変わることで、製材用の柱状石片刃を付ける斧形態はなくなった。鉄の強度が斧刃先の作り分けを不用にした。鉄斧の使用によって切削効力は図12のように大幅に向上した。また加工できる木の堅さの制約も取りはらわれた。

斧鉄刃《おのてつば》の形状研究では、板状刃先と、基部袋状刃先の形態が認識されていた。また鋳造の鉄刃先も確認されていた。日本の弥生時代から古代の鉄斧は、鋳造鉄刃は系統展開しなかったので、図11のように板状鉄刃先の鉄斧長直短直柄から、基部袋状鉄刃先への展開があったといって良いだろう。板状鉄刃先は、短く片刃のものは横刃斧として木掘曲柄に装着された。比較的長く両刃のものは、縦刃斧として木直柄に装着された。両者共に、柄の長さには長短があった。腰振りで大きな荷重をかけることができる長柄斧は、伐採や荒仕事に使用されたが、図11①～④の装着構造の場合、とくに②では誤打時に鉄刃先が外れる危険があった。また、固定構造が木柄部が出っ張るので、刃の打ち付け時に入角に制約が生じた。④の形態は鉄刃が木柄を隠す形態になるので、対象木への入れ時に斧の形態が原因での角度差をつけずに打ち込むことができるようになった。

「古墳時代」後期(六世紀)になると、日本国内での工具の鉄使用量も増やすことができるようになった。「弥生時代」から「古墳時代前期」の鉄移入時の板状鉄形態にも影響された板状鉄刃先や、鍛造による打ち広げと折り曲げを

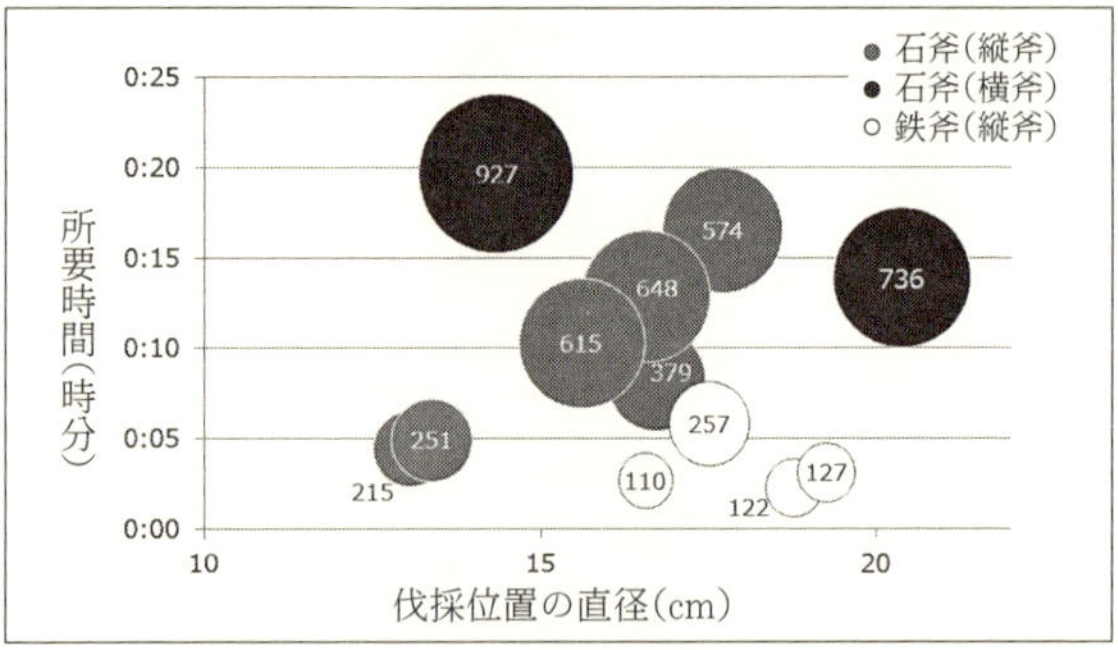

図12　石斧と鉄斧の伐採効力の違い

図13　鉄刃着装構造の変化と厚刃工具の登場（鎌＝①稲刈り用，②・③草刈り用，④・⑤枝打ち〈柴刈り〉用，⑥古墳時代鎌鉄刃と現代鎌鉄刃の形態差，⑦古墳時代鎌の挟み固定，⑧現代鎌の茎固定，斧＝⑨弥生時代手斧〈木柄孔へ鉄刃を挿入〉，⑩古代以降の手斧〈鉄斧刃孔へ木柄を挿入〉，⑪鉄刃先を厚く造った割り斧，⑫鉄刃先を薄く造った切り斧）

基礎とする基部袋状鉄刃先から脱却することになった。古代には鉄の使用量制約を開放した⑤の鉄刃先へと移行した。この装着構造によって、誤打時の刃先抜けを防ぐことができた。

また、⑤の装着構造は、図13⑪⑫のように鉄刃先の厚さを換えて作ることを可能にした。鉄刃の厚さの違いは、木工時に割り斧と切り斧を意図して作り分けることを可能にした。古代以降、斧の機種構成に、柄長の以外に、刃厚の違いが加わった。近世以降の「切り斧」「割り斧」は、この斧形状の延長で生まれた。

刃の厚さの違いは他の工具でも用途の違いに関係した。図13④⑤の鎌は刃を厚く作り、柔らかい草を切るさいのものとは異なる細枝などの刈り取り機能がもたらされた。出土鎌の厚さに関する研究はまだ未成熟であるが、この厚手の鉄刃鎌は、切削時に対象木から大きな荷重が加わるので、装着形態が折り曲げ方式の弥生時代末から古墳時代の鉄鎌刃先では、その荷重に対する応力が確保し難い。茎《なかご》固定方式の鉄鎌刃の登場によって、厚刃鎌の運用が可能になったと考えられる（図15）。この茎固定によって、さらに木柄を刃の横に付ける鉈の打圧への応力も確保できた。その

図14　短柄工具各器種と刃（歯）部形態（左から，木柄孔鉄刃先挿入手斧，鉄刃先孔木柄挿入手斧，鉄幅広刃先孔木柄挿入手斧，鉈，鉈鎌，短刃幅鎌，草刈り鎌，厚刃鎌，小型板鋸，木の葉鋸）

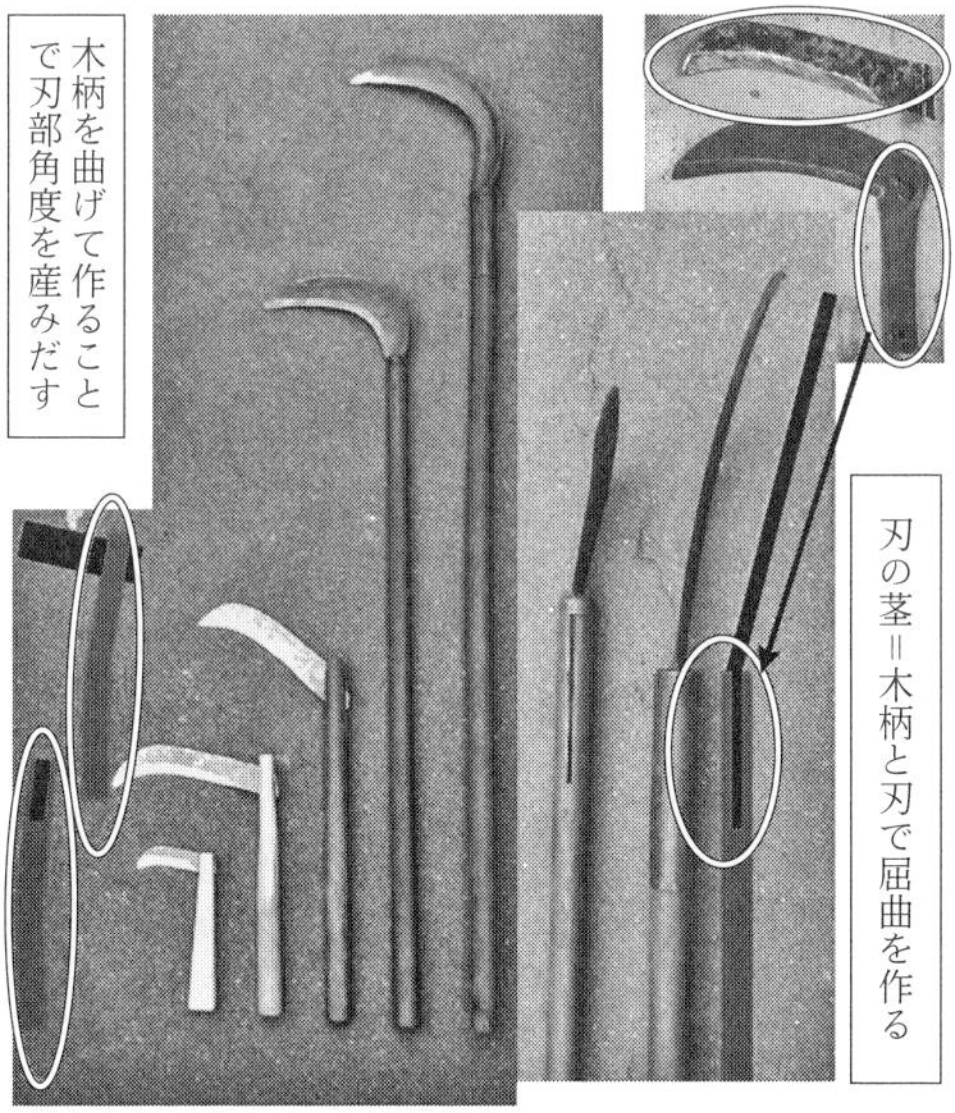

図15　挟み式の鎌と茎式の鎌（弥生時代から古代にかけての鎌は，板刃の端を折り曲げ柄に挟み込む構造だった。木柄を曲げないと刃の角度調整が困難だった。茎式になると刃と茎に角度を付けることができ，制動しやすくなった。また茎式は刃にかかる荷重を受け止める強さを高めたので，枝打ち鎌など荒作業に使用できる鎌が生まれた）

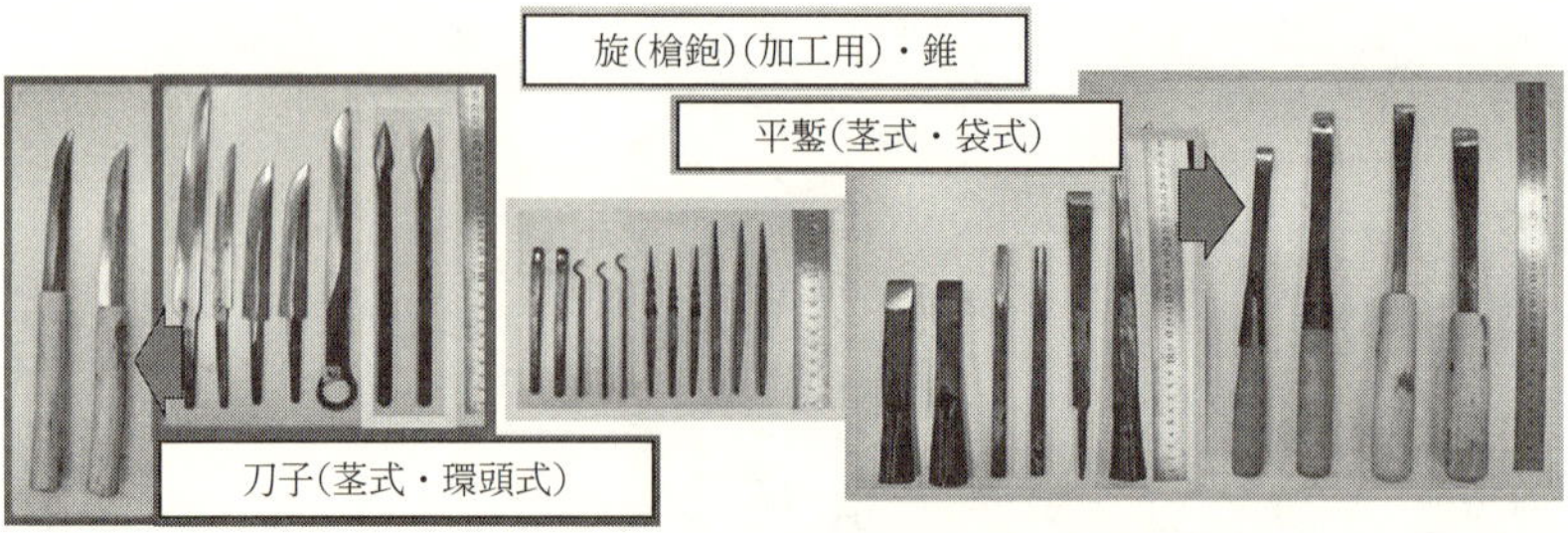

図16　各種鉄刃工具と刃基部袋状製作工具の登場（鉄の可変性の高さは，工具刃部の形態自由度を高めた，基部に作った袋に木柄を差し込むことで刃先にかかる他方向からの荷重に対する応力を確保できた）

図17　短柄工具の刃幅拡大による細枝切削効果の向上（①木柄孔鉄板挿入手斧，②鉄刃先孔木柄挿入手斧，③鉄幅広刃先孔木柄挿入手斧，④鉈，⑤鉈鎌，⑥茎式短刃幅鎌，⑦鋸）

結果、打圧の大きい枝打ち用の工具が分岐することになる（図14）中世以降のこの工具出現によって、「柴刈り工具」が切削工具組成に加わった。

鉄は石よりも可変性が高く、多様な刃形態を作ることが可能になり、目的にあった工具を作り分けることが可能になった。そこで多器種化、また器種内変異を増やすことができるようになった。鉄刃の基部に袋を作り木柄を差し込むことに対して、考古学界では、東アジアからの導入経路の議論が多かった。しかし機能面では、柄での多方向からの荷重をかけることを可能にした。

図17は、弥生時代の刃幅の狭い鉄刃手斧、中世に広まる刃幅の大きい鉄刃手斧、鉄刃の横に木柄を付けた鉈、鉄刃を茎式にして厚くした鉈鎌、鎌の刃幅を少し短くして株立ち枝を刈り取る鎌、そして鋸などの鉄刃工具によって細枝の切削実験を行った際の写真である。加圧で撓《しな》る細枝切削は、鋭い鉄刃先で斜めにそぎ切ることで可能になる。その場合、刃幅がないと細い対象に当てることが困難である。③の幅広鉄刃手斧で、その作業は格段に容易になり、鉈の登場で切削動作と鉄刃の向きが変わり、さらに当てやすくなった。また、枝打ちと異なる桑や楮の株立ち萌芽枝の切削には、茎固定方式の短刃鎌が他の枝にかかりにくく、効率的に刈り取ることができた。つまり、細い枝を利用する道具は、鉄長刃の工具の登場以前は専用器具が存在しなかった。図18のように、幅広斧が作られなかった日本の石刃手斧では当て難かったばかりか、鋭さのない刃先では急角度に打ち込むことが困難で、枝が撓って切削が困難だったのである。

5　打ち割り製材の技術

大径木の利用　細い枝材の資源化よりも、大径木の資源化の方が先に達成されたようである。「縄文時代」遺跡からは放射線面分割板も接線面分

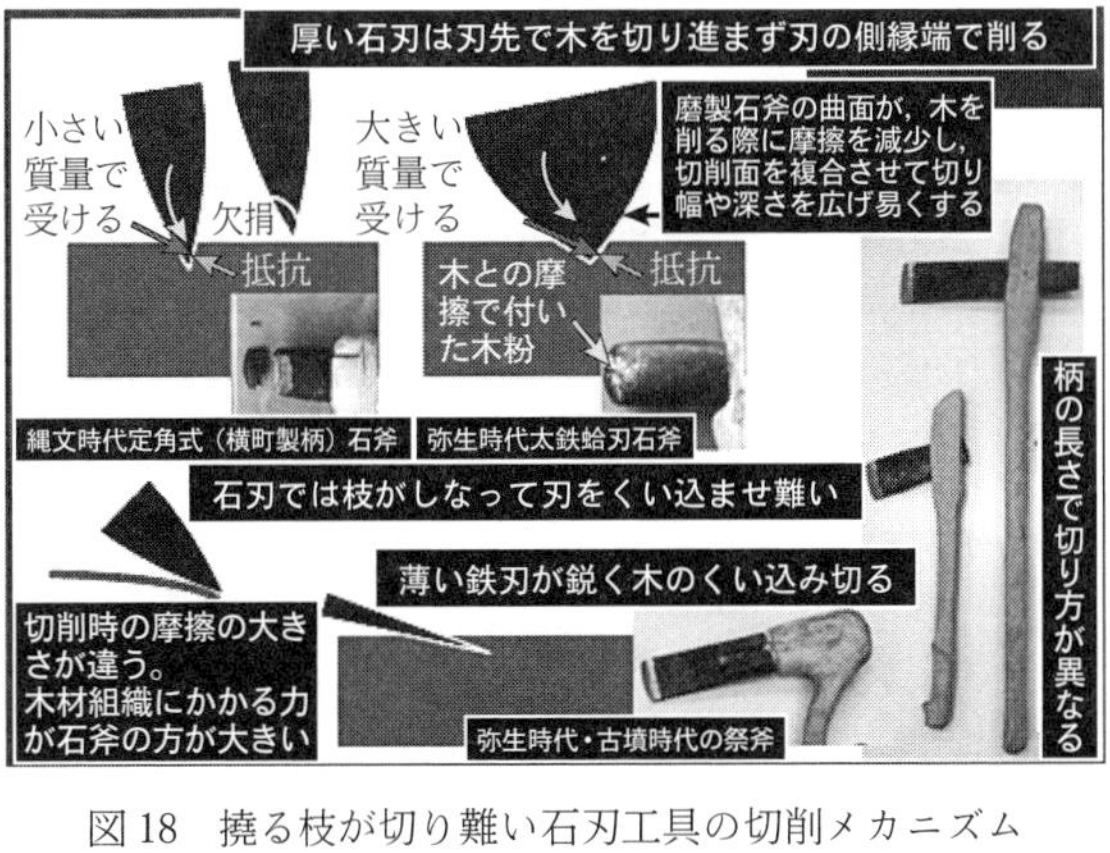

図18　撓る枝が切り難い石刃工具の切削メカニズム

図19　弥生時代の掛合と薄手木箭

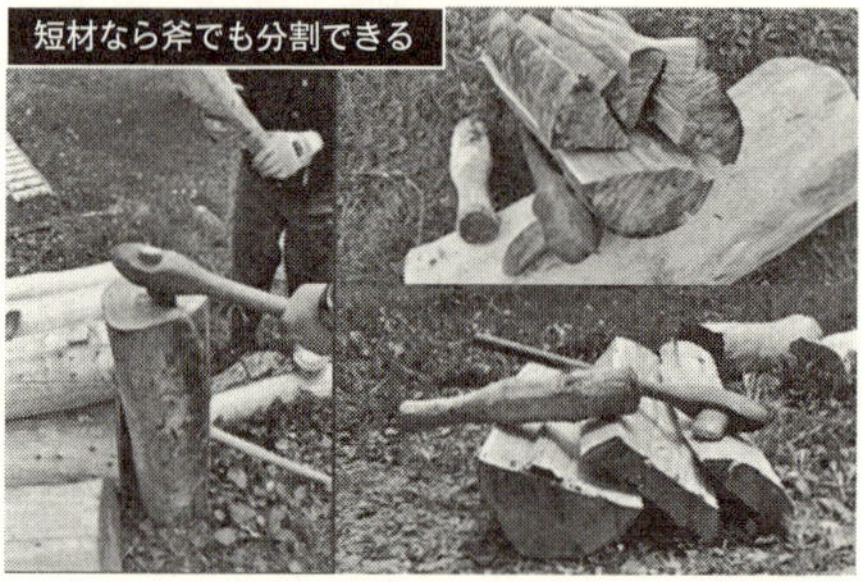

図20　直柄石斧による短材分割

割板も検出されているので、斧石刃先によって一㍍程度の長さの木であれば打ち割りが行われていた（図20）。「縄文時代」の木直柄に装着した石斧を復元して、割裂性の高いクリ材の打ち割り製材を実施したところ、図20のように二方向に打ち割ることできた。

しかし、長い木を分割することは、この作業のみでは達成できない。とくに広葉樹の場合は木材組織が単純でないため、ただ木口を広げただけで割けが進むのを待つだけでは分割が達成できない。割けの先を追って木箭を打ち込んで割けを伸ばすことが必要である（図21）。北陸の「縄文時代」晩期のクリ材分割柱群を用いた施設は、この打ち割り製材技術が存在していた証拠である。しかし、「縄文時代」の木箭の確認例は少なく、大型掛合も未確認である。「弥生時代」になって、それらの工具が多数の遺跡から発見されるようになるので、打ち割り製材が本格化したのは、「弥生時代」からとして良いであろう。

「弥生時代」の木箭には、丸太を利用したものばかりでなく、薄い割り板を利用したもの（図19）も出土している。狭い割れ口に打ち込むためと考えれば、カシなどの堅い木の分割時に鉄斧刃先で切り口を開けた狭い割れ目を広げるための工夫がこの板箭でなされたと考えることができる。この時期には、アカガシ亜属材を鍬鋤などに利用することが広まる一方、スギの大径木を建築材として使用することも活発であった。多様な堅さの木を分割するため、木箭形態も工夫されていたのである。

打ち割り製材の場合、木理に沿って割れが入るので、旋回木理の少ない木を選択する必要がある。捩れ割れの補正のためとササクレを除去するため、石斧補正の場合「扁平片刃斧石刃先」では切削圧力が足りず「柱状片刃斧石刃先」での補正作業が必要なことは前述したとおりである。横斧鉄刃先であれば、刃が薄い分刃入れ角度を浅くすることができ、片刃にすることで、しっかりとした平坦面を作り出すことは十分に可能である。槍鉋の出土は決して珍しいものではないが、長い木柄の使用は認められない。中国古代の「鉇」を、すべて「槍鉋」とする単純な整理はできないのである。割れ面の捩れ補正やササクレの除去の工具は古墳時代に工具鉄器化が進んだ後も、横刃の斧の作業で十分果たすことができた（図24・25）。槍鉋の切削面が観察できる出土材もあるが、古代の建築材のような精度の高

図21　長材の木口開き追い先割り製材の様子

図22　シラカシの打ち割り製材（鉄斧使用）（堅いシラカシの木は，鉄斧刃先の基部を大型掛合で敲いてようやく木口を開くことができる。斧基部を敲いた掛合は出土遺物と同じ打痕孔が観察できる。スギやクリ材分割時に木箭の頭部を敲いただけでは，遺物のような掛合の使用痕はできない）

図23　15世紀以降の節部も切り分ける鋸製材

い平坦面作出がなされている資料は少なく、増加加工の組みの正確性を求める器具で整形痕が確認される。打ち割り製材での捩れ割れ材の器具利用や生産効率についてはすでに発表ずみであるが（図26・27、山田二〇一二）、木材に捩れがあった場合は補正作業による除去量が多くなるため、木鍬連作が必ずしも量産に繋がらないこと、掬《すく》いのための屈曲のある鋤の場合には、増加加工（組み合わせ鋤）にした方が材の消費量の減少に通じることなど、打ち割り製材の時期に特有な木材利用の対策があったことが指摘できる。一方、木の組織にしたがって分割材が得られるということは、鋸挽き製材での板や角材とは全く異なる木取り構想で利用されていたことに通じていた。弥生時代の木製農具や斧柄の木取りは、アカガシ亜属やコナラ節の放射組織を鍬身に併行させて木取ったり、直柄斧の挿入孔と交差させて木取ったりするものであった。また建築材の角材や板材の生産にも通じるので近世の用材法・増加加工とは異なる議論が必要であった。

図24　石刃と鉄刃での補正作業と完成精度比較

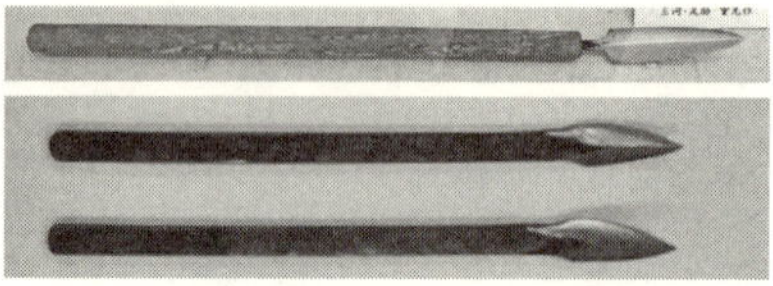

図25　復元槍鉋とその木柄装着例

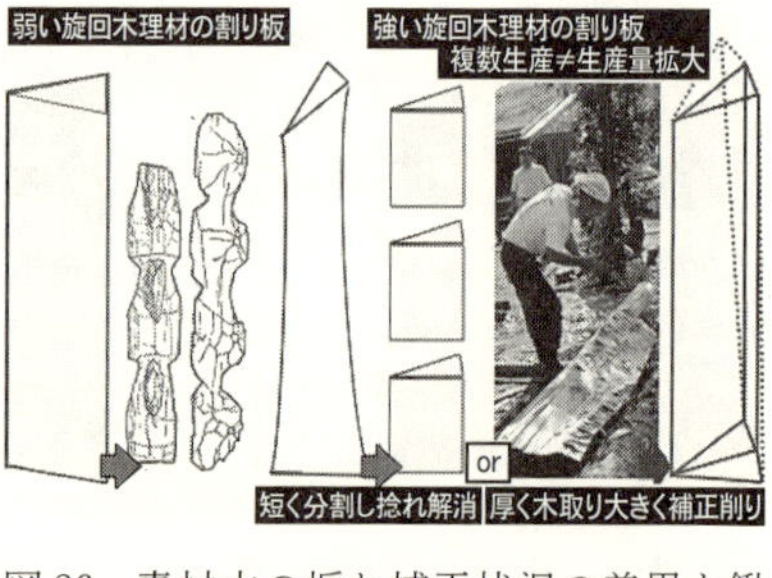

図26　素材木の捩れ補正状況の差異と鍬連作

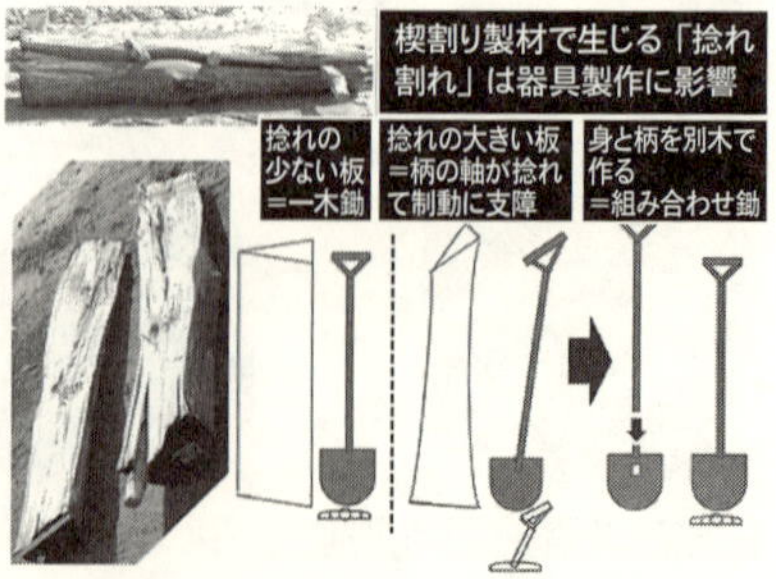

図27　素材木の捩れによる鋤製作の違い

6　石刃工具と鉄刃工具の減少加工

石刃工具による減少加工　桜町遺跡の建築材や施設材に、貫穴が開けられたことがわかり、石刃工具によっても既発見の縄通し孔のような不定形のものとは異なる方形孔の加工がなされていたことがわかった。研究少史で触れた『続古代の技術』での技術評価では、鉄刃工具によって仕口加工が可能になったとされていたが、石刃工具でも類似した技法が採られていたのである。しかし、これを単純に仕口の技術が遡ったと判断して良いのだろうか。仕口という技術は、単に形態的類似性だけではなく、木材の材質管理により変形を抑えることや、製材・整形法を含めて成立

図 28　鉄刃工具と石刃工具での加工比較

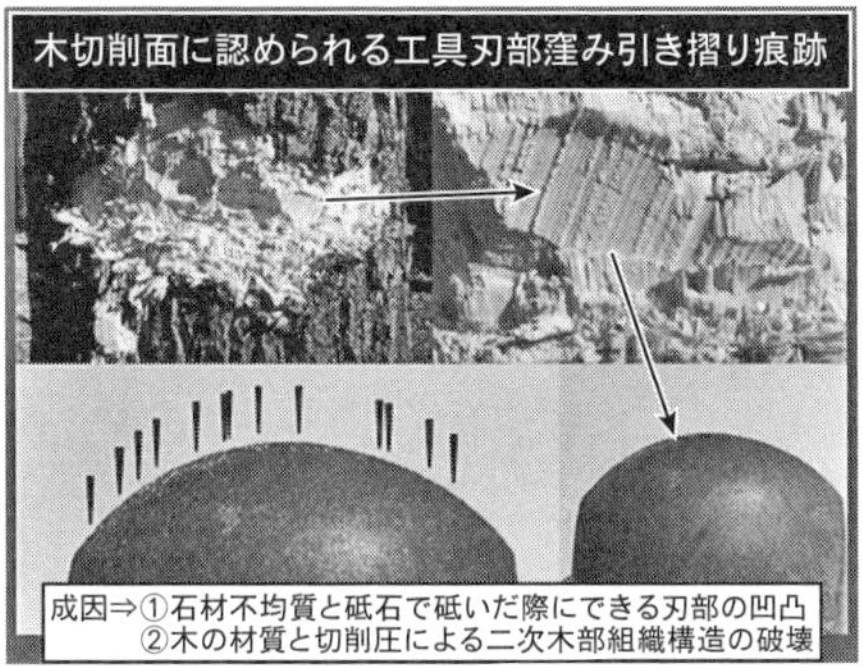

図 29　研いだ直後の石斧の加工痕の刃線痕

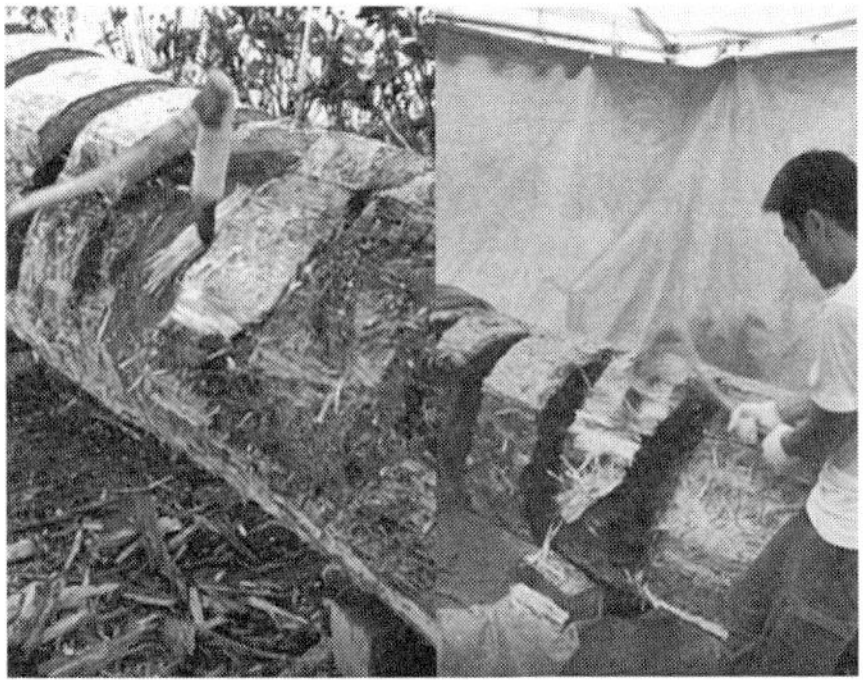

図 30　縦刃石斧と横刃石斧でのハツリ作業

図31　横刃石斧での刳り抜き加工

している。近世・近代の縦挽き鋸や台鉋での加工以前の木工技術への適用は、どこまで可能なのであろうか。縄文時代の貫穴が開けられたクリ材は、加工後にも変形の可能性が高く、古代の都城建築で駆使された技法は、打ち割り製材と槍鉋整形で加工されている。単純に直結させることはできないのである（井上二〇〇九）。

　枘穴加工実験は、石刃と鉄刃の片刃鑿で、直径二〇㌢のクリ・オオヤマザクラ・ケヤキ・ウリハダカエデ・アカマツ・スギなどの木を、水分量三〇％前後のものと一〇％前後のものとを加工する設定で実施した。また、半裁した木の面に、四×四×四㌢のホゾ穴加工をする設定で実施した。図28は、アカマツの三〇％前後の試料の切断結果と、クリの三〇％前後の試料の加工結果を示したものである。

　切断実験では、鉄斧では二〇〇加撃で切断が完了しているのに対し、石斧では樹芯近くでとどまっていた。加工量の堆積計算をすると八倍の違いとなる。また切り幅を見ると、到達深度が浅い石斧の方が若干ではあるが幅広であった。切削効力の違いと切削ロスの違いが明らかになった。枘穴加工は、作業時間は八倍の差が出たが、加工精度は意外にも差が少なかった。水分量の多いクリ材の加工では、石刃鑿が高精度の加工ができることがわかった。水分量が一〇％前後のクリ材でも、作業時間は石刃鑿のものがより長くなったが、ホゾ穴の精度はあまり変化はなかった。しかし、水分量が一〇％前後のスギ材の石刃鑿でのホゾ穴加工では、夏材の柔らかい部分が引きちぎられて、加工精度がかなり低下した。石刃鑿はスギ材との相性が悪く、クリ材とは相性が良かったのである。

図29は、研いだ直後の石刃縦斧で伐採後の切削面の写真である。菜畑遺跡の杭先の加工痕整理から、このような刃《は》毀《こぼ》れ痕のある加工面は鉄刃工具のものだとされていた。しかし、緻密で堅い材質を求めて、日本では鎌倉時代に移入されたとされているイチョウの木で実験を行ったところ、切削時は不明瞭だった刃線痕が、一日後に明確に現われた。石斧の刃にはこれほど顕著な窪みは認められないので、この刃線痕は、切削時の刃の摩擦の差異で微妙に破壊された木部が、時間がたって変形し膨れ上がったものだと考えられる。タフォノミー研究が必要なことが理解できたとともに、従来は鉄刃の痕跡の根拠とされた刃線痕の存在や形成過程を、さらに追究する課題が浮かび上がった。

図24は、鉄広刃斧（鉞）の出現で効率化したハツリ作業が石縦刃斧でも実施できるかという設定での実験光景である。この作業は、スギ材で丸木舟を作成するさいのもので、正確にいうとハツリ作業とした部位は前後に溝切りがなされているため、切削時に限定された幅の木部を切削したことになる。この設定での実験結果では、対象に直面して作業する石横刃斧と、対象の側に寄り添って作業する石縦刃斧とでは、切削効果に大きな差異が表れなかった。幅の狭い刃でもし溝切りなしで作業した場合、引きちぎるような切削が可能であったかは問題が残る。しかし、刃の厚い石斧でも、削るというより削ぎ取る粗い加工ではあるが面整形が行えたのである。

図30・31は、丸木舟の効率的加工と、長柄石横刃斧による刳り抜き作業の写真である。図6③に示したように横斧の場合、柄の長さと木柄の刃先をのせる台の基部形状によって、刃先の軌跡が作る円みが変化することになる。横刃斧は、石斧であれ鉄斧であれ、この木柄の形状が切削作業を大きく規定する木工具なのである。木柄の長さは切削荷重と関係する。斧という工具には、刃先の観察研究を超える情報が、木柄の形状に潜んでいるのである。

7　増加加工

増加技法――組む・巻く・絡める・結う　木材の増加（集成）加工の技術は、建築材のような大型の木材や、装置や器具などの中型の木材、そして籠や笊のような細く変形する木材（加工細材＝籤や蔓植物の木部〈軸〉）に至るまで、さまざまな構造物・器具の製作に用いられる。増加技法としては、①組む＝交差組み・軸組み、材質によっては組みを助ける掻き込み加工も必要とする増加技法、②巻く＝複数の軸材を巻き進む回旋・螺旋増加技法、③絡める＝交差材に進行材（運進材）を絡める増加技法で、交差材を絡め進むさいに絡め取る交差材数によっては、進行材が二材ではなく多数材でなされることもある。さらに、④接着する＝樹脂などの接着剤によって材同士を集成する技法、⑤結う＝交差する材を結びとめる技法、⑥留める＝栓や釘などで集成する技法、などがある。繊維を解して柔らかくすれば、⑦縫う技法や⑧織る技法も挙げることができる。また、こうした技法群は時に複合させて、「巻き絡め」技法などと組み合わせた技術発揮も行われる。木の繊維を撚って作る縄紐類も、増加加工による製品である。

たとえば竪穴住居の増加加工は、「縄文時代」から柱と梁、垂木と母屋材など多くを結う技法で行われていた。しかし、掻き込みを作っての組み技法も少なからず発見されるし、一部に貫穴が付けられた柱が確認されるので、組み技法も認められるということになる。こうした技法群は、器具製作にも発揮される。縄文時代から古代にかけて製作される曲げ物には、縫う技法や留める技法が確認できるし、漆・アスファルト・松ヤニでの接着技法を行った遺物も認められる。「弥生時代」になると、掻き込み加工を多用した交差組み構造の大型部材が多数検出されるようになる。また、籠製作でも縄文時代から組み技法・巻き技法・絡め技法・巻き絡め技法などが駆使されていることがわかる。

研究上の問題点は、建築材から籠や縄紐までのさまざまなものに運用される増加加工の技法研究が、分野ごとの多様な研究展開によって、技法認識が交錯していることである。青谷上寺地遺跡の籠の技法研究では、絡め技法を実行している途中で軸材が加えられた構造部位があり、「横添えモジリ編み」なる技法認識が考案されている。検討を重ねて考案された「技法」名称であるが、実際のところこの名称通りには技術発揮はできない。交差材を二本の進行材で絡めとっているという認識を、渡辺誠が「モジリ編み」として二材を同時進行させたと誤認して以来、「モジリ編み」という認識は錯綜しながら現在に至っている。絡め技法は二材もしくは多数材によって成立するが、技術発揮は一材ずつ進行させても成立させることができる。横位に軸材を付加して交差材も取り込む「横添えモジリ編み」に至っては、二材進行は不可能となる。つまり「モジリ編み技法」運用されていないのに、二材進行を説明する「モジリ」を技法名に入れる「横添えモジリ編み」は技法認識の錯誤なのである（塩地ほか二〇一五）。

この問題を解くきっかけは、同じ青谷上寺地遺跡出土の交差材を二本絡める「横添えモジリ編み」構造があると説明されていることであった。つまり、この構造は進行材を三材としないと成立させることができない。進行材を一材ずつ交差材に絡めて、結果的に三進行材で構造化する技法なのである。横位に巻き軸を添えるのであるから、絡め技法から「巻き絡め技法」へと転換したと認識すべきだったのである。また、「巻き絡め技法」という技法認識は、従来、口縁部の纏め方を籠軀体の整形技法と切り離して「口仕舞い」の別技術として説明していた認識を、じつは「巻き軸材と絡めとり材」の交点を進行させる際の技法として認識すると、軸材と交差する絡め取り材の数を多様に変えて、頑丈な構造の口縁枠を作り出したり、柔軟に変形する構造の口縁枠を作り出したりした「巻き絡め技法」として、単純明快に整理できることになるのである（図32）。

巻き・絡め・結うための増加加工材を作る

増加加工材を得る技術は多様で、木・草・蔓などがその資源となる。

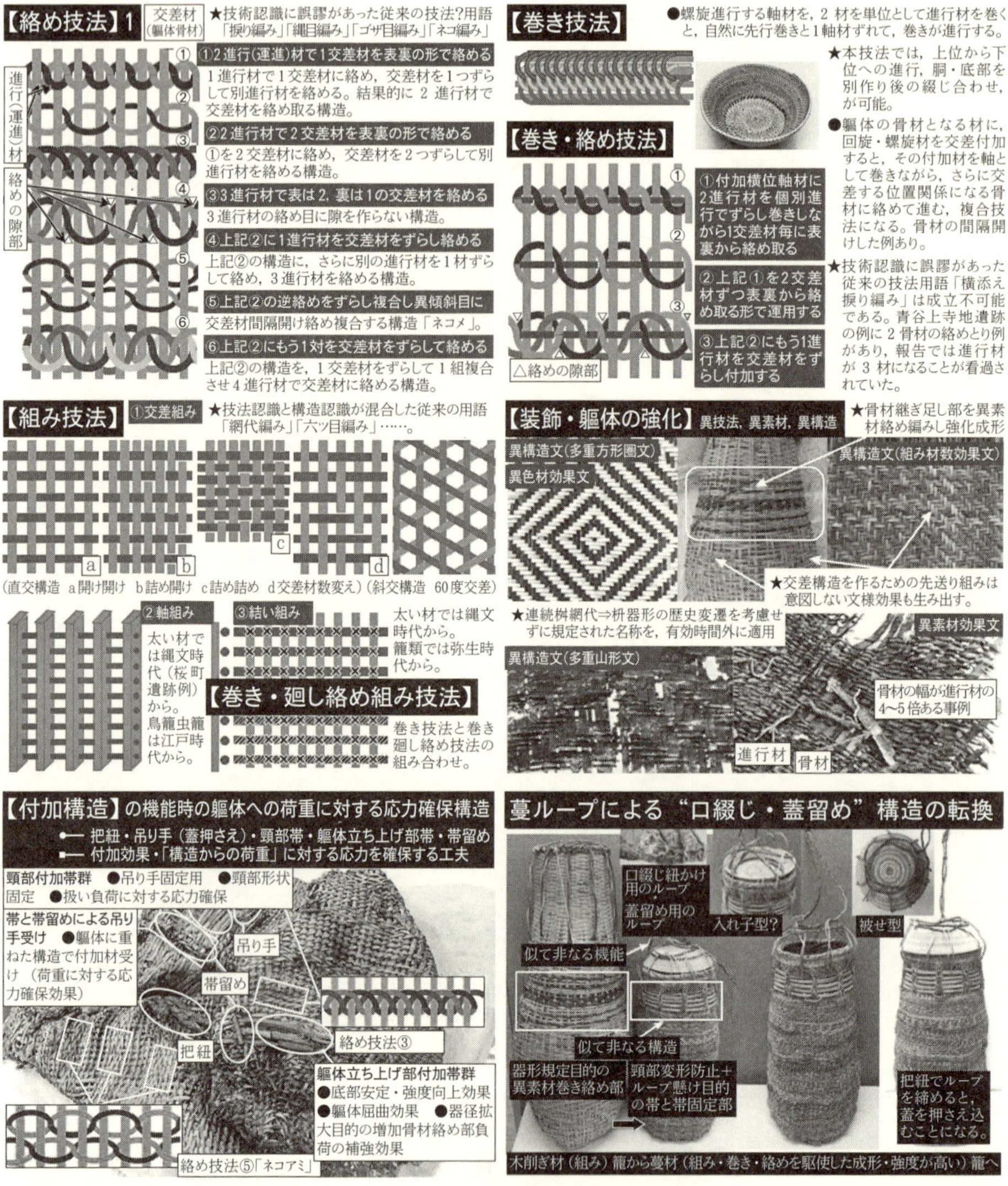

図 32　籠成形の基本 3 技法と複合技法

樹皮は初夏に採取することが多い素材であるし、カラムシなどの草は夏に採取する素材である。また、蔓植物は木部形成過程のさまざまな材質を選別して採取しているし、外皮も利用されている。半裁して籠製作の進行材に使用する素材は、春先から延びはじめるランナーであれば一〇月末ころに木部が一定の厚みを持つように生長した時点で採取すると、半分に裂いて進行材として使用できる。しかし、秋の採取後に切り取り部付近から再度伸び出すランナーは、翌年の春までに二〜三㍍以上になるが、木部の成長は春からのものとは異なることになる。九州地方ではこの再生蔓も成長を続けるので蔓材の採取期は必ずしも季節と連動しなくても良いことになる。九州における縄文時代の蔓使用活発化は、こうした生態系の賜物である。

図33は、シナノキ靭皮・カラムシの外皮繊維・ツヅラフジの木部について、増加加工に関わる技術発揮を追究して

図33　樹皮・草本繊維・蔓植物の採取技術の検証

いる実験成果の一部を示したものである。シナノキの靭皮《じんぴ》繊維は、六〜七月上旬の時期に伐採・採取すると、剝ぎ取りやすい。鬼皮に移行する前の靭皮は一〇枚ほどあるので、資源獲得作業の効率は良い。

竪穴住居の木組構造を、総て緊縛固定する長さ九〇〇㍍の縄を作るには、径二〇㌢弱で、樹皮剝ぎに有効な幹高五〜六㍍のシナノキから取れる繊維量を、計測した結果、五本のシナノキから得られることが判明した。年輪数を調べると二二年ほどの生成年数の木であった。

カラムシの成長は気候によって変異し、沖縄県石垣島では年三回の採取が可能である。しかし、本州島では年一回夏に花を付ける直前が採取期である。現在でも日本各地にカラムシ織りの技術は認められるので、古墳時代の機織の技術復元実験のため実験を始めたが、繊維獲得のためには、膨大な作業量があることがわかった。カラムシの繊維生産量はシナノキ靭皮生産量に比して極端に少ないが、シナノキが二〇年ほどの生成年数を要するのとは対照的に、一年生成資源なので、同じ生育地からの二〇年分の生産量があると考えると、毎年の利用が見込める点は利点である。またカラムシの繊維は強靭で伸びにくく、農具や斧の緊縛固定用の紐の素材として有用な資源である。

ツズラフジの資源利用は、三六月以上かかって木部が形成された太く堅い部位を、籠の底部付近の台輪や、上げ下げして利用するさいの軀体強度を高めるベルト部分に使用される。また、三月生の八カ月成長蔓は木部が一定程度生成し材強度も高いので、籠製作においては、裂いて、巻き・絡めるさいの進行材にする。木製農具の緊縛固定に使用する蔓の太さも、同様の生成月・成長期間のものと考えられる。ただし、九州や四国南部ではイレギュラーの生成蔓も成長を続けられるので採取適期は幅広くなる（伸長成長と肥大成長との関係は前述）。

本論冒頭で記した堰材固定の蔓は、籠編みや器具固定に使用する蔓よりも若干太い。しかし、組まれた木材に巻きつけて最終的には緊縛することができる柔軟性を有していたことがわかる。三月生の一五カ月成長材を使用する場合、採集後の材管理として乾燥保管する前に虫殺しのために水漬けする必要もあるが、使用時に柔軟性を回復させる水漬け管理なども考慮する必要があり、水穴に漬けられた状態で発見される資料がどれに対応するかは、まだ確定できていない。今後、まだ数年の実験進行が必要である。出土木材ヒゴ製の籠には佐賀県東名遺跡例のような口を綴じることが可能な柔軟な構造と材質で出来上がったものがある。しかし、旧石器時代からの獣皮袋の口閉じ構想の影響と考えられるこの籠は、材質の違いや材長の限界という弱点を有していた（図34）。口の変形で材が傷んだり、底が抜けたりする東名遺跡例の籠は、やがて福岡県正福寺遺跡や大分県龍頭遺跡の蔓製で、頸部を太材で巻いて口縁が変形しない籠に切り替わる。この新しい籠は蓋を被せる構造を採っている。蔓籠に見合った構造へと変化したものと考えられる（図33右下）。

図34　口縁の変形させる巻き絡め技法の追究
（素材分割利用や巻き絡め技法の絡め材数を多くして変形を求めた実験。上：佐賀県東名遺跡出土例，下：大分県龍頭遺跡出土例をモデルにして復元）

傾斜棚機の増加加工　近年、河野通明によって古墳時代の傾斜棚機の形態が、東アジアの中では特異なもので、中国や韓国のものとは異なる日本独自の形態を有しているとの見解が示された（河野二〇一六）。静岡県登呂遺跡の出土材の中に、弥生時代織機の部材があるとの報告後、一九九〇年代までは、組み合わない部材も多い「弥生時代」の原始機や「古墳時代の立体機」の構造は曖昧な部分が多く存在していた。東村純子により原始機に足先板を有する「縦糸が反転される方式」のものがあることが指摘され（東村二〇〇八）、古墳時代の立体機の部材も順次蓄積した。現在では、図35二段目の部材のほとんどの部位認識が共有されるようになった。

増加加工の器具の部材は、単独ではなかなか部位認定が困難で、現代の民具部材は参考にはなるが、その器具名や構造をどこまで遡らせることが可能かの判断することは難しい。そのような問題を抱えた原始・古代の器具研究であるが、傾斜棚機には格好の対比資料があった。福岡県宗像大社の金銅製傾斜棚機のミニチュアである。「古墳時代」や古代の遺跡から出土した部材認定に、このミニチュアはとても参考になったのである。

しかし、出土部材を参考として類似構造を復元して実際に作動させてみると、「平面中枠」を「中枠受け」の中で上下動した際、大きな問題点が浮かび上がった。傾斜棚にマネキ受けや中枠受けを直立させると、マネキ受け内でのマネキ軸の回転動作は問題がなかったのに、中枠に作られたスリットは鉛直にならないので、中枠がスリットを擦り

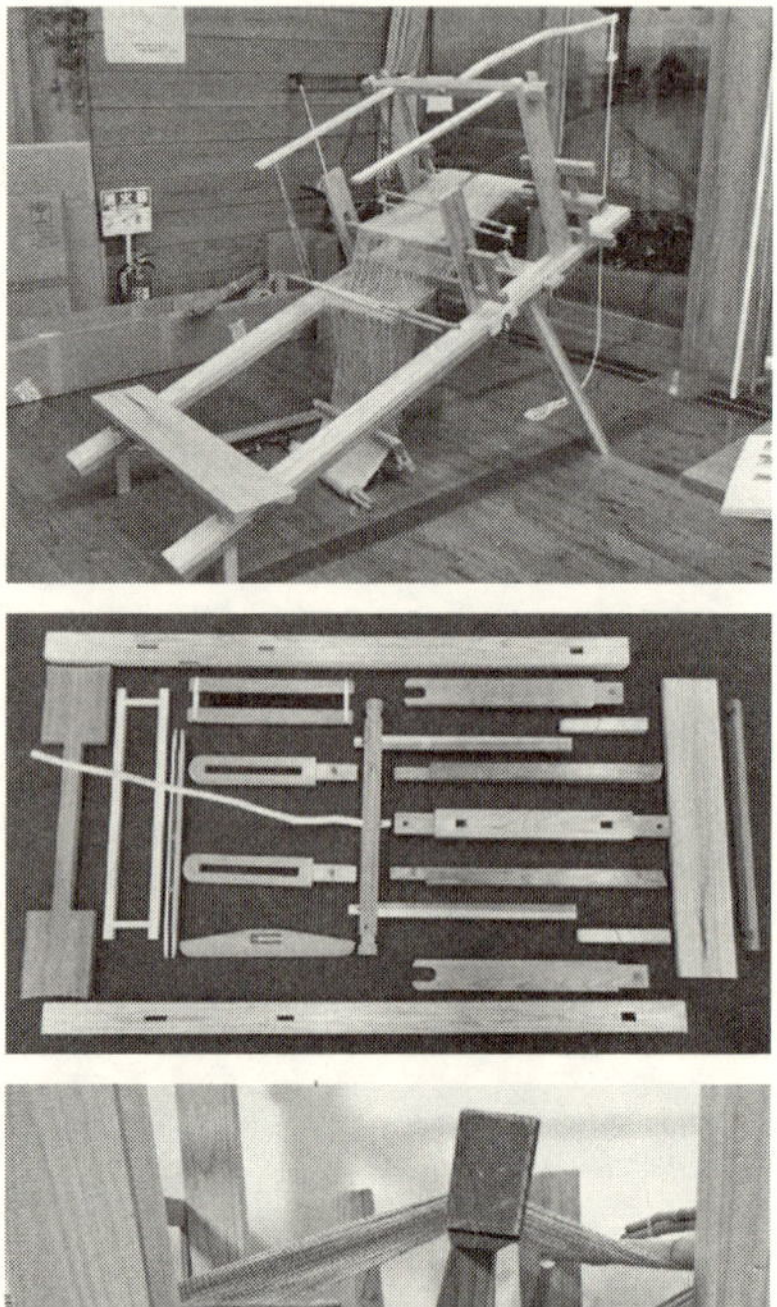

図35　古墳時代の傾斜棚機の構造2種

ながら上下動する。出土した中枠受けにも、スリットの上位と下位では異なる側面に摩滅部が観察できるものがある。傾斜棚に立てたために生じたこの摩滅は、本質的に作動の不自由さを抱えているのである。三本横材の中枠が経糸内で上下動や回転動するさいには、このような問題は生じない。三本中枠構造の方が、制動合理性があるのである。また、横糸を打ち込む器具である管大杼は、緯糸管理の役割は重要であるが、刃部に糸磨れが認められるので筬での打ち込み不足を補う役割を果たしていた部材である。

西北部九州の弥生時代木製鍬・踏み鋤　日本各地の「弥生時代」木製農具の中で、北西部九州の鍬や踏み鋤の構造は、他の地域のものとかなり異なり、増加加工の構造が込み入っている。この地域以外の鍬は、円い孔に柄を通す固定構造や、突起部に蔓などで緊縛固定する構造で、木工構想が異なっていることがわかる。近年では、韓国の木製農具の形態が判明したので、西北部九州の方形柄孔の鍬が韓国国内の原始・古代の遺跡でも使用されていたことがわかった。それらは、突帯文土器の円形柄孔湾曲鍬の系譜とは別の農具として「弥生時代」前期末に導入された鍬と考えて良いだろう。中国の鉄刃鍬の素材代替としての木製鍬は、日本内生成と確定できなくなったのである。

この鍬の構造が明らかになったのは、福岡県の那珂君休遺跡ですべての部品が纏まって発見されたことによっている。しかし、調査者の力武卓治が纏めた報告書では、学界には広まっていない図が掲載されている（図36）。鍬の部品には、方形柄孔のある平板鍬刃、「泥除け」とされる鍬裏に付く湾曲面のある薄板、グリップエンドの作られたやや短めの木、柄本体、固定部付近で柄上面の段加工に対応して組み合わされる着装補助部材、固定のための木栓と薄板がある。しかし、力武が示した復元図では、「泥除《どろよ》け」が複合柄にどのように組み込まれているかの判断が曖昧になっていて、固定状況が理解できない。筆者はこの疑問を氏に投げかけたところ、予想外の答えが返ってきた。氏は「貴重な構造が保たれた鍬の発見時、すぐさま記録をとろうとしたところ、カメラが調査事務所に置いてあったので

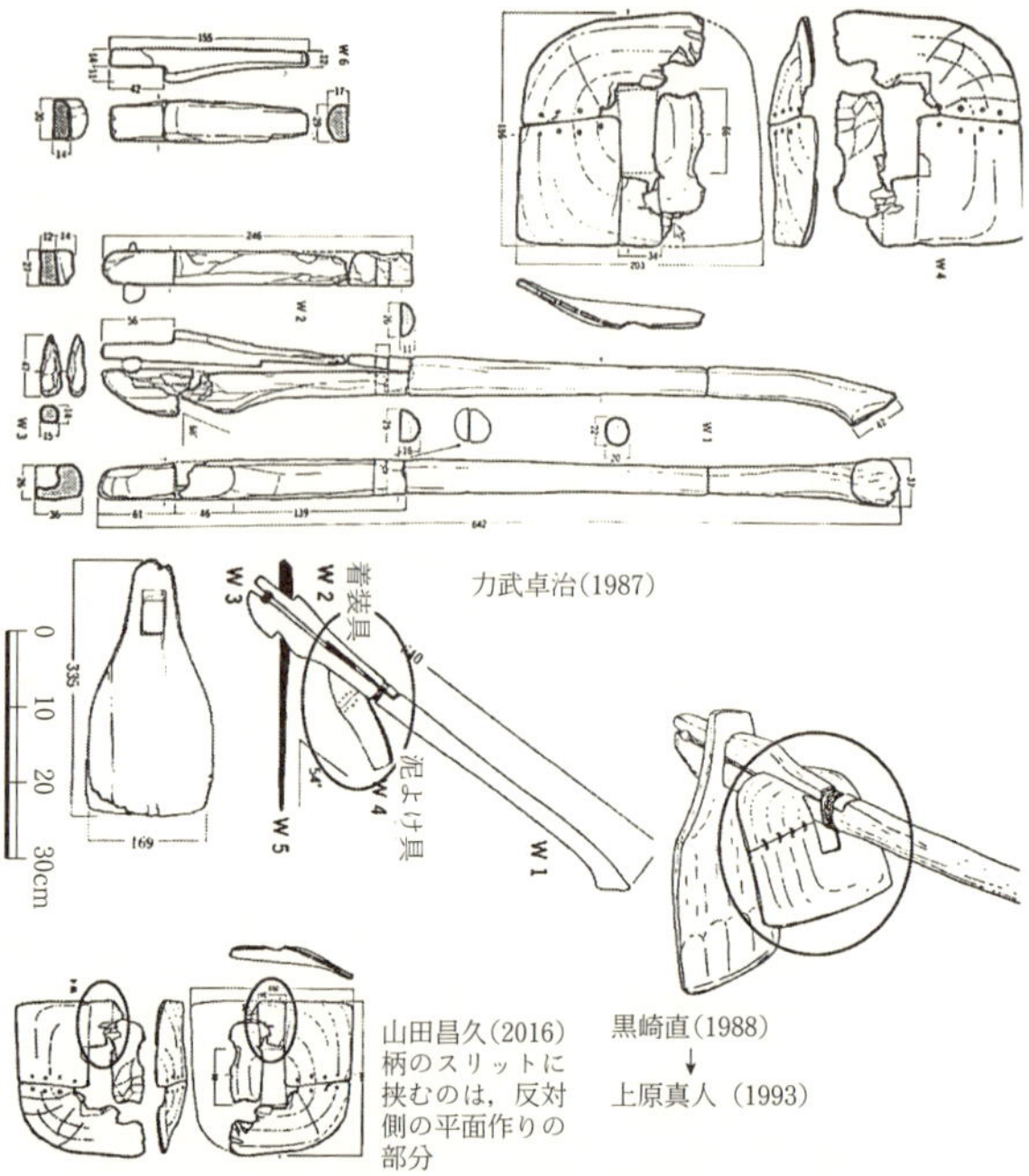

図36　那珂君休遺跡出土鍬の部品と構造案

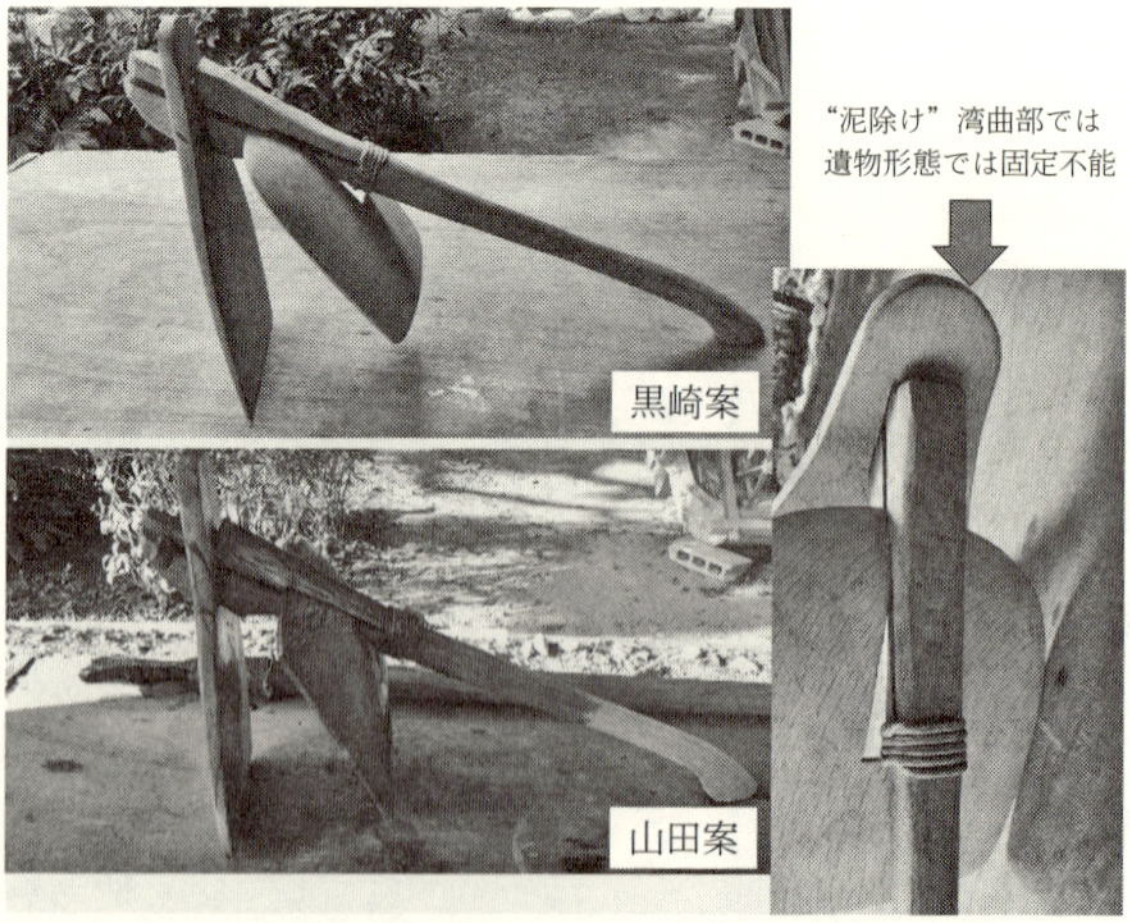

図37　那珂君休遺跡出土鍬復元の従来案と新案

現地を離れて事務所に取りに行った。しかし、現地に戻ったところ、「泥除け」が鍬構造から外れて脇に落ちていた。そこで記憶をもとに付け直して撮影した」と話されたのである。調査体制が十分でないなか、調査担当者の仕事は過酷である。だから、この事実を非難することはできないと思う。しかし、復元案では本来の固定構造が示されていない可能性が浮かびあがった。

報告の翌年、日本考古学協会の静岡大会シンポジウムで木製農具が取り上げられることになり、筆者と黒崎直が東西の木製農具のパネラーとなった。そのさいに、この鍬の別の構造案が黒崎直によって提示された。そして、鍬の裏側に付けられた部材が「泥除け」であるとする見解がそれを境に定着し、のちに奈良文化財研究所による『木器集成図録・原始編』にも引き継がれた（上原一九九三）。

筆者は、二〇一四年から板付遺跡の史跡公園で、穀類・豆類・瓜類を育成条件を変えて育てる実験を始めた。そして育成地を掘り返す鍬復元品の製作に取り掛かった。すると、黒崎案も、実は柄を着装するさいの固定具（着装補助部材）と直柄本体の組み合わせでできるスリット部に「泥除け」を組み込むことができないことがわかった（図37。出土木器から古墳時代の傾斜棚機の部材抽出が進んだ。経糸を広げる二本横材を組んだ平面的な中枠とその中枠を上下に移動させる中枠受けの構造〈最上部〉は宗像大社の金銅製の傾斜棚機と同じもので、この構造が本来のものであると考える傾向があった。しかし、出土中枠資料には三本の横材を立体的に汲んだものも確認されているし、韓国や中国の民具は三本横材のものが一般的である。栃木県甲山古墳の埴輪にも中枠受けの表現が欠落している）。那珂君休遺跡の「泥除け」は、やや大きめな方形孔の端から上下に延びる部分が、一方は湾曲させて作られ、他方は平坦に作られさらに浅い溝が作られている。すると複合柄の狭い直線的な隙間に収まるのは、この平坦な部分の方だと考えるに至った（図37山田案）。湾曲部が下位になる形態になると、筆者が主張しつづけてきた「泥受け」説も、再度検討する必要に迫られた。復元水田と畑の畝立て作業にこの復元鍬を使用してみると、水田では確かに泥ハネを防ぐこともできたが、畑の畝立て作業では、湾曲部がうまく機能し、泥集めに役立った（図38）。逆に言うと、黒崎案では泥を受け止める湾曲がないので、「泥除け」機能の方が優越した。

しかし、ここまででは完全にこの鍬の集成構造が理解されたとは言えない。実は確実にこの部品で組み合っていたはずなのに、柄本体と着装補助部材が組まれたさいにできる隙間の長さが、「泥除け」の浅い溝のある平坦部分の長

図38　復元鍬による水田掘削と畑畝立て実験

図39　柄本体と着装補助部材による隙間の埋め方案

さよりも長く、「泥除け」を挟んで組んだ場合、最初は見事に収まったのであるが、作業中に「泥除け」が前後に動くようになった。この動きに機能的な意義があるのか、それとも何か足りない部材で止るのかが課題となった。報告ではクサビ状の薄板片が共伴している。図39は、隙間にその薄板片を組み込んでみたさいの写真である。このように組み込めば、「泥除け」は動かないようになる。はたして、「泥除け」は動かして使用する部品なのか、固定使用する部品なのか。筆者は隙間部分に擦れ痕は確認できないから、この小板片で「泥除け」を動かないようにしたとする見解を有力視している。今後も実験で検証していこうと考えている。

佐賀県土生遺跡から、日本ではあまり広まらなかった「踏み鋤」が出土した。この農具も、多くの部品を集成した構造で、九州地域で部品の単独出土はあるものの、その発見数は少ない。しかし近年韓国では、「踏み鋤」の発見が続いている。釜山の古村里遺跡では、各製作工程の遺物が発見されている。土生遺跡やその周辺地域の「弥生時代」中期の方形柄孔鍬の形態は、西北部九州の同時期の鍬形態よりも、実は韓国の方形柄孔鍬の形態に近い。支石墓・甕棺の分布するこの地域の北西部、福岡・佐賀・長崎県では、韓国にも同例がある合子蓋付きの筒型漆器（黒漆に赤漆

図40　土生遺跡出土の踏み鋤部材とその使用に伴う痕跡

の細線書き）や挽き櫛などが発見されている。これらの木器の生産地がどこなのか、または生産者が、渡来系とされる集団なのか、この地域の木工技術については、日本列島の枠にとらわれない技術観・文化観で理解する必要がある。

土生遺跡の踏み鋤は、湾曲木柄・又刃先・方形孔を持つ足踏み台・留め楔で構成される集成品である。又刃先には鉄刃先（タビ）が装着される可能性もある。湾曲木柄は鋤先で土を「抉る」作業時に回転運動の荷重をかけやすくする機能がある。直柄ではそうした多方向荷重をかけにくい。図40右のように、足踏み台に収まっていた部分は摩滅・変色している。この部位の負荷が大きかったことが示されている。また、足踏み台の外側の形態は動かした土がそこに固着しないように曲面仕上げになっていて、さらに摩滅している。この踏み鋤は使用されていたのである。

この踏み鋤の構造は、前述したこの地域の方形柄孔鍬のものと類似している。堅い放射組織のあるアカガシ亜属材にこのような加工を行う工具は鉄鑿であった可能性が高い。韓国の踏み鋤の素材はクヌギであることが多く、そう考えるとこの踏み鋤は渡来系集団の工作者が九州の木を使用して製作したものと考えることができる。

弥生時代建築物の構造追及　出土集成加工遺物の部材研究で意外に不明な点が多いのが建築部材の分野である。奈良文化財研究所の宮本長二郎（宮本一九九六）や浅川滋男（浅川二〇一三）らによって、日本各地の出土建築部材の研究はリードされ、現在でも同研究所の建築史部門に属する研究者によって研究は継続している

（島田ほか二〇一〇・黒坂ほか二〇一〇）。しかし、日本建築史のなかで、中国に起源を持つ東アジアの都城や寺院建築の構造・構築法の導入以前の、掘立柱により水平方向の荷重に対する応力を確保する建築構造は、建築史の中に正確に構造が位置づけられていないので、出土部材の観察と、民族建築の構造からの類推を加えて判断することが必要である。箭と掛合による製材・手斧や槍鉋による製材技術の用材での建築の特徴も議論されていない。そのような状況なので、原始・古代の建築材研究は、構造類推の鍵になる部材の出土があれば、具体的な構造案が提示できることがあるが、遺跡から断片的に出土する数点の建築部材からでは、具体的な復元が困難な状況にある。

構造復元に成功した事例には以下のものがある。弥生時代の山木遺跡や登呂遺跡の、高床建物の壁材・柱材・ねずみ返し材・梯子材などの一括性のある出土建築材の発見によって、高床倉庫の構造がかなり明確になった事例。同じ弥生時代の池上曽根遺跡の独立棟持柱の発見を鍵とした大型高床建物の復元事例。縄文時代の忍路土場遺跡の埋設部位の長さや地上部の高さがわかる、上端に「わなぎこみ」仕口のある柱とそれに対応する仕口のある横架材の発見による竪穴建物の空間限定。岩手県御所野遺跡の火災住居の発見による、土葺き屋根構造や入口と火処の確認された事例。

報告に関わった山田・吉田・谷の三名は、この三年間、福岡県比恵遺跡検出の堰材とそこに転用された建築部材の調査を継続してきた。そして、二〇一六年に調査報告書が刊行された。この遺跡には鍵となる特別な建築部材があり、弥生時代の掘立柱高床建築の構造を具体的に復元できた。弥生時代の木造建築には、山木遺跡・登呂遺跡のように、スギの大径木を素材として打ち割り製材によって部材を確保する方式と、九州のように広葉樹の小径木をあまり分割製材せずにそのまま素材とする方式がある。直径二四〇チセンのスギも存在する静岡の地では、建築材の柱や桁の長さを一材で大きく確保できた（山田二〇〇八）。しかし、九州などの広葉樹小径木を素材とする建築では、建築部材の規模は限定される。つまり、木材の大きさの制約がある構造にならざるを得ないのである。そうした意味からは、佐賀県吉野ヶ里遺跡の楼観復元に、兵庫県の遺跡出土の針葉樹を素材とした貫穴のある柱が援用されたのは、針葉樹大径木建築と広葉樹小径木建築の用材観を不問に付した判断なのである。

比恵遺跡の出土建築部材で、構造復元の鍵になる部材は「両端に溝が作られ、その内側に貫穴のある梁材」と「多様な仕口が作られた、軒受けとでも呼ぶしかない材」である（図41）。横架材端部付近の溝がある材については、宮本長二郎が以前にも注目し（宮本二〇〇七）、「渡り顎仕口材」と組むことが推察されていた。しかし、これまで「渡り顎」のある材が、弥生時代以前には認められていなかったので、この仕口の位置づけは発展していなかった（桜町遺跡の建築部材に「渡り顎仕口」があると考えられたことがあるが、精査の結果凸部の下位が貫穴になっていることがわかり、その見解は取り下げられた）。比恵遺跡出土の建築材には、その他にも、二段出ホゾのある貫孔付き柱材・半裁床材・

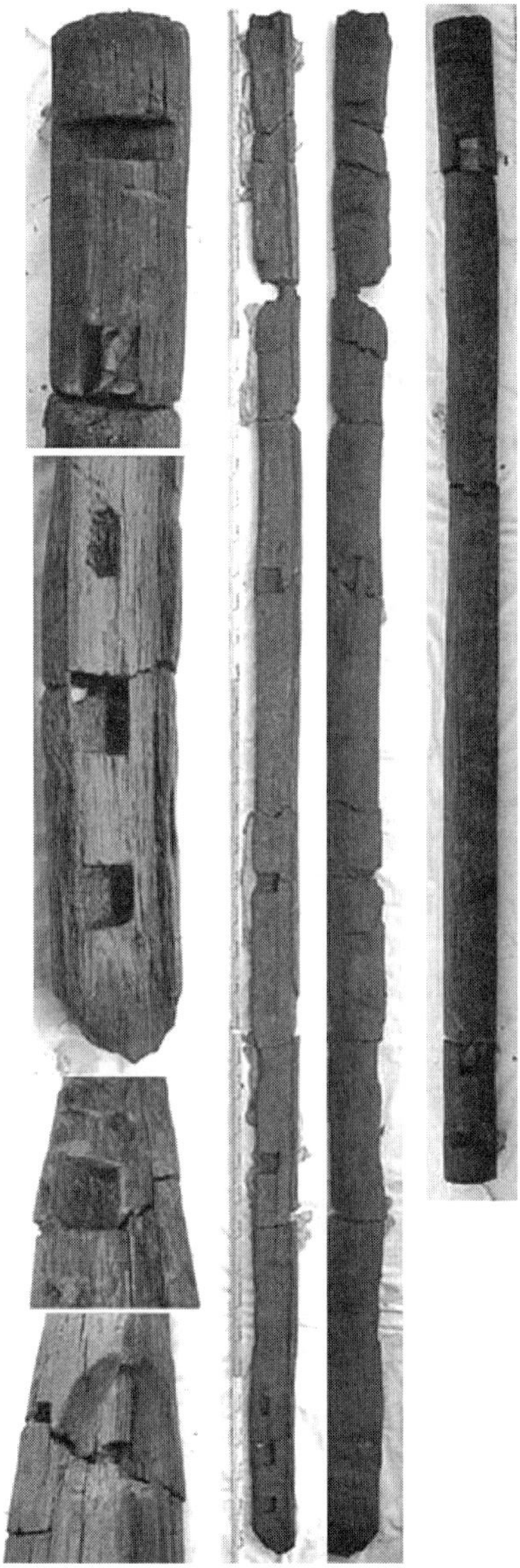

図41　比恵遺跡出土建築部材

サス材・垂木材など、広葉樹小径木材建築の他の部位材も含まれていた。もちろん堰への転用がなされているので、すべてを一棟のものと考えることはできない。しかし、鍵となる二材を確認した筆者は、その日のうちに図42のような、復元案を作ることができた（現在並行して作成している論文では、棟木の無い復元案に修正されている）。

「梁材」の貫穴に、柱上部の二段出ホゾの下位の部分が組まれ、端部の溝に「軒受け材」下面に作られた「渡り顎」が組まれると考えると、あとは簡単だった。二段出ホゾの上位には桁材《けたざい》が組み込まれた。すると垂木《たるき》の掻き込みと端部をとがらせる形態は、軒受けの孔に端部が差し込み、掻き込みが桁材に組まれることになった。垂木の上下については、これまで判断が定められていなかったが、少なくともこの建築では太く掻きこみのある方が下位になることになった。「軒受け」は一端が欠けていたが「渡り顎」は三ヵ所に作られていると考えられるので、この建築物は一間二間の高床構造であることになった。また「軒受け」上面には垂木尻を差し込む穴が七ヵ所に開けられていて、外側に凸部が作られ屋根材の下端をそこで受ける構造になっていた。垂木受け穴と凸部の間隔は狭く、草葺きと考えるよりも板か樹皮程度の厚さに対応すると考えられた。「軒受け」の端部には板か樹皮で葺いた部分を抑える細い棒材が差し込まれると考えられる、横に伸びる穴が作られ、その外側に妻側の破風材を止めるためのものと考えられる二つの貫穴が作られていた。「軒受け」とした建築部材は、機能的には樋の役割も果たすものと考えられる。また三〇㌢程度であるが、このような復元案からは庇《ひさし》の存在が示される。

最近開館した韓国釜山にある鼎冠博物館には、新都心開発に関わって発見された資料の展示や、野外復元施設が作られている。その野外展示には、韓国の民俗建築の構造も活用したのであろう小径木建築があった。床柱の上に大引きを架け、その上に半裁材の床板を並べる構造であった。床板は二列に組まれていた。それは、材獲得の容易さも考えられるが、構築時の作業を楽にするために、一材で渡さなかったと考えられる。復元案は敷方向を逆にした三列置

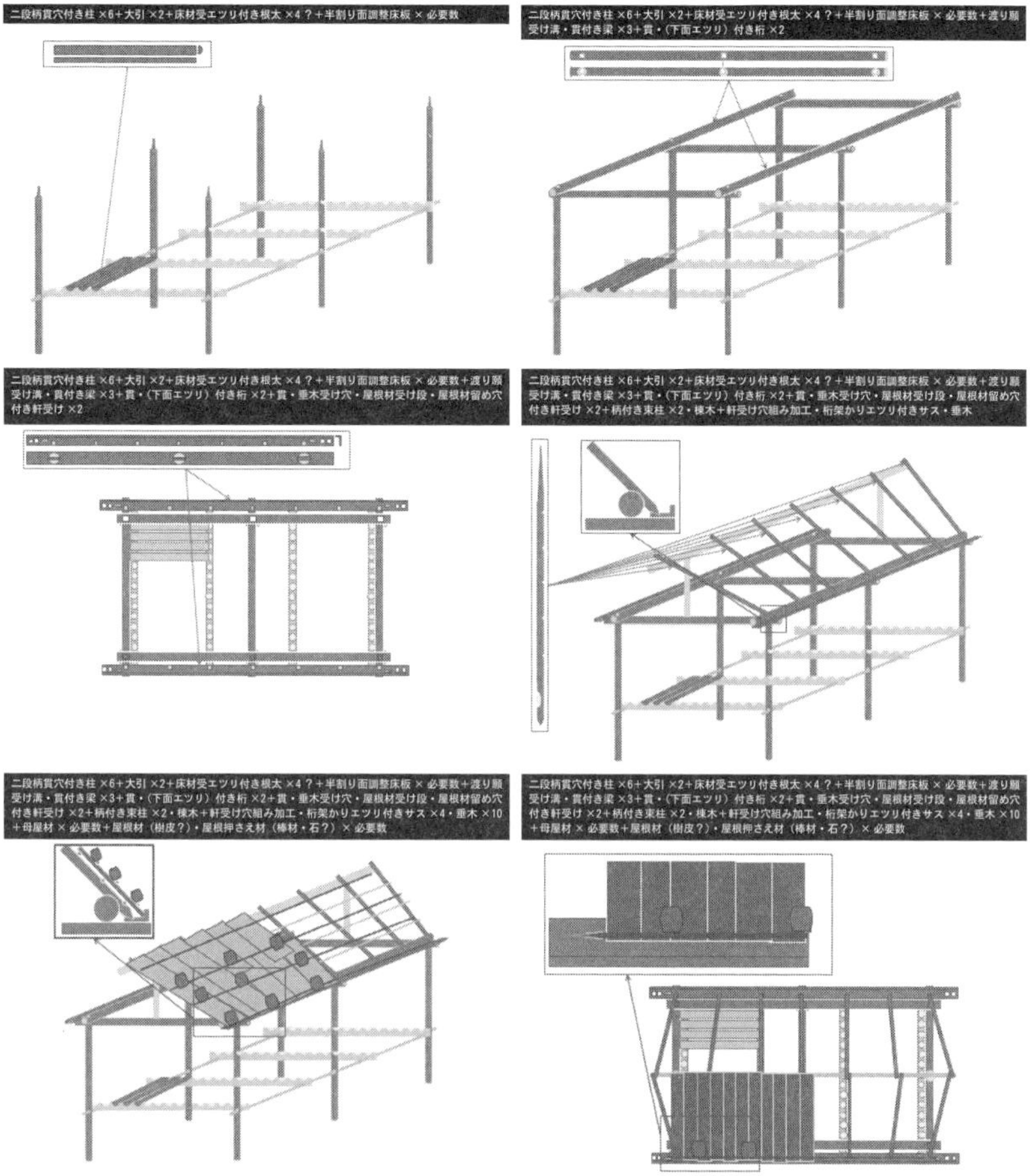

図 42　比恵遺跡出土建築部材からの構造・構築復元案（吉田・谷・山田 2018 より抜粋）

図 43　韓国の小径木復元建築（釜山鼎冠博物館）

きにしたが、韓国の復元家屋のような方向を変えた並べ方も十分考えられる（図43）。

おわりに

気が付くと、出土木器の研究を始めて四五年の年月が経過した。この間、日本考古学の研究構造は大きく変わり、文系・理工系の複合科学に移行しつつあるように見える。また、遺物の形態研究と時空間整理という研究スタイルは一新され、素材別研究も単独では議論が及ばないことが多いことがわかりはじめた。そのなかで、木器研究は、多素材遺物との接点が多く、石器研究とも金属器研究とも、そして骨角器研究とも結びつく分野である。そして考古学者が陥りがちな時代別研究から解放されて、旧石器時代から近世近代までの研究器関わることができる研究素材である。木器研究によって、具体的な道具や施設の議論が可能になるので、復元器具による実験を行うと、効力や効率で技術を論じることができるようになった。人類が交渉した、土壌や土地の形成過程や森林資源生態との関わりの議論ができるようになった。この一見厄介な内容を背負って地図のない研究を続けた結果、これまでの考古学とは明らかに違う世界が広がった。単純な例で説明すると、竪穴住居を作ることができる地層は限定されていて、日本列島東部の台地や河岸段丘のローム層は、地下水との関係の問題がなく、石刃工具や木刃工具でも掘削ができる土地であることを示すことができた。西部の土地はそうした場所が少なく、竪穴を掘ろうとすると石に当たったり、水が出たりする場所もある。工具の鉄器化を二〇世紀の経済観や権力・武力と関係させて議論するだけでなく、交渉資源や交渉可能地の拡大、そして交渉可能地の造成など、人類の生き方を測る新しい尺度で研究することができた。

技術を議論することは、そうした構想を始めた筆者にとって必要不可欠なことだった。大学院生の時代に、技術論論争史を学び、小林行雄の『古代の技術』は、自主ゼミの輪読書であった。今回の企画「モノと技術の古代史」に、なんとか木工技術を纏めることができたことは、地図のなかった私の研究生活にとって、かなり大きな出来事であった。

参考文献

浅川滋男『建築考古学の実証と復元研究』同成社、二〇一三年
荒木ヨシ「縄文時代の網代編み」『物質文化』一二号、物質文化研究会、一九六八年
荒山千恵『音の考古学――楽器の源流を探る』北海道大学出版会、二〇一四年
飯塚武司「農耕社会成立期の木工技術の伝播と変容」『古代学研究』四九巻四号、古代学研究会、二〇〇一年
飯塚武司「弥生時代の木器生産を巡る諸問題」『考古学研究』五一巻一号、考古学研究会、二〇〇四年
市川淳子「織機形埴輪」『甲塚古墳――下野国分寺史跡整備関連発掘調査報告書』下野市教育委員会、二〇一四年
伊東隆夫・山田昌久編『木の考古学――出土木製品用材データベース』海青社、二〇一二年
伊藤友久「建築部材」『上信越道埋蔵文化時亜発掘調査報告書　長野市内その8　川田条里遺跡（遺物編）』長野県埋蔵文化財センター、二〇〇〇年
井上章一『伊勢神宮――魅惑の日本建築』講談社、二〇〇九年（二〇一三年に講談社学術文庫『伊勢神宮と日本美』として再刊）
上原真人『木器集成図録　近畿原始篇』（奈良国立文化財研究所史料）第三六冊、一九九三年
笠原　潔『埋もれた楽器――音楽考古学の現場から』春秋社、二〇〇四年
笠原　潔「音楽学から見た出土木製品」『木・人・文化――出土木器研究会論集』出土木器研究会、二〇〇九年
金子裕之「古代の木製模造品」『研究論集Ⅵ』奈良国立文化財研究所、一九八〇年
黒川真頼『工芸志料』博物局、一八七八年／『増補訂正　工芸志料』宮内省博物館蔵版、一八八八年
黒坂貴裕ほか『出土建築材における調査方法についての研究報告』平成十八〜二十一年度科学研究費補助金基盤研究（A）研究成果報告書、国立文化財機構奈良文化財研究所、二〇一〇年
黒崎　直「木製農耕具の性格と弥生社会の動向」『考古学研究』一六巻三号、考古学研究会、一九七〇年

黒崎　直「泥除けについて」『日本考古学協会静岡大会資料集』一九八八年
黒須亜希子「紡織具の導入とその変遷」『木器研究最前線――出土木器が語る考古学』大阪文化財センター、二〇〇七年
黒須亜希子「機織り」『古墳時代の考古学5　時代を支えた生産と技術』同成社、二〇一二年
工楽善通「弥生時代の器」『古代史復元5　弥生人の造形』講談社、一九八九年
河野通明『大化の改新は身近にあった――公地制・天皇・農業の一新』和泉書院、二〇一六年
小林行雄『古代の技術』塙書房、一九六二年
小林行雄『続古代の技術』塙書房、一九六四年
佐々木由香「編組製品」『下宅部遺跡Ｉ』（1）東村山市遺跡調査会、二〇〇六年
笹生　衛『日本古代の祭祀考古学』吉川弘文館、二〇一二年
塩地潤一・永井美香・小野綾夏・伊藤咲子・山田昌久「縄文時代編み籠の技法・構造・素材処理研究」『人類誌集報2015―4』首都大学東京考古学研究室、二〇一五年
島地謙・伊東隆夫『日本の遺跡出土木製品総覧』雄山閣出版、一九八八年
島田敏男ほか『遺跡出土の建築部材に関する総合的研究』平成十八〜二十一年度科学研究費補助金基盤研究（Ａ）研究成果報告書、国立文化財機構奈良文化財研究所、二〇一〇年
鈴木裕明「古墳時代の翳」『博古研究』二一号、博古研究会、二〇〇〇年
鈴木裕明「古墳時代前期の団扇形木製品の展開とその背景」『初期古墳と大和の考古学』学生社、二〇〇三年
関野　克「住居址と倉庫址の建築学的考察」『登呂（本編）』毎日新聞社、一九四九年
田代克己「石器・木器をつくるむら、つくらないむら」『弥生文化の研究7　弥生集落』雄山閣出版、一九八六年
角山幸洋「織物」『古墳時代の研究5　生産と流通Ⅱ』雄山閣出版、一九九一年
中川　毅『人類と気候の10万年史』（ブルーバックス）講談社、二〇一七年
名久井文明「東日本における樹皮製民具の製作技術とその確立期について」『山と民具』日本民具学会、一九八八年
名久井文明「東日本における樹皮利用の分化――加工技術の体系と伝統」『国立民族学博物館研究報告』一八巻二号、一九九三年
名久井文明『樹皮の文化史』吉川弘文館、一九九九年

沼田　巌「竹細工の民族学的研究」『物質文化』五号、物質文化研究会、一九六五年
根木　修「木製農耕具の意義」『考古学研究』二二巻四号、考古学研究会、一九七六年
橋本達也「盾の系譜」『国家形成期の考古学』大阪大学考古学研究室、一九九九年
橋本達也「弥生から古墳時代の甲冑系譜と形式論」『古代武器研究』二、古代武器研究会、二〇〇一年
東村純子「輪状式原始機の研究」『古代文化』六〇巻一号、古代学協会、二〇〇八年
東村純子『考古学から見た古代日本の紡織』六一書房、二〇〇九年
樋上　昇「三～五世紀の地域間交流――東海系曲柄鍬の波及と展開」『日本考古学』一〇号、日本考古学協会、二〇〇〇年
樋上　昇「集落・居館・都市的遺跡と生活用具――中部」『考古学大観10　弥生・古墳時代―遺跡・遺構―』小学館、二〇〇四年
樋上　昇「木製容器から見た弥生後期の首長と社会」『木・人・文化――出土木器研究会論集』出土木器研究会、二〇〇九年
樋上昇ほか『朝日遺跡Ⅲ　木器・骨角器・金属器編』愛知県埋蔵文化財センター、一九九二年
穂積裕昌「古墳時代木製祭祀具の再編」『木・人・文化――出土木器研究会論集』出土木器研究会、二〇〇九年
本間一恵「弥生のかごを復元する」『青谷上寺地遺跡出土品調査研究報告1　木製容器・かご』鳥取県埋蔵文化財センター、二〇〇五年
町田　章「木工技術の展開」『古代史発掘4　稲作の始まり』講談社、一九七五年
町田章・上原真人『木器集成図録　近畿原始篇』（奈良国立文化財研究所史料）第二七冊、一九八五年
宮島義和『上信越自動車道埋蔵文化財発掘調査報告書――更埴条里遺跡・屋代遺跡群』長野県埋蔵文化財センター、一九九八年
宮本長二郎『日本原始古代の住居建築』中央公論美術出版、一九九六年
宮本長二郎『出土建築材が解く古代建築――日本の美術』四九〇号、至文堂、二〇〇七年
森川昌和・山田昌久「縄文前期の石斧柄」『どるめん』一〇号、ＪＩＣＣ出版局、一九七六年
柳原梢子「縄文時代のかごの研究」『東京大学考古学研究室研究紀要』二二号、二〇〇八年
山田昌久「木製品」『鳥浜貝塚――縄文時代低湿地遺跡の発掘調査報告』福井県教育委員会、一九七九年
山田昌久「木質遺物研究に際しての覚え書き」『駿台史学』四八号、駿台史学会、一九八一年
山田昌久「くわとすきの来た道」『新保遺跡1　本文編』群馬県埋蔵文化財調査事業団、一九八六年

山田昌久「石斧と石斧柄」『季刊　考古学』三五号（石器と人類の歴史）、雄山閣出版、一九九〇年
山田昌久「日本列島における木質遺物出土遺跡文献集成——用材から見た人間・植物関係史」『植生史研究』特別一号、一九九三年
山田昌久『考古資料大観8　弥生・古墳時代——木・繊維製品』小学館、二〇〇三年
山田昌久「縄文・弥生幻想からの覚醒」『現代の考古学2　食糧獲得社会の考古学』朝倉書店、二〇〇五年
山田昌久「弥生時代平野スギ大径木利用構想——静岡県登呂遺跡出土材からの用材法復元」『特別史跡登呂遺跡再発掘調査報告書（自然科学分析・総括編）』静岡市教育委員会、二〇〇六年
山田昌久「木の利用と実験考古学——住環境整備に限定して」『縄文時代の考古学6　ものつくり』同成社、二〇〇七年
山田昌久「弥生時代の木工技術と農具生産」『穂落とし神の足跡——農具でひもとく弥生社会』大阪弥生博物館、二〇一二年
山田昌久「縄文時代に人類は植物をどのように利用したか」『講座　日本考古学4　縄文時代・下』青木書店、二〇一四年
山田昌久「木器研究における観察力と研究構想力の養成」『朝日木器研究会資料集』二〇一六年
山田昌久「道具と資源環境——運用技術・道具名称・交渉環境を探る」『神奈川大学常民分化研究所年報２０１５』二〇一七年
山田昌久「遺跡研究でこそ可能なパブリック・アーケオロジー」『地底の森ミュージアム・縄文の森広場研究紀要２０１６』二〇一七年
山田光洋『ものが語る歴史1　楽器の考古学』同成社、一九九八年
山本輝雄「直行軸採用建築の成立——所謂掘立柱建物の一研究」『九州歴史資料館開館十周年記念・大宰府古文化論叢・下』吉川弘文館、一九八三年
山本輝雄「住居の上屋構造と建築材」『古墳時代の研究2　集落と豪族居館』雄山閣出版、一九九一年
力武卓治『那珂久平遺跡Ⅱ』福岡市教育委員会、一九八七年
渡辺　晶『日本建築技術史の研究』中央公論美術出版、二〇〇四年

コラム

工具形成過程史と木組み技法

山田昌久

原始・古代の木工技術に、仕口《しぐち》・継ぎ手の起源を追究することは、奈良国立文化財研究所の『木器集成図録・古代篇』に始まった。木組み加工の技法には結束や接着の手法もあるが、仕口・継ぎ手の技法は、古代都城の出土材や寺社の現存建築材、そして曲げ物、指し物などの器具部材など、広範な運用が確認されている。しかし、原始・古代の遺物は、室町時代後期と考えられる縦挽き鋸と台カンナによる製材技術の導入や、鎌倉時代の大仏（天竺）様といわれる中国宋代技術の導入以前の技術で製作されたものである。技術を全く同じと考えることはできない。

一方、出土鉄刃木工具からは、平安時代の『倭名類聚抄』にある木工具、斧・鑿・槌・錐・鉋・鋸の、ほとんどの木工具が、弥生時代の遺物で確認されている。しかし、鋸は基本的に横挽き鋸で、弥生時代では小型の板鋸で、張り鋸は古墳時代から、木の葉鋸は古代からと時代差があり、張りや刃高・刀長で切削面を平坦に加工する効果を次第に高めていったことが分かる。また、鉋は、長崎県原の辻・カラカミ遺跡の資料発見以来、ヤリガンナと呼ぶことが一般化したが、弥生時代には無茎鉋刃先もあり、古墳時代の小型長茎鉋刃先も含め、現在認識されているヤリガンナと同一の工具として括るのは議論の余地がある。古墳時代の鉋はさらに刃先形態が多様化し、轆轤《ろくろ》カンナの存在を想定する見解もあるが、多くの研究者の賛同を得るものにはいまだ至っていない。出土木器の加工痕からは、鳥取県青谷上寺地遺跡の高杯の多重併行浮線を轆轤整形とする説があり、今後の研究が待たれる。

縄文~弥生時代の石刃木工具は、切削機能付加や材質強靭性の低さの点で、単純に形態比較することでは鉄刃工具と系統関係をさかのぼらせて位置付けることはできない。本文中の長刃工具の説明でも、固定部分の長さなどの問題も含めて、鉄刃と同じ形態によっての制動はできないことを説明したが、鑿についても、石製の刃先では抉るような多方向荷重に対する応力が低いので、鑿先形石器があったとしても先端部での切削以外の制動法は荷重圧に耐えうる限界があるから、鑿機能のすべてをさかのぼらせることはできない。原始・古代の工具研究は、このように工具の概念自体を時系列の中でどのように規定するか、器具名称を大枠で括る以外の課題を有している。

このような工具形成過程を考慮すると、縄文時代の北海道忍路土場《おしよろどば》遺跡出土材の「ワナギコミ」様加工、富山県桜町遺跡の柱材の「ヌキ」や「エツリアナ」様の加工、石川県真脇遺跡の五平様材に「デホゾ」様の加工や岐阜県宮ノ前遺跡出土の五平様材の横架材の、「カキコミ」加工など、石刃工具の段階での仕口の存在を、近世・近代の木工技術の仕口加工の起源として良いかどうかは、一考すべきである。小林行雄一九六四で鉄器導入後とされた木組み技法に類似した加工が、石器でも行い得たことは石鑿による加工実験でも確認できた。しかし、それらの技術発揮を伝統的木組み技法の系譜内に組み込めるかと問われると、答えるのは容易でない。木組み材の素材や木取からも、広葉樹の小径木芯持ち材を、そのままの丸太かチョウナで面調整した角材は、材の暴れが大きく、近世の十分に寝かせた木材を縦挽き製材し台カンナ仕上げした四寸角材の仕口製作とは、区別して整理する必要がある技法とするべきだろう。

弥生時代になると、鳥取県青谷上寺地遺跡のスギ芯持ち柱材に、「ワナギコミ」や高位置の「ヌキ」がある遺物があり、静岡県瀬名・池ヶ谷遺跡の接線面割り製材の屋根材や壁材には、「片接ぎ継ぎ紐（蔓）閉じ」と言える遺物がある（浅川は別の木組みと考える説を出している）。古墳時代前期の埼玉県城敷遺跡の「ヒブクラハギ」接ぎ手のある壁板材もある。曲げ物や弦楽器には、木釘留めや樹皮綴りの技法も多用されている。

しかし、出土材研究は「木工技法」の個々の技法がどのように形成されてきたのかを担う研究であるのだから、木組み技法の認定を「演繹法」で行うのではなく、木工具・素材木・組み構造から「帰納法」で判定した上での、起源追究が必要である。奈良文化財研究所二〇一〇は、そうした遺物研究時の技法認識法を整理しており、安易な技法適用を戒める好著であり今後の整備が期待される。

参考文献

浅川滋男『先史日本の住居とその変遷』同成社、一九九八年
小林行雄『続古代の技術』創元社、一九六四年
小矢部市教育委員会『出土建築材集成—縄文・弥生・古墳時代編—』二〇〇五年
鳥取環境大学浅川研究室編『山陰地域の弥生時代建築に関する実証的復元研究』二〇〇八年
奈良文化財研究所『出土建築部材における調査方法についての研究報告』科学研究費補助金基盤研究（A）課題番号一八二〇二〇二六、二〇一〇年
宮本長二郎『日本原始古代の住居建築』中央公論美術出版、一九九六年
宮本長二郎『原始古代住居の復元』日本の美術四二〇、至文堂、二〇〇一年
山田昌久『考古資料大観8　木・繊維製品』小学館、二〇〇三年
渡辺　晶『日本建築技術史の研究—大工道具の発達史—』中央公論美術出版、二〇〇四年

二　木製品の組成と社会変容

樋上　昇

1　日本史のなかの木製品

さまざまな木の道具　プラスティック製品が私たちの生活に広く普及しはじめたのは、昭和三十年代前半のこととされている。それ以前は、人々の日常生活に関わるさまざまな場面で木の道具類が使われていた。これは国土の約七割を森林資源に覆われた「木の国にっぽん」ならではのことである。そして旧石器・縄文・弥生・古墳・古代と、その時々の生活様式と周辺環境の変化に合わせて使用される木製品も刻々と変化していった。この変化は単独の木製品のかたちにとどまらず、その組み合わせ方（組成）と使用された木の種類（樹種）の違いにも現れているはずである。本章では、木製品の豊富な出土例に接することができる縄文時代早期から古墳時代の終わりまで、それぞれの時代の人々は、どのような「組成」と「樹種」の木製品を使ってきたのかをみていくこととしたい。

生活物資として　八二～八三頁の表は、おもに弥生～古墳時代の遺跡から出土する木製品を思いつくままに書き出したものである。これをみると、日常生活から儀礼・祭祀、さらには埋葬で使われるものにいたるまで、ありとあらゆる生活物資が木を素材として作られていたことがわかる。しかし今さらいうまでもなく、実際の考古遺物は木以外に石・土・骨角・青銅・鉄など、さまざまな素材が使われている。それら木以外の素材が用いられた道具の機能をみてみると、石――掘削具（石鍬《いしぐわ》）、農具（石庖丁《いしぼうちょう》・石鎌）、工具（石斧《せきふ》）、狩猟具・武器（石鏃《せきぞく》・石槍《せきそう》・石剣《せきけん》・石戈《せきか》）、装身具（玉類）、祭祀具（石棒・石冠《せっかん》・御物石器）、葬具（石室・石棺《せっかん》）、建築部材（礎石・根石《ねいし》）、土木材（石垣）、土――容器・食事具（各種土器・土製匙《さじ》）、装身具（耳飾り）、祭祀具（土偶）、楽器（塤）、骨角――狩猟具・武器（骨鏃・根挟み・刀剣装具）、漁撈具（アワビオコシ・銛《もり》・刺突《しとつ》具・釣針）、装身具（かんざし・首飾り・腰飾り・腕輪）、祭祀具（武器形）、楽器（ササラ）、青銅――掘削具、武器（銅剣・銅矛《どうほこ》・銅戈《どうか》・銅鏃）、装身具（銅釧）、祭祀具（銅鐸・銅鏡・巴《ともえ》形銅器）、鉄――掘削具、農具（鉄鎌・穂摘み具）、工具（鉄斧・ヤリガンナ・鑿《のみ》・刀子《とうす》）、武器（甲冑・鉄剣・鉄刀・鉄鏃）、装身具（鉄釧）、威儀具（儀杖）というように、木製品に比べてかなり限定的であることがわかる。

　では次節より、縄文時代・弥生時代・古墳時代と順を追って、それぞれの時代における木製品の「組成」と「樹種」の変化と、そこからわかる社会の変容をみていくこととしたい。

中分類
団扇
翳
環形付
蓋
装飾板
琴
筑状弦楽器
横笛
ササラ
棺材
古墳立物
柱
梁
桁
根太
床板
壁板
屋根板
垂木
扠首
扉板
楣
蹴放し
方立
辺付
閂
ネズミ返し
杭
矢板
井戸枠
角棒
丸棒
2分の1
4分の1
8分の1

表　弥生・古墳時代木製品の器種分類

大分類	中分類	大分類	中分類	大分類
掘削具・柄	直柄鍬	運搬具・漁携具	ソリ	威儀具
	曲柄鍬		修羅	
	泥除け具		背負子	
	一木鋤		天秤棒	
	組合せ鋤		刺突具	
	馬鍬		網枠	楽器
	犂		アカ取り	
	直柄		浮子	
	曲柄	紡織具・編み具	紡錘	
農具	杵		桛	葬具
	臼		綛かけ	
	田下駄		タタリ	建築部材
	穂摘み具		糸枠	
	鎌柄		整経台	
	刈払い具		整経箆	
	モミスクイ		原始機	
工具・調度・雑具	縦斧柄		地機	
	横斧柄		編み台	
	クサビ		木錘	
	カケヤ	容器・食事具	刳物	
	ヨコヅチ		挽物	
	机		曲物	
	腰掛け		桶・樽	
	ヘラ		編み物	
	自在鉤		杓子(掬い具)	
	発火具		匙	
狩猟具・武器・馬具	弓		フォーク	
	弩	装身具	履	土木材
	矢		下駄	
	鑓		かんざし	
	甲		櫛	棒
	靫負		腕輪	
	刀剣装具	祭祀具	武器形	板
	盾		動物形	残材
	戈		木偶	分割材
	鞍		人形	
	鐙		陽物形	
運搬具・漁携具	丸木舟		舟形	丸太
	準構造船		斎串	
	櫂	威儀具	儀杖	

註　樋上2012bを改変。

2　縄文時代の木製品

最古の木製品　現在、まとまった量の木製品が出土している最も古い遺跡は縄文時代早期の東名《ひがしみよう》遺跡（佐賀県佐賀市）である（図1）。ここでは狩猟具としての弓（図1―3）、漁撈・運搬具としての櫂《かい》（図1―4）、容器・食事具としての刳物《くりもの》容器（図1―7〜15）と掬《すく》い具（匙、図1―5・6）、装身具としての竪櫛（図1―1・2）が認められる。また、この遺跡からは出土していないが、櫂の存在から丸木舟（図3―17）も用いられていたと考えられる。樹種では、弓にクスノキ科という後世ではあまり使わない樹種が用いられている。刳物容器はクリ・コナラ節・ヤマグワといった樹種の瘤をあえて利用したものが多い。竪櫛はツバキ属やヒサカキの細い材を折り曲げて束ねている。こういった細工は、この東名遺跡からまとまって出土した編みカゴ類と共通性がみいだせる。

道具の出現　続く縄文時代前期には岩渡小谷4遺跡（青森県青森市）、押出《おんだし》遺跡（山形県東置賜郡高畠町）、真脇遺跡（石川県鳳珠郡能登町）、鳥浜貝塚（福井県三方上中郡若狭町）など、縄文時代中期には寿能泥炭層遺跡（埼玉県さいたま市）、入江内湖遺跡（滋賀県米原市）などから多数の木製品が出土している（図2・3）。この時期になると、掘削具としての掘り棒？（図3―12）のほか、樹木の伐採・加工をおこなうための縦斧柄（図3―15）、漁撈具としてタモ網の枠木（図3―16）が一定量ともなうようになる。この時期の伐採斧は、もっぱら木の枝分かれ部分を利用している。なお、伐採斧と同様に木の枝分かれ部分を利用した鍬膝柄？（図3―11）と、これに結わえて用いた可能性のある、弥生時代の曲柄鍬とよく似たかたちの曲柄鍬？（図3―10）も存在する。だが、樹種が針葉樹（マツ属）であり、アカガシ亜属やコナラ節など堅い広葉樹を用いた弥生時代以降の曲柄鍬とは異なるために、本当に鍬として竪穴建物な

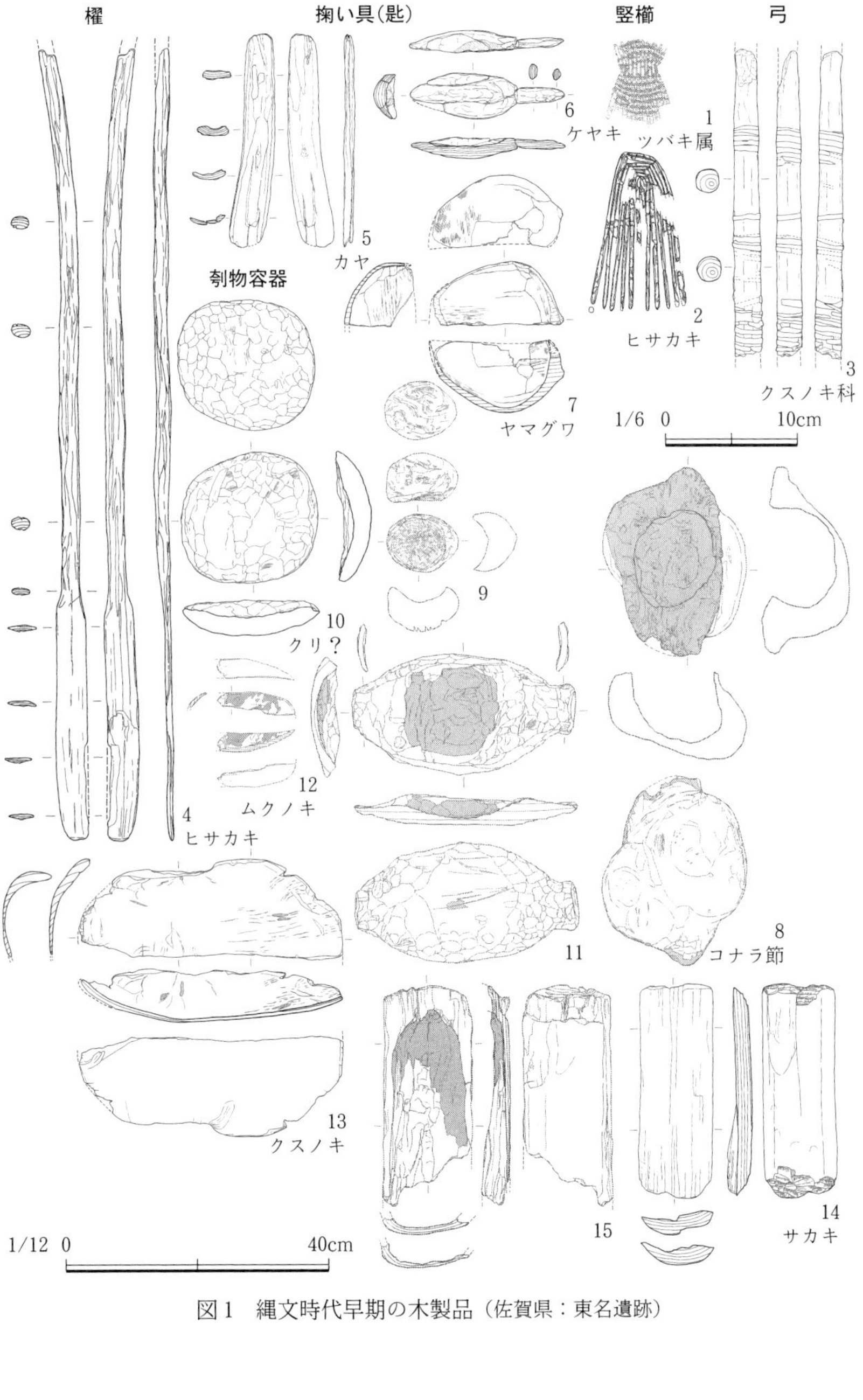

図1　縄文時代早期の木製品（佐賀県：東名遺跡）

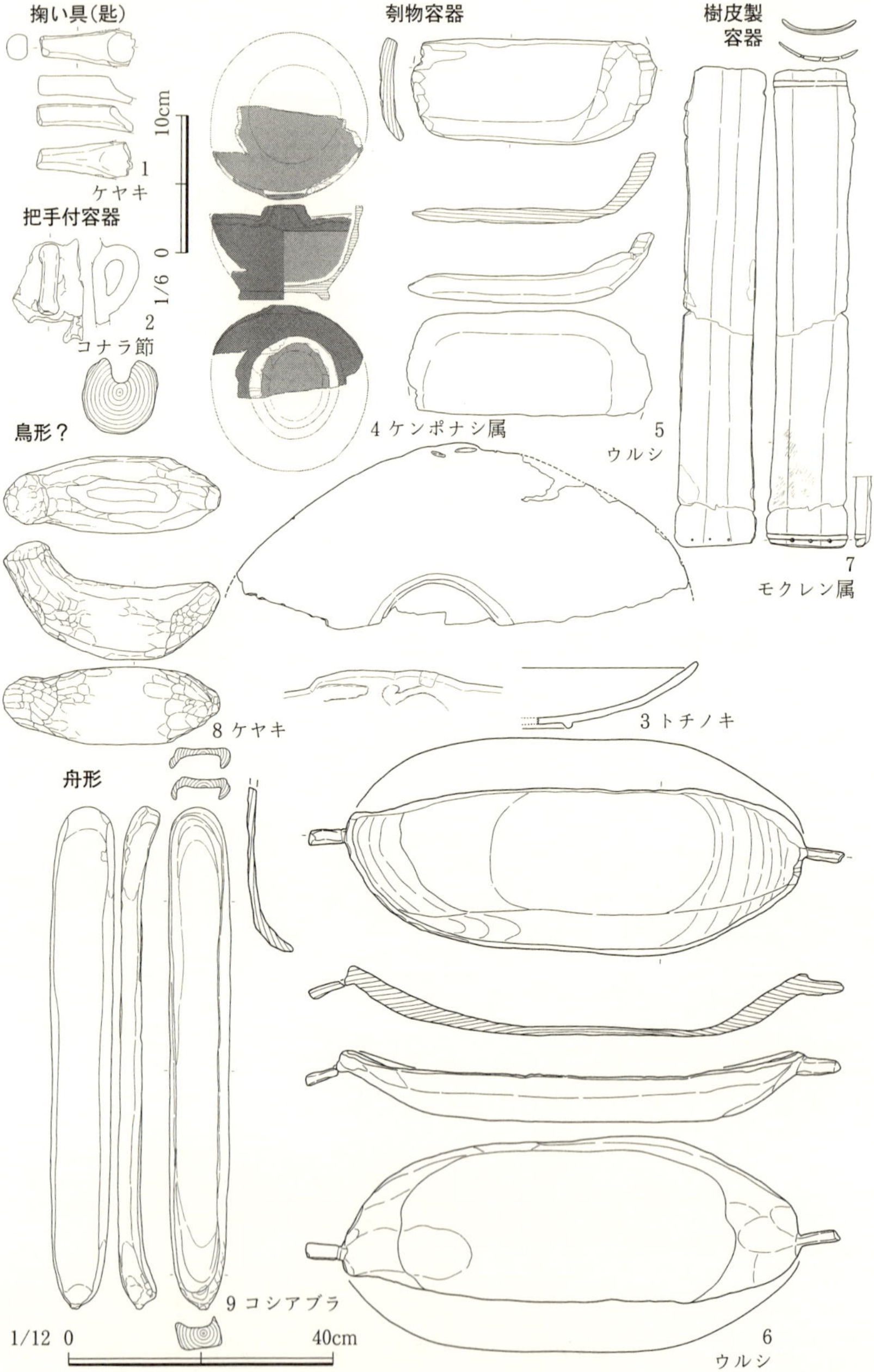

図２　縄文時代前・中期の木製品—1（各数字の凡例註は図３を参照）

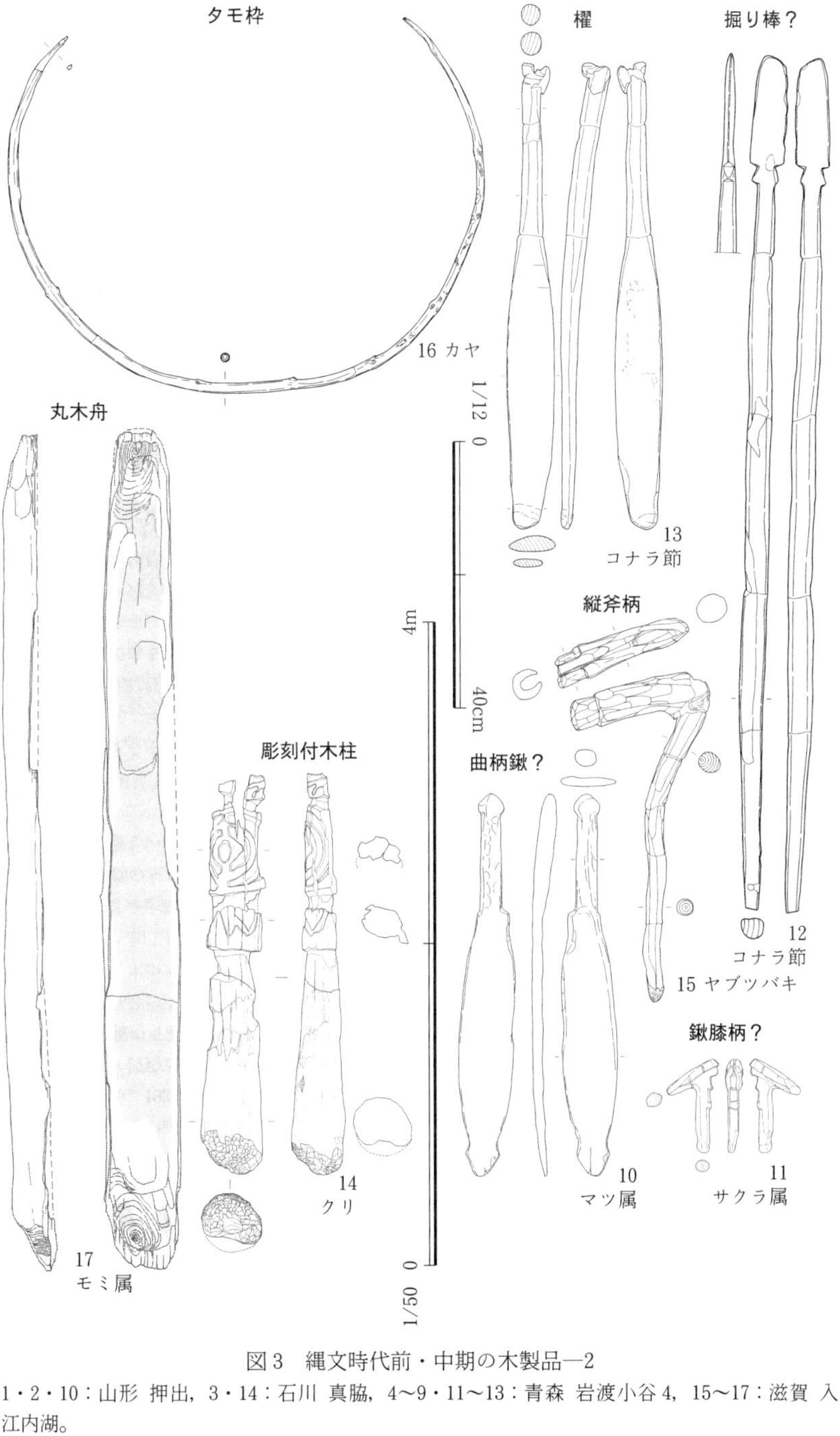

図3　縄文時代前・中期の木製品―2

1・2・10：山形 押出，3・14：石川 真脇，4～9・11～13：青森 岩渡小谷4，15～17：滋賀 入江内湖。

どの掘削に用いられたのかどうかは、まだよくわからない。

さらに縄文時代早期の東名遺跡にはなかった、鳥や舟を模した祭祀具（図2―8・9）や彫刻をほどこした木柱（図3―14）など、縄文人の信仰・儀礼を窺わせるような木製品も現れる。このことは、根菜類の採取や魚の獲得に用いられる掘り棒や櫂の把手にほどこされた装飾にも反映されており、食料獲得用の道具に込められた縄文人の想いが伝わってくる。

容器類は、高台を作りだした椀や皿（図2―3・4）、把手のあるジョッキ形の鉢（図2―2）、樹皮を用いた円筒形容器（図2―7）など、かたちやサイズが多様化し、赤や黒の漆で飾られるようになる。このような装飾化された容器類は、日常生活とは異なる場面で用いられた可能性も考えられる。

縦斧の変化　縄文時代後期には木製品が出土する遺跡数はさらに増加するが、基本的な器種の組成は縄文時代前・中期とはさほど変わらない（図4・5）。ただ縄文時代晩期になると、縦斧柄が膝柄のものから真っ直ぐな柄の一端に穴を開けて石斧を挿入するかたち（直柄、図4―32）に変わり、草をなぎ払うのに用いたと考えられる刈り払い具（図5―38）などの新しい器種が登場する。これらは中国大陸から朝鮮半島を通じて流入してきた可能性が高く、水稲耕作との関連を考えておく必要がある。そしてこののち、弥生時代の伐採斧は基本的に、この直柄タイプに置き換わる。

縄文時代の木製品の木取りをみると、ほとんどが芯持ちの丸木か板目取りで、弥生時代以降のような幅の広い柾目取りの材がほとんどないことに気がつく。そこで、荒屋敷遺跡（福島県大沼郡三島町、縄文時代晩期）出土の刳物容器を例に、縄文時代の木取り法の特徴をみておく。ここでは、底部を木の中心（樹芯）側に設定する木取り（図6―右）と、逆に口縁部が樹芯側になる木取り（図6―左）の、大きく二つの方法があり、とくに後者が縄文時代においてさ

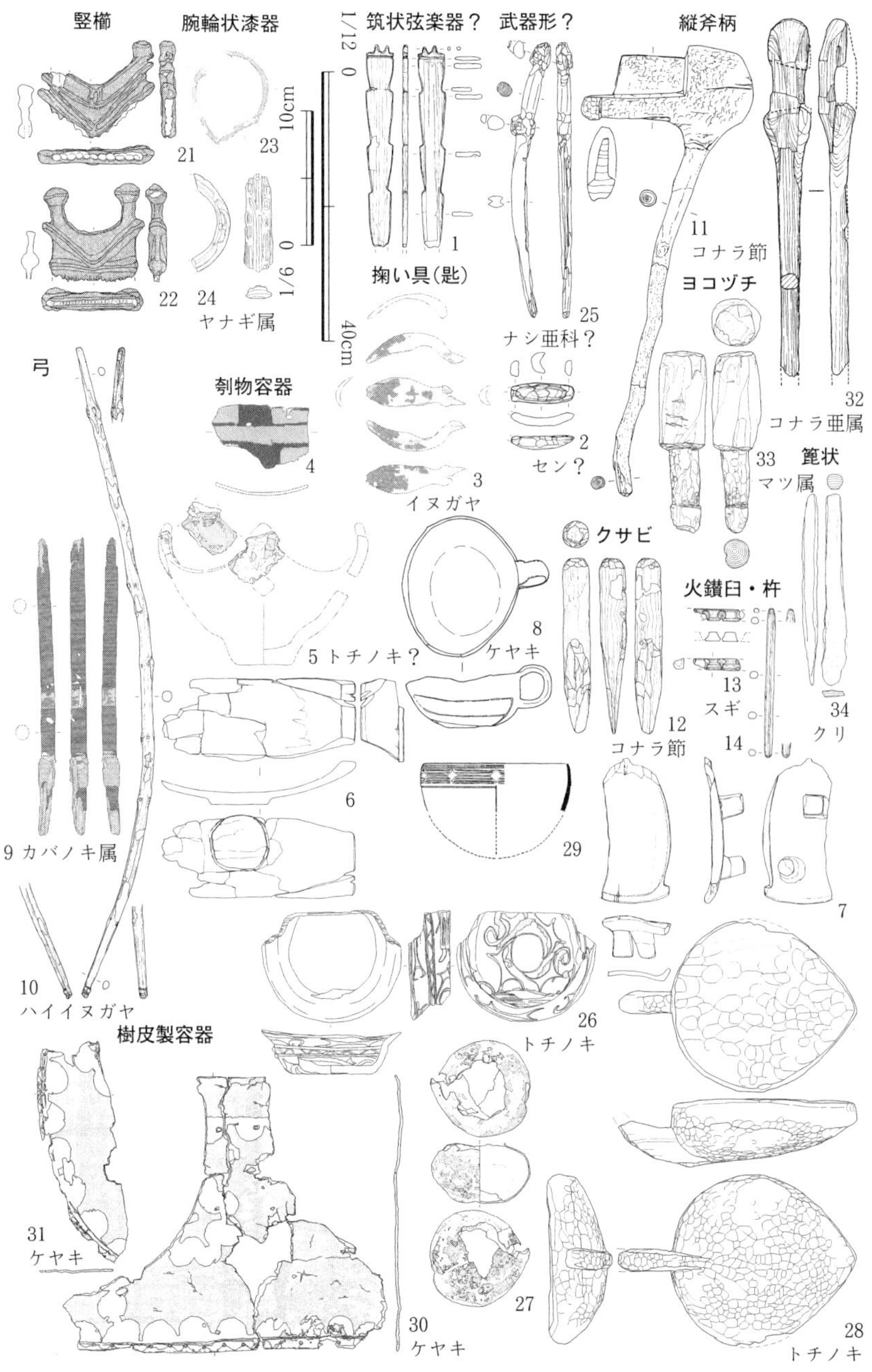

図４　縄文時代後・晩期の木製品―1（各数字の凡例註は図５を参照）

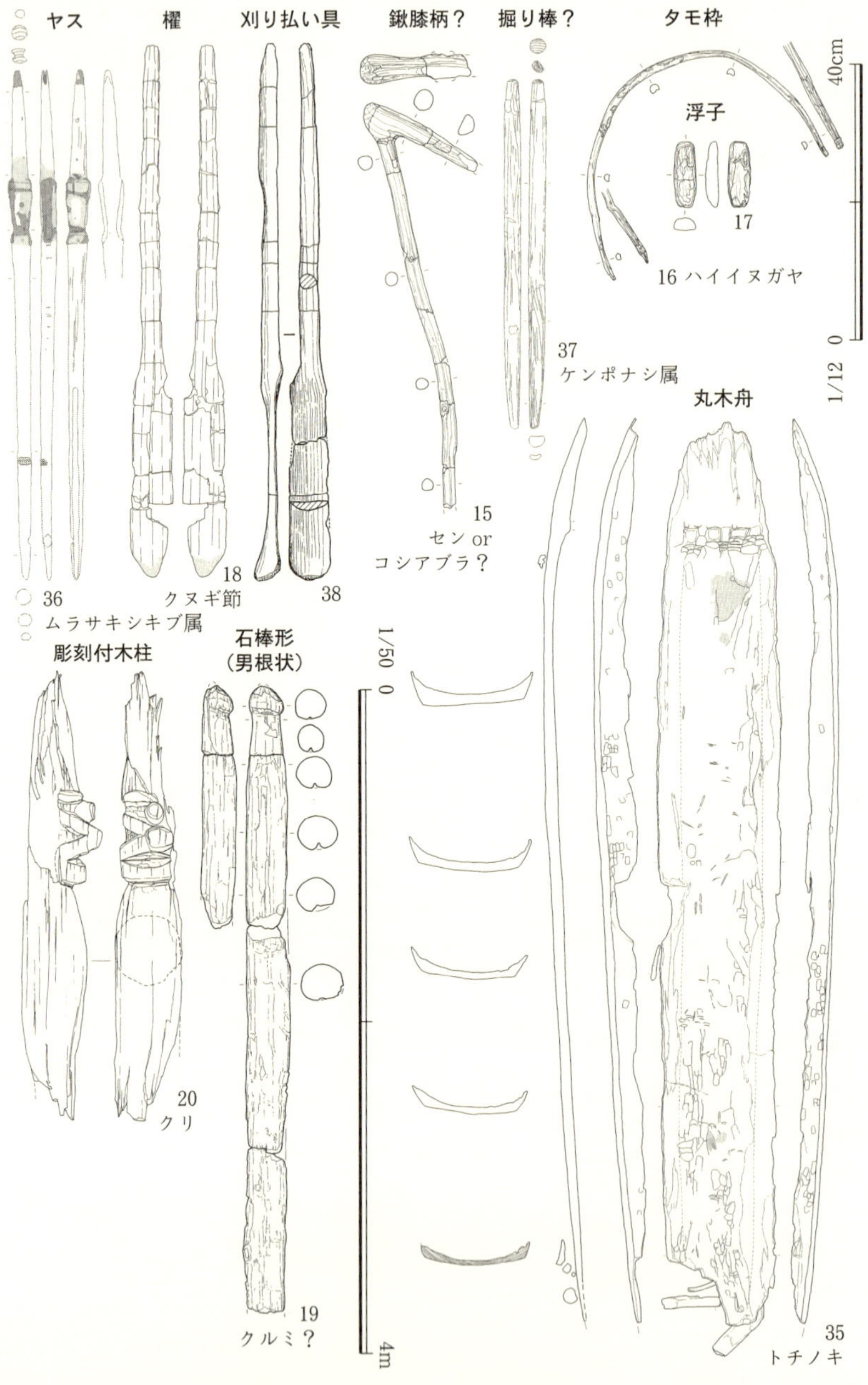

図５　縄文時代後・晩期の木製品―2

1・2・5・10・12〜17・19：北海道 忍路土場，3・4・9・18：東京 下宅部，6・7・20：岩手 萪内，8・11：富山 桜町，21〜23・28・33〜35：新潟 青田，24〜27・30・31・36・37：青森 是川中居，29・32・38：滋賀 滋賀里。

まざまな器種に用いられる木取り法となる。弥生時代以降のように、丸太を樹芯から放射方向に分割する（図18—上）のではなく、丸太の外側のみをはぎ取るように割っていくのである。山田昌久が指摘するように、木柱列や大型建物の建築材以外に、縄文人は材の直径が六〇チセンを超えるような大径木を積極的に用いていない（山田二〇〇七）ことから、おそらくはさほど太くない丸太から大型の木製品を効率よく作り出す方法だったのだろう。ただそのぶん使い道のない端材が多くできてしまうという欠点もある。

組成の比較　図7は、縄文時代の主要木製品出土遺跡の樹種組成（上）と器種組成（下）を比較したグラフである。なお、このうち器種組成グラフでは、その出土量によってデータにバラツキが生じやすい建築部材と杭などの土木材、棒、板、原材などは除いて集計している（以下、弥生時代・古墳時代も同様）。まず樹種組成グラフをみると、押出遺跡・入江内湖遺跡・忍路土場《おしょろどば》遺跡（北海道小樽市）以外は広葉樹の使用が圧倒的に多い。北部九州の東名遺跡は照葉樹林帯に属するためにクスノキ科が約八割を占めるが、それ以外の本州の遺跡ではクリ・ケヤキ・コナラ節・クヌギ節・トチノキといった落葉広葉樹を多く用いており、集落周辺ではすでに人の手によって維持管理された里山（二次林）化が意外に早く進んでいたと考えられる。

器種組成グラフでは、遺跡ごとのバラツキが非常に大きく、単純にパターン化できない。なかでも東名遺跡・押出遺跡・是川中居遺跡（青森県八戸市）・荒屋敷遺跡では容器・食事具、岩渡小谷4遺跡では掘削具（掘り棒）、鳥浜貝塚では工具（斧柄）、忍路土場遺跡・萪内遺跡（岩手県盛岡市）では狩猟具（弓）の比率が高く、それぞれの集落が置かれた環境への対応の違いを示していると考えられる。また、青田遺跡（新潟県新発田市）・寺野東遺跡（栃木県小山市）では装身具（竪櫛・腕輪）の比率が高い点は、これらを身につけて儀礼を取り仕切る突出したリーダー（首長）の出現によるものかもしれない。

3　弥生時代の木製品

水稲耕作と木製品　現在知られている最も古い弥生時代の木製品は、居徳遺跡（高知県土佐市）、橋本一丁田遺跡、雀居遺跡（以上、福岡県福岡市）、林・坊城遺跡（香川県高松市）など弥生時代早期（年代的には縄文時代晩期とほぼ重なる）のものである。いちおう本章では、縄文時代晩期と弥生時代早期は、この時期に朝鮮半島南部から伝播した水稲耕作に関わる直柄（身の一部に孔を開けて真っ直ぐな柄を通した）の鍬の有無をもって判断している。この段階以降は後述するように、木製品全体に占める掘削具（鍬・鋤類）の比率は二〜五割程度となり（図20）、水稲耕作の導入が当時の生活様式に、いかに大きなインパクトを与えたかがわかる。最初期の直柄鍬は身の手前（使用者）側に内刳りをほどこしているのが特

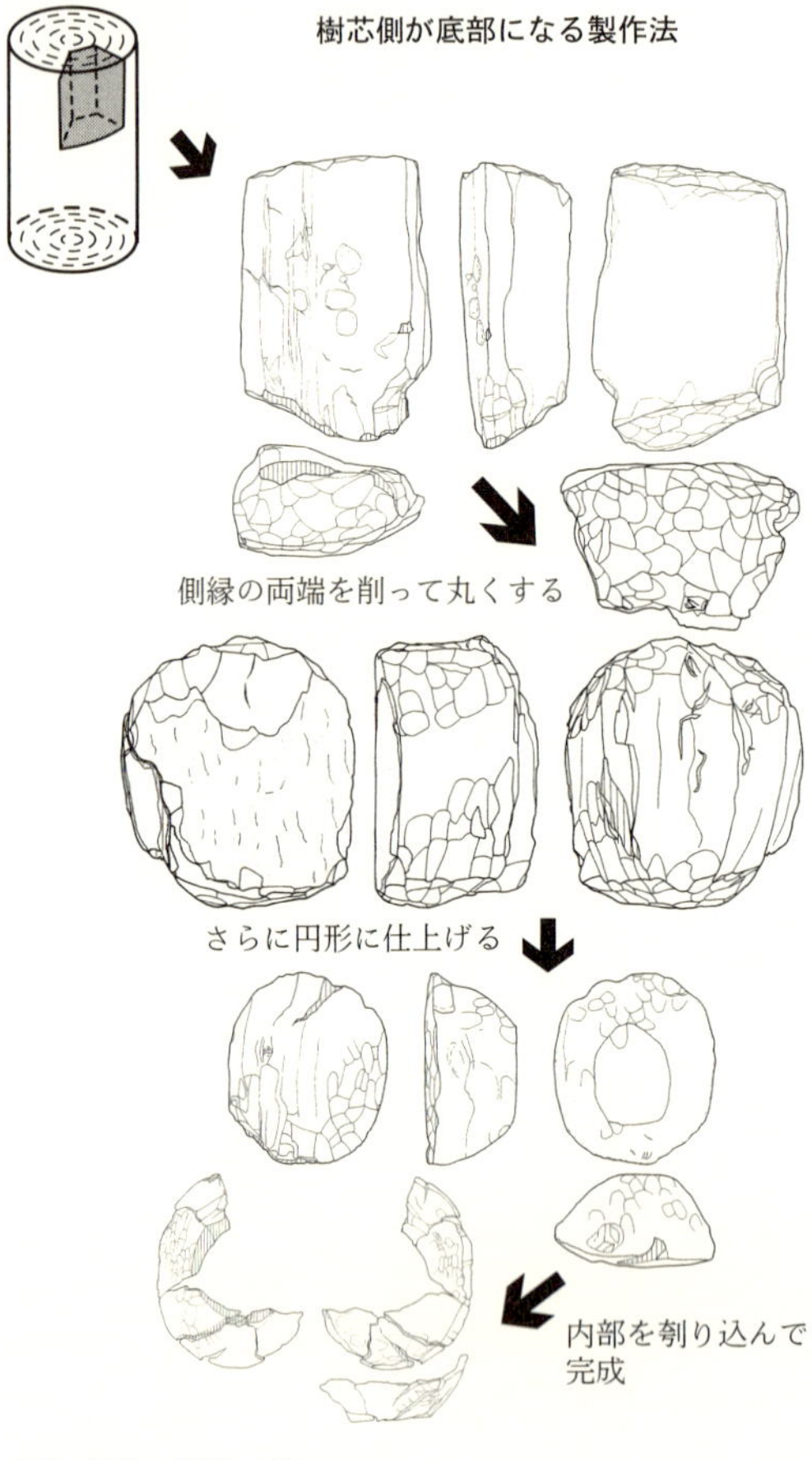
樹芯側が底部になる製作法
側縁の両端を削って丸くする
さらに円形に仕上げる
内部を刳り込んで
完成

刳物容器の製作工程

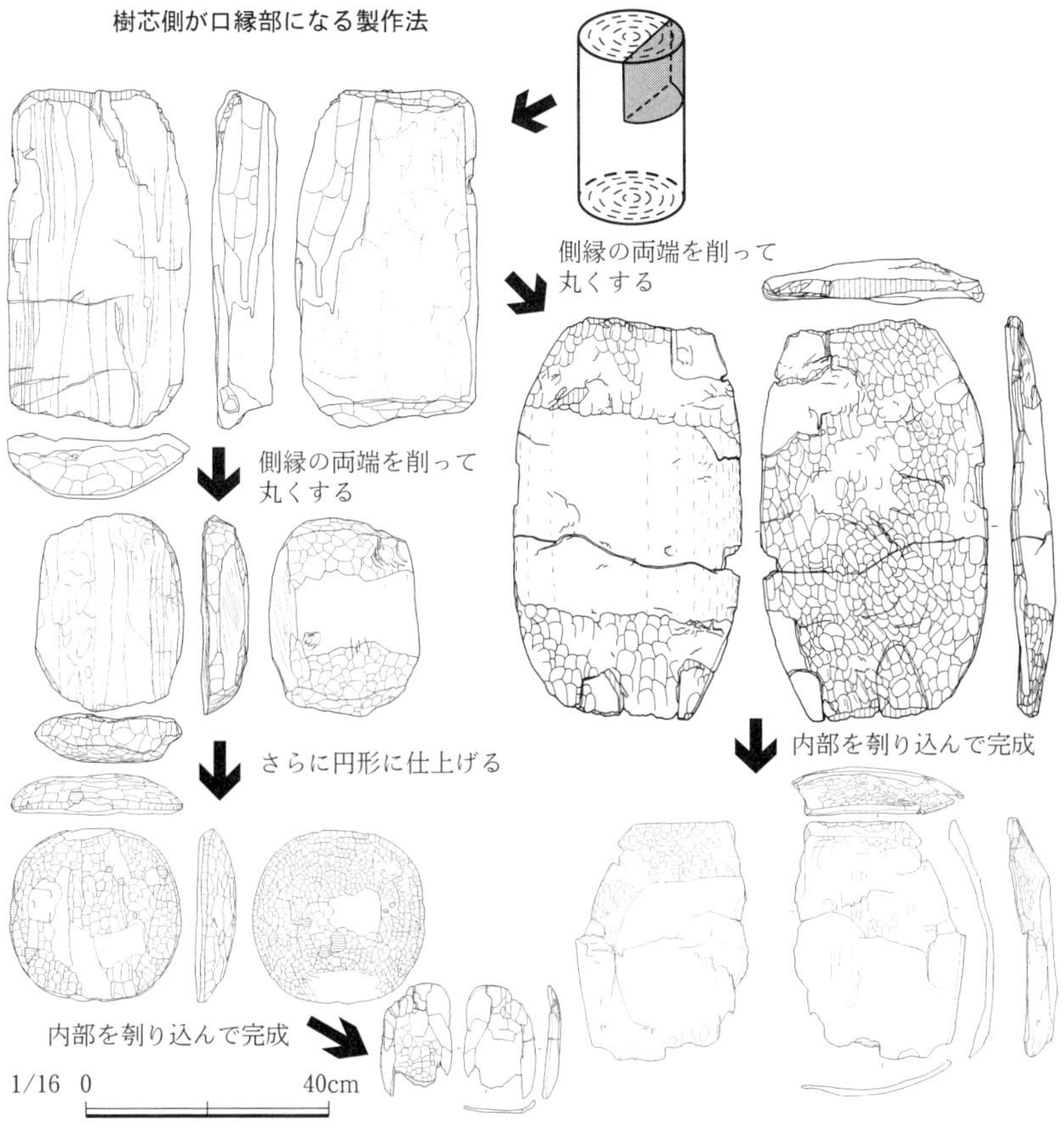
樹芯側が口縁部になる製作法
側縁の両端を削って丸くする
側縁の両端を削って丸くする
さらに円形に仕上げる
内部を刳り込んで完成
内部を刳り込んで完成
1/16　0　40cm

図6　福島県荒屋敷遺跡における

徴である（図8―1）。弥生時代前期には、直柄平鍬（図8―1・2・12）・直柄横鍬（図8―4）・直柄諸手鍬（図8―3）・エブリ（図8―5）・泥除け具（図8―13）・一木ないしは組合せ平鋤（図8―14）というセットが完成し、弥生時代中期以降はこのなかから直柄諸手鍬が欠落することと、直柄多又鍬・曲柄平鍬・曲柄二又鍬・曲柄多又鍬が出現する以外には、基本的な掘削具の組成は弥生時代後期まで変わらない。

　さらに鎌柄（図8―8）・杵（図8―7）・臼（図8―15）といった農具類も、この時期から出現する。

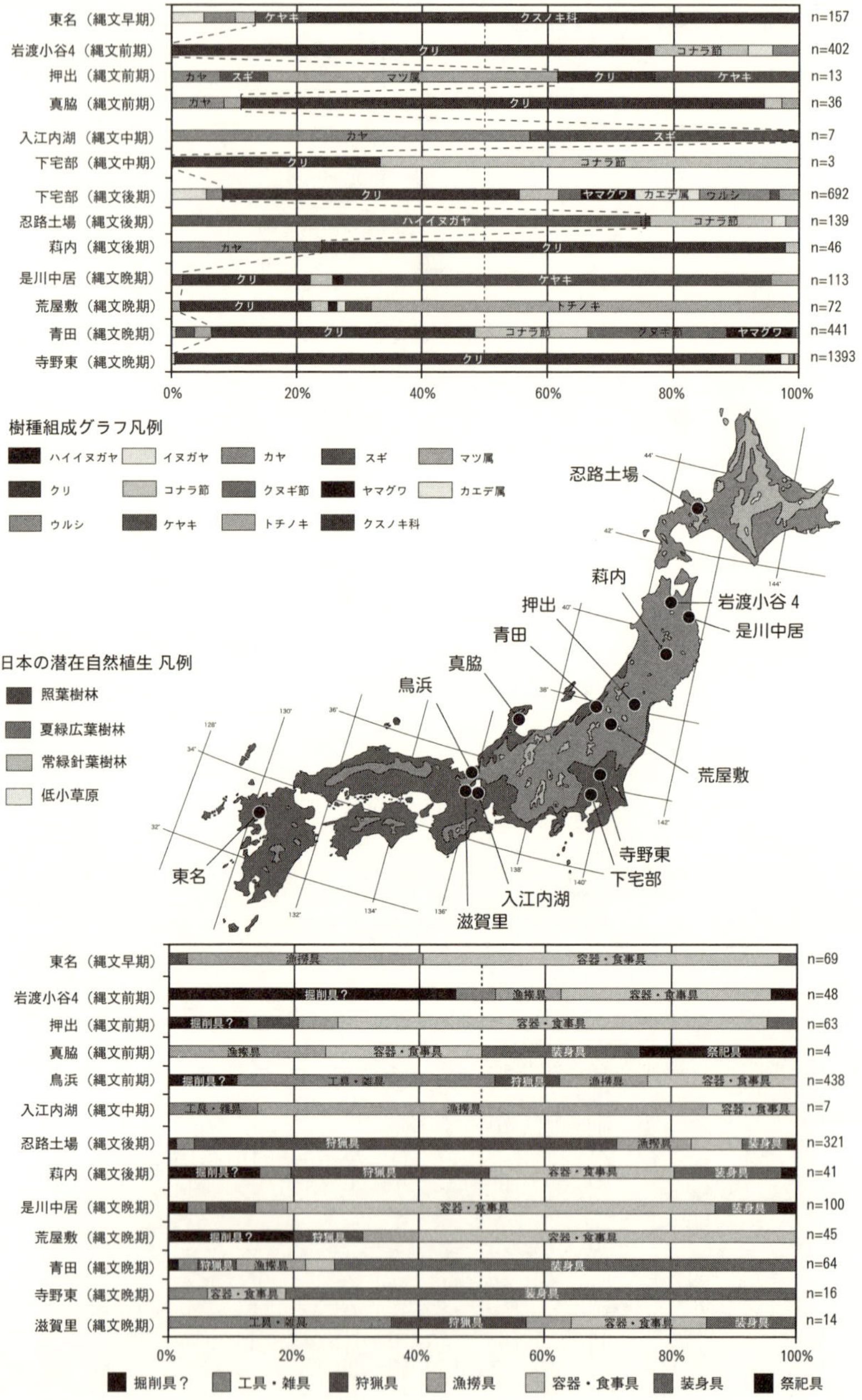

図7　縄文時代の樹種・器種組成比較グラフ

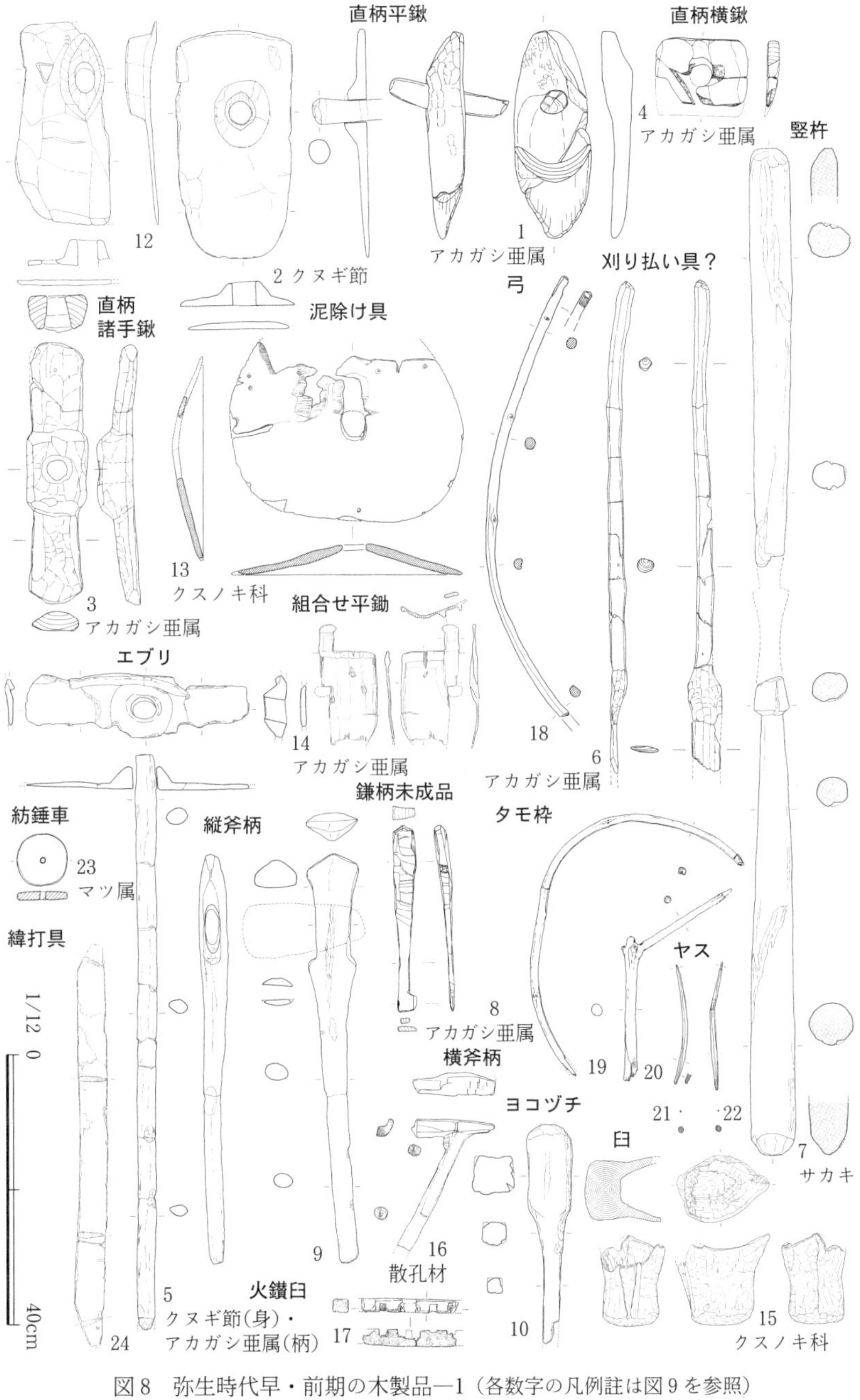

図8　弥生時代早・前期の木製品—1（各数字の凡例註は図9を参照）

斧柄は直柄による縦斧（立木を切り倒す伐採斧、図8—9）と、木の枝分かれ部分を利用した膝柄（図8—16）による横斧（製材・加工する加工斧）に分かれる。そして横斧はさらに、製材用の柱状片刃石斧（図11—28）と、細部調整用の扁平片刃石斧（図11—29）に機能分化している。

さまざまな用途　紡錘車（図8—23）や緯打具（図8—24）など機織りに関わる木製品も弥生時代前期から出土することから、水稲耕作以外のさまざまな生業もまた、この時期に朝鮮半島から伝播したことがわかる。

容器・食事具では、縄文時代以来の伝統を引くとみられる赤・黒漆の装飾を塗布したものがめだつが、紋様のパターンが中国の漆器の影響を彷彿とさせるもの（図9—15）やこの時期の土器に共通する木ノ葉紋をほどこすもの（図9—27・29）へと変わる。また、高い脚をもつ器種（高杯、図9—30・31・34）も出現する。高杯は、古代中国では豆《とう》（神への捧げ物を入れる器）と呼ばれた器種（白川一九八九）であることから、日常用の食器ではなく祭祀・儀礼の場で用いられた可能性が高い。木製高杯は、弥生時代中期には土器（土製容器）にそのかたちが受け継がれて広く一般的な器種となる。こういった木製容器から土製容器へかたちを写すという方向性は弥生時代を通じて認められるが、木製容器が土製容器を模倣するというパターンは原則的に存在しない。このことは、土製容器よりも木製容器の方が、所有者の身分ないしは使用される場面の重要性が高かったことを示している。

儀杖・石剣柄など首長の権威を示すアイテムのほか、定形化した鳥形もこの時期から出土するなど、生業のみならず儀礼や祭祀などさまざまな場面で中国あるいは朝鮮半島の影響が強く認められる。ただし儀杖の形態には、弥生時代中期の朝日遺跡（愛知県清須市）出土例（図14—108）のように縄文時代の石棒を模したものも存在することから、縄文時代以来の伝統が弥生化によってすべて払拭されたわけではないことに注意しておきたい。

地域的な差　弥生時代中期は、基本的には弥生時代早・前期の器種組成を引き継いでいる。しかし弥生時代前期の

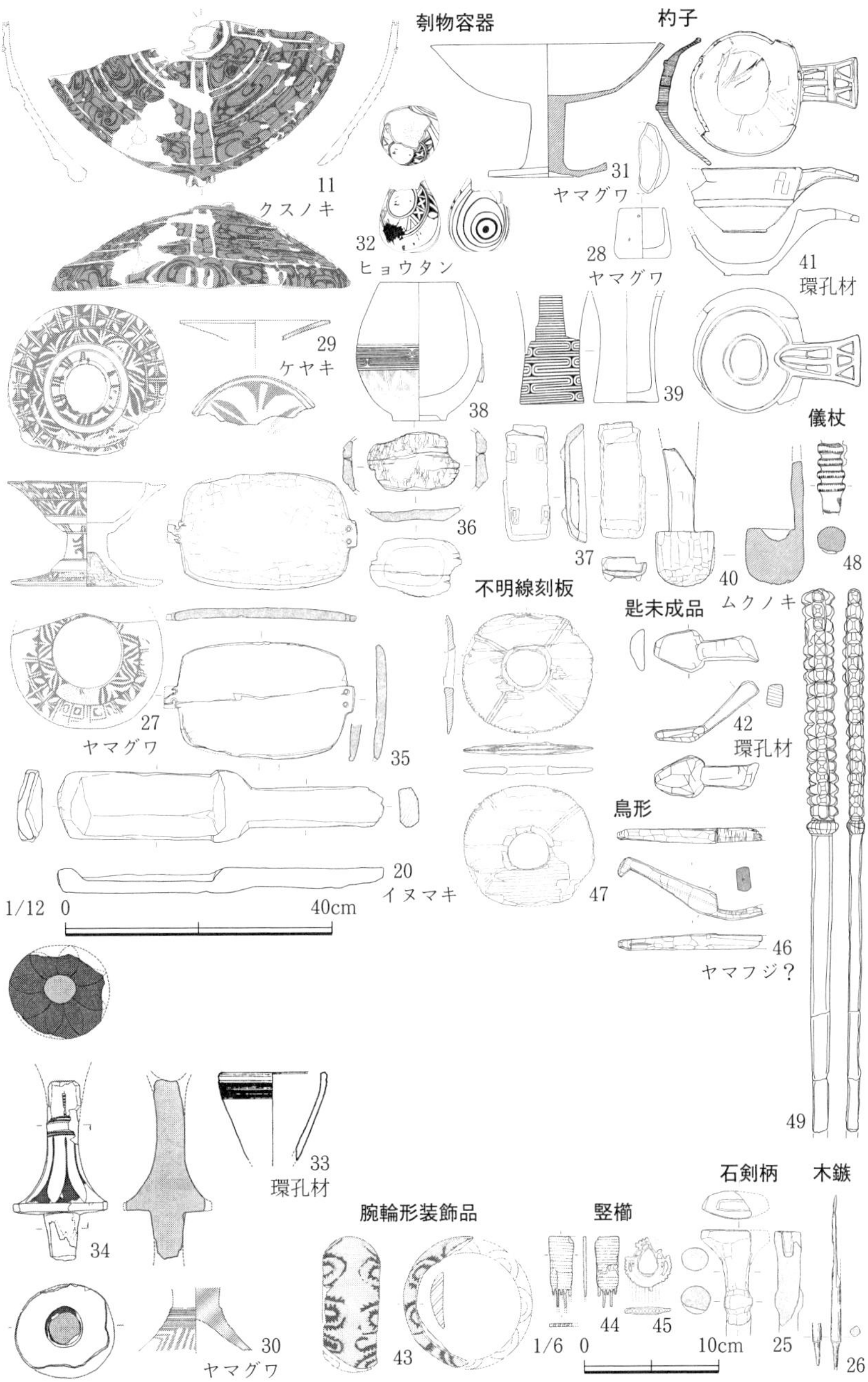

図9　弥生時代早・前期の木製品―2

1・11：高知 居徳，2・5・7・9・10・20：福岡 雀居，3・6：香川 林・坊城，4・8：福岡 橋本一丁田，12・27・28：大阪 池島・福万寺，13・18・21・22・29～31・40・48：大阪 山賀，14・15・47：香川 鴨部・川田，23・43：福岡 拾六町ツイジ，17・24～26・34～37・49：福岡 比恵，16・19・20・32・33・41・42・44～46：島根 西川津，38：兵庫 筒江片引，39：奈良 唐古。

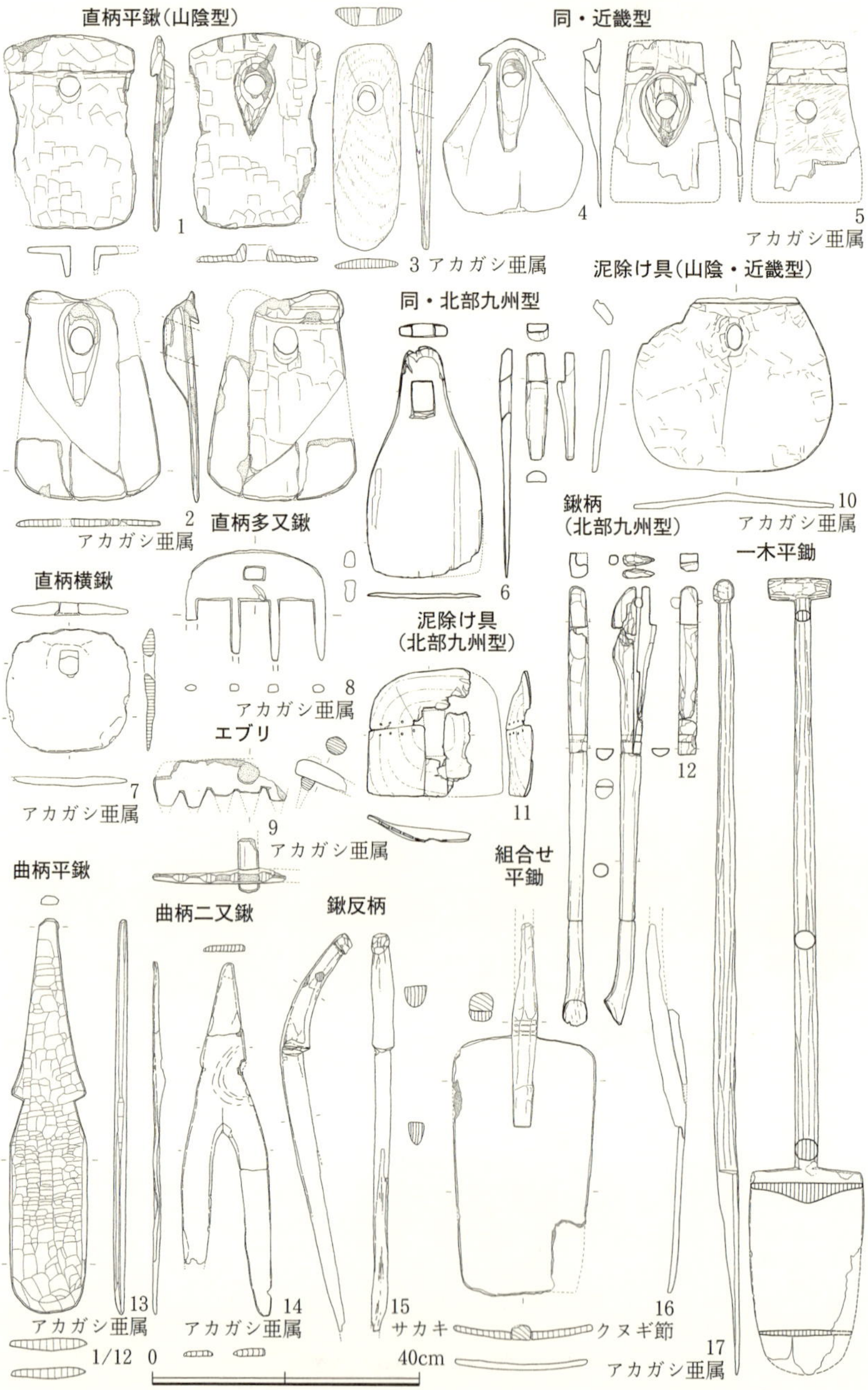

図10　弥生時代中期の木製品—1（以下，図13までの各数字の凡例註は図14を参照）

遺跡分布が、太平洋側では伊勢湾東岸部にとどまったために比較的地域差が少なかったのに対し、弥生時代中期中葉には関東地方にまで達し、東北地方中部（宮城県・山形県）以南の本州および四国・九州島のすべてが弥生化したことによって、各器種のかたちや組成においても著しい地域差が生じることとなった。なかでも地域差が顕著なのは、鍬のかたちである（図10）。

すでに弥生時代前期には山陰地方では、平面形が正方形に近く、頭部を丸（図10―1）ないしは凹形（図10―2）に仕上げた「山陰型」直柄平鍬が出現しており、弥生時代中期にはこれが北陸地方、そして東北地方へと伝播していく。北部九州では、朝鮮半島南部から新たに方形の柄孔と複雑な装着具と柄のかたちをもつ鍬（図10―6）が認められる。さらに近畿地方でも、頭部に三角形の突出部を設けた「近畿型」直柄平鍬（図10―4）が出現して伊勢湾地方から太平洋側を通じて南関東へと伝播する。このように、直柄平鍬はいくつかの地域で新たなかたちを生み出しつつ、水稲耕作の伝播とともに広域に流通していく（樋上二〇一二a）。

曲柄鍬の出現　この直柄平鍬と全く系譜を異にしているのが「曲柄鍬《まがりえぐわ》」である（図15―3・4）。身と柄の装着方法は、直柄平鍬のように身に孔を開けるのではなく、身の上方に作り出した断面がカマボコ形を呈する軸部に膝柄を紐で結わえる方法をとる。このタイプの鍬の原型は、縄文時代以来の打製石斧（石鍬、図15―1・2）で、弥生時代前期〜中期前葉に身を石から木に置き換えられた。打製石斧は、もともと縄文時代には竪穴建物や陥し穴などを掘るための道具であり、純粋な意味での土掘り具といえるものであった。弥生時代には集落の立地が水稲耕作をおこないやすい沖積低地へと移動したため、より掘削深度を深くするための工夫として、身の長さを自由に設定できる木に素材を替えたものと考えられる。この曲柄鍬には平鍬のほか、二又鍬と三又以上の多又鍬がある。曲柄鍬は身と柄を紐で結わえることにより、身のどこかに柄孔を開ける必要がある直柄鍬よりも掘削深度を深くできるという利点をもつが、一方で土に打ち込んださいに身と柄がズレやすいという難点もある。それを解決するために、さまざまな工夫がほどこされた結果、吉備（現在の岡山県）地方では、軸部にナスビのヘタ状の突起を作り出す「ナスビ形曲柄鍬」が生み出された（図10―13・14）。

またこの時期、直柄鍬には新たに刃部を櫛状にした直柄多又鍬（図10―8）が加わることにより、土地の開墾や環濠の掘削などに用いる平鋤と曲柄平鍬・二又鍬、田畑の耕起具としての直柄平鍬、砕土用の直柄多又鍬、水を張った水田面を均すエブリというように、掘削具の組成が完成する。

鉄器の普及　もう一つ弥生時代中期における重要な画期として、鉄器の普及があげられる。北部九州では弥生時代前期末ごろから、本州の西日本でも弥生時代中期中葉にはある程度鉄器、とくに鉄製工具の普及が認められ、縦斧・横斧ともに袋状鉄斧の柄が青谷上寺地遺跡（鳥取県鳥取市）などから出土している（図11―30・31）。この鉄製工具の普及にともなって、刳物容器の細工が弥生時代前期段階とは比べものにならないほど精緻化する。横軸のロクロを利用した挽物容器の出現もまた、鉄製工具と不可分の関係にある（図13―81・82）。

弥生時代前期には石剣柄と弓・木鏃程度であった武器に、戈の柄・甲・楯などが加わるとともに、祭祀具にも武器を模倣した形代類が増加する（図14―89～94・99・100）。

また、楽器として琴や中国の「筑《ちく》」という楽器に似た筑状弦楽器がこの時期から認められるようになる。筑状弦楽器は縄文時代によく似たもの（図4―1）が存在するが、直接的なつながりはないと考えてよい。

進む精製化　続く弥生時代後期には、武器と容器の精製化がより一層進行する（図16）。甲は弥生中期のような小札を連ねたものから、一木で刳りぬいて華麗な装飾をほどこすもの（図16―15・16）に変わる。

また、この時期には高い脚をもつ机が各地で出土するようになる。長友朋子の分類による図17のうちA1類は天板

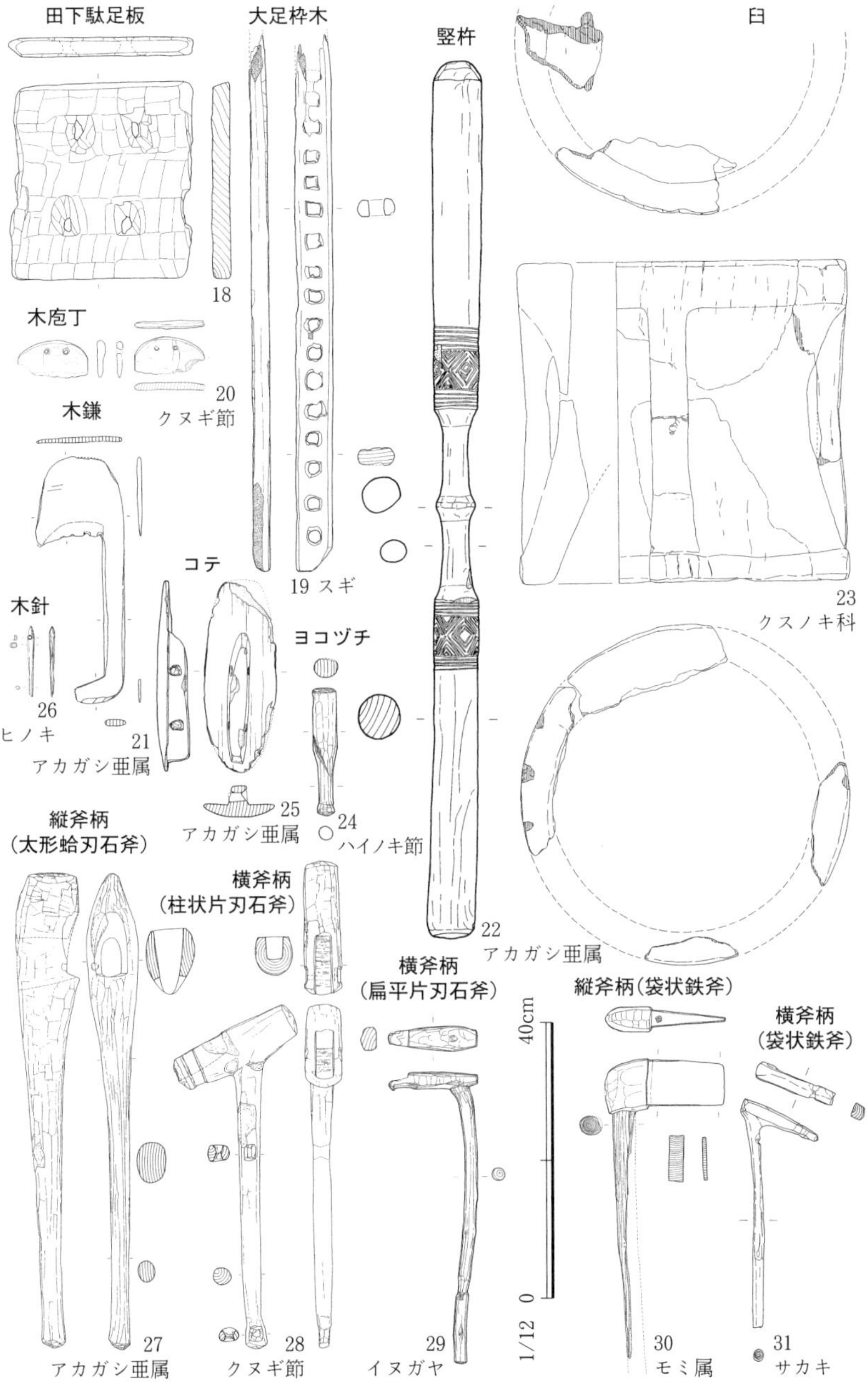

図11　弥生時代中期の木製品―2

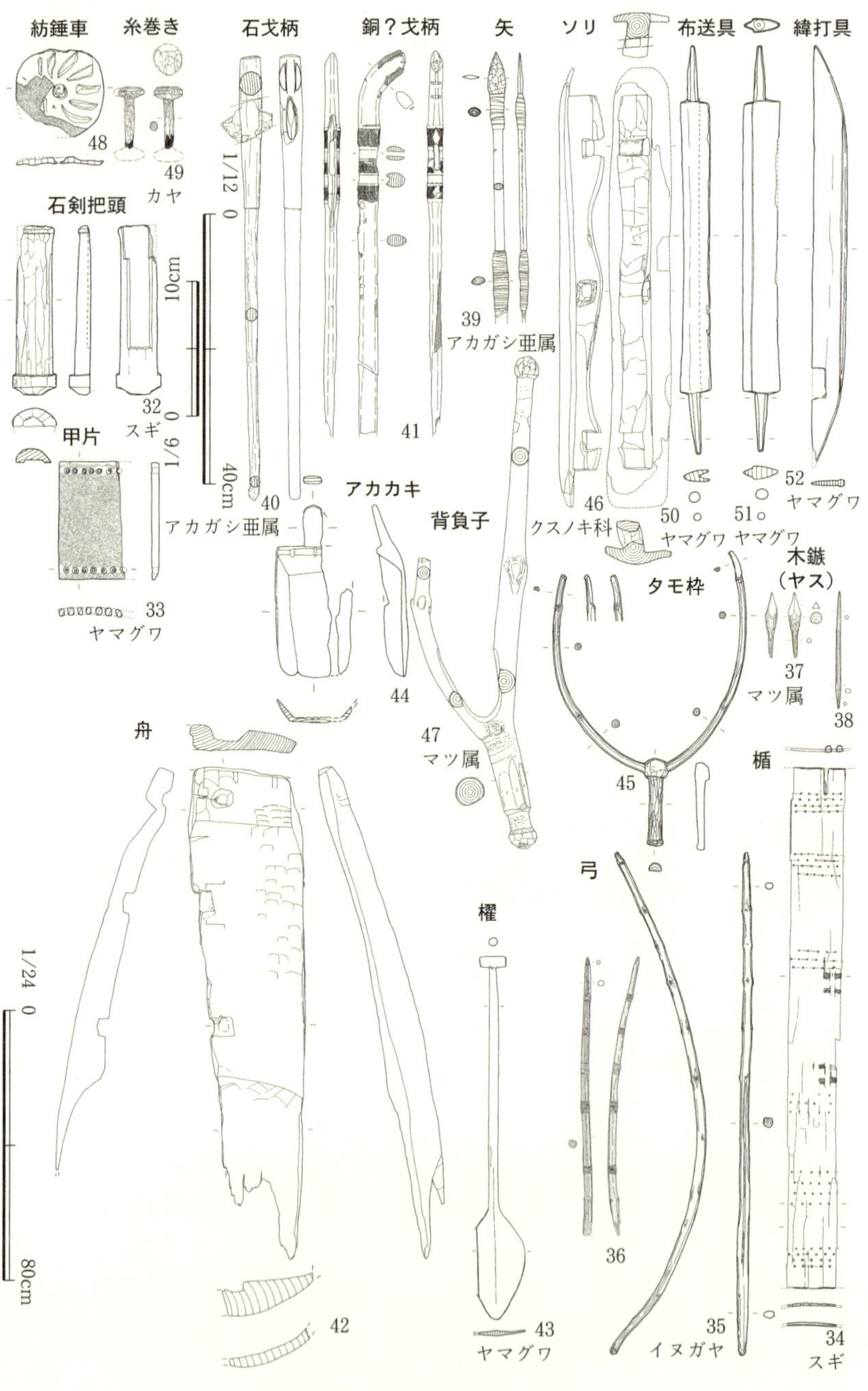

図12　弥生時代中期の木製品—3

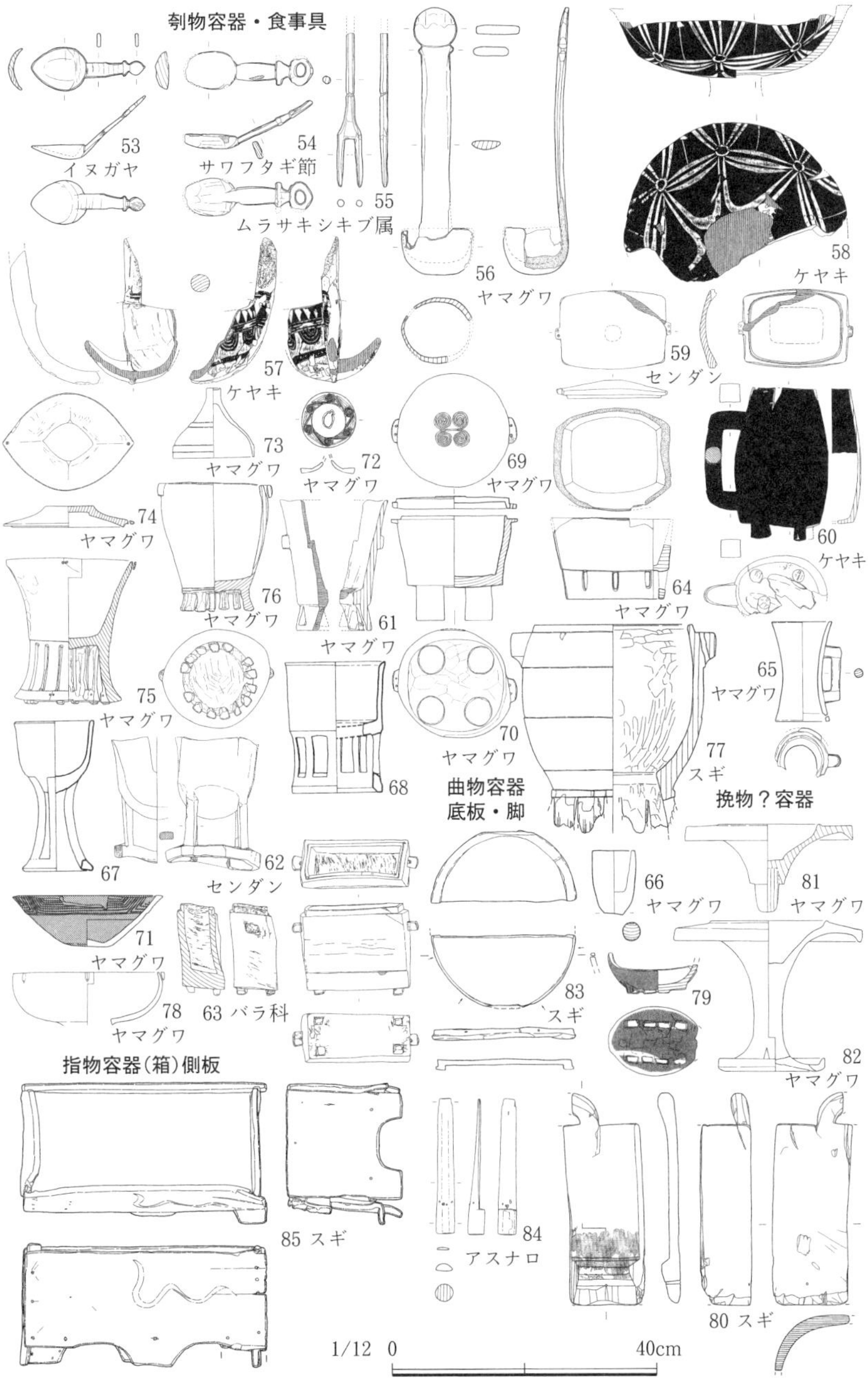

図13　弥生時代中期の木製品—4

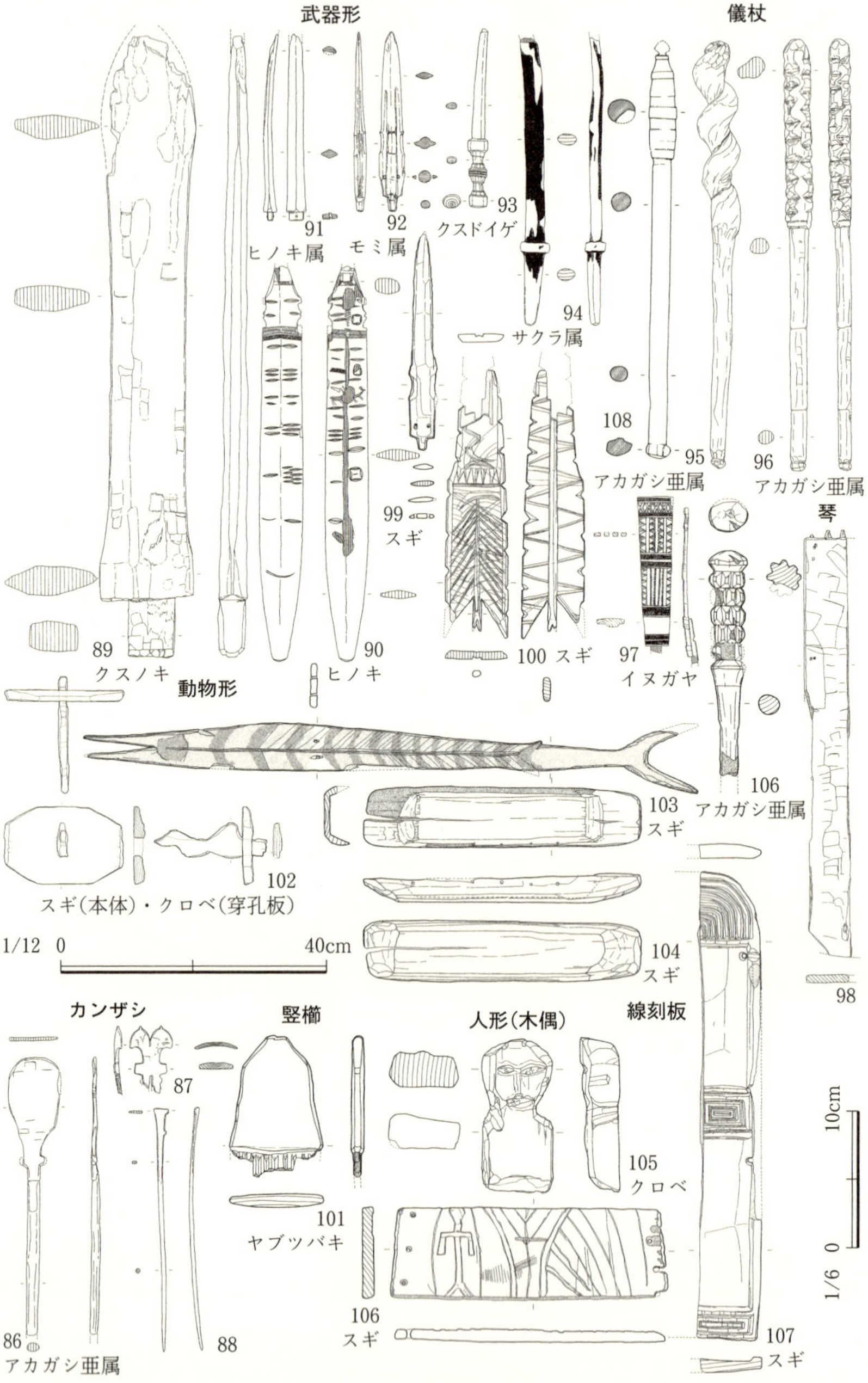

図 14　弥生時代中期の木製品—5

1〜3・9・13・16・18〜20・22・24〜26・29・30・32〜38・45・48・50〜56・64〜66・99〜107：石川 八日市地方，4：大阪 亀井，5：大阪 若江北，6・11・12：福岡 那珂久平，7・14・15・21・23・41・57〜63・86〜98：岡山 南方，8・10・31・42〜44・72〜85：鳥取 青谷上寺地，17・27・28・39・40・46・47：大阪 鬼虎川，49：奈良 唐古・鍵，67：佐賀 土生，68：福岡 鹿部山，69・70：大阪 雁屋，71・108：愛知 朝日。

に残る刃物痕から俎板とされ、A2〜A4類は中国漢代において文書や書物を置く「几《き》」か、食器を置く「案《あん》」に相当するなど、中国の儀礼的要素が新たに流入した（長友二〇〇五）。

超精製の容器類は、とくに北部九州と山陰地方で著しく発達する。高杯の外面に花弁の紋様を彫刻した「花弁高杯」（図16―1・2）や中国漢代の漆器を模倣したとみられる蓋付きの壺（図16―3・4）などが青谷上寺地遺跡から出土しており、なかでも花弁高杯《かべんたかつき》は北部九州から北陸にいたる日本海側の各地でみつかっている。また、朝日遺跡出土の合子蓋（図16―9）や田井中遺跡（大阪府八尾市）出土の合子身（図16―10）などは、古墳時代前期には石製品に写されて前期古墳の主要な副葬品となっていく。このような超精製容器や華麗な甲が西日本の広範な地域で出土する背景には、中国の史書が記す「國（国）」や「王」の出現が関係していると考えるべきであろう。とくに青谷上寺地遺跡や元岡遺跡群（福岡県福岡市）のように、豊富な鉄製工具を用いて超精製容器類を大量に生産・保有するような遺跡には、王の管理下で特殊な木製品の生産に特化した専業工人が集住させられていた可能性がある（樋上二〇一〇）。

弥生時代後期の掘削具には、方形で両端を折り曲げた鉄刃を装着した痕跡をもつものがある（図16―13・14）。ただしこれらは、ある遺跡か

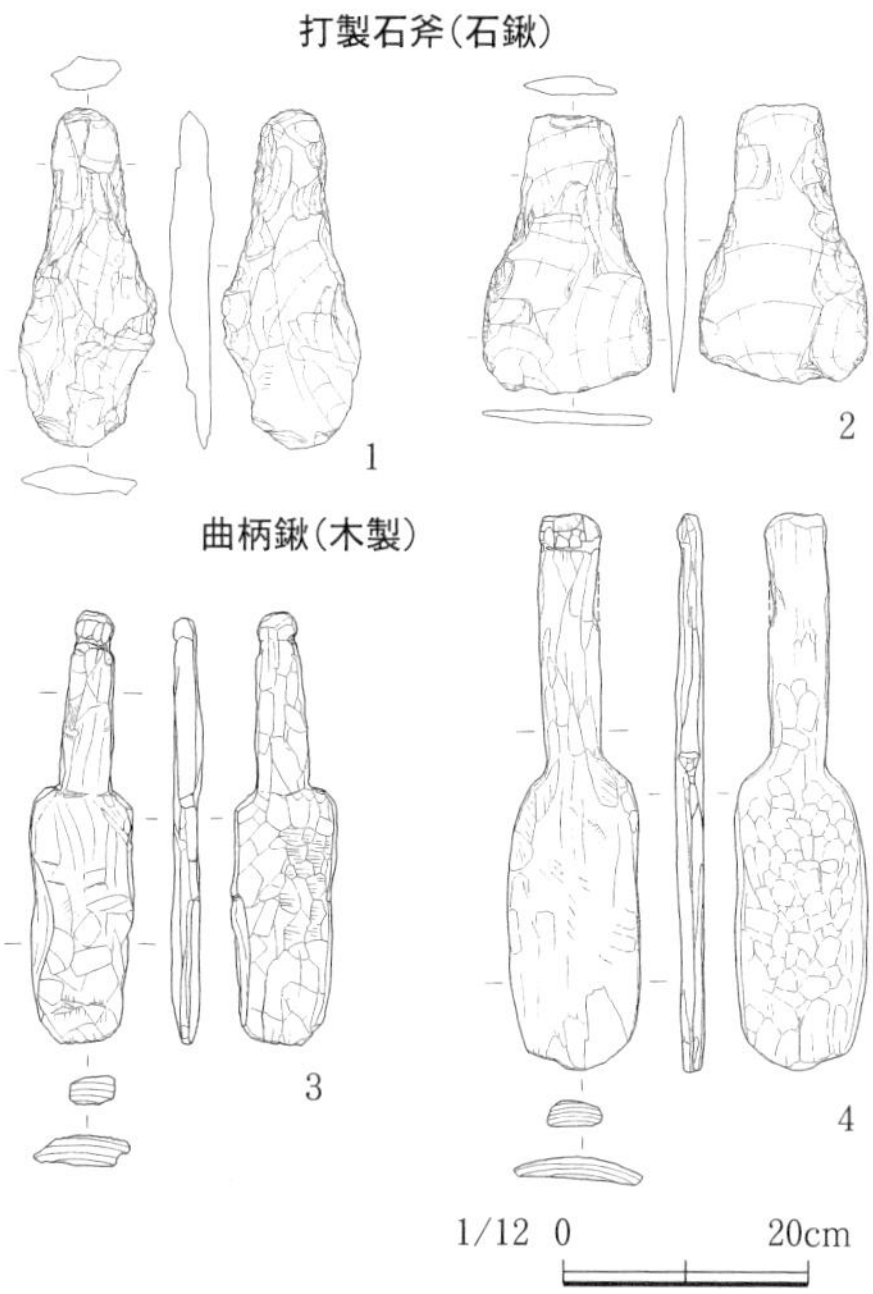

図15　打製石斧と曲柄平鍬（樋上2016）
1〜4 和歌山県立野遺跡。

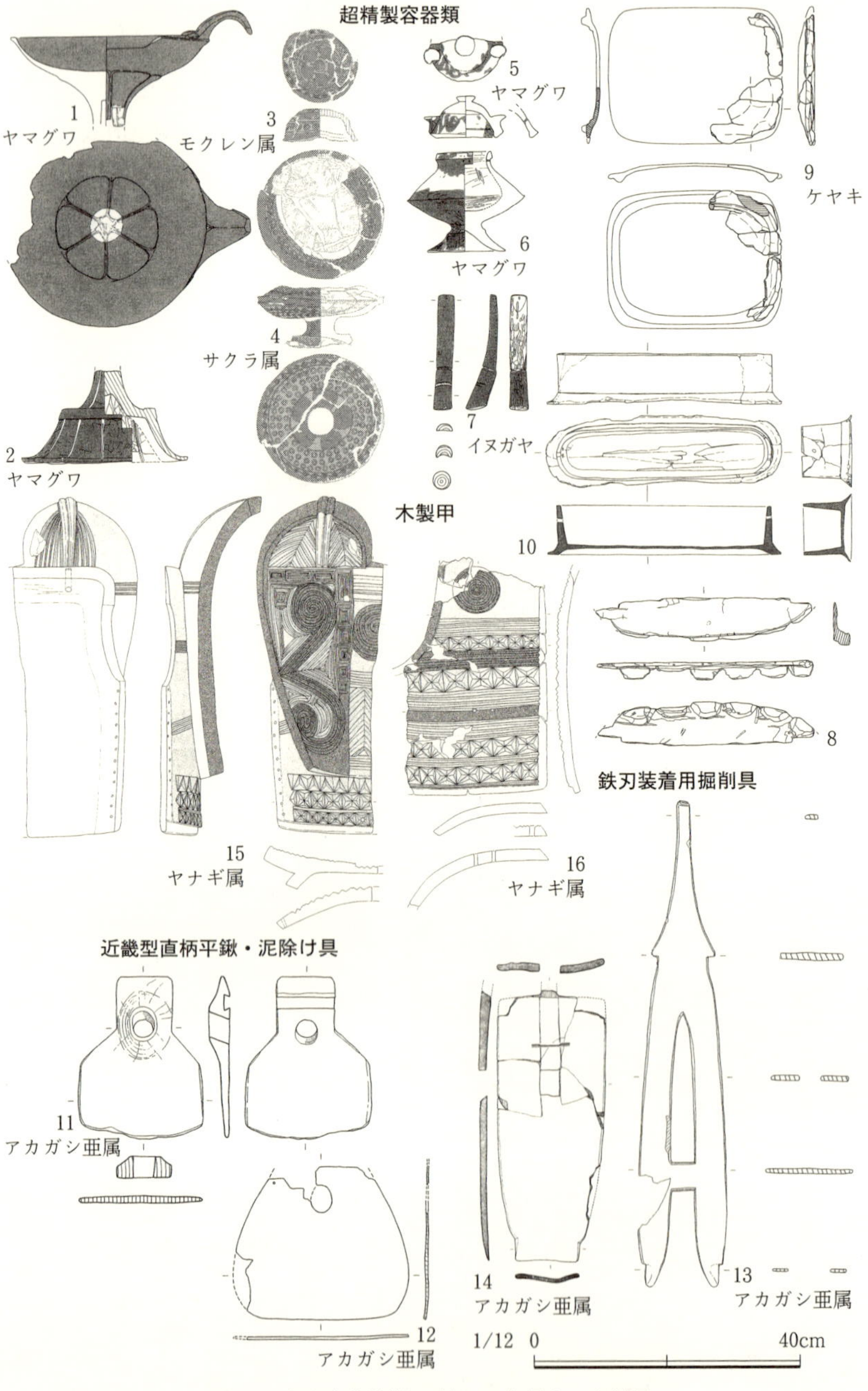

図16　弥生時代後期に新たに出現する木製品

1〜8：鳥取 青谷上寺地，9：愛知 朝日，10：大阪 田井中，11・12：滋賀 柳，13：岡山 津島，14：岡山 上東，15・16：静岡 伊場。

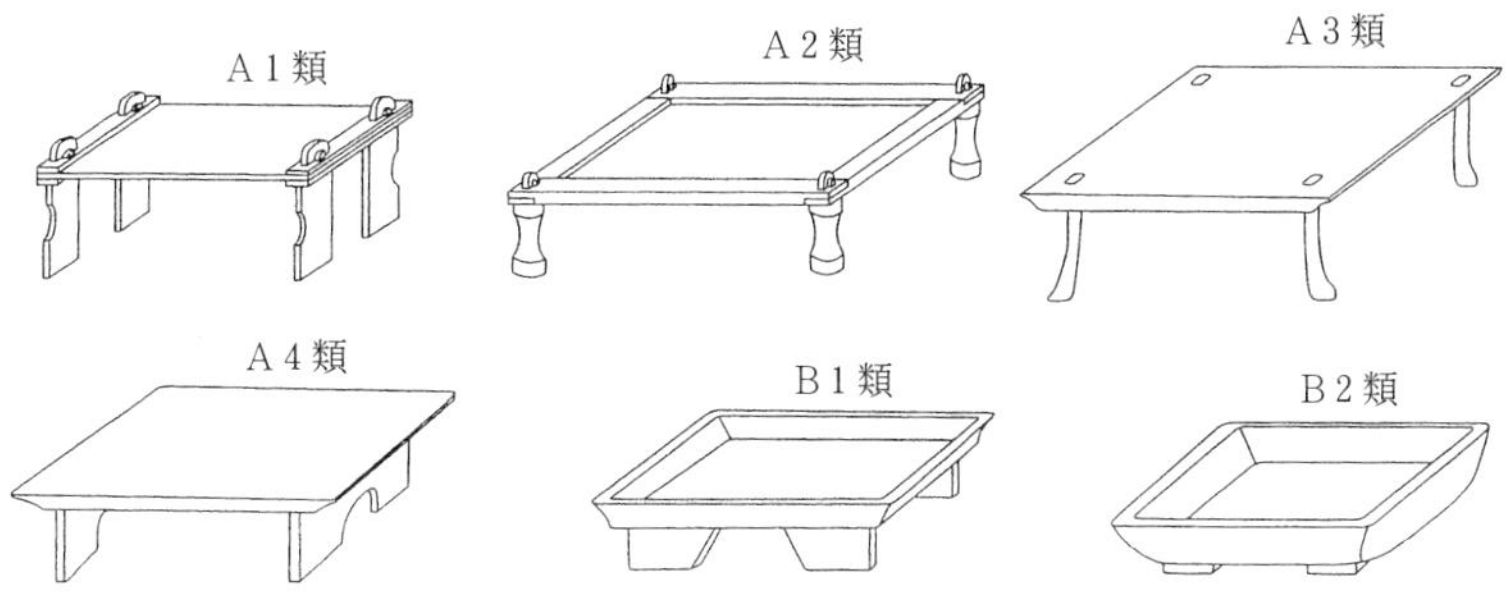

図17　机の分類（長友2005を引用）

ら出土する掘削具のうち一割にも満たないことから、とくに堅い洪積台地上の掘削など、きわめて限定された用途に使われたと考えるべきであろう。

変化する製材法　弥生時代には、広葉樹の丸太材から木口面の放射組織を利用し、クサビを用いて柾目《まさめ》材を作る方法（図18―上）と、針葉樹の丸太材から年輪界を利用して板目材を作る方法（図18―下）が確立した。さらに材の直径が六〇㌢を超える大径木、二〇㌢以上の中径木、それ以下の小径木によって材の取り方や作る木製品の品目などが体系化されていった。しかし弥生時代早・前期には、縄文時代以来の木取り（図6―左）の鍬も少なからず認められる。

このような広域的な体系化は、樹種組成においても認められる。縄文時代と同様に広葉樹の占める比率は高いが、異なるのはどの遺跡においてもアカガシ亜属がめだつ点である（図19）。これはアカガシ亜属が堅くて重く、そして粘り強いという性質から、主として掘削具に用いられたためである。ただし、アカガシ亜属など常緑広葉樹が生育しない中部高地や東北地方では、同じく堅木のクヌギ節やクリなどで代用された。このほか広葉樹で比較的多いヤマグワ・ケヤキは木目が美しいことから、おもに容器類に用いられている。さらにサカキは弾力があるため横斧柄や鍬膝柄に、クスノキ科は材の径がとくに大きいため臼に、針葉樹ではモミ属は楯というように、この器種にはこの材を用いる、という約束事が汎列島的に共有されていった。

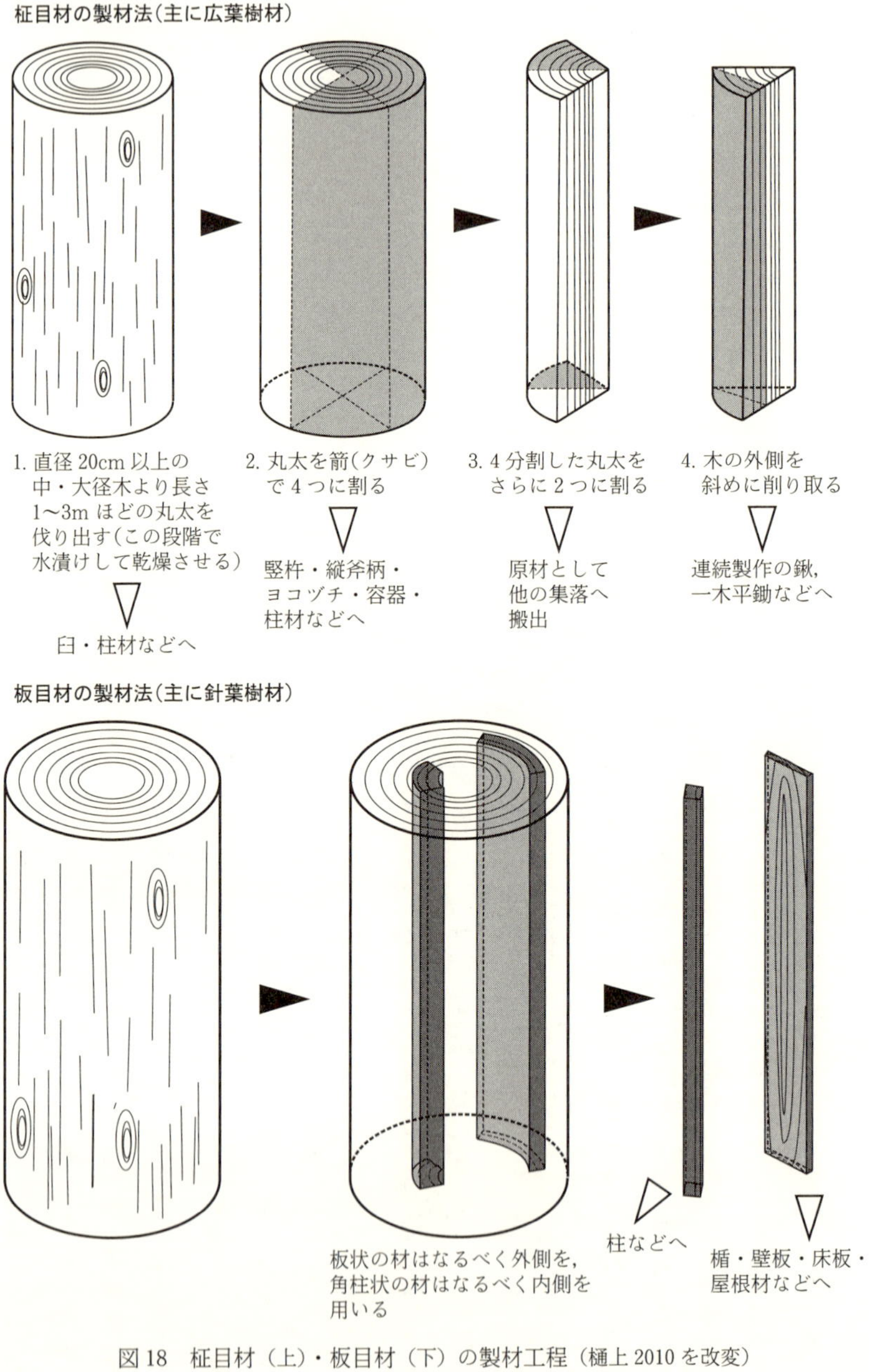
柾目材の製材法(主に広葉樹材)
1. 直径 20cm 以上の中・大径木より長さ 1~3m ほどの丸太を伐り出す(この段階で水漬けして乾燥させる)
臼・柱材などへ
2. 丸太を箭(クサビ)で 4 つに割る
竪杵・縦斧柄・ヨコヅチ・容器・柱材などへ
3. 4 分割した丸太をさらに 2 つに割る
原材として他の集落へ搬出
4. 木の外側を斜めに削り取る
連続製作の鍬,一木平鋤などへ
板目材の製材法(主に針葉樹材)
板状の材はなるべく外側を,角柱状の材はなるべく内側を用いる
柱などへ
楯・壁板・床板・屋根材などへ

図 18　柾目材(上)・板目材(下)の製材工程(樋上 2010 を改変)

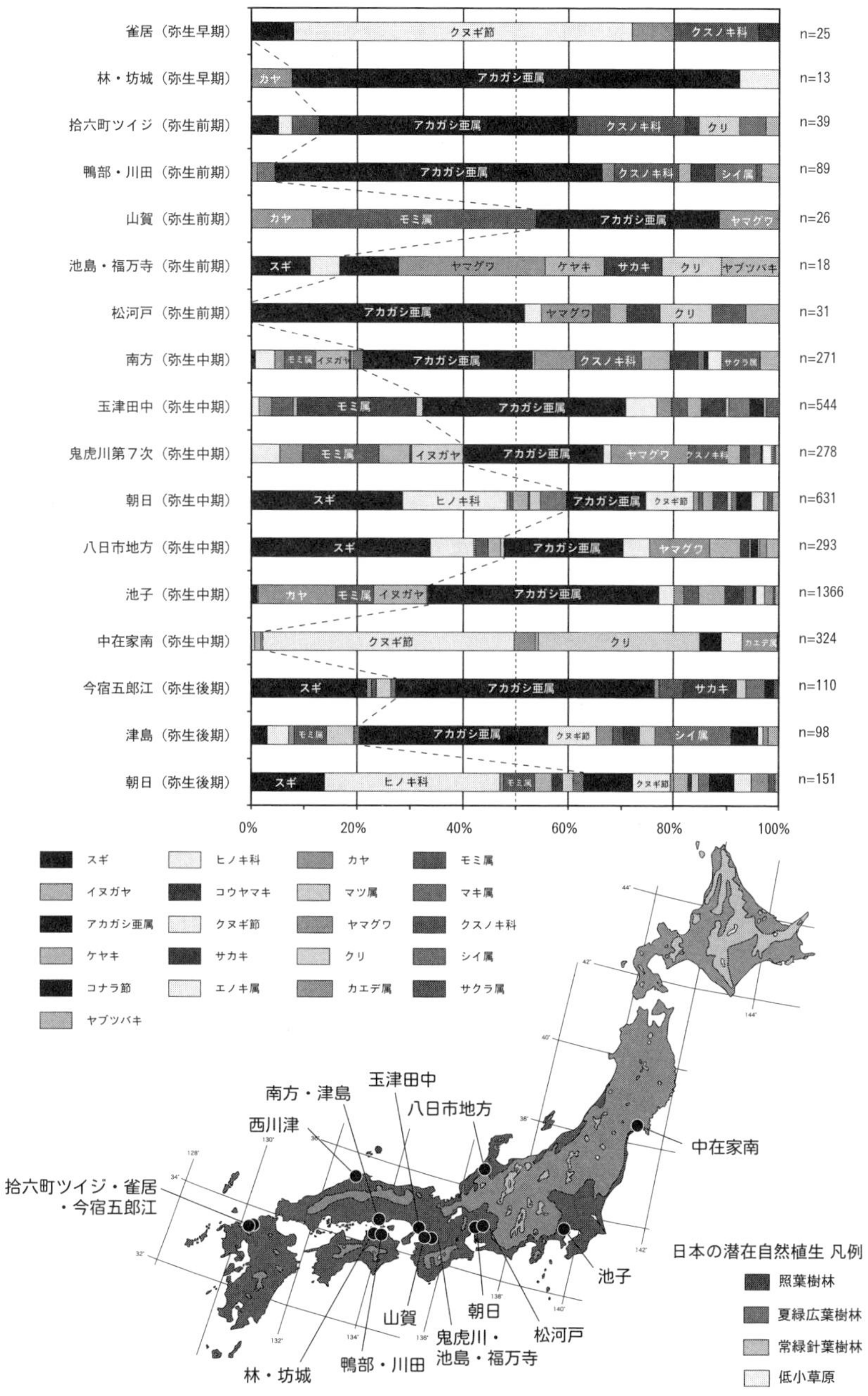

図19　弥生時代の樹種組成比較グラフ

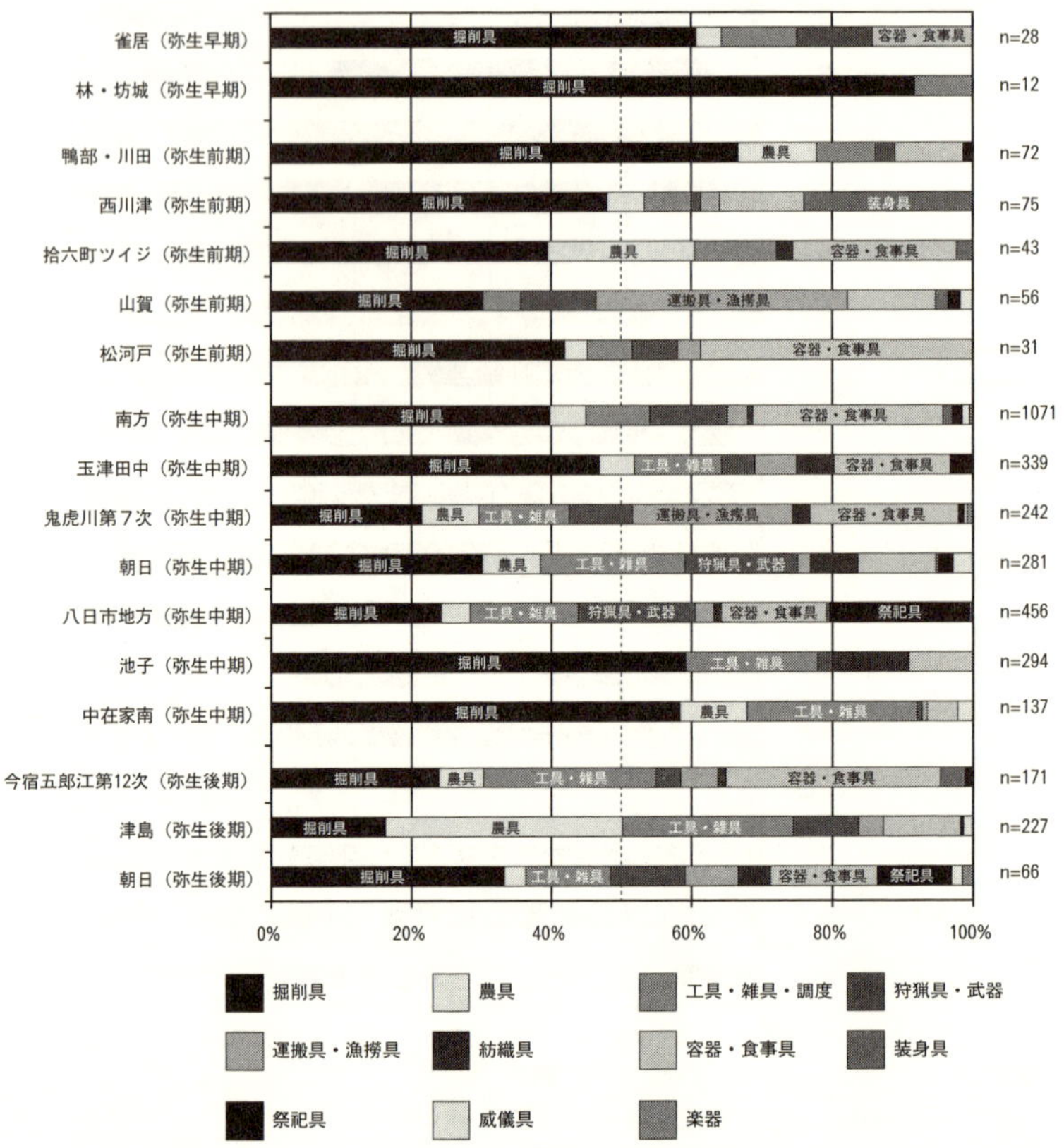

図20　弥生時代の器種組成比較グラフ

器種組成では、全体的に掘削具が高い比率を占めている（図20）。とくに、西日本では弥生時代早・前期の、そして関東・東北地方では弥生時代中期の比率が高く、それぞれの地域で新たに集落が開かれ、水稲耕作が開始した時期と連動している。鬼虎川遺跡（大阪府東大阪市）第七次調査では運搬具、とくにソリ（図12—46）の比率が高い。これは鬼虎川遺跡が森林資源の豊富な生駒山麓に立地し、瓜生堂遺跡（大阪府東大阪市）など沖積低地の集落に木製品を供給する役割を担っていたためであろう。このように弥生時代中期には、森林資源の豊富な丘陵縁辺に立地する集落から、資源の乏しい沖積低地に立地する集落への原材・製作途中段階の未成品・完成された木製品などを供給する体制ができあがっていた。そして弥生時代後期には、首長層に関わる特殊な奢侈品（花弁高杯など）が特定の集落で集中的に製作され、弥生時代中期よりもはるかに広域なネットワークによって拡散していった。こうした他地域の有力首長どうしの間に芽生えたネットワークが次の古墳時代を迎える下地をかたち作っていった。

4　古墳時代の木製品

ヤマト王権の成立　古墳時代早・前期の木製品は、一般集落では基本的に弥生時代中期以来の組成を引き継いでいる。ただ、一部の集落（首長居館や祭場など）では、図21に掲げたような木製品が出土する。まず形代類は動物形（図21―10）・舟形・武器形（図21―7〜9）に加えて、ヤス形（図21―1）・ヨコヅチ形（図21―2）・鍬形（図21―3）・紡織具形（図21―4〜6）など、生業に関わるさまざまな器物をミニチュア化するようになる。

中国魏晋期に確立した新たな身分表示や儀礼制度を初期ヤマト王権が導入したことにより、翳・団扇・蓋・環形付（麈尾）といった最新の威儀具アイテムが木製品として作られる（鈴木二〇〇一）とともに、儀杖の形態も弥生時代に流行したかたち（図21―13・18）から、V字形の立ち飾りをもつもの（図21―12・17・19）へと変化した。武器（図21―15・21・26・27）の出土量も徐々に増加する。このうち甲は弥生時代後期のような華麗な装飾をもたないシンプルで実用的なかたちとなる。

こういった木製品群は首長あるいは王が実際に儀礼・祭祀・戦闘などの場で身に纏ったり、周囲の者がもつことに

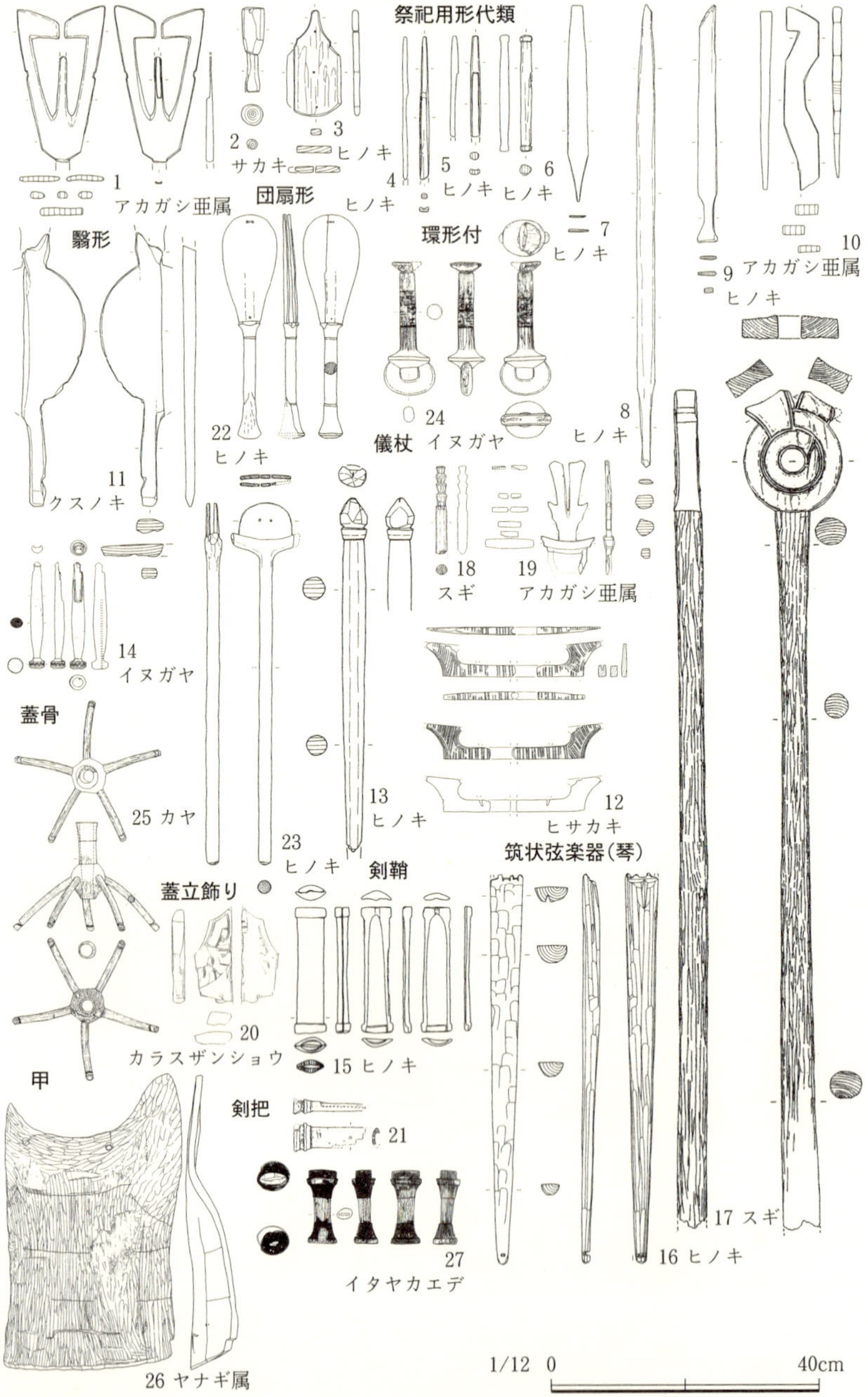

図 21 古墳時代早・前期の主要木製品

1〜13：岐阜 荒尾南，14・15：三重 六大 A，16：静岡 角江，17：滋賀 下長，18〜21：石川 畝田，22：奈良 勝山古墳，23：奈良 乙木・佐保庄，24〜27：大阪 下田。

よって、彼（彼女）の権威を民衆に知らしめる役割を果たしたと考えられる。

武器と馬具　続く古墳時代中期まで威儀具は残るが（図22―8〜10・12）、むしろ主体となるのは刀剣装具などの武器（図22―2〜7・14・16）と馬具（図22―1）である。刀剣装具類は古代豪族である物部氏の本拠地とされる布留遺跡（奈良県天理市）、なかでも三島（里中）地区で原材・未成品・完成品が大量に出土していることから、この地で集中生産されていたことがわかっている。しかし、河合寄安遺跡（福井県福井市）など未成品が出土する遺跡は全国各地にあることから、必ずしもヤマトから地方に一方的に下賜されたわけではなく、各地の有力豪族層が抱える専業工人たちによって製作されていた可能性が高い（穂積二〇一二）。

下駄（図22―11）や横櫛（図22―18）は古墳時代前期から近畿や北部九州で出土し、古墳時代中期には全国に広がる。これもまた豪族層が使用したもので、古代になって広く一般に普及したと考えられる。

掘削具への本格的な鉄刃装着は古墳時代中期（五世紀後半）ごろで、U字形鉄刃の出現がきっかけとなる。この鉄刃は、まずナスビ形曲柄平鍬（図22―15）と一木あるいは組合せ平鋤に装着され、おもに洪積台地の開発と巨大古墳の築造に用いられた。そしてナスビ形曲柄鍬の衰退にともなって直柄平鍬にも装着されるようになり、中・近世まで残る直柄風呂鍬（図22―19）が完成する。

組成の変化　古墳時代における主要木製品出土遺跡の樹種組成は、縄文・弥生時代と際だった違いをみせる（図23）。西日本のほとんどの遺跡では針葉樹の利用が五割を超え、おおむね時期が下るほどその割合が増加する。その針葉樹の大半はヒノキ科（ヒノキ・サワラ・クロベ・アスナロなど）かスギで、その植生に応じて太平洋側でヒノキ科、日本海側でスギが卓越する。これは武器や祭祀具の増加など器種組成の変化（図24）と連動した結果である。その一方で、未だ掘削具が多い国府関遺跡（千葉県茂原市）や畝田遺跡（石川県金沢市）、顔戸南遺跡（岐阜県可児郡御嵩町）

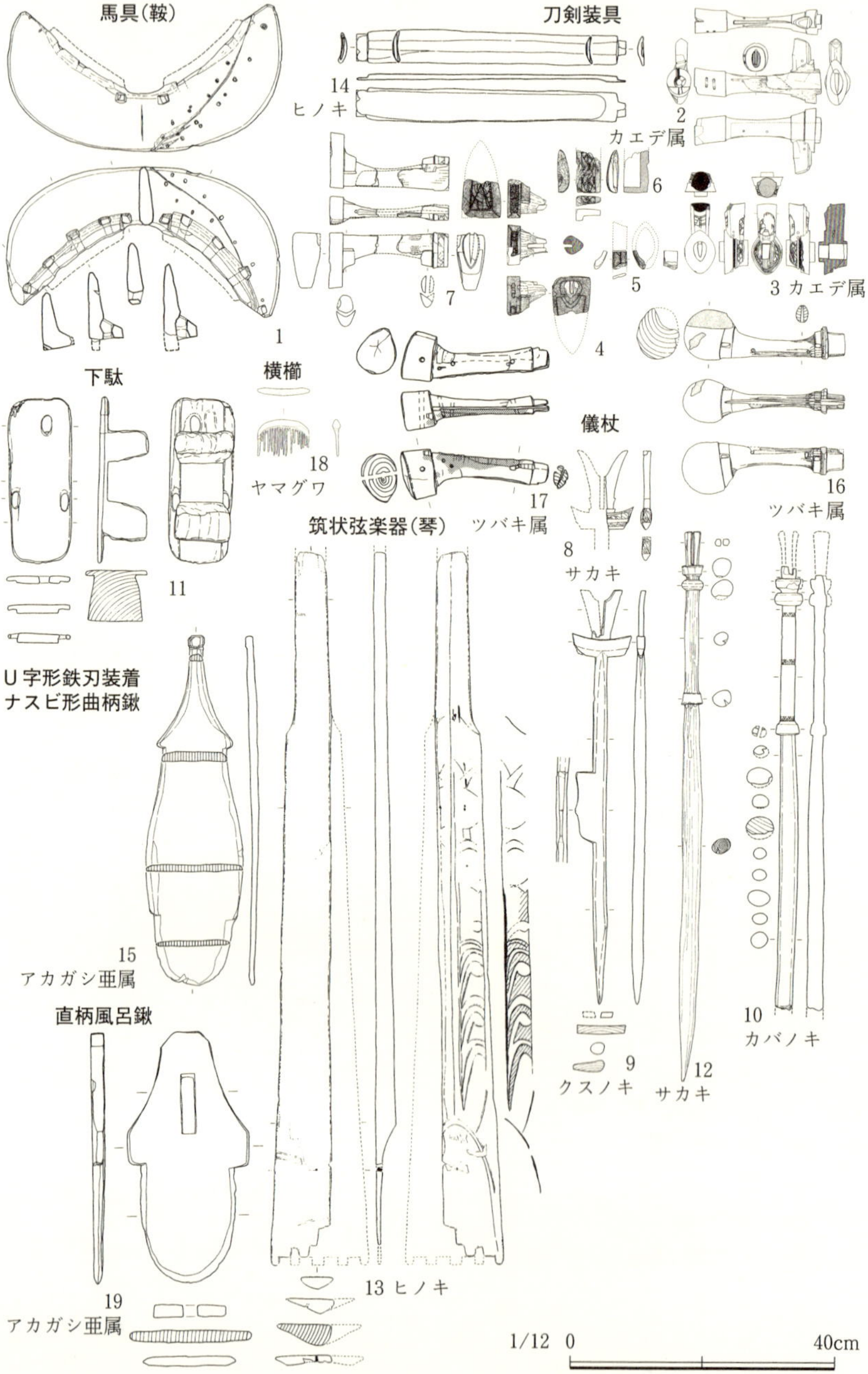

図22　古墳時代中・後期の主要木製品

1：大阪 陵南北，2・3：奈良 布留，4〜6：三重 六大A，7〜11：静岡 恒武山ノ花，12・13：静岡 恒武西浦，14・15：奈良 十六面・薬王寺，16：島根 前田，17：愛知 惣作，18：愛知 彼岸田，19：岐阜 柿田。

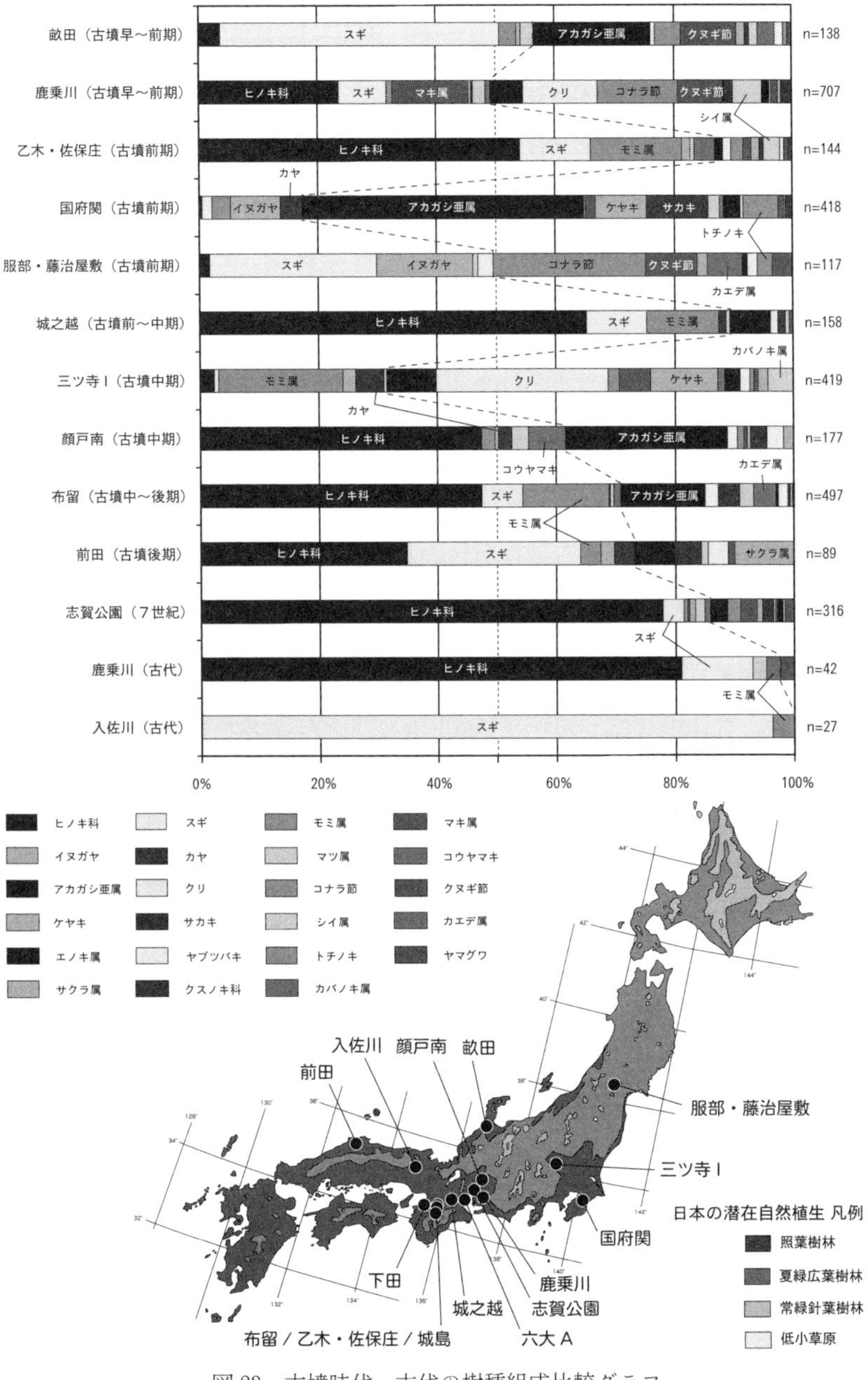

図23　古墳時代〜古代の樹種組成比較グラフ

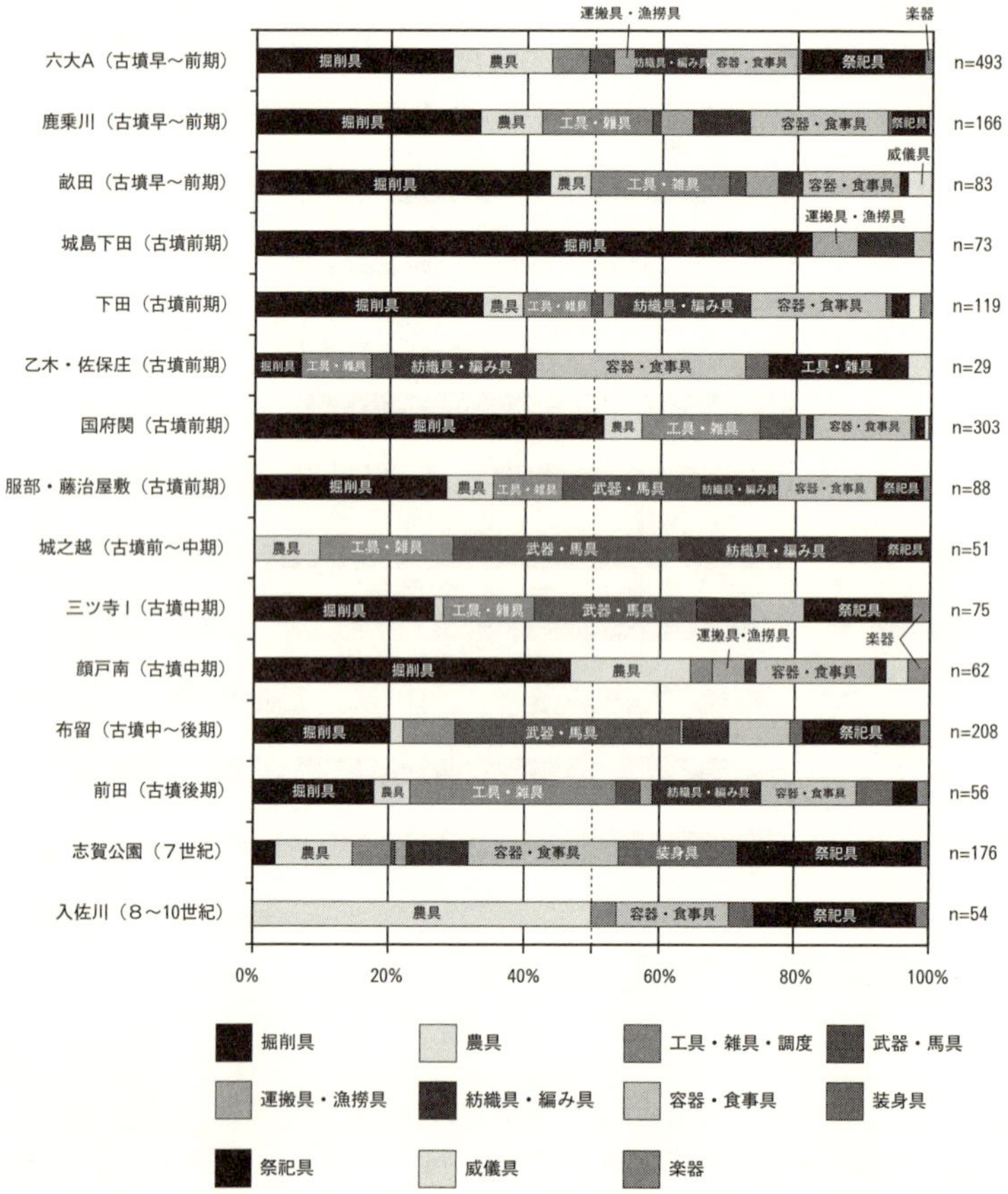

図24　古墳時代～古代の器種組成比較グラフ

では、アカガシ亜属がかなりの比率を占めている。ただ、日本海側のスギはともかくとして、太平洋側の沖積低地にはヒノキの原生林が存在した痕跡はない。おそらくは山間部から、初期の段階は筏を組んで川に流し、下流の集落へと運搬したと考えられる。そして、のちに山作部や杣と呼ばれる山間部で木材の伐採と加工を生業とする集団によって製材・加工された針葉樹材からなる各種木製品が沖積低地の豪族居館や集落などで用いられたのであろう。

器種組成もまた、弥生時代とは大きく異なり掘削具の比率が下がるのに対して、紡織具・武器・容器・祭祀具などが高い比率を占めるようになる（図24）。なかでも高位の首長（豪族）居館とされている乙木・佐保庄遺跡（奈良県天理市）や、井泉と貼石をほどこした庭園からなる祭場である城之越遺跡（三重県伊賀市）では、掘削具は皆無かきわめて少ないことが特徴としてあげられる。

その一方、出土木製品中で掘削具が八割を超える城島下田遺跡（奈良県桜井市）は、有名な古墳時代前期の巨大前方後円墳である桜井茶臼山古墳の北に接する集落で、奈良盆地以外の土器が大量に出土していることから、桜井茶臼山古墳の造営にともなうキャンプサイトだと考えられている。この遺跡から出土した大量の掘削具は古墳の築造そのものに用いられた可能性がきわめて高く、使用された曲柄鍬には伊勢湾地方の特徴をもつものも多数含まれている。図24にはあげなかったが、佐紀（奈良県奈良市、平城宮下層）遺跡もまた、佐紀盾列古墳群（古墳時代前期末〜中期）造営のキャンプサイトである可能性が高い。ここでは北部九州型の直柄鍬（図10―6）が出土しており、大王墓クラスの造営に関わる人々の出身地が桜井茶臼山古墳の段階（古墳時代前期初頭）よりも、かなり広範囲になっていることがわかる。

首長権威の表象　最後に、これまでみてきた縄文時代早期〜古墳時代後期の器種組成のうち、とくに弥生・古墳時代における精製品の変遷から、首長層のもつ性格の変化を考えてみたい（図25）。

弥生時代前期から後期まで、地域の拠点集落から出土する美しい容器と食事具は、首長が神への捧げ物を盛りつけ、神と共食することで首長の権威を一般成員に示す役割を果たした。弥生時代末期から古墳時代前期には、ここに新式の威儀具が加わることによって、中国魏晋朝を権威の背景とするヤマト王権とのつながりを示すことが首長にとってより重要となった。

ところが古墳時代中期からは、精製容器・食事具類に替わって武器類が増加し、儀礼と祭祀で国を治める首長像か

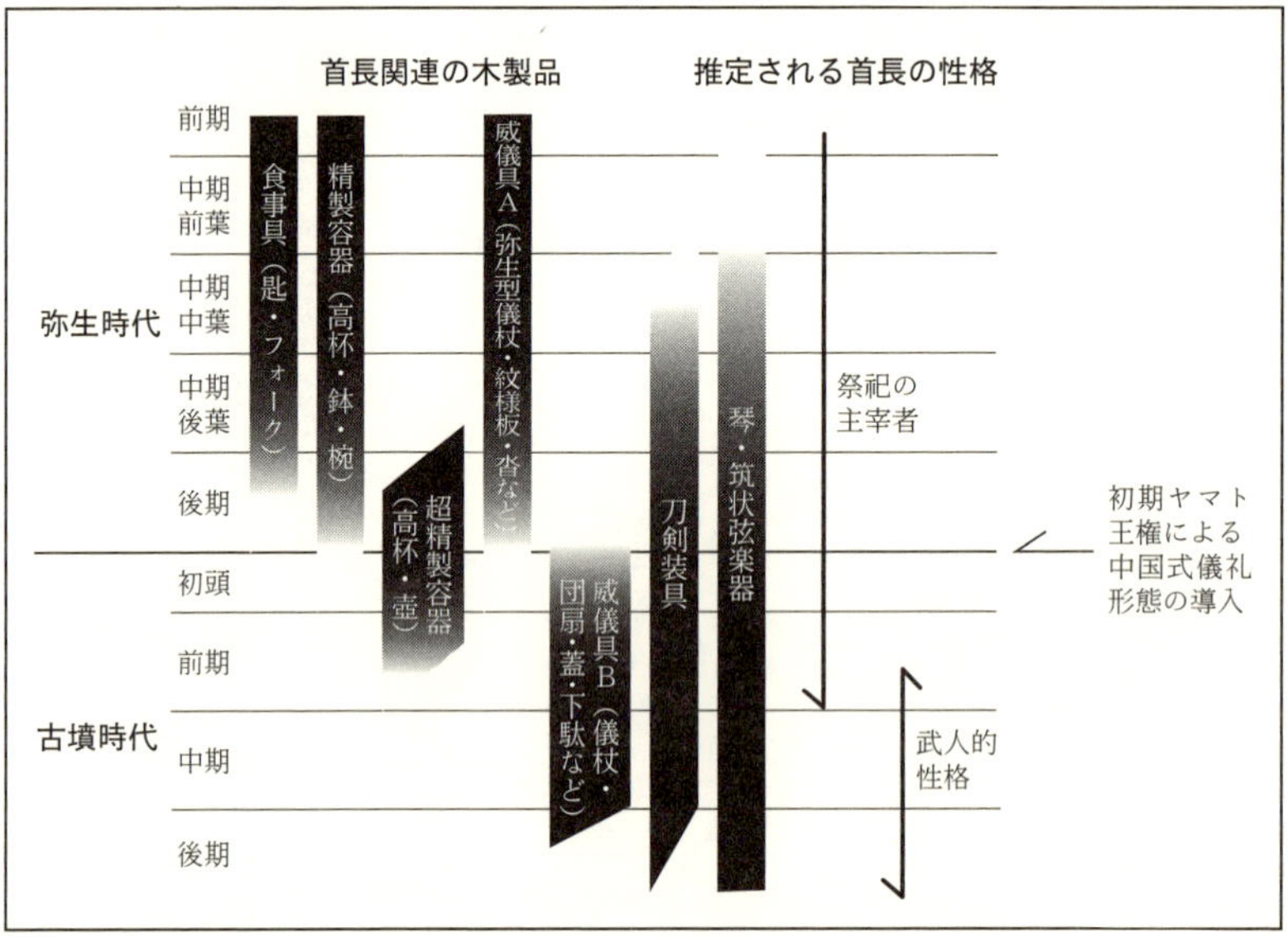

図25　主要器種の変遷からみた首長の性格（樋上 2010）

ら、武人的性格をもつ王へと支配者の姿は大きく変化していったのである。

5　古代の木製品

階層構造の変化　日常生活に使用される木製品そのものは古墳時代後期以降、古代においてもさほど変化しない。むしろ、大王の居館—(大・中・小)豪族居館—有力集落—一般集落という古墳時代の階層構造が、律令期には都城—国衙—郡（評）衙—有力集落—一般集落へと変わる点が重要である。さらに都城は宮域と京域に分けられる。当然のことながら、それぞれの遺跡から出土する木製品の組成は異なってくる。

都城での状況　例えば、平城宮内では文書行政を主体とすることから、主として官衙地区の廃棄土坑からは大量の木簡のほか、木簡を削るための刀子の柄が出土する。一方、木工寮など現業部門では工具の柄が多く出土するなど、役所の性格を出土木製品の組成がストレートに反映される。

さらに京域に目を転じれば、平城宮の朱雀門と壬生門の間の二条大路北側溝などからは、大祓など律令祭祀で使用された形代類（人形・馬形など）や斎串が大量に出土している。これら形代類の多くは古墳時代前期（図21）に淵源をもつものだが、こと人形に関しては、中国唐王朝で当時流行した道教思想に由来するものである。和田萃によると、道教信仰は継体～欽明朝に百済経由でわが国に取り入れられ、天武朝には大祓として国家的祭祀に定着した（和田二〇〇六）。

金子裕之や巽淳一郎らによると、これら律令祭祀に関わる遺物群は奈良時代、平城宮を中心として同心円状に、主要交通路に面して分布している。これは天皇を頂点とする皇族および貴族を外から進入する疫病から守護するために繰り返しおこなわれたさまざまな国家的祭祀行為の結果である（金子一九九六、巽一九九六）。さらに人形そのものについても、素材の違いが階層差を示している。

地方官衙の状況　また、こういった国家レベルと同様の祭祀行為が地方にも伝播していることが、兵庫県の但馬国衙周辺などいくつかの地域から出土する祭祀遺物群からわかっている。

国衙や郡衙では、こういった形代類や斎串、木簡以外にも、掘削具・農具・工具・紡織具がしばしば出土する。このなかでとくに注目すべきは紡織具の分布とその内容である。東村純子が明らかにしているように、紡織の工程は大きく「製糸」と「製織」に分けることができる（東村二〇一一）。そして「製糸」工程では紡錘車・桛・綛かけ・糸枠が、「製織」工程では地機や高機が木製品として用いられている。東村によると、国衙や郡衙といった地方官衙では桛がほとんど出土しないことから、「製糸」工程は一般集落でおこない、官衙では「製織」工程のみをおこなったと推定している。さらに国衙工房では高級絹織物を、郡衙工房では庸調の麻布を織っていたことがわかっている。

ここまでみてきたように、縄文時代早期から弥生時代、古墳時代を経て古代にいたるまで、遺跡から出土する木製品のかたちと器種組成が刻々と変化していることが明らかとなった。そして、そこにはおのおのの時代に生きた人々の生活様式と、時々の自然（植生）環境・社会環境・政治状況などが反映していることをおわかりいただけたかと思う。

しかし、当時の人々が使っていた道具は木製品だけでないことは、今さら言うまでもない。それゆえ今後は、土器・石器・金属器・骨角器など異なる素材を組み合わせて考えるとともに、日本列島内に留まらず、朝鮮半島や中国大陸をも視野に入れた研究を進めていくことが必要であろう。

参考文献

金子裕之『まじないの世界Ⅰ（縄文～古代）』日本の美術三六〇、至文堂、一九九六年

白川　静『字訓』平凡社、一九八九年

鈴木裕明「団扇形木製品と麈尾」『日本考古学の基礎研究』茨城大学考古学研究室、二〇〇一年

巽淳一郎『まじないの世界Ⅱ（歴史時代）』日本の美術三六一、至文堂、一九九六年

長友朋子「弥生時代から古墳時代への食事様式の変化とその歴史的意義」『待兼山考古学論集―都出比呂志先生退官記念―』大阪大学考古学研究室、二〇〇五年

東村純子『考古学からみた古代日本の紡織』六一書房、二〇一一年

樋上　昇『木製品から考える地域社会―弥生から古墳へ―』雄山閣、二〇一〇年

樋上　昇「弥生～古墳時代における『地域型』鍬の出現と展開」『穂落とし神の足跡―農具でひもとく弥生社会―』大阪府立弥生文化博物館、二〇一二年a

樋上　昇『出土木製品の保存と対応』同成社、二〇一二年b

穂積裕昌「木製品」『講座　日本考古学8　古墳時代　下』青木書店、二〇一二年

山田昌久「木の利用と実験考古学―住環境整備（構築部材・燃料材）に限定して―」『縄文時代の考古学6　ものづくり』同成社、二

〇〇七年
和田　萃「道術・道家思想と神仙思想――道教的信仰の伝来」『信仰と世界観』列島の古代史7、吉川弘文館、二〇〇六年

木器からみた鉄製工具の出現

樋上　昇

いわゆる「鉄製工具」は、木材を伐採し、そこから木器を作り出すための道具であることは、今さら言うまでもない。これらは弥生時代前期末頃（紀元前四〇〇年頃）に朝鮮半島から北部九州に伝播し、弥生時代中期を通じて東日本へと伝播しつつ、弥生時代後期（紀元一世紀中頃）には、ほぼ石製工具を駆逐したとされている。

この鉄製工具に関しては、本シリーズの『金属編』において田中謙氏が「一　木工具」として、弥生～古墳時代の工具の組み合わせと、木器のどういった箇所の加工にどの工具を用いたのかについて、最新の研究成果が詳細に述べられている（田中二〇一七）。この田中論文に代表されるように、おおむね鉄器研究者、もしくは石器研究者の側から論じられてきた。

いっぽう、その加工対象である木器研究においても、一九八八年に刊行された『弥生文化の研究』第一〇巻に掲載された宮原晋一氏の「石斧、鉄斧のどちらで加工したか」で、木器側に遺る加工痕跡から、その対象とする木器が石器によって削られているのか、あるいは鉄器によって削られているのかを判断するという先駆的な研究がなされている。しかし当時、木器研究者によって宮原氏の研究が深められることは、残念ながらほとんどなかった。

近年、全国各地で出土する木器が質量ともに三〇年前とは比べものにならないほど増加したことによって、よう

図　石器・鉄器による加工痕（1：B 種刃先痕，2：A 種刃先痕，3：A 種刃先痕，4：ひぶくら矧き，5：ケビキ痕。うち 1 は石器，2〜5 は鉄器による加工痕）

やく新たな研究の機運が盛り上がってきた。筆者もまた、二〇一五年の二月に『木製品からみた鉄器化の諸問題』というシンポジウムを企画し、東海〜北陸地方以西の研究者が一堂に会して、1．木製工具（おもに縦斧柄と横斧柄）が石器を装着するためのものか、鉄器を装着するためのものか、2．木器本体に遺された加工痕が石器によるものか、鉄器によるものか、3．併せて農具（鍬・鋤・鎌など）に鉄製の刃先が装着された痕跡をもつものの抽出、4．そして、上記三項目で、それぞれの地域において、いつから鉄器が使われ出したのか、を検討した（考古学研究会東海例会編二〇一七）。

これによると、北部九州では弥生時代前期後半〜末頃、山陰では弥生時代前期末〜中期前葉、近畿では弥生時代中期前葉、北陸と伊勢湾では弥生時代中期中葉、静岡では弥生時代中期後葉に鉄製工具とその柄、ないしは鉄器による加工痕が認められだすが、すべての工具の鉄器化がほぼ完了するのは弥生時代後期であることが改めてわかった。それとともに、伐採斧（縦斧）から鉄器化が始まる地域（北部九州）と加工斧（横斧）の鉄器化の方が早い地域（山陰以東）に分かれることも興味を惹く。

また、農具、とくに鍬・鋤類の刃先に装着する鉄刃は弥生時代後期段階にはどの地域でも認められるものの、すべての鍬・鋤類に鉄刃が付くのは古墳時代中期まで下ることも明らかとなった。

しかし、この木器研究者側の研究成果は必ずしも鉄器研究者のそれとは一致をみていないことから、これからは両者（さらに石器研究者も含めて）が同じ資料をみて、共同で研究を進めていく必要があると考える。

参考文献

考古学研究会東海例会編『木製品からみた鉄器化の諸問題』シンポジウム記録集10、考古学研究会、二〇一七年
田中　謙「木工具」村上恭通編『モノと技術の古代史　金属編』吉川弘文館、二〇一七年
宮原晋一「石斧、鉄斧のどちらで加工したか」金関恕・佐原真編『弥生文化の研究』第一〇巻、雄山閣、一九八八年

三　生活用具

村上由美子

生活用具をみる視点　日常生活のさまざまな場面で使われる生活用具は、日本では木を用いて作られることが多かった。豊かな森林資源と木工技術の賜物である。各地の資料館を訪ねると、伝統的な生活を再現した民俗の展示には、たくさんの木製の道具類が並んでいる。

木を使う暮らしは、縄文時代にはすでに始まっていた。佐賀県東名遺跡では、縄文時代早期の低湿地から木製の容器や掬い具、竪櫛《たてぐし》などが出土した（図1）。なかでも注目されるのは、編みかごである。近年の研究で、かご素材の同定が進み、ムクロジやイヌビワの木を薄いテープ状に割り裂いたひごを用いて、かなり大型のかごも作られた（図1―1）ことがわかった。その編みかごにイチイガシなどのドングリを詰めて、貯蔵穴のなかに杭で固定した状態で発掘されたものもあり、縄文時代における大型のかごの具体的な使用法を示す貴重な事例である。

このように、低湿地遺跡でみつかる木製の生活用具は、当時の暮らしぶりや、人々の生活と植物との関わりをよく示している。本章では、縄文時代から古代の一〇世紀までの木製の生活用具を紹介して変遷をたどるとともに、暮らしのなかで道具が作られ、使われてきた様相を探ってみたい。図2は、静岡県伊場遺跡で出土した古代の生活用具である。東名遺跡の生活用具と比べると、刳物《くりもの》の容器や櫛など、似た道具がみとめられるほか、下駄やしゃもじ、曲物《まげもの》

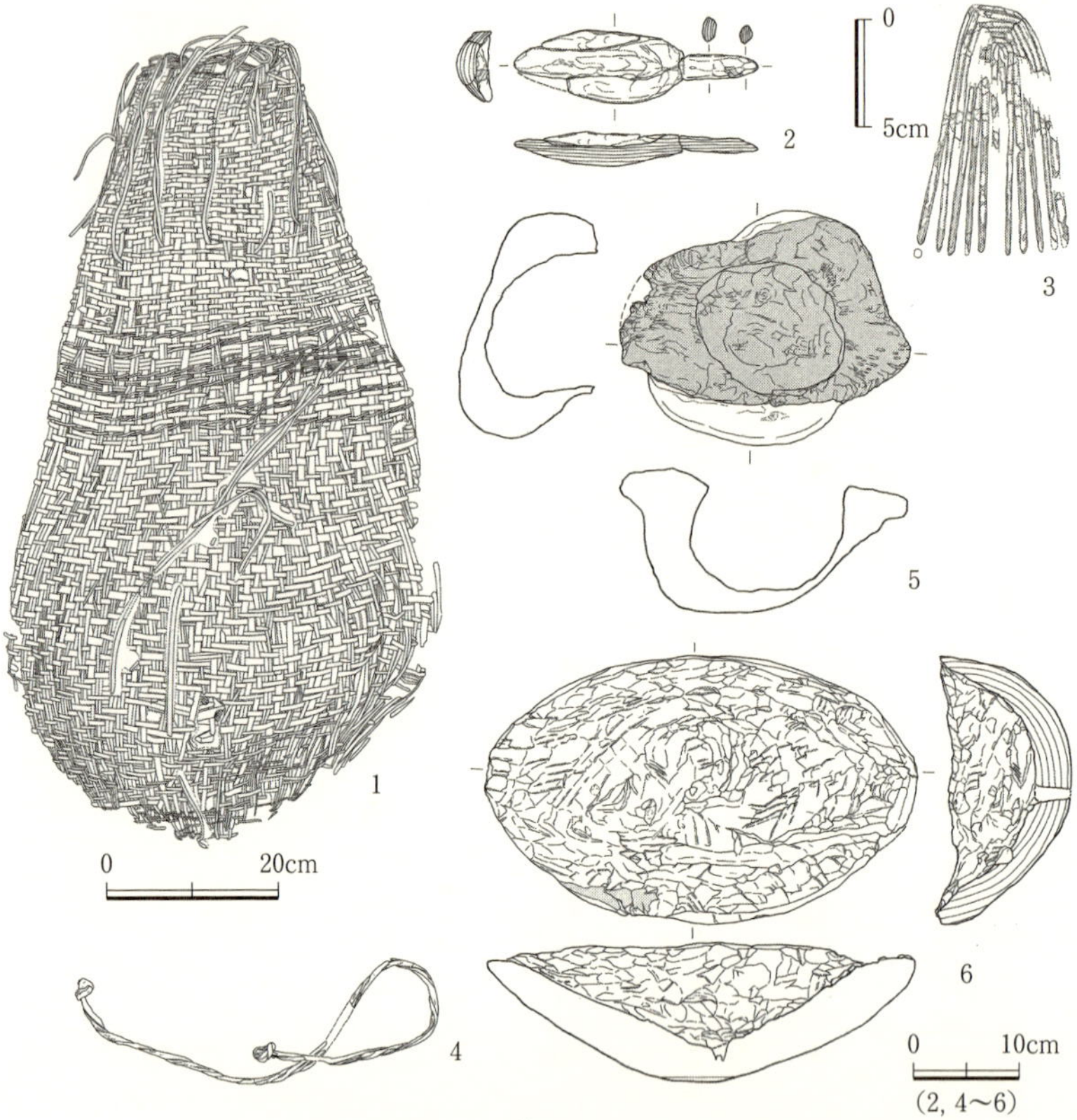

図1　縄文時代の生活用具（佐賀県東名遺跡）（佐賀市教育委員会 2009）
1：編みかご，2：掬い具，3：竪櫛（折曲げ櫛），4：縄，5：刳物容器（鉢），6：刳物容器（浅鉢）。

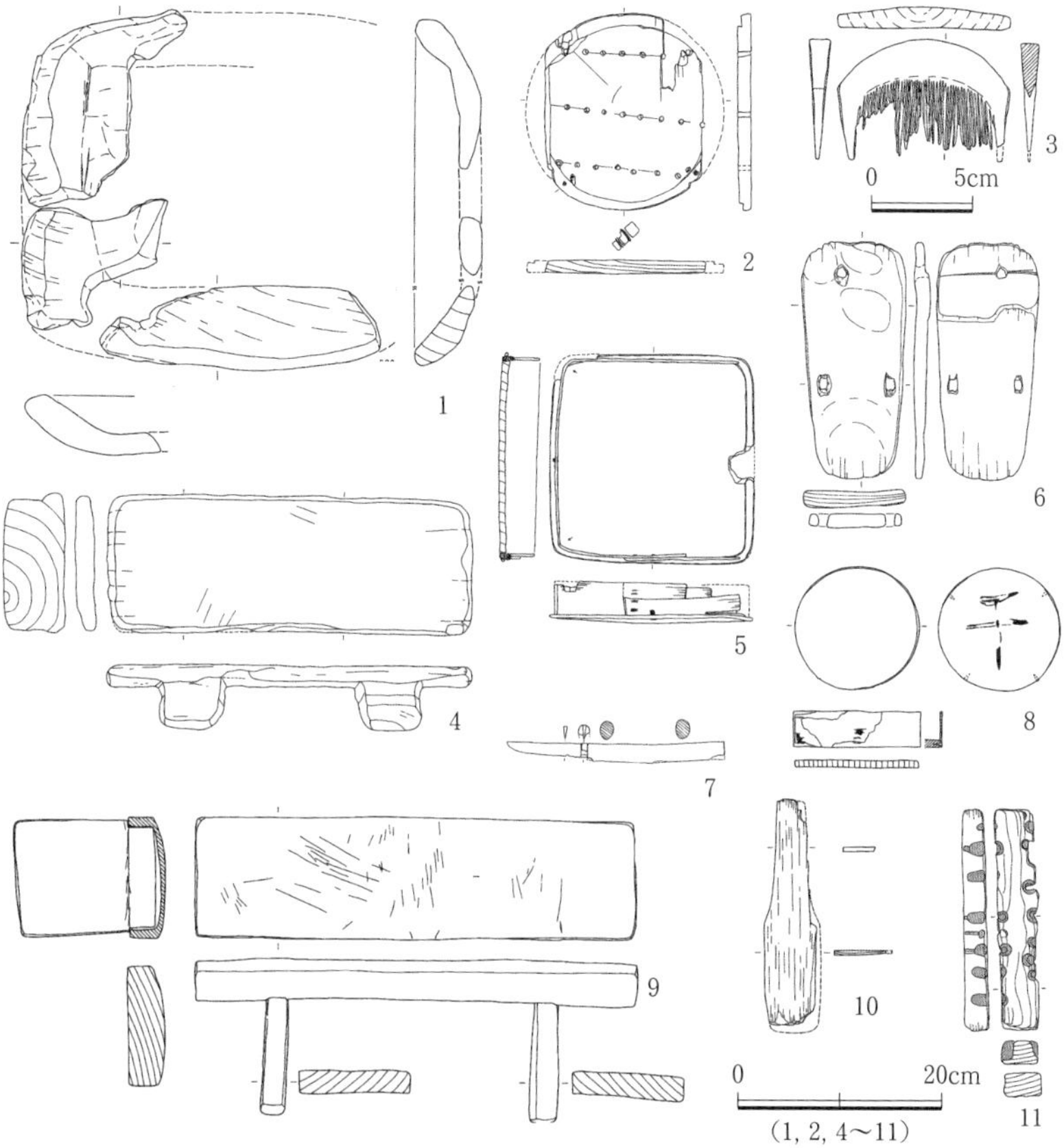

図２　古代の生活用具（静岡県伊場遺跡）（浜松市博物館 2002）
1：刳物容器（槽），2：曲物底板（セイロ），3：横櫛，4：刳物腰掛，5：方形曲物（折敷），6：下駄，7：刀子（身と輪は鉄製品），8：円形曲物，9：俎，10：しゃもじ，11：火鑽臼。

のセイロなど、縄文時代にはない道具も出現している。これらの多くは、現代の民具まで続く道具である。この継続性の高さが、木の道具をみていくときに重要な点だと考える。また、よく見ると、縄文時代の櫛は竪櫛と呼ばれる縦長の形状で、複数の素材を束ねたものなのに対し、古代の櫛は一枚の板から削り出した横櫛である。同じ道具でも、形状や製作技法が異なっているわけだ。変遷をたどるなかで、こうした技術的な視点も取り入れてみたい。

生活用具とは何か　考古学の分野では、生活用具の定義はあまり明確でない。これまでの報告例では、農具や工具、漁撈具、紡織具《ぼうしょくぐ》といった生業・生産の用具に対して、生活用具というまとまりを設けることがある。ここでは道具の継続性を重視し、現代の民具も視野に入れて論を進めることから、民具研究での生活用具の定義を参照しておく。生活用具を集成した『民具実測図の方法』第三巻では、「日常生活に使用された、衣食住に関係する身近な道具」と定義されている（神奈川大学常民文化研究所編一九九〇）。民具と異なり、考古資料においては、道具の使用法や生活のなかでの道具の位置づけについて、使用者から直接情報を得ることができないため、この定義に少し手を加える必要がある。

そこで、「当時の日常生活に使用され、衣食住に関係したと想定される道具」を今回扱う生活用具とする。ここでの「想定」は、これまでの木製品研究の蓄積と、現代の私たちがもつ道具に関する感覚に基づくもので、研究の進展や道具観の変化に応じて、生活用具の範囲も変わる余地がある（図3）。たとえば、これまでは組合せ式の腰掛や肘当て、あるいは紡織具と考えられてきたπ《ぱい》字状の木製品は、栃木県甲塚古墳で出土した機織《はたおり》埴輪が示す使用形態から、腰掛や肘当てではなく、輪状式の機織具を構成した道具の一つだと確定しつつある。そして、長らく用途不明だった四方転び木製品は、奈良県瀬田遺跡でかごの底部に結合した状態で見つかったことにより、かごの台として使われていたことが判明した（浦二〇一七）。これらは、生活用具の一つと考えられていたものが、新たな発見をうけて、その

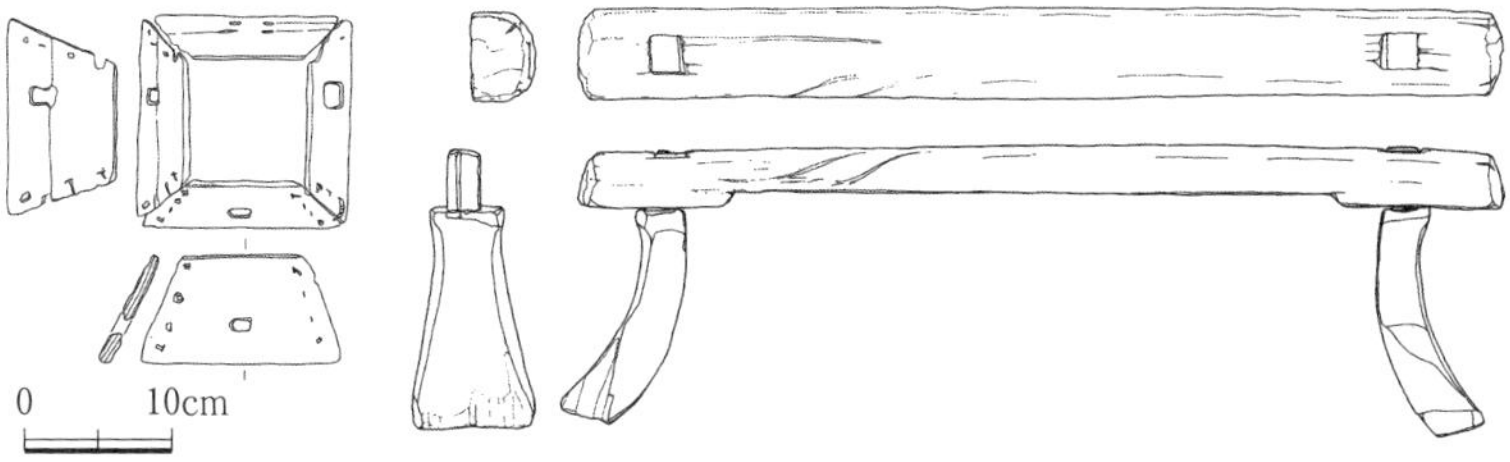

図3　生活用具から外れた道具（右）と新たに加わった道具（左）
右：π 字状の木製品（石川県西念・南新保）弥生後期，左：四方転び木製品（三重県六大 A）古墳前期。

枠組みから外れた器種・新たに加わった器種と位置づけられよう。

出土木製品用材データベースにみる生活用具　生活用具を取り上げるにあたり、「出土木製品用材データベース」（伊東・山田編二〇一二）を活用する（以下、データベースと呼ぶ）。縄文時代〜一〇世紀の木製品から、衣食住に関連したと想定されるもの（ただし一〇点に満たない器種はのぞく）を選ぶと、次のリストができあがる。

衣…服飾具（櫛、髪飾り、檜扇《ひおうぎ》、腕輪、履物）

食…農具（杵、臼）、調理加工具（杓子、しゃもじ、柄杓《ひしゃく》、俎《まないた》、笊籠《ざるかご》類）、容器（椀、皿、鉢、壺、高杯、槽《そう》、桶《おけ》など）、食事具（箸、匙《さじ》、串、折敷《おしき》）

住…工具（発火具）、調度（机、腰掛）、遊戯具（独楽《こま》）、計量具（物差《ものさし》）

こうしてみると、生活用具とは、衣食住の直接の対象となる衣類・食物・住居ではなく、その周辺で使われた道具類であることがわかる。なお「衣」に関連する道具には、ここに示したほかに紡織具があるが、生業・生産用具と位置づけて生活用具には含めない。そして住居は大部分が木材で構成されているが、建築部材や建具などは生活用具というには大型であり、持ち運ばず場所に据え付けて使うという性格のちがいを踏まえて、やはり本章で扱う対象外とする。

また、このリストはあくまでも縄文時代〜一〇世紀の生活用具の累積を示したもので、それぞれの道具は出現時期や存続時期が異なるため、同時には存在しなかったもの（たとえば檜扇と腕輪）が一緒に含まれている。そのため、このリストを起点として、道具ごとの消長や変遷を明らかにしたのち、時代ごとに整理しなおすことで、各時代の生活用具リストを再編成する作業も必要になる。さらに上記のリストは「服飾具（櫛）」のように「大分類（中分類の器種名）」の書式で示したものだが、器種によってはさらに小分類の項目をもつものがある。櫛には竪櫛と横櫛があり、製作技法や存続時期が異なっているため、区別して整理する必要がある。

以上を踏まえつつ、各器種についてデータベースを集計し、若干の再検討や補足を加えたうえで、生活用具のおおよその変遷を示したのが表1〜3である。時代区分はデータベースの基準におおむね即して縄文、弥生、古墳、古代（古墳時代末〜平安時代前期の一〇世紀まで）に分ける。時代区分の異なる北海道と沖縄についても、一〇世紀以前の資料は併行する時期のデータに加える。以下では、リストと表に即して、長期的な変遷を捉えつつ、とくに「継続性の有無」に着目しながら、器種ごとの概要をたどってみよう。

1　「衣」にかかわる生活用具——服飾具の変遷

櫛（竪櫛と横櫛）　縄文時代の竪櫛には、細い材を紐で束ねた結歯櫛（図4—1）・束ねたのち曲げて逆U字形にした折曲げ櫛（図1—3）のほか、福井県鳥浜貝塚例のように一木を削出した櫛がある。赤漆を塗り重ねたり、装飾的な透かしを入れたりと、技巧を凝らした逸品もある。続く弥生時代にも結歯櫛と削出し櫛がみられるものの、点数は縄文時代に比べるとかなり少ない。古墳時代になると、竪櫛の点数は増加するが、弥生時代以前のものとは素材や製作技法が異なっている。細く割り裂いた竹（タケ亜科）の束を逆U字形に曲げ、黒漆を塗った折曲げ櫛は、古墳時代を通して各地の古墳や集落遺跡で数多く出土している。

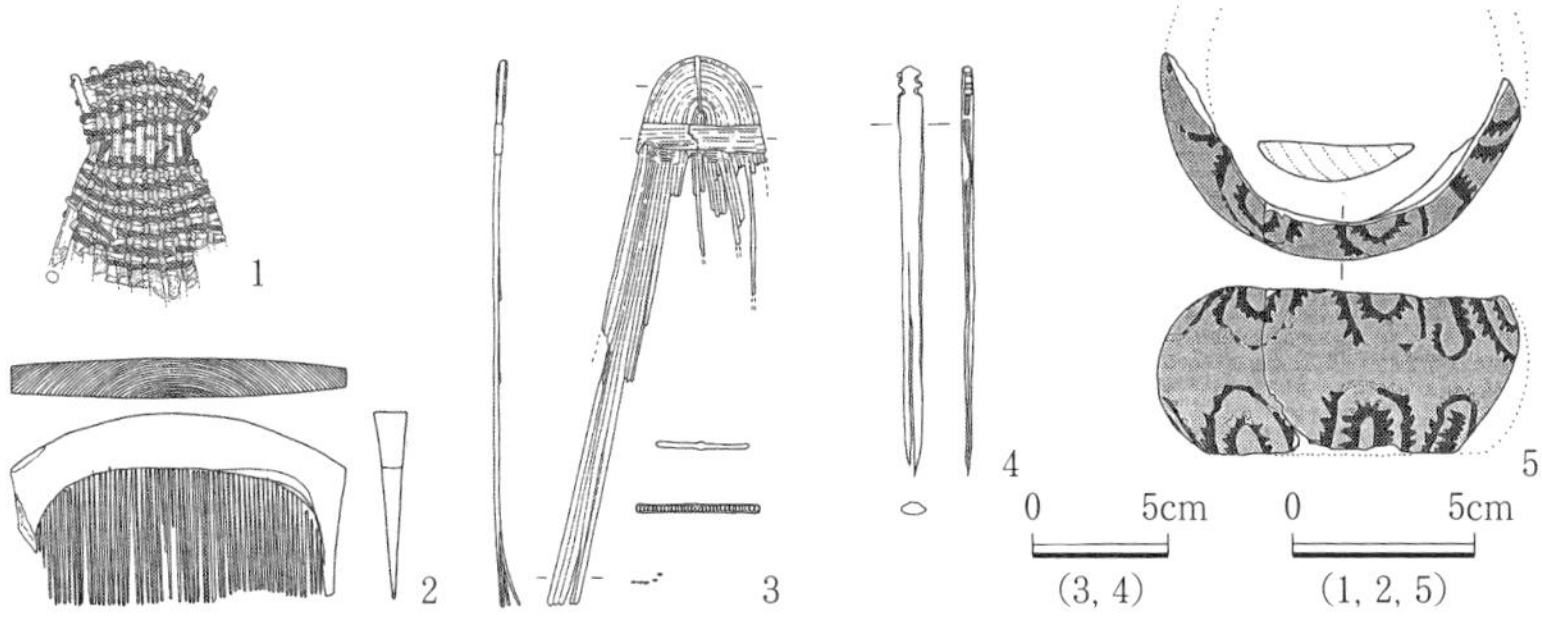

図4　櫛と髪飾り，腕輪

1：竪櫛（結歯櫛）（佐賀県東名　縄文早期），2：横櫛（三重県六大Ａ　古墳中期〜後期），3：竪櫛（折曲げ櫛）（滋賀県入江内湖　古墳後期），4：簪（長野県石川条里　古墳前期），5：腕輪（福岡県拾六町ツイジ　弥生前期）。

そして古墳時代の中ごろには新たに横櫛が登場し、古代に竹の折曲げ櫛がみられなくなると、竪櫛に代わって櫛の主体を占める。竪櫛は結い上げた髪に挿して留める役割があったのに対し、横櫛は髪を梳いて整えるとともに、細かい目の櫛で梳くことにより虱《しらみ》などを取り除く役割もあったとみられ、竪櫛と横櫛とでは形状や製作技法が異なるだけではなく、機能や使用法もやや異なっていたとみられる。横櫛は中世にも多くの出土例が確認でき、近世になると、結い上げた髪に横櫛を挿して飾るようになるなど、櫛の使用法は時代ごとの髪型や風俗に伴って変容するほか、木製以外の材質の多様化も進む。しかし、基本的な横櫛の形状は、古墳時代に出現してから大きくは変わらず、「現代に至るまで継続した道具」の一つと位置づけられる。

髪飾り　束ねた髪を留めて飾る役割を果たすものとして、櫛のほかに笄《こうがい》と簪《かんざし》がある。弥生時代から古墳時代にかけて点数はそう多くないが一定数みられ、鮮やかな赤漆を塗ったものや彫りを施したものもある。骨角器にも似た形状のものがあり、木器との共通性が確認できる。

古代の髪飾りは、留め針と呼ばれる（図5）。装飾的な意味合いは少なく、烏帽子《えぼし》などの被《かぶ》り物を髪に固定させるために使った実用品とみられ、多くはヒノキを素材として塗りのない白木で作られる。使用法が異なるほ

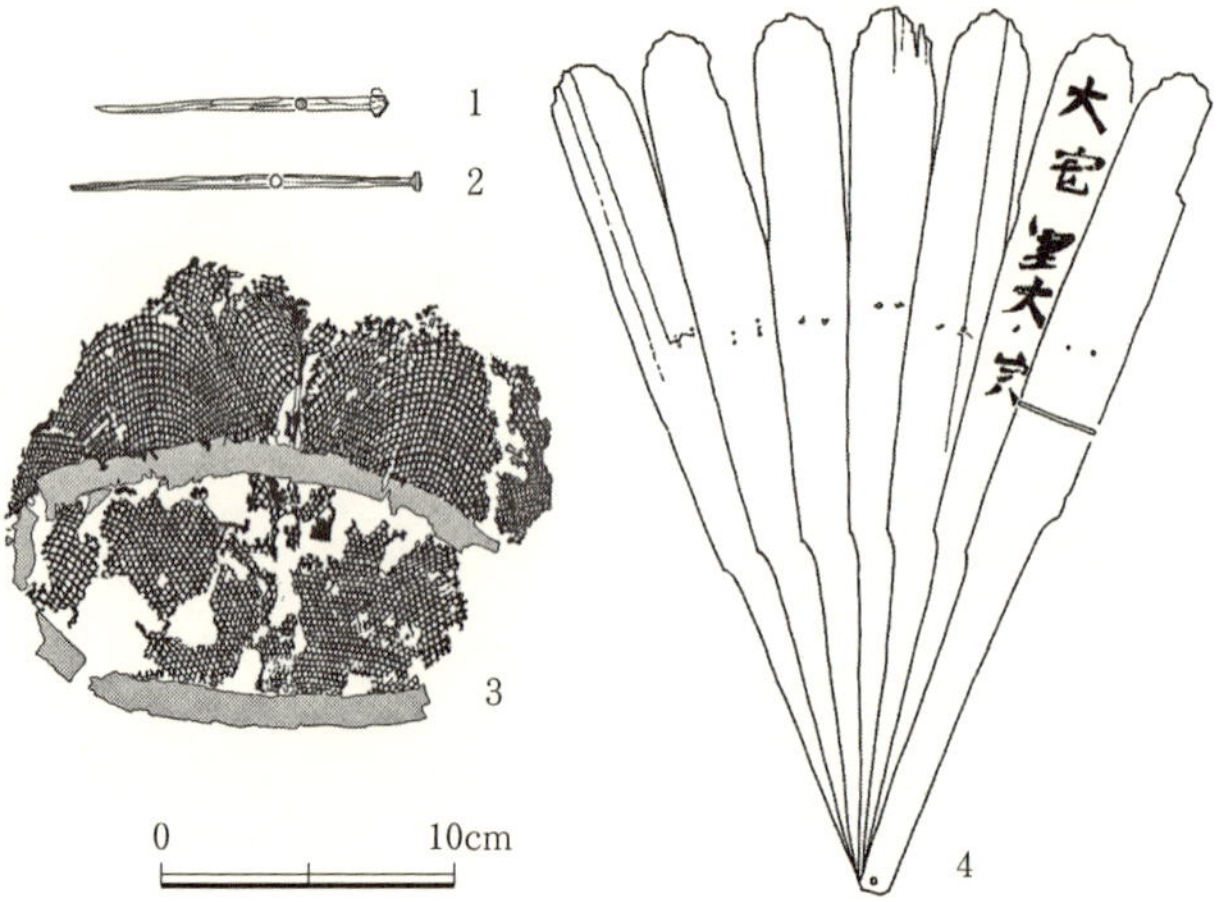

図5　古代の服飾具（奈良県平城京）（奈良国立文化財研究所 1995）
1・2：留め針，3：被り物，4：檜扇。

か、形状からしても笄・簪の系譜をひくものではなく、古代に被り物とともに導入されたとみられる。以上のように、データベースの「髪飾り」には、笄・簪と留め針という、使用法や使われた時代の異なる二者が含まれている。

檜扇　留め針と同じく、古代の木製服飾具として檜扇がある。ヒノキなどの針葉樹の薄板に小孔《こあな》をあけて十数枚程度を紐で連ね、扇として開閉できるようにしたものである。無地が原則だが、伝世品に儀式の次第を檜扇に記してメモとした鎌倉時代の事例がある（図6）（京都大学総合博物館編二〇一四）。檜扇が使われた様子を彷彿とさせるとともに、古代の貴人が涼を得るために扇いだ実用品というだけでなく、儀式に参加するさいに手に持った儀礼用品との性格がうかがえる。烏帽子や留め針、後述の浅沓《あさぐつ》など、セット関係の復元に向けて古代の服飾史や儀礼の研究がさらに進むと、具体的な使用の場面に迫れることだろう。

腕輪　装身具のなかでは横櫛が継続性の高い道具であるのに対し、「継続しないもの」の代表例の一つが腕輪である。漆塗りの木製腕輪は、縄文時代から弥生時代中期のはじめにみられる道具である。縄文時代の腕輪は、一木を刳り抜いて作るか、細い枝材を輪状に整えて固定したもので、赤色漆を塗ったものが多い。腕輪の製作技法に、この二者があることは、青森県是川遺跡出土資料の解説（杉山一九三〇）において、早くも述べられていた。弥生時代の腕

図6　檜　扇（壬生家伝来，鎌倉時代）（京都大学総合博物館所蔵）

輪は一木を刳ったものが多く、腕に当たる面が平坦である。福岡市拾六町ツイジ遺跡の腕輪（図4—5）のように、黒漆を塗った上に赤の文様をもつ事例もみられる。腕輪は縄文〜古墳時代にかけて貝や青銅、碧玉《へきぎょく》など木以外の素材で作った多様な器種が存在したが、そのなかで木製の腕輪は早い段階に消滅した道具といえる。そして、古代になると素材を問わず腕輪そのものがみられなくなる。中近世にもその傾向はつづき、近代に西洋のアクセサリーが導入されるまで日本の服飾史における腕輪の空白期がつづく。

下駄　データベースには履物として、下駄、沓、板草履《いたぞうり》の三者がある（図7）。最も点数の多い下駄は、中国の「屐《げき》」という二本の歯をもつ履物に源流があり、古墳時代に日本に伝わったものとみられる（秋田二〇〇二）。一木でつくる連歯下駄と、台に二枚の歯を組み合わせた差歯下駄がある。前者が古墳時代に出現し、古代には差歯下駄もみられるようになる。製作技法の観点からみると、後述する容器や腰掛と同じく、下駄についても刳物から板組物（指物）への変化がみられるが、連歯下駄は消滅して完全に差歯下駄に代わるわけではなく、近世に至っても多くの事例が確認されている。下駄はさらにその後、現代まで続く生活用具の代

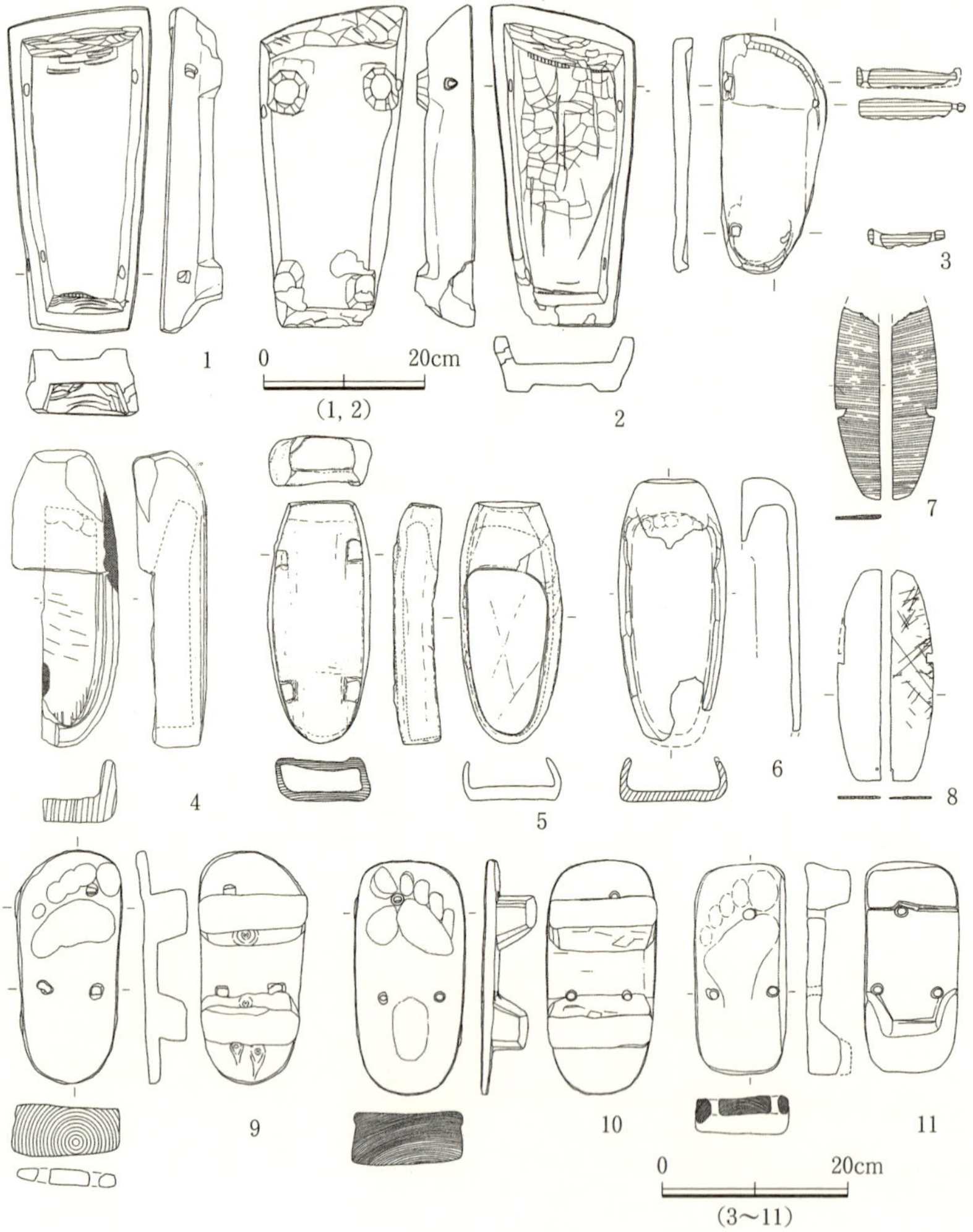

図7　履　　物

1～3：平沓，4～6：浅沓，7・8：板草履，9～11：連歯下駄。

1・2：千葉県国府関　古墳前期，3：島根県姫原西　弥生後期～古墳前期，4：石川県指江Ｂ　古墳中期～平安時代，5：神奈川県池子　古墳末～平安時代，6：新潟県青田　古墳末～平安時代，7：新潟県青田　中世？，8：岐阜県柿田　中世後期，9：岐阜県柿田　古墳中期～後期，10：三重県六大Ａ　古墳中期～平安初期，11：三重県六大Ａ　古墳中期～後期。

表例といえる。出土資料を観察すると、足の裏のあとが圧痕となって残っている事例や、下駄裏面の歯がすっかり摩耗した事例もよくみられることから、かなり履き込まれ、使い込まれた道具であったことがうかがえる。

しかしながら、古代の下駄は祭祀遺物としての性格が強く、日常の履物に転換するのは一二世紀代と捉えられている（本村二〇一五）。そして、導入期の下駄は「カミの履物」（秋田二〇〇二）、「首長の所有物」（樋上二〇一〇）との評価も示されており、基本的な使用法には変化がないとしても、下駄のもつ意味あいや利用層には変容があったと考えられる。日常的に下駄をはかない人々は裸足であったか、草鞋《わらじ》や足半《あしなか》など草本植物を編んだ履物を使ったのだろう。

履物にはほかに沓と板草履、また少数のためリストには上げていないが、雪上歩行具のかんじきも北海道や日本海側などの多雪地域で確認されている。板草履は板を芯としてわらやイグサなどの植物繊維を編みこんで草履としたもので、古代に出現し、中世、近世に増加する。出土例に即して中世から近世に至る流れをたどった研究により、現代も僧が板草履を履く習俗が続いていることが明らかになっている（市田一九八九）。古代に始まり、特殊な場面で使用される道具として現代まで続いたものと位置づけられる。

沓（浅沓と平沓） 沓は、データベースでは一つの器種にまとめられたが、足の甲まで覆うものと、足の形に対応した浅い容器状で縁に小孔をもつものがある。この二者は出現時期や盛行する時期が異なり、今のところ系譜のつながらない別個の器種と捉えられるものの、四脚を備えた事例が共通してみられる（図7―2と5）など、関連性についてはさらに検討が必要である。足の甲まで覆う沓は古代以降の事例が知られ、白木のものが多い。中世や近世の出土例が確認されていないため、現代も神社で使用される黒漆塗りの浅沓につながるかどうかは不明だが、形状としては近いので、甲まで覆うタイプの古代の沓も、ここでは浅沓と呼んでおく。下駄と同様に、足指の圧痕をくっきりと留める事例もみられ、特定の人物がよく履き込んだ道具であったことがわかる。

もう一方の平たい形状の沓は、いまだ器種名が定まっておらず、単に「木製履物」と呼ばれることも多い。各地の出土事例を集成して比較検討した研究では、民具例も踏まえてヨシなどの大型草本類を踏み込むさいに使われたとの用途が想定され、農具の田下駄に近い道具との可能性が示された（比佐一九九七）。ここでは浅沓と区別するうえで、仮に平沓《ひらぐつ》と呼ぶ。草本類を踏み込む道具にしては、千葉県国府関遺跡の平沓（図7―1・2）のような精製品もあるので、別の用途も想定できるだろう。いまのところ最も古い事例は福岡市拾六町ツイジ遺跡の平沓で、弥生時代前期の北部九州が初現地であることから、大陸の類例も参照しておく必要がある。可能性として、漢代に「舄《せき》」と呼ばれた二重底の沓の存在を示しておきたい。二重になったうち下側の沓底が、弥生時代～古墳時代の日本で出土している木製の平沓に相当する可能性がある。足の裏に接する上側の底には布や革など木よりも残りにくい素材が使われたのではなかろうか。下駄や浅沓には足の圧痕がのこる事例がみられるのに対して、平沓にはそうした事例がないことも、「二重底の下側の沓底」との仮説を補強している。使用法はさておき、この平沓は弥生時代から古墳時代には各地に事例があるが、それ以降の時代には継続せずに系譜が途絶えた道具なのは確実である。

衣の生活用具の継続性／非継続性　履物の四つの器種（下駄、板草履、浅沓、平沓）の推移は、表1下側のように集約できる。この推移を「継続性」に着目して長い時間幅で捉えてみると、三つの変遷パターンが見出せる。

継続型：近現代の民具に至るまで継続するもの――《例》下駄（古墳時代に出現して以降、製作技法の変化はありながらも基本的に現代の民具まで続く）、板草履（古代に出現し、場面は限られるものの現代の民俗例まで続く）。

変容型：前者よりは継続性が弱く、中断する時期があって系譜がたどれない、もしくは継続性はみられても用途や役割に大きな変化が生じているもの――《例》浅沓（現代にも似た道具はあるが直接の系譜は確認できていない）。

断絶型：継続性が確認できず、明らかに途絶えたもの――《例》平沓（弥生時代から古墳時代にかけて各地で出土事例はあるが、以降の時代には続かず、民具に類似した道具がない）。

以上、三類型に区分したうちとくに変容型については、今後の研究の進展により位置づけが変わる余地がある。

これまで出土木製品の研究においては、十分な検討を経ないまま民具とのつながりが念頭に置かれることが多かった。不明木製品の用途推定にあたって、まず民具を参照する傾向にあるのも、その背景によるところが大きい。しかし現在は、旧石器時代から近代までの出土木製品を網羅したデータベースの活用により、各地の木製品の通史的な検討がしやすくなり、継続性の有無の確認が比較的容易にできるようになったので、この状況を生かし、「現代までつづく生活用具／途絶えた生活用具」の区別を踏まえて道具の位置づけを明確にしながら、それぞれの特徴を論じていきたい。

表1　衣の生活用具

大分類	中分類	小分類	総点数	縄文	弥生		古墳	古代	中世以降
服飾具	櫛	竪櫛	(80)						
		横櫛	(319)						
	髪飾り	簪・笄	(15)						
		留め針	(78)						
	檜扇		(222)						
	腕輪		(40)						
	履物	下駄	(368)						
		平沓	(16)						
		浅沓	(27)						
		板草履	(16)						

註（表1～表3に共通）
1　色の濃淡は時期ごとの点数の多さ・少なさのめやすを示した。
2　弥生時代(前～後期)と古墳時代(前～後期)のあいだには，データベースの時期区分に即して「弥生時代末～古墳時代初頭」の列を設け，破線で区切った。
3　総点数は本章であつかう縄文時代～10世紀までについてデータベースで検索し，補足・修正を加えて算出した。

時代ごとの服飾具の組合せ　表1を縦方向にたどると、時代ごとの「衣」にかかわる生活用具の組合せがわかる。縄文時代には竪櫛と髪飾り、腕輪があり、弥生時代にもその三者が継続するが、腕輪は弥生時代中期前半には消滅する。弥生時代に新しく加わるものとしては、平沓がある。古墳時代になると、竪櫛は継続するものの製作技法が変わり、竹素材を折り曲げて黒漆を塗った折曲げ櫛が主体となるほか、古墳時代の中期には横櫛と下駄が新たに加わる。そして古代には、竪櫛や平沓がみられなくなり、被り物にともなう留め針や檜扇、浅沓が出現する。古代の終わりになると板草履も現れ、中世以降にも継続する。

2　「食」にかかわる生活用具

「衣」関連の生活用具は、すべて服飾具に含まれていたが、「食」については多くの分類項目にわたっている。

農具――杵と臼の変遷　水田の準備から収穫までの稲作の一連の流れを経て、貯蔵された穂束や稲籾は、調理の前に倉から出して脱穀調整を行う。このとき用いる杵《きね》と臼《うす》は、稲作の工程の最後を担う農具と位置づけられるが、季節を問わず日常的に使う道具という側面を重視すれば、生活用具と捉えることもできる。現在は餅つきに使う横杵と臼が残るのみだが、民具の竪杵と臼は雑穀の調整や味噌作りなど多くの用途を備えた道具であったし、出土資料も米の脱穀調整以外にも多様なはたらきを担ったことだろう。しかし、その多くは後から加わった使用法だと考えられる。日本に竪杵がもたらされたのは弥生時代早期（縄文時代晩期終末）で、鍬や鋤など水田稲作の道具とセットで伝わったとみられることから、当初はやはり米の脱穀調整用具として伝来し、生活のなかで使われるうちにさまざまな用途も担うようになったと考えられる。東南アジアなどの民族例では、その日に家族が食べる分の米を竪杵と臼で準備する、という暮らしぶりが今も続く地域が確認でき、日本に伝わった当初の竪杵の使用のあり方を彷彿とさせる。

〔竪杵〕　弥生時代前期の竪杵は、全長が一五〇センチ前後ある長大なものが多い。民族例や銅鐸絵画の検討から、竪杵を使っていたのは女性だったと考えられるが、身長と同じくらいの長い竪杵を使っていたことになる。それでは扱いにくかったためか、竪杵はしだいに短小化するとともに、握り部の突起がしだいに簡略化して、鼓《つづみ》状（図8―1・2）

→算盤玉状《そろばんだま》→瘤状《こぶ》（図8—3）と変化していく（村上二〇〇九）。そして握り部に突起がなく、短小化した竪杵が現代の民具にまで続いている。

〔臼〕　臼には大型臼と小型臼があり、このうち竪杵とセットになるのが大型臼（図8—9）で、小型臼は横槌《よこづち》のような形状で先端に使用痕のある小型の杵とセットで用い、少量の穀物などを搗くものと考えられてきた。小型臼は弥生時代前期から事例があり、中期の事例が最も多い。弥生後期以降の事例は少なくなるが、古墳時代、古代にも少数みられる。そして大型臼は、竪杵より遅れて弥生時代中期からの事例が確認でき、古墳時代の出土例も多い。こちらも古代には事例が少なくなりつつも、中世、近世に続いていく。弥生時代前期の長い竪杵が、どんな臼とともに使われたのかは、まだわかっておらず、地面を掘りくぼめた地臼などの存在も想定されるものの、確実な事例はみつかっていない。竪杵の先端や臼の内面は、使用が進むにつれて使い減りが進んでいく。

〔杵と臼の使い減りをめぐって〕　この使い減りに即した視点から、小型臼がとくに多い弥生時代中期における臼の使用法を見直してみよう。使い減りが進み、竪杵の先端が当たる部分が凹んだ大型臼に、小型臼を入れ込んで凹みを補って使ったと考えられないだろうか。小型臼は底面が平らでなく、立てても安定しないものがある。また、小型臼の内面は縁近くまで使用により磨耗したものがあり、大型臼にはめ込むような形で周囲を支えた状態での使用がうかがえるものもある。こうした小型臼の使用状況や、竪杵に対しての大型臼の少なさを説明するうえで、磨耗が進んだ大型臼の内部に小型臼をはめ込んで搗いたという使用法が想定できる。底が抜けた大型臼も、この使用法ならば継続して使えるし、小型臼の磨耗が進んだあとも交換がきく。民俗例を参照すると、北海道のアイヌの臼には、大型臼の内面に小型臼を装着し、おそらく搗き減りへの対応策とした事例が確認される。同様の使用法が弥生時代の臼にも適用できるのか、ここでは仮説の提示にとどめておくが、両者が入れ子の状態で出土する例を待つほか、装着した痕跡

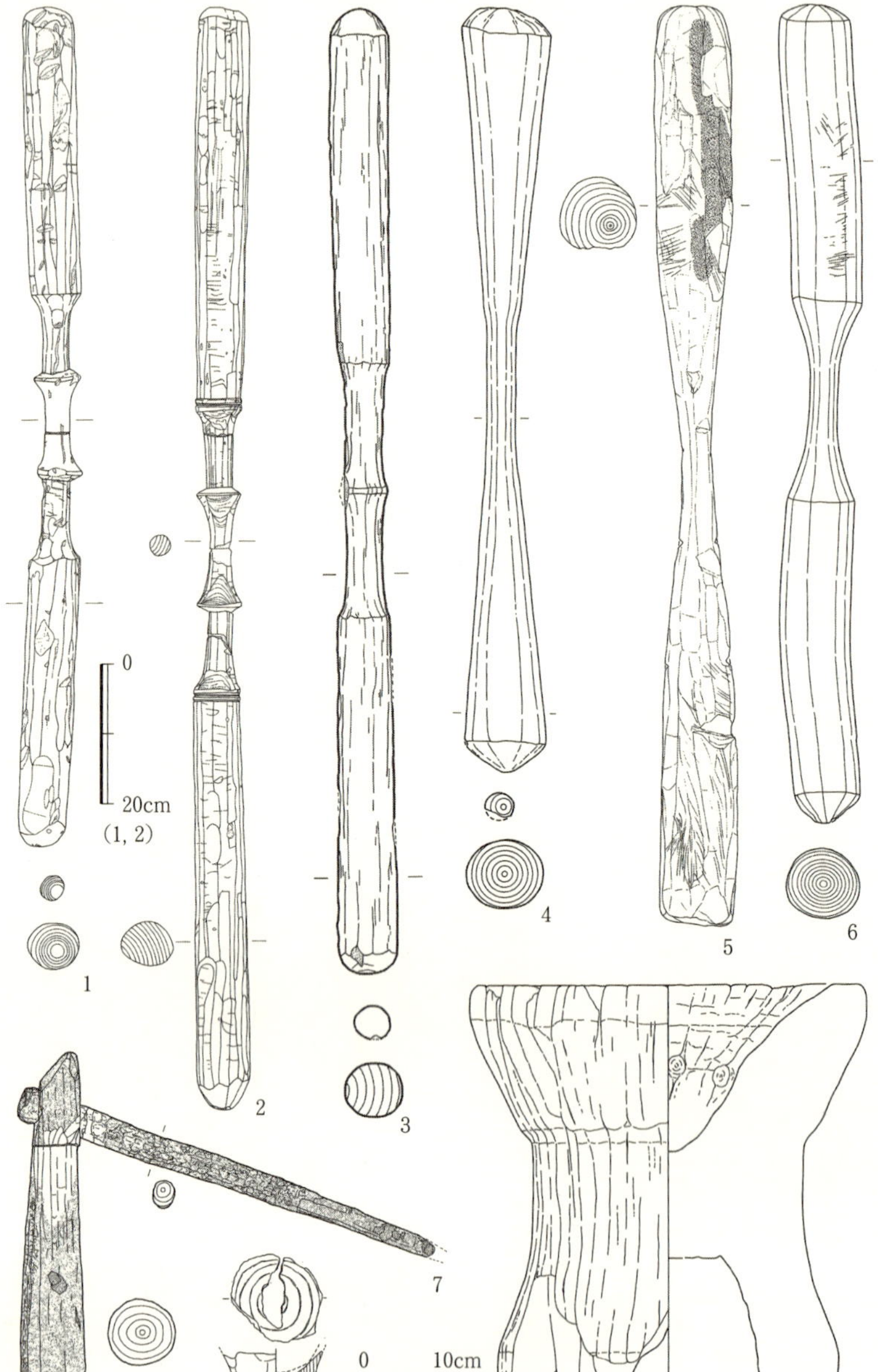

図8　杵　と　臼

1・2：大阪府池島・福万寺 弥生前期，3・7：石川県八日市地方 弥生中期，4：滋賀県柳 弥生後期〜古墳初頭，5：石川県千代・能美 古墳前期，6・9：滋賀県蛭子田 古墳後期，8 木の本 弥生前期。

の観察も進めていく必要があるだろう。

〔横杵〕　横杵は、弥生時代中期からの事例があり、一木式と組合せ式（図8―7）の二者がある。脱穀調整や餅つきなど食物の調整に使われたものかどうかは確定しておらず、陶土の調整など別の用途も考えられるが、ひとまず食の生活用具に含めておく。

てこの原理を用いた唐臼杵（踏み臼）も少数ながら出土例があり、唐臼杵やすり鉢など、新たな道具の到来に伴って竪杵と臼の役割はしだいに変容していったと考えられる。以上により、杵と臼は「つづく道具」ではあるが、弥生時代から現代に至るまで使用法にはかなりの変化が生じた道具とみられ、三つの変遷パターンのうち変容型に該当する。

調理加工具

〔杓子〕　杓子は、木取りと形状によって横杓子・斜め杓子・縦杓子に分けられる（同9）。縄文時代からみられるのは横杓子で、掬い具と呼ばれるやや不定形なもの（図1―2）に始まり、身を円形につくる整った形状のものもやがてみられるようになる。屈曲した握りの部分に複雑な彫りを施し、全体に赤漆を塗った装飾的な逸品が関東地方を中心にみられるのも、縄文時代の杓子の特徴である。弥生時代には、こうした装飾性の高い柄をもつ杓子はあまりみられなくなり、簡素ながらも優美な杓子の様式が地域ごとに展開する。

弥生時代前期の横杓子には身と柄の境に段差がみられ、縄文時代の特徴をとどめている。そして質量ともに弥生時代中期をピークとして、九州、西日本（九州・山口をのぞく地域）、東日本（東海～関東）の三地域でそれぞれ異なる形状と組成をもった杓子が存在した。図9―3・4のような未成品も多く、器種ごとに製作工程が詳細に復元できる。古墳時代中期以降は杓子の事例が減少し、土器の様相の変化とも関連してか、弥生時代から盛行した杓子の文化はここで途絶えたようである。民具例にあるような、浅く窪んだ楕円形の身部にまっすぐな柄がやや斜め方向につく一木の杓子（坪杓子）と同じ形状の杓子は中世以降にみられ、鉄鍋に伴うものと考えられる。中世からは「つづく道具」と位置づけられる。

〔しゃもじ〕　現在もご飯をよそうときに使う飯杓子と同じ形状のもの以外にも、杓子状木製品などとも呼ばれる、櫂に似た形状の細目の箆杓子も含んでいる（図9—5）。それらについては、柄端部や柄下半部に残る被熱の痕跡（部分的な炭化）に即して土器とのセット関係や使用状況が復元され（図10）、「甕等で煮沸された土器内容物の攪拌に使用された」との具体的な使用法も推測されている（林二〇一二）。しゃもじは現代まで「つづく道具」ではあるが、その起点をどの時代に置くかについては、道具の形状のほかにコメの炊き方や飯を盛る容器の使い方なども交え、食文化の復元が進んでいることが前提となるが、土器の使用法に関する研究の進展（小林二〇一七）をうけて、杓子やしゃもじの使用形態も含めた検討に向けて機は熟しつつある。

〔柄杓〕　小型の曲物に柄をつけた柄杓は、古代から多くみられるようになり、同じ形状のものが中世、近世を経て現代まで続く。中世の絵巻物には柄杓を両手で持って水を飲む場面も多く描かれており、類似した使用法が古代にもあったと考えられる。現代は柄杓を使う場面はかなり限られているものの、神社などでみられるように、「つづく道具」の一つと位置づけられる。

〔俎《まないた》〕　俎はデータベースにおいては古代から確認できる（図2—9）。四脚ないし二脚を備え、表面には無数の刃跡が残っている。しかし、俎と同様の刃跡がみられる板状の製品は、弥生時代から確認されている（長友二〇一三）。「住」の道具として後述する組合せ式の机（案）や、古墳時代以降の刳物槽や曲物底板、古代以降の挽物盤《ひきものばん》（皿）などに残る刃跡は、これらが俎のように食材をのせて切る作業に使われたことを示している。こうした使用痕跡を手が

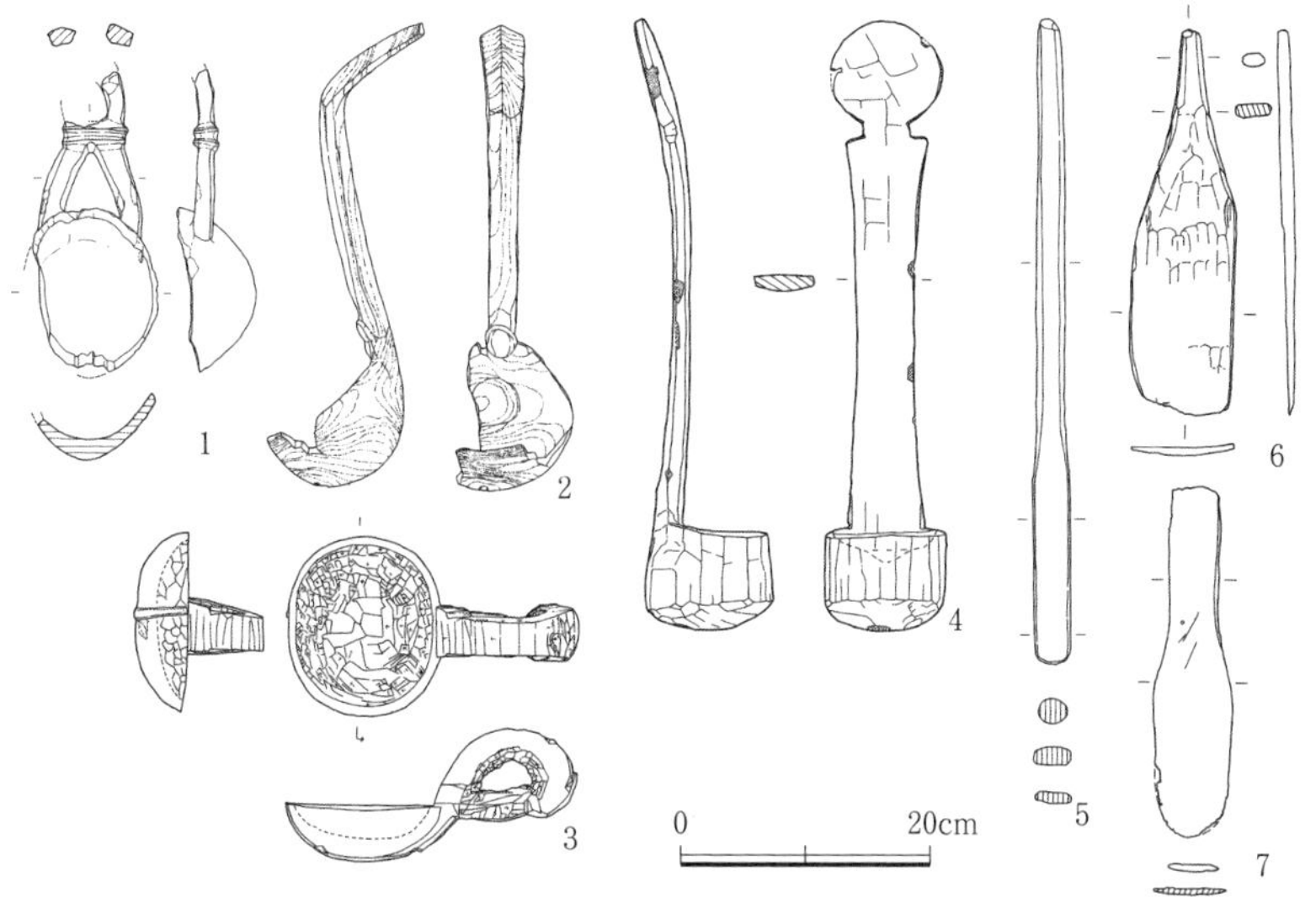

図 9　杓子としゃもじ

1・3：横杓子，2：斜め杓子，4：縦杓子 5～7：しゃもじ。

1：鳥取県桂見 縄文後期，2：佐賀県生立ヶ里 弥生中期，3・6：兵庫県玉津田中 弥生中期，4：石川県八日市地方 弥生中期，5：滋賀県蛭子田 古墳時代，7：岐阜県柿田 古代。

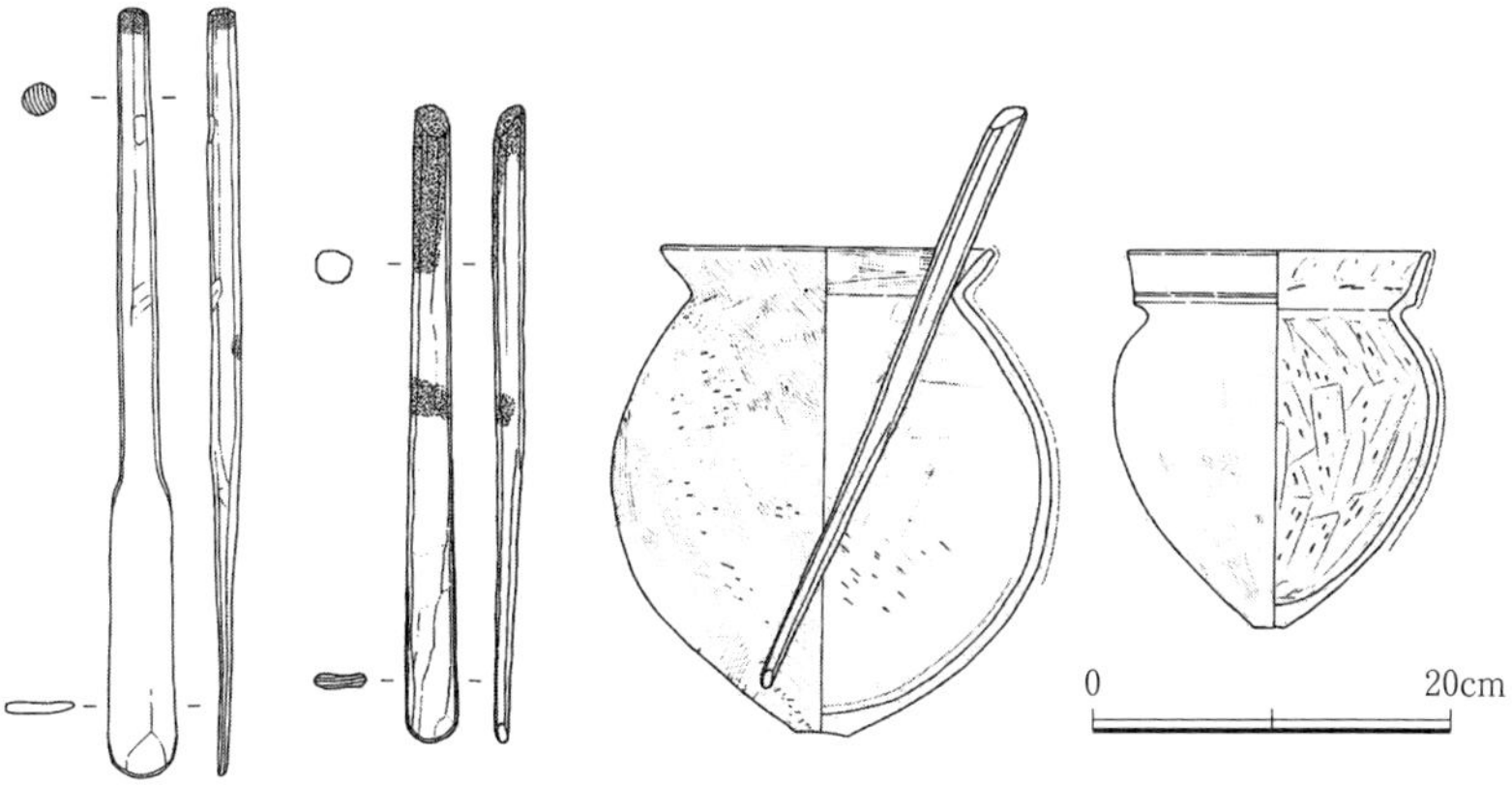

図 10　杓子状木製品の使用痕跡と使用想定図（林 2012 を一部改変）

石川県千代・能美 古墳前期。

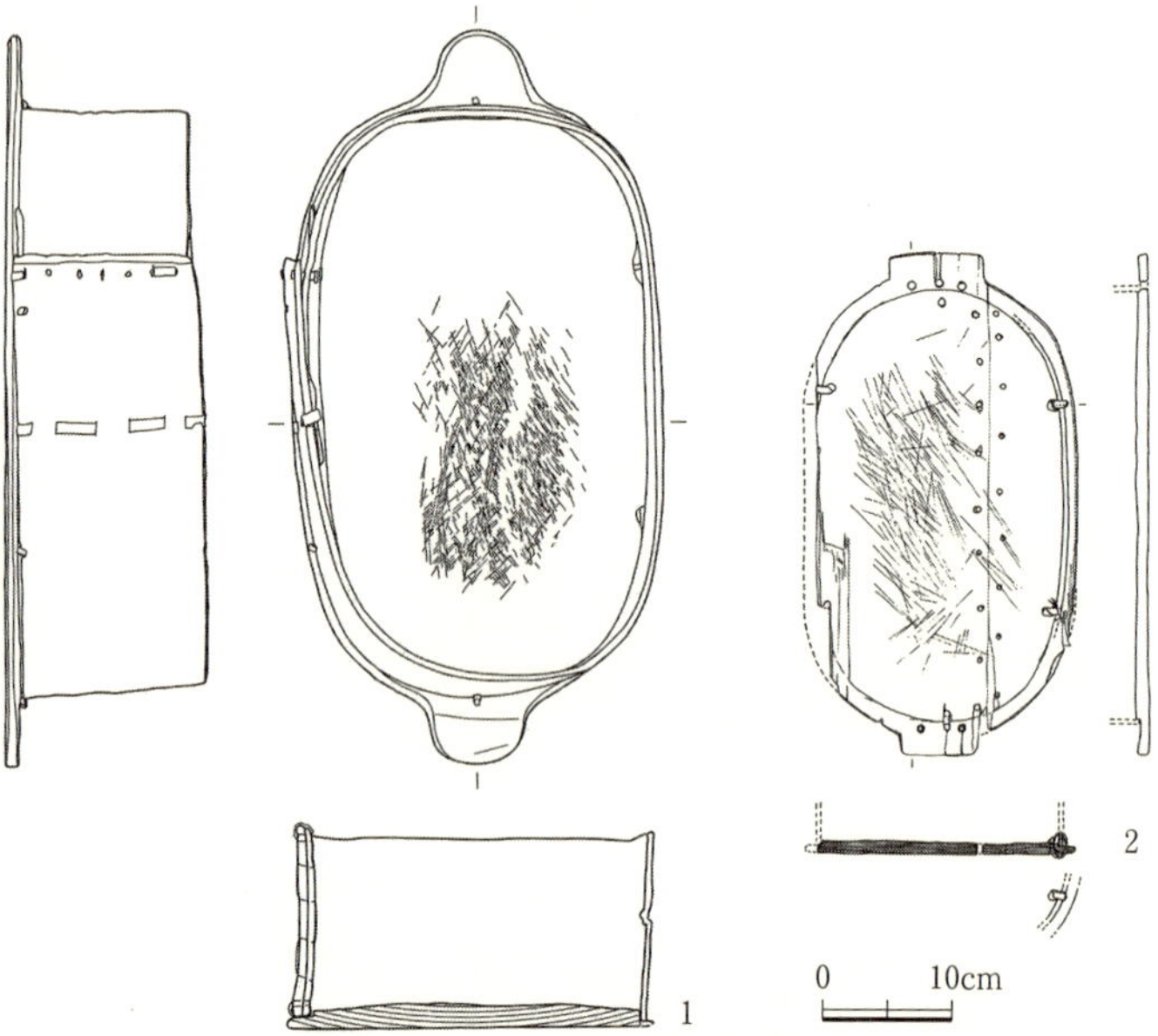

図11　刃物の痕跡が残る曲物底板
1：滋賀県蛭子田　古墳後期，2：三重県六大Ａ　古墳中期～後期。

かりに、定型的な俎が古代に成立する（あるいは導入される）以前に、どのような道具が使われたか、「俎以前のこと」を探ってみよう。

容器に刃跡が残る（図13—11）のは、破損品を俎に転用した場合もあるが、転用に限られるわけではない。破損していない楕円形曲物容器の底板に刃跡がつく事例として、滋賀県蛭子田遺跡の曲物容器（古墳時代後期）があげられる（図11—1）。底板と側板が結合したまま伏せた状態で出土し、底板の中ほどには斜め方向の刃跡が密に残っていた。底板の両端には把手状の作り出しがあり、切ったものを入れて運搬するにも適した形状である。同様の形状と使用痕をもつ曲物底板は三重県六大A遺跡でも出土している（同2）。こちらは底板のみの残存で、ひと回り小型だが、刃跡が同様に中央部に集中していることから、使用時には側板も残存していた可能性が高い。そして、底板が割れた後も、小孔をあけて紐で補修をし、その箇所を避けながら、刃を当てる作業を繰り返していた様子がうかがえる。両者の刃跡のつき方を比較すると、六大Aの曲物は蛭子田の例ほどの側板の高さがなかったとみられ、より平坦に近い角度で底板に当てた刃跡が比較的長くついているのに対し、蛭子田の曲物には、曲刃の刃物をかなり急な角度で当てて短い刃跡がついた状況が復元できる。これらは、定型的な俎が成立する以前の調理形態を考えるうえで、貴重な事例といえる。対になる刃物としては、庖丁柄が確認できるのは中世以降で、それ以前には食材を切る道具として刀子が用いられた。図2―7は柄に黒漆が塗られた精製品の刀子なので、板や容器の上にのせた食材を切るのに用いたものではないが、同様の形状をした刀子の使用が考えられる。絵画資料からも「俎と庖丁」の組合せが成立し「つづく道具」となるのは中世以降とみられる。それ以前には刳物槽や挽物皿など、多様な板状の製品を俎として用い、刀子で食材を切っていたとみられる。

〔笊籠類（編袋、網代、箕、編籠など）〕　破片の状態で出土することが多いが、発掘現場での検出・取上げ技術の向上に伴って全形がわかる事例も増えつつあり、器種の特定も進んできた。従来からの編み方に関する研究と、近年に蓄積の進んだ素材に関わる検討とをあわせて、総合的な研究が進みつつある。器種・技法・素材の三つの観点から、編組製品にかかわる多くの要素は縄文時代から存在したことが確認でき、楔で木を割る技術や樹皮の採取・利用技術と同様に、きわめて継続性の高い技術と評価できる（名久井二〇一二）。図3に示した四方転び木製品など、今後は笊籠類の本体に伴う付属品の検討も進んでいくことだろう。編物の素材には草本植物だけでなく、図13―6（縁はクマヤナギ属）のように縁に木材を用いたほか、木材を割り裂いたひごもさかんに使われていた。

容器――製作技術と器種の変遷　古代以前の木製容器の製作技法には、一木を彫りくぼめてつくる刳物、薄い板や樹皮をたわめて固定した輪を側板とし、底板を取りつけて容器にした曲物、五枚以上の板を組み合わせて方形の容器にした指物《さしもの》（板組物）、木工用ロクロとカンナを使って正円に削り出した挽物、以上の四つがあり（図13）、いずれの技法も現代まで継続する（表2下側の《技法》参照）。データベースでは、この四つの技法と、椀、皿、高杯、桶など

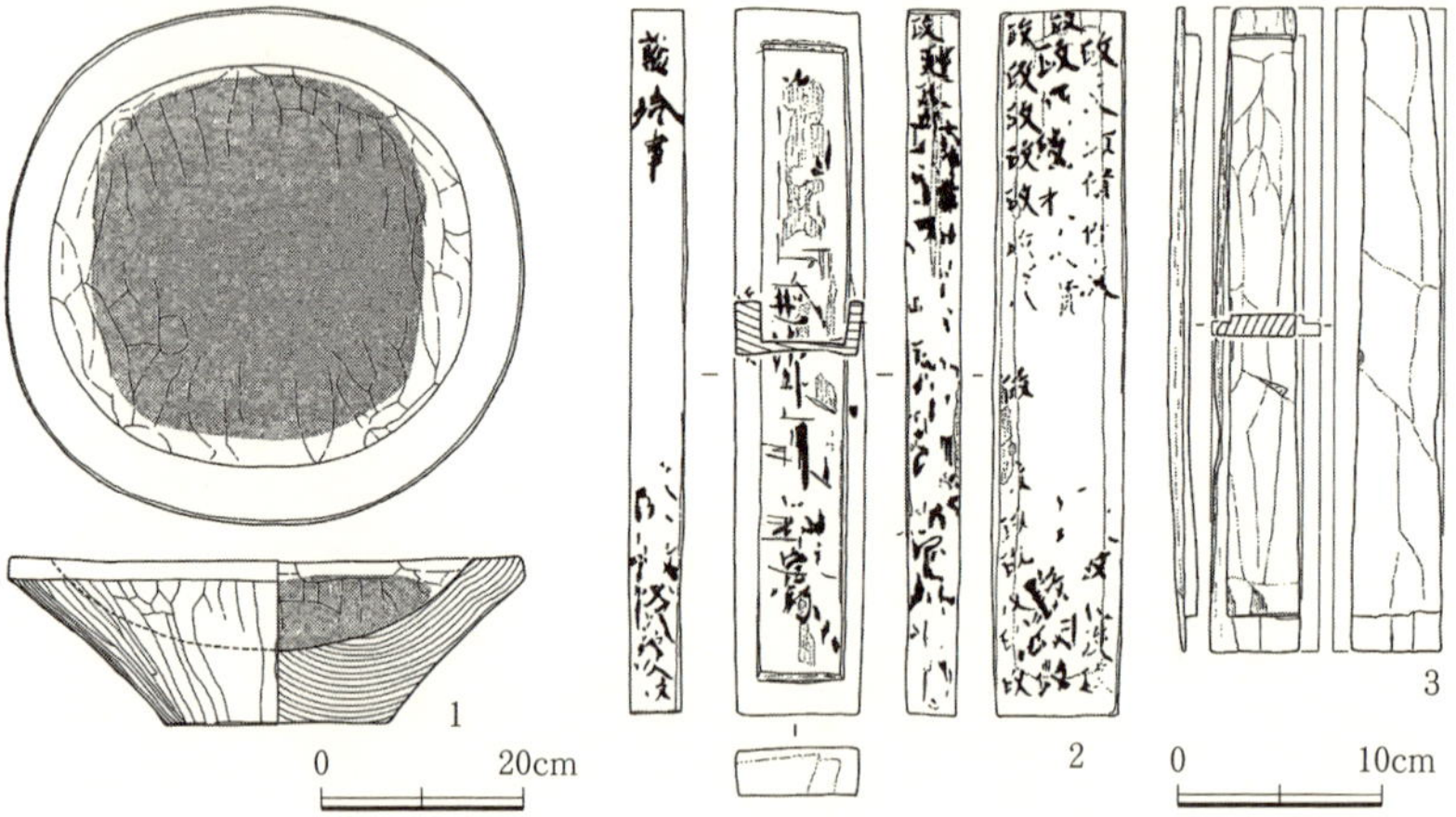

図12　食以外の用途に使われた容器
1：内面に朱が残る容器；滋賀県柳　古墳前期，2・3：刳物箱（文書箱）の身と蓋；奈良県平城京　奈良時代。

の各器種の組合せにより、木製容器のバリエーションの豊かさを示している。その視点に即して表2も器種別と技法別、二種類の変遷を概観できるようにした。容器の製作技法としては、もうひとつ結物がある。その出現は古代の終わりごろとみられ、近世の出土例や民具には桶や樽が多くみられる（小泉一九九九）が、本章で扱う一〇世紀以前の事例はない。

容器の役割は多様で、飲食に関わる場面での使用にとどまらず、衣や住に関連した物入れや運搬具、あるいは各種の作業用としてもひろく使われただろう（図12）。柳遺跡の容器は、内面に赤色顔料が残存しており、分析の結果、水銀朱であることが明らかになった（滋賀県教育委員会・㈶滋賀県文化財保護協会二〇〇四）。朱の精製などに用いられた容器であり、工具の一種と位置づけられる。そして平城京二条大路側溝で出土した刳物容器は、同じ形状の身や蓋が多く出土しており、書かれた文字の内容も踏まえて文書を納めた箱と考えられている（奈良文化財研究所一九九五）。

データベースで集成された木製容器のうち、食器として使われた可能性の高い八つの器種（高杯、鉢と椀、皿と坏、コップ・ジョッキ、曲物）を抽出し、その組成の変遷が整理されている（小林

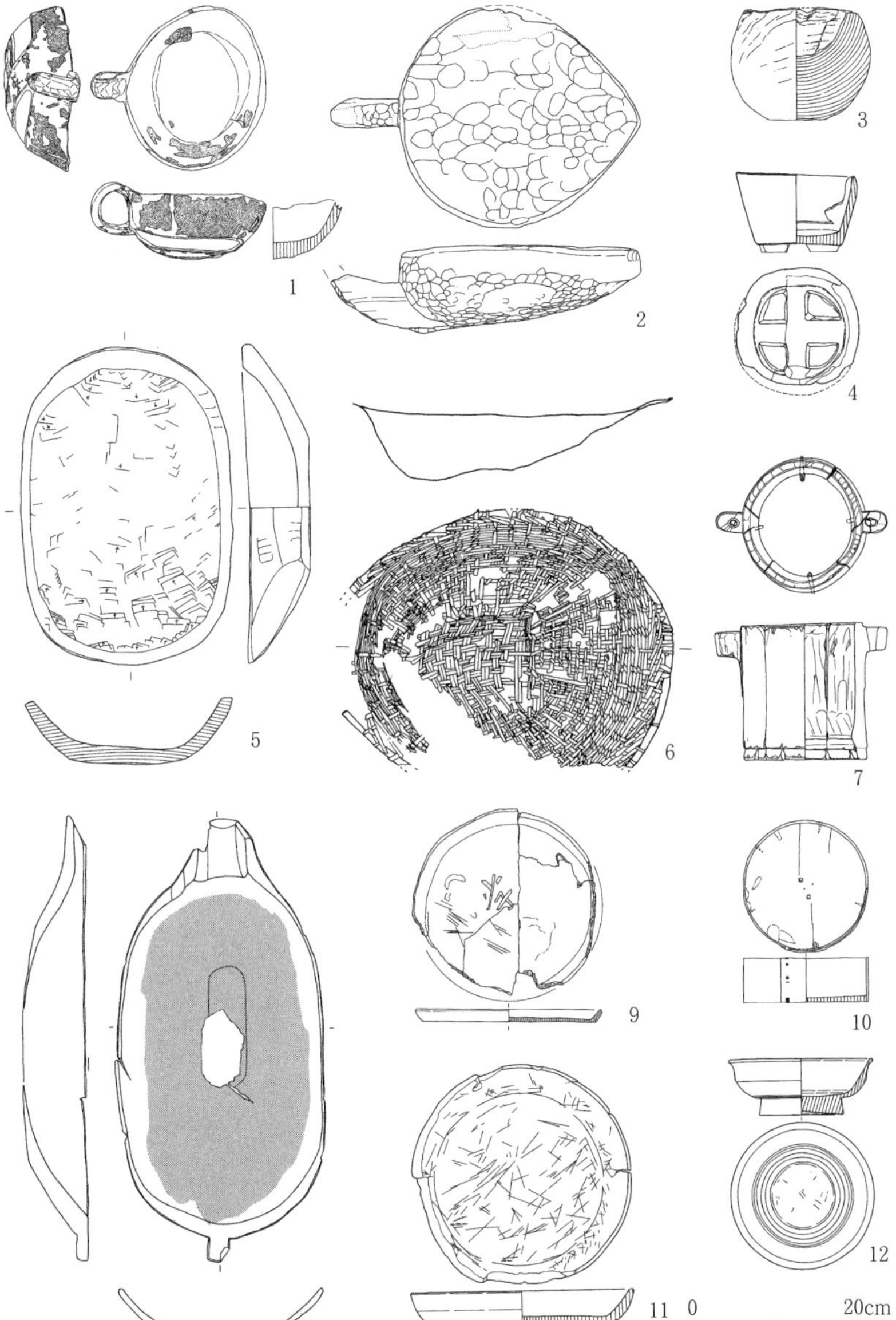

図13　木製容器とかご

1〜5，7・8：刳物，6：かご，10：曲物，9・11・12：挽物。
1：富山県桜町 縄文後期，2・11・12：新潟県青田 縄文晩期，3：大阪府木の本 弥生前期，4・5：兵庫県玉津田中 弥生中期，6：神奈川県池子 弥生中期，7：石川県西念・南新保 弥生後期，8：千葉県国府関 古墳前期，9・10：奈良県平城京 奈良時代，11・12：新潟県青田 古代。

二〇一七）。縄文時代には鉢と皿が主体を占め、弥生時代になると高杯が加わり、弥生中期からは次第に曲物が増加して、古墳時代後期から古代にかけては曲物が八割程度を占めて主体となるなか、皿や椀も二割前後を占める。このうち、曲物の割合の高さについては注意が必要である。刳物や挽物に比べて曲物は、薄い板を側板・底板として結合しており、容器一点につき複数の部位がある（結合用の木釘を含むとさらに多くなる）。データベースには容器の個体数でなく部材ごとに点数がカウントされているため、複数の部材からなる曲物の場合、容器の実数よりも多く集計される。また、薄い曲物は刳物や挽物よりも壊れやすく、道具としての寿命が短いため更新のサイクルが早いことも、データベース上での点数の多さにつながっている。そのため、古墳時代後期から古代において、食器が実際に使われる場で曲物八に対して皿・椀が二の割合であったというわけではなく、皿や椀の割合はより高かったと考えられる。

〔刳物〕　容器の四つの技法のうち、最も古くからあるのが刳物で、東名遺跡の容器（縄文時代早期）は、木の瘤の丸みをそのまま器形に生かすなど、木製容器の始まりを彷彿とさせる（図1―5）。縄文時代には広葉樹でつくる皿状の浅い容器や鉢などが主体で、漆塗りの製品も多くみられる。弥生時代中期以降に盛行した精製容器も多くは広葉樹を用い、コップ・ジョッキといったかなり深さのある容器でさえも刳物の技法で作られている。また、弥生時代から古代にかけては、針葉樹を用い、方形や楕円形の浅い槽も数多くみられた。後出する他の技法の割合が増えるにしたがい、刳物容器の割合は減少するが、現代にもこね鉢などがみられるように「つづく技法」であることに相違はない。刳物のなかで一つ特徴的な器種として、弥生時代後期に日本海側の地域を中心に盛行した刳物桶（図13―7）をあげておく。スギなどの針葉樹の一木を筒状に刳り抜いて側板とし、段を設けて底板を落とし込む構造である。これは後世の曲物や結物の桶につながるものではなく、「途絶えた道具」の一つである。

〔曲物〕　側板に針葉樹の薄い板材を用いた曲物容器に先行し、広葉樹の樹皮を用いた曲物が縄文時代からあったことが知られるようになり、各地で事例が増えつつある。樹皮の利用は、木製品の研究においてここ数年で大きく進展した分野の一つである。針葉樹の薄板を円形に曲げたあと綴じるために使う樹皮紐の製作と使用の技術も、民俗事例の検討や再現実験に基づいて明らかになってきたように、「現代まで続く」技術と位置づけられる。針葉樹の薄板を側板とする曲物は弥生時代中期に萌芽があり、後期以降に増加するとみられ、古墳時代から中世にかけては多様なサイズ（柄杓から井戸枠まで）・形状（円形、楕円形、方形）の曲物がさかんに製作された。

〔指物（板組物）〕　弥生時代中期から、複数の板を組み合わせて木釘や樹皮紐で留めた小型の容器（箱）（第二章図13―85）がみられるようになる。食物を入れたものとは限らず、刳物の合子などと同様に、小物入れのような役割も果たしたとみられる。

〔挽物〕　木工用ロクロの始まりをめぐってはこれまで複数の立場があり、弥生時代の高杯にロクロの使用を想定する見解と、古代に量産品の製作を目的としてロクロが導入されたとみる見解とがあった。弥生時代中期と後期の奈良県唐古・鍵遺跡の木製品に、「ロクロ整形の痕跡」が示されている（唐古・鍵ミュージアム編二〇一四）が、これが回転を利用して正円を割り付ける「ぶんまわし」などとは異なり、木工用ロクロの使用によって生じた痕跡と確定できるかどうか、他遺跡の事例も踏まえた検討を深める段階にある。いずれにせよ、弥生時代の木製容器の基本は刳物であり、挽物の比重が刳物を上回るのは八世紀以降との見解（上原一九九四）に変更を加える必要はいまだ生じていない。ロクロ導入の時期が弥生時代中期や前期に遡るかどうかについては議論の余地があり、今後の研究の進展が待たれる。まずはロクロ本体の部材や、未成品にのこる爪の跡（図13―12）の観察、挽物製作に伴って生じる栓状の部材など、挽物の技術導入を裏付ける情報を整理していく必要があるだろう。

食事具の変遷　調理や盛り付けのあと、食事のさいに用いたと考えられる道具を食事具と呼ぶ。データベースから、箸や匙、串、折敷の四器種を今回検討するリストに加えた。それぞれ出現時期が異なり、古いものから示していく。

〔串〕　北海道では縄文時代からの出土事例があるが、他の地域では串をほとんど識別できていないため、本州での状況はわかっていない。一部が炭化した尖り棒から、串を認定するにあたって、知見の共有が必要な段階にある。

〔匙〕　福岡県菜畑遺跡に弥生時代前期初頭の事例があり、弥生時代から古墳時代には北陸〜東海地方西部より西の各地に分布する。最も事例が多く、盛行するのは杓子と同様に弥生時代中期で、岡山県南方遺跡や石川県八日市地方遺跡（図14―3）などでは一遺跡で十数点の出土がみられる。匙《さじ》はデータベースでは食事具に含めているが、近畿地方の匙のサイズの検討により、現代のスプーンのように器から食べ物を運んで口をつけるにはやや大きいことが明らかになり、食事具というよりも取り分け用の道具である可能性が示された（黒須二〇〇九）。この取り分け用の匙は、古墳時代には消滅する。そして、また新たな道具として七世紀に箸にやや後れて小型の匙が大陸より伝来し、箸、折敷とともに古代の食事具のセットを成す。なかには金属製の匙と同じ形状の木製匙もある。しかし、日本ではしだいに匙は使われなくなり、箸と折敷をのこして匙だけが消滅する。すなわち匙は、弥生時代と古代の二回にわたって大きさや使用法の異なるものが導入されたが、二回とも定着することなく消滅した、というほかに例のない変遷を遂げた道具といえる。

〔箸〕　量的にまとまって把握できるのは、奈良時代からである。弥生時代以降に箸の可能性がある棒状品の存在は指摘されており、古くに導入された可能性はあるが、単体の棒材から箸を識別することは難しい。匙の項で示したように、奈良時代にはセット関係にあった匙が欠落したのちも箸は継続し、今なお最も使う頻度の高い木製生活用具として私たちの身近にある。したがって箸は「つづく道具」の代表格といえる。古代には須恵器の坏の内面に箸の痕跡がのこる事例が観察されており（小田二〇一四）、他の食事具と同様に使用痕の検討にもとづいて器とのセット関係を

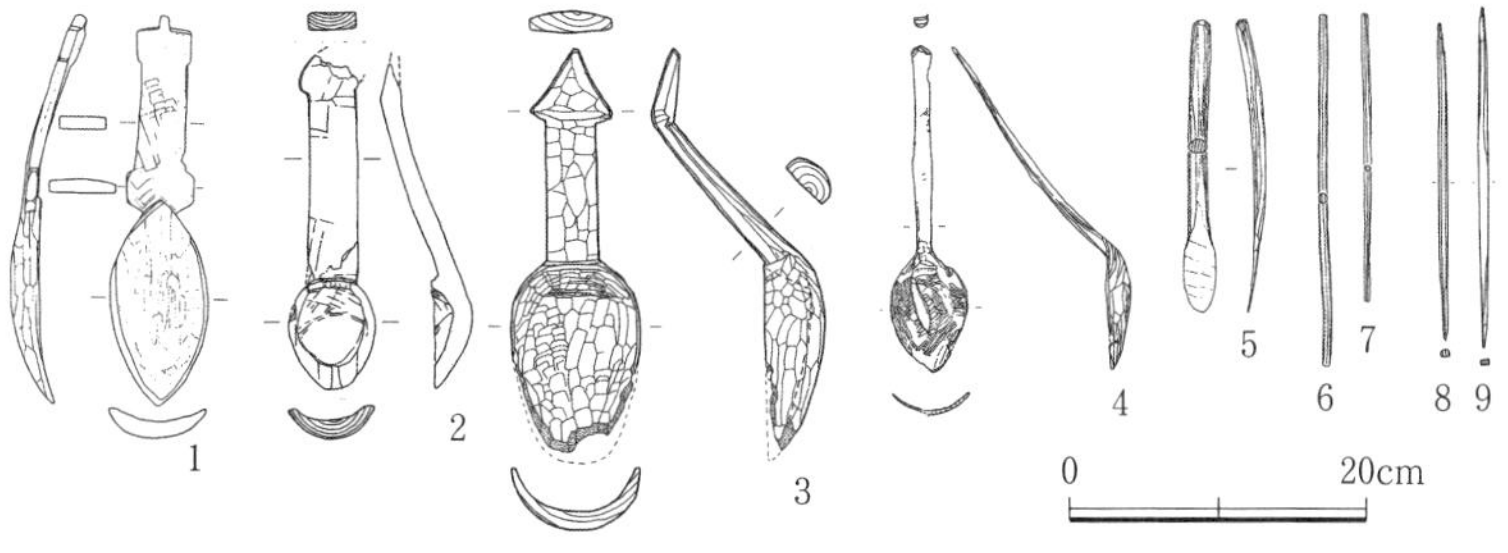

図14 匙と箸

1〜5：匙，6〜9：箸。
1：佐賀県菜畑 弥生前期，2：大阪府木の本 弥生前期，3：石川県八日市地方 弥生中期，4：兵庫県上板井 弥生後期〜古墳初頭，5〜7：奈良県平城京 奈良時代，8・9：新潟県青田 中世。

復元する研究が進みつつある。

〔折敷〕 方形の浅い曲物容器は折敷と呼ばれ、古代から事例がある（図2—5）。食膳具として個人用の食器と食事具一セットを並べる台などに使われたとみられる。折敷に台がついた三宝や膳は、民具につながるものである。そして、折敷も今なお神社などで見かける機会があるので、ごく限られた場で使われる「つづく道具」に位置づけられる。

食の生活用具の変遷 食にかかわる多様な器種の変遷を表2に示した。データベースで確認できる中世、近世の事例や民俗例にも留意しつつ、「継続性／非継続性」に着目して継続型・変容型・断絶型の類型別に整理しておこう。継続型の「つづくもの」として、容器製作における刳物、曲物、指物、挽物の各技法がまずあげられる。編物（笊籠類）の技法も継続性が高い。そして器種については、古代から続く挽物椀、曲物容器（柄杓、折敷）、箸がある。変容型、つまり「つづく道具」ではあるが役割や使用法が当初からは大きく変容したものに、杵と臼がある。そして「途絶えた道具」である断絶型には、弥生時代中期から後期に盛行し、一部は古墳時代まで存続する精製食器類（匙、杓子、刳物桶、高杯《たかつき》、合子《ごうす》など。ただし曲物容器は継続型である）、古代の匙などがある。

〔時代ごとの食の生活用具の組合せ〕 表2を縦にたどることで、各時代

表2　食の生活用具

大分類	中分類	小分類	総点数	縄文	弥生	古墳	古代	中世以降
農具	杵	竪杵	(649)					
		横杵	(33)					
		小型杵	(52)					
	臼	大型臼	(74)					
		小型臼	(73)					
調理加工具	杓子	縦杓子	(77)					
		横杓子	(104)					
		斜め杓子	(39)					
	しゃもじ(篦杓子)		(144)					
	柄杓		(56)					
	俎		(21)					
	笊籠類		(268)					
容器	《器種》	椀	(121)					
		皿	(262)					
		コップ形	(64)					
		ジョッキ形	(25)					
		合子	(49)					
		鉢	(368)					
		盤	(336)					
		壺	(17)					
		高杯	(285)					
		槽	(1,102)					
		刳物桶	(203)					
	《技法》	刳物	(3,448)					
		曲物	(3,435)					
		指物	(200)					
		挽物	(1,171)					
食事具	箸		(259)					
	匙		(236)					
	折敷		(56)					

の食の道具類の組成が読み取れる。縄文時代には刳物の鉢や皿、横杓子、（おそらく串）があり、赤や黒の漆が塗られた精製品もみられる。弥生時代には容器・食事具の組成が豊かになり、刳物高杯、槽、合子、匙、といった多様な食

器類がみられるようになるほか、食物の加工に用いた杵と臼が加わる。しかし、弥生の食器類の多くが古墳時代には減少し、古代になるとまた新たな食器組成が導入されて箸と匙、折敷などが使われるようになる。

3 「住」にかかわる生活用具

最後に住関連の道具類を工具・調度・計量具・遊戯具のなかから順に示しておく。

工具

〔発火具（火《ひ》鑽《ぎり》杵と火鑽臼）〕 現在のところ最も古いものとして、縄文時代後期の北海道忍路土場遺跡の例がある（図15）。弥生時代以降は増加し、古墳時代から古代にかけてもかなりの点数が出土している。研究史のうえでは、農具の泥除けや田下駄と同様に、民俗事例の検討を踏まえて出土遺物の理解が可能になった道具と位置づけられ、火起こし神事のなかで使われる火鑽杵と火鑽臼との比較をとおして出土例の機能が明らかになった。当初から祭祀具の性格を備えていたのか、生活のなかで火を使うさいの実用的な道具であったのか、道具の性格や使用の場面については、今後も検討を重ねていく必要があるものの、火鑽杵と火鑽臼が、「つづく道具」

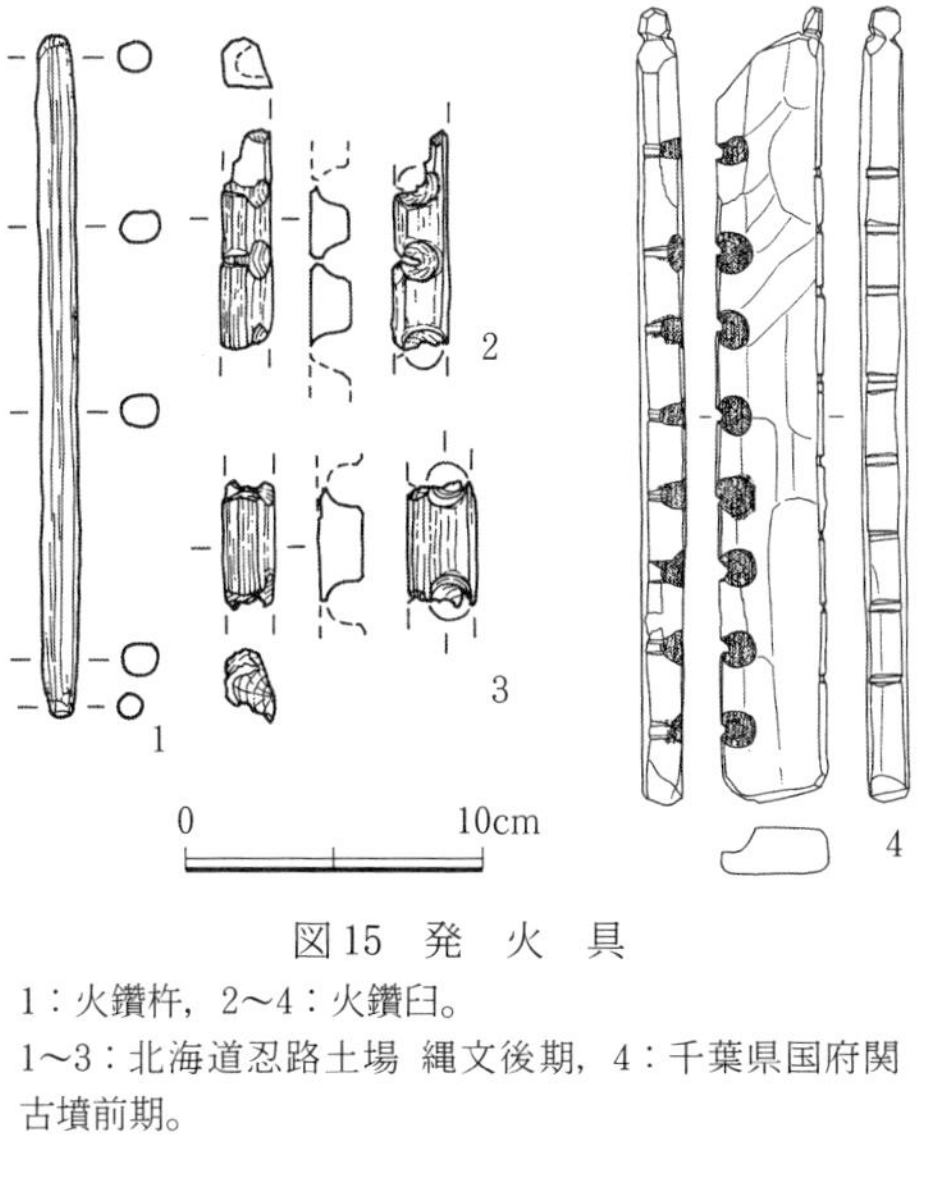

図15 発 火 具

1：火鑽杵，2〜4：火鑽臼。

1〜3：北海道忍路土場 縄文後期，4：千葉県国府関 古墳前期。

であることには相違ないだろう。

調度

〔腰掛〕 一木を削り出した低脚の腰掛は、弥生時代前期からみられる（図16）。楕円形～方形を呈し、長辺に並行した長い二脚を備えるものが多い。古墳時代には腰掛に座る人物埴輪があり、座面の両端に円柱状の作り出しを設け、装飾的な脚をもつ腰掛の存在がうかがえる。また実際にそうした特徴をもつ木製腰掛が出土している（図17）。弥生時代の前半には実用的な粗製のものが多く、座面の高さも、しゃがむ姿勢を補助する程度の低いものが主体だが、しだいに座面の高さが増し、装飾性も豊かになる傾向がある。また弥生中期には天板に枘孔《ほぞあな》をあけ、二枚の板を差し込んで脚とする組合せ式の指物腰掛（図16―3）も登場し、弥生後期、古墳時代にかけてしだいに増加する。下駄や容器の箱、木棺などとともに、製作技法の観点では「刳物から指物へ」、用材については「広葉樹から針葉樹へ」の変化がみられる道具である。竪穴住居の減少・消滅とも関連するかどうかは今後の検討が必要だが、腰掛は古代にはみられなくなる。そして、正倉院の椅子や中世に禅僧が用いた中国式の椅子など大陸の影響が強い一部の例外を除いて、腰掛を欠き床に直接座る生活へと移行する。「起居様式の変化」（小泉一九九五）との関連が考えられ、そうしたなかで腰掛は「途絶えた道具」と位置づけられる。

〔机〕 弥生時代後期の北部九州にみられる組合せ式の机（案）は、俎の項で触れたように天板に刃物の痕跡をもつもので、切机として使われたとみられる。四枚の板状の脚と、脚を天板に固定するための栓をもつ複雑な構造で、分布域は福岡県とその周辺地域に限られる。それとは別の構造をもつ机として、古墳時代に近畿地方周辺でみられる机（図16―5・6）は、天板の裏面に蟻溝《ありみぞ》を施し、蟻枘をもつ脚二枚をスライドさせてはめ込むもので、いずれも針葉樹を用いて作られる。それぞれの高さから判断すると、机と腰掛けはセットではなく別個に用いられたもので、机は床

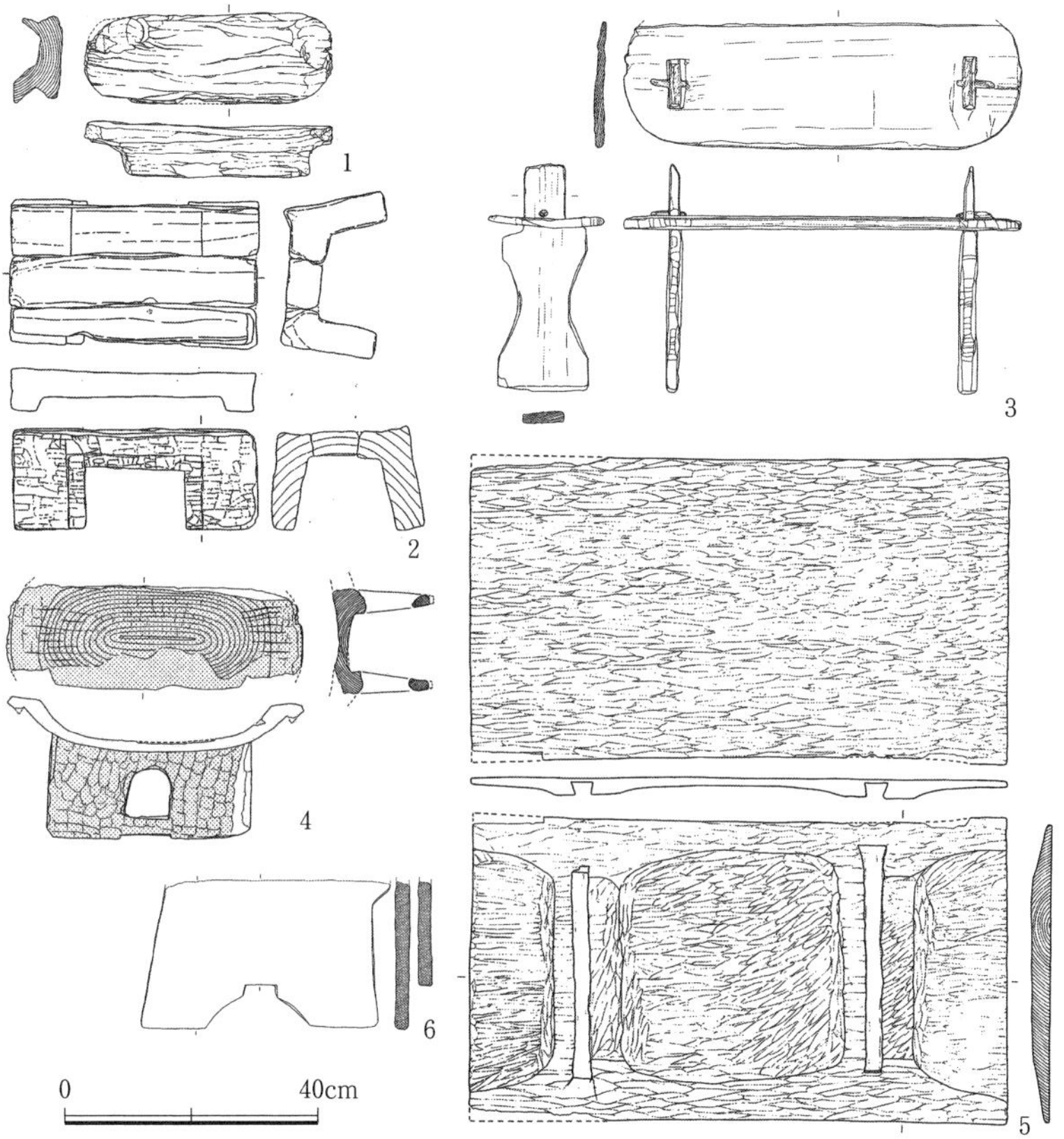

図16 腰掛と机

1・2・4：刳物腰掛，3：指物腰掛，5・6：指物机（天板と脚）。

1：大阪府木の本 弥生前期，2：滋賀県下之郷 弥生中期，3：石川県千代・能美 古墳前期，4〜6：三重県六大A 古墳時代。

図17　腰掛（滋賀県中沢遺跡，古墳時代）（草津市教育委員会提供）

に直接座る生活のなかで使われたとみられる。古墳時代の机がのちの文机につながり、「つづく道具」といえるかどうかは、今後の出土例の増加を待つ必要がある。

遊戯具・計量具　データベースでは、おもに古代以降の木製品について、「遊戯具・計量具」の大項目が設定されている。ここでは独楽《こま》とさいころ、物差（図18）を示しておく。現代の価値観を投影すれば生活用具に含められるものの、当初は儀礼や役所での特定業務に関連した道具であった可能性も高い。

〔独楽〕　掌におさまるサイズの一木を削り出し、下半を円錐状に仕上げたもので、藤原京期からみられる。手で回すのではなく、鞭《むち》で打って回転させる鞭独楽《むちごま》と呼ばれるものである。日本で現在みられる伝統的な独楽の多くは、上端から突き出た軸を手で回したり、下面に紐をかけて回したりして使うものが主流だが、そうした独楽がみられるのは中世以降である。それに比べて古代の独楽は、全体的に縦長の形状で、上面に軸はない。この鞭独楽は、地域によっては現在も民具例として確認できるので、「つづく道具」と位置づけられる。

遊戯具としてはほかにさいころ、盤などがあり、平城京左京二条大路の溝では独楽やさいころなどの遊戯具も含め、古代の宮都で使われた木製生活用具の組成がうかがえる良好な資料が出土している（奈良国立文化財研究所一九九五）。

〔物差〕　細長い板材に目盛りを刻みや墨書《ぼくしょ》で示したもので、古代から事例がある。当時の長さの単位や概念を知るうえでも重要な道具である。なお木製の計量具にはほかに枡があるが、古代以前の事例は確認されておらず、データベースには中世以降の事例が収録されている。

住の生活用具の変遷

〔時代ごとの住の生活用具の組合せ〕　縄文時代の事例としては、北海道で発火具が確認できるのみで、暮らしの豊かさをモノの種類の多さとは別のところに求めていたであろう、狩猟採集民のシンプルな生活ぶりがうかがえる。かといって住の生活用具が皆無なのではなく、まだ遺物として十分に認識できていない炉の上の棚や自在鉤《じざいかぎ》、住居内で使われたであろう敷物（皮革や編物の網代）などがあったはずであり、今後の研究に委ねられるところが大きいに過ぎない。弥生時代になると、腰掛や机が出現し、製作技法の変化や用材差という時代の特性も垣間見える。弥生時代後期から古墳時代にかけては、腰掛の威儀具的な性格が強くなったためか、装飾性のある刳物腰掛が特定の遺跡で顕著となり、板を組み合わせた指物腰掛と併存する。机の部材を組み合わせるために蟻溝と蟻枘という複雑な技術が使われることも大きな特徴である。そして古代に

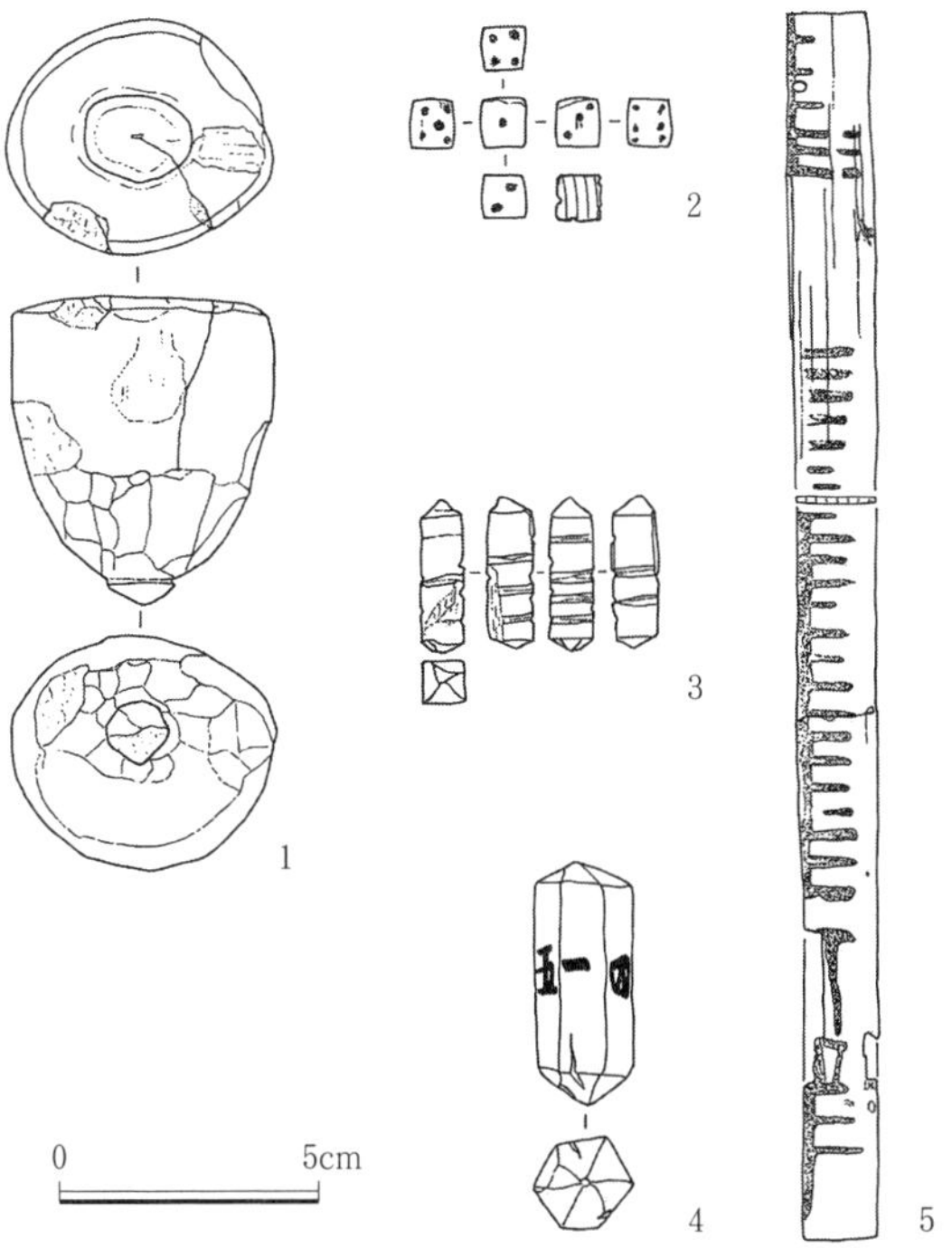

図18　古代の遊戯具・計量具（奈良県平城京）（奈良国立文化財研究所 1995）
1：独楽，2・4：さいころ，3：算木，5：物差。

は腰掛がみられなくなり、独楽や物差といった新たな道具が出現するなど、生活用具の交代が生じたことがうかがえる。

4　「つづく生活用具」と「途絶えた生活用具」の背景

ここまで縄文時代から一〇世紀にわたる長期の、しかも多品目の道具類を、「つづく道具」「途絶えた道具」という視点を交えつつ、概観してきた。最後に、この両者を区別することの意義について考えてみたい。

木の道具の大きな特徴の一つは、継続性の高さにある。当時の人々がその道具を実際にどう呼んでいたかは、古代以降でないと手がかりはないが、縄文時代の小ぶりの刳物容器を「鉢」、弥生時代に田畑や土木作業場で使った土掘具を「鍬」や「鋤」、古代から顕著になる大量の小型棒状製品を「箸」と、現代の道具の名称を当てはめて呼ぶことができるのも、継続性の高さの現れである。しかし、この「継続性」をなかば前提としてしまったために、用途不明品の類例を民具に見出そうとして、かえって実状とは異なる用途を想定してしまった事例もあったのではないかと考えている。

類似した民具例の有無に縛られすぎることなく、より大きな枠組みのなかで比較対象を求め、道具の機能や用途を考えていくうえで、「途絶えた道具」との認識を踏まえた研究の進め方を確立することが重要である。実のところ「途絶えた道具」は、日本に伝わる民俗例よりもむしろ、近い時期の大陸での出土例や、東南アジアなどの現代の民

表3　住の生活用具

大分類	中分類	小分類	総点数	縄文	弥生	古墳	古代	中世以降
工具	発火具	火鑽杵	(66)					
		火鑽臼	(242)					
調度	机		(286)					
	腰掛	刳物腰掛	(68)					
		指物腰掛	(101)					
遊戯具	独楽		(39)					
計量具	物差		(11)					

族事例を参照した方が、遺物の有効な解釈につながることがある。

木製品の研究史上、そのことを最も明確に示したのは、ここ一〇年あまりで急速に進展した輪状式の機織具に関する研究（東村二〇一一）である。弥生時代の機織具について、従来の研究では民俗例の地機や高機、アイヌの機織具を参照して、直状式に復元するのが妥当とされてきた。弥生の機織具を詳細に観察し、機能や用途を推定するための比較対象をより広い範囲にもとめた東村は、台湾の民族事例との比較により、輪状の布を凹凸二つの部材（第二章図12—50と51）のあいだに挟み込んで布を送りながら織り進めていく技法が、弥生～古墳時代の日本に存在したことを明らかにした（東村二〇一一）。この見解は、紡織具の変遷をまとめた研究でもおおむね追認され、機織具には古墳時代後期から奈良時代にかけて途絶えてしまう原始機と、古墳時代後期に伝来して中世へと継続する地機・高機とがあることが、変遷表に整理されている（黒須二〇一二）。本章での試みは、そうした研究例に導かれ、各生活用具の変遷をみるなかで、継続性の有無を明らかにし、「途絶えた道具」の研究に際しては「つづく道具」とは異なる視野や方法論をもつべきことを示したものであり、筆者も「途絶えた道具」の一つである木製刈払具の検討において、そうした観点から論じたことがある（村上二〇〇九）。また、四方転び木製品がかごの台としてどのような機能を持つかについては、ベトナム中部の民族例にみられる背負いかごの台との比較が有効だと考えている。

「途絶えた道具」の比較対象が、同時代またはやや遡る時代の大陸、あるいはアジアの民族例に求められる理由としては、つぎのような展望をもっている。今回示したうち弥生時代以降の生活用具の多くは中国に起源があり、伝来時期には大きな差異がありつつも、各地へ伝わったのちアジアでかなり広域的に共有されたものもあったが、輪状式の機織具がそうであったように、中国や日本ではやがて消滅、あるいは次の形態に移行していった。そしてアジアの一部の地域で古相をおおむね保ったまま、民族例として現代に存続したと考えられる。その「一部の地域」が日本であった場合の事例として、本章で「つづくもの」の代表格とした下駄があげられる。そして、箸や鞦独楽などは、日本だけでなく中国でも途絶えることなく続いてきたものと位置づけられる。生活用具以外にも、稲作文化や漢字など非物質文化の要素についても、同じ枠組みで説明できる部分があると考えている。しかし、そのことを論証するには、中国から東南アジアにかけての広大な地域での出土例の増加や文物の系譜の解明が必要であり、今後の研究の進展に期待したい。

本章で試みたもう一つの取組みとして、生活用具に残る使用痕を読み解く作業がある。材に残る顕著な刃跡に着目して、大陸の出土事例との比較や使用痕の詳細な検討を踏まえ、「切机」や容器「槽」も含めた「大型脚付木製品」という新たな枠組みを設けた検討も進展している（長友二〇一三）。土器と木器という素材の壁を超えて「食事様式の復元」という今後の研究の方向性を明確に打ち出した点においても、大きな意義をもつ研究である。のこるは「住」の生活用具の各論や「起居様式の復元」に向けた研究がいまだ不十分であることを指摘し、みずからも含め今後の課題とする。

今回、生活用具についての一章をまとめるにあたり、各道具を並べて変遷の概略を示すこと以上に、生活用具を論じる文脈のないことに苦慮してきた。既存の考古の論考では、古代の人々の暮らしぶりを示すにあたり、鮮やかな切り口をもって暮らしの中のいくつかの様相を素描し、詳細に読み解く手法が示された（上原二〇〇九）ほか、使用者の社会的な立場や使われる場面によって道具の用途を分け、日常生活の道具を規定した研究（樋上二〇一〇）があるが、生活用具を全般的に扱った先行研究はなく手探りが続いた。そうしたなかで、近世の暮らしの道具を縦横に論じた研究（小泉一九九九）からは、冒頭に生活用具のリストを示して主なものを解説しつつ詳細に論じていく手法を学んだほか、道具の普及や一般化に伴って形や使い方が大きく変わった収納具・懸硯《かけすずり》や、古代以来継続したが近世に消えてしまったまな箸（俎・庖丁とセットで使う大型の箸）といった本章の変容型や断絶型の変遷を遂げたものに光を当てることの重要性を知ることができた。生活用具の研究が今後も進展し、そこから遺跡で暮らした人々の生活復元や技術体系のさらなる解明につながることを願って、本章の結びとしたい。

参考文献（各遺跡の報告書は割愛した）

秋田裕毅『ものと人間の文化史104　下駄』法政大学出版局、二〇〇二年

市田京子「草履状木製品と板草履」『民具マンスリー』第二二巻一〇号、神奈川大学日本常民文化研究所、一九八九年

伊東隆夫・山田昌久編『木の考古学―出土木製品用材データベース―』海青社、二〇一二年

上原真人「入れもの」『季刊　考古学』第四七号、雄山閣、一九九四年

上原真人「暮らしぶり」『列島の古代史　ひと・もの・こと2　暮らしと生業』岩波書店、二〇〇九年

浦　蓉子「「四方転びの箱」の用途について」『奈良文化財研究所紀要　二〇一七』奈良文化財研究所、二〇一七年

小田裕樹「箸の痕跡」『東アジア古文化論攷2』中国書店、二〇一四年

神奈川大学常民文化研究所編『生活用具』神奈川大学日本常民文化研究所調査報告第一五集「民具実測図の方法」第三巻、平凡社、一九九〇年

唐古・鍵考古学ミュージアム編『弥生遺産Ⅱ～唐古・鍵遺跡の木製品～』唐古・鍵ミュージアム展示図録一七巻、田原本町教育委員会、二〇一四年

木沢直子「古墳時代の横櫛」『元興寺文化財研究所創立四〇周年記念論文集』二〇〇七年

京都大学総合博物館編『学問の礎を受け継ぐ――文科大学陳列館からの出発』二〇一四年

黒須亜希子「弥生時代の木製調理具～近畿出土の杓子と匙を中心として～」『木・ひと・文化～出土木器研究会論集～』出土木器研究会、二〇〇九年

黒須亜希子「機織り」『古墳時代の考古学5　時代を支えた生産と技術』同成社、二〇一二年

小泉和子『室内と家具の歴史』中央公論社、一九九五年

小泉和子『道具と暮らしの江戸時代』吉川弘文館、一九九九年

小林正史・北野博司・宇野隆夫「二　食器―鉢・浅鉢・皿・坏と高坏―」『モノと技術の古代史　陶芸編』吉川弘文館、二〇一七年
佐賀市教育委員会『東名遺跡群』Ⅱ、二〇〇九年
滋賀県教育委員会・㈶滋賀県文化財保護協会『柳遺跡』Ⅳ、二〇〇八年
杉山壽榮男「石器時代有機質異物の研究概報―特に「是川泥炭層出土品」に就て―」『史前学雑誌』第二巻第四号、史前学会、一九三〇年
長友朋子『弥生時代土器生産の展開』六一書房、二〇一三年
名久井文明『伝承された縄紋技術　木の実・樹皮・木製品』吉川弘文館、二〇一二年
奈良国立文化財研究所『平城京左京二条二坊・三条二坊発掘調査報告―長屋王邸・藤原麻呂邸の調査―』一九九五年
浜松市博物館『伊場遺跡　遺物編』八（木製品Ⅱ・金属器・骨角器）、浜松市教育委員会、二〇〇二年
林　大智『小松市　千代・能美遺跡』石川県埋蔵文化財センター、二〇一二年
東村純子『考古学からみた古代の紡織』六一書房、二〇一一年
樋上　昇『木製品から考える地域社会―弥生から古墳へ―』雄山閣、二〇一〇年
比佐陽一郎「木製履物雑考」『九州考古学』第七二号、一九九七年
村上由美子「木製刈払具の検討――木器の「使い下し」に関する一考察―」『木・ひと・文化～出土木器研究会論集～』出土木器研究会、二〇〇九年
村上由美子「杵・臼」『季刊　考古学』第一二七号、雄山閣、二〇一四年
本村充保「近畿地方における古代の下駄の様相」『古代文化』第六六巻第四号、古代学協会、二〇一五年

コラム

弥生・古墳時代の「舞羽」――本当に「綜かけ」だったのか

山田昌久

弥生時代の登呂《とろ》遺跡から始まった紡績・紡織関連遺物（その後否定されるようになったが）の研究は、その後発見された古墳時代の傾斜棚構造機も含めて、日本やアジア各地の民具に認められる器具形状と類似していると認識されるようになった。遺物研究の初期には、太田英蔵・角山幸洋・竹内晶子・木下忠などの織物・織機研究者や民具研究者によって、それらと照合しての器具認定がなされた。

やがて、東村純子・黒須亜希子ら考古学のなかから研究をめざす者が現われ、民具との照合を基礎とした器具認定法が引き継がれる一方、中国の考古資料である明器や銅鼓そして画像石に表現された、紡績・紡織具やその制動姿勢との照合研究も進んだ。また、日本の考古資料の石製・土製模造品にも部材表現があり、器具研究の参考にされた。そして、栃木県甲塚古墳の機織使い表現埴輪の報告によって、具体的な構造や制動姿勢の研究が始まった（市川二〇一四・山田二〇一六）。原始機に向かう人の前に表現されたπ字状部品を、市川は中筒と考え、山田は布を置く手元台とした。

歴史を専門とする研究者には、単に器具の比較認定だけではなく、形態変容や構成機種の増減から、時間の中で生じた機能分化や機能転換・名称変更への、目配りが求められる。

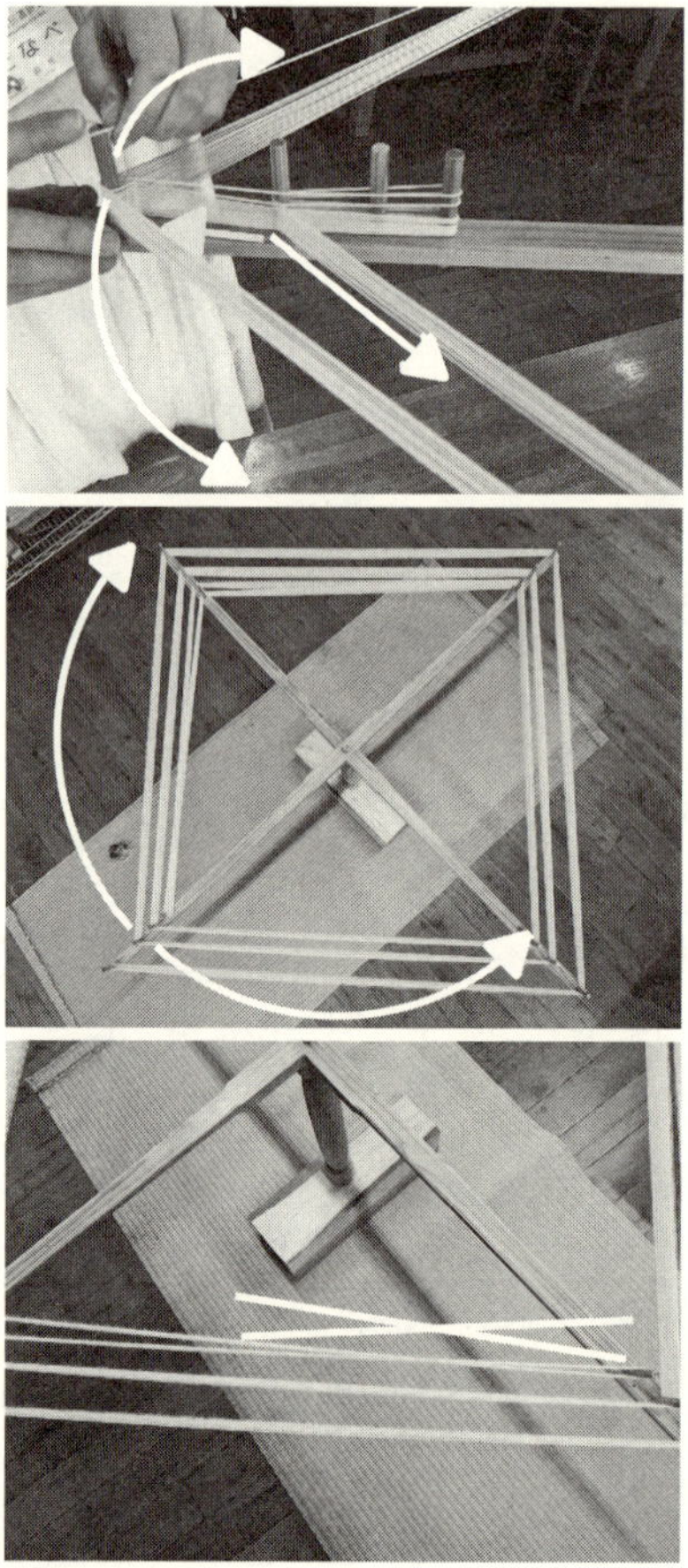

図　舞羽を反転させ作ったアヤ

今回取り上げる「舞羽《まいは》」は、角山（一九九一）によって、兵庫県播磨長越遺跡発見遺物をもとに、従来発見例が多くまた銅鐸画にも表現されていた、工字形の「桛《かせ》」以外に、綛《かせ》かけ器具が存在するとされた遺物種である。近現代の民具の紡績具には、糸扱いの器具が多種あり、そのなかに水平位で回転して糸をかける「綛かけ」の類似性に着目したのが、この解釈の根拠である。民具と異なって、遺物ではひとつの腕木に数本の細棒が立てられている点は、織り布の長さを変える工夫だとされた。

しかし、近現代の民具組成には、さらに多種の糸巻きが加わり、弥生時代・古墳時代には無い経《たて》糸にアヤをつくる「経台」も存在し、その形態・規模が大小に分かれている。それらの民具が担っていた作業のすべてが、弥生時代・古墳時代にも存在していたと判断することはできないが、少なくとも経台が果たしたアヤつくりの作業は、当時も必要不可欠であったはずである。

また、屋内作業だった場合の作業空間を考えると、近世・近代の民家の間取りは複数間であり、空間の割り振りが可能であった。しかし、弥生時代から古墳時代の一経済単位の家屋構成は、古墳時代には複数からなるものがあることが判明しているが、基本的には一房住居であったと考えられている。そのような中で、近世・近代の家内生産のような空間を必要とする道具立てによる技術発揮が、果たして可能であったのだろうか。

山田は、二〇一四年から諸課題を追究すべく、山形県西沼田遺跡公園でカラムシ育成から紡績・紡織に関わる実験研究を、公園の研究者と展開してきた。二〇一六年には、機織使い埴輪の報告者の市川氏や黒須氏を招いて研究会を開催した（この内容は本書で別に論じている）。実験では、枠に巻き取って乾かした糸を「綛かけ」に巻いて長さを限定した後、アヤを作る作業をどのように行うかで、壁にぶちあたった。遺物では未確認の民具類似器具で対処するだけでなく、確認器具でアヤを作る作業を追究してみた。すると、思わぬ形で「舞羽」を制動することで、アヤつくりの作業が実行できた（図）。

最初は、一本の腕木の四棒（カゴメ棒）で交差を得た。次に、十字に組んだ腕木すべてを使うと、経糸を長くすることができ、一作業で長い布織りが可能になった。非回転の動きは、舞羽や異称の「反転・撥車」と整合する。名称残存なのであろう。

参考文献
市川淳子「機織形埴輪」『甲塚古墳――下総国分寺史跡整備関連発掘調査報告書』下野市教育委員会、二〇一四年
角山幸洋「織物」『古墳時代の研究5　生産と流通Ⅱ』雄山閣出版、一九九一年
黒須亜希子「紡織具の導入とその変遷」『シンポジウム木器研究最前線―出土木器が語る考古学―資料集』大阪府文化財センター、二〇〇七年
竹内晶子『弥生の布を織る』（UP考古学選書9）東京大学出版会、一九八九年

東村純子『考古学から見た古代日本の紡織』六一書房、二〇一一年
山田昌久「道具と資源環境」神奈川大学国際常民文化研究機構国際研究フォーラム「人と民具と暮らしの国際比較　要旨」(その後『神奈川大学常民文化研究所年報2015』〈二〇一七年〉に論考として掲載)二〇一六年

四　木製の武器・武具・馬具

橋本達也

1　武器・武具の性格と社会

武器としての木器　考古学における武器・武具・馬具に関する研究は、これまで石器や金属器を軸として進められてきた。しかし、これらには木器として単体で存在するもの、木と金属、石、革、繊維などを組み合わせるものがあり、むしろいくつかの素材が複合的に組み合わされて一つの器物として成り立つものがほとんどである。にもかかわらず、これまで素材を超えた総合的な研究が十分なされてきたとは必ずしも言いがたい。

本章は木製の武器・武具・馬具を扱うものであるが、これらを木製品に限定した場合、各器物の一部のみが対象になるなど資料的な偏重が生じ適切な評価は困難となる。そのため、石製・金属製など他の素材・技術に関しても適宜触れることになる。

なお、武器・武具は本質的に戦闘に関係する道具であるから、本章では人と人とが争いの解決手段として戦争という手段を用いるようになった弥生時代以降、古墳時代を主な対象とし、奈良時代までを範囲とする。

木製品の武器・武具を考える際、それは単なる戦闘具ではない性格にも注目されてきた。具体的な器物の検討に入る前に、武器・武具・馬具は、そもそもどのような場で、どのように用いられたのか、それが必要とされる社会、その役割についてみておきたい。

武器・武具と戦闘、祭儀　佐原真は戦争を証明する考古資料として、防御的集落、武器の存在、殺傷人骨・大量虐殺遺体、武器の副葬墓、武力崇拝の道具・施設、戦い・戦士の造型作品を挙げ（佐原一九九五）、それは農耕社会の出現と関わること、日本列島においては弥生文化に伴って戦争の発生したことを説いた。実際に弥生時代には殺傷用の武器が出現し、戦闘に伴うとみられる殺傷人骨も存在する。

弥生時代から古墳時代において普遍的な武器は、通常は鏃のみが残存する弓矢であり、次いで刀剣である。これらを用いたその戦闘形態は弓射戦を主とし、刀剣によってとどめを刺す、あるいは矢を盾で防ぐといったものと考えられる。

しかし、弥生時代には武器の実用性・機能向上に関わる型式変化は必ずしも顕著とはいえず、非実用の武器形祭器が著しく発達したように、激しい戦闘よりも、戦いに関わる祭祀や儀礼的な戦闘が相当に多いものと考えられる。また近畿以東では武器・戦争関連資料の少なさからみると組織的な戦闘が頻発したとは認めがたいであろうし、戦争といっても原初的で祭儀的要素を多分に含むものであろう。

そもそも、弥生文化の開始期では石製短剣の受容が低調で、近畿や東部瀬戸内では縄文晩期以来の石棒と石製短剣を融合した儀器《ぎき》が生みだされ、それを木製品として写したことから武器形木製品が出現し、さらにそれが武器形青銅器の祭器化に影響を与えた（寺前二〇一〇）と考えられているように日本列島の武器は出現段階から祭儀的性格が強い。

また、古代では衣服令や『延喜式』によって、実戦用の武器・武具である「兵仗」、祭儀に用い威儀を正すための武器・武具としての「儀仗《ぎじょう》」という区分の存在が知られる。武器・武具には戦闘用具とともに祭器あるいは威儀具としての性格が常に存在することは視野に入れておかねばならない。

模擬戦をめぐって　木製の武器をめぐっては、刃をもたず実戦用でない弥生時代の木製武器形祭器に使用痕の存在を認めることが根拠となり（中村一九八七ほか）、模擬戦に関わるものという理解が大きな影響を与えてきた。しかし、木製武器形祭器を用いた模擬戦の内容自体が明らかでなく、またそれの着柄部は武器形青銅器と同様に貧弱で形式的な所作程度しか行いえないとの指摘があることには注意が必要である（岩永一九九四）。

祭器としての刀形木製品は古墳時代を経て古代までも存続するが、古墳時代以降は形代として実物武器とは異なる形骸化した簡素な形態を採っており、一過的な祭祀での使用に供したものであろう。属人的な性格を帯びることが多く、また貴重品として扱われることの多い刀剣類が神への奉献品などとして扱われたことを示している。

祭祀の重層性と威儀具としての武器・武具　武器形祭器が青銅製、石製、木製と各種の素材で作られる弥生時代においては、これらが使用場面、使用者・使用集団といった社会の重層性に対応しているという見方が広く支持されてきた（中村一九八七、種定一九九〇）。

その場合、武器形木器は最も広く存在する基層的な祭器とされてきたが、一方で樋上昇は、出土木製品は集落の性格を反映するもので、木製武器は遺跡の中でも上位層の集落から首長層の活動に関連する場で出土し、下位層の集落では出土しないことを指摘した（樋上二〇〇三）。なかでも集落・祭祀場・司祭者の階層は相関関係にあり、祭祀具の組合せもそれに応じて連動するものであり、装飾的な武器・武具は首長権を象徴する威儀具《いぎぐ》とともに上位首長層の祭儀に用いられるものであることを指摘する。木器であるから青銅器より下位におかれるという単純な上下関係にはなく、武器形木製品を一括りにして広く一般化した武器形祭器とみなすことには問題がある。

木器生産からの評価　穂積裕昌は古墳時代の木器生産に関わる集落の様相を、生活必需品を自給製作する混成型、木器生産に専従した編成型、製品を享受する側の縮小型・完全被供給型、特定器種の専門工人集団である特定型に分類した（穂積二〇一二）。そして、これらの様相から、生活品を集落単位で自給生産した弥生時代から、木器製作の専門化とそれに相対して木器製作に関与しない受容者の出現した古墳時代への変遷をよみとる。とくに特定型に包括される武器・武具生産は金属・漆などの技術者との協業という集約的な生産体制が取られたことを指摘する。この首長麾下における各種素材・技術の複合的な工房の存在は木器以外の生産遺跡の研究からも明らかにされてきたことと符合する（坂二〇〇〇）。

武器・武具、そして馬具は時代の推移とともに、より専業度が高まり、生産量が増大したことは古墳時代の鉄器研究の立場からも確実視され、また、より近畿中央政権の政治的影響力を拡大する方向に進んだものと考えられる。

武器・武具・馬具と戦闘方式　古墳時代の武器・武具・馬具を考えるさいには、軍事組織の発展と戦闘方式の転換について考えておかねばならない。古墳時代には汎列島的な政治連携、首長層の序列化の進展とあわせて軍事組織の整備が行われる。とくに古墳中期には軍事国家の色彩が強くなり、対外戦にも関与するに至ったことが知られる。さらに、古墳中期中葉は朝鮮半島から騎馬文化が導入され、小札甲《こざねよろい》が導入されることと合わせて、歩兵から騎兵による戦闘方式の画期になったと考えられてきた。

これに関して、近藤好和は雄略紀の記述などをもとに六世紀に弓射騎兵が成立したとする（近藤二〇〇五）。そのさい、近藤は小札甲を総じて騎兵用とみてきた従来の研究とは異なり、中国での様相から腹当と背当からなる裲襠式《りょうとう》小札甲（両当系）を騎兵用、前胴にあわせ目をもち脇から背を一連でつくる胴丸式《どうまるしき》小札甲（方領系）を歩兵用とみる。

しかし実際には古墳後期・終末期の小札甲のほとんどが胴丸式で、裲襠式はほぼ存在しないことが考慮されておらず、氏の騎兵の成立に関わる理解には無理がある。一方で近藤が指摘したように確かに草摺の分割しない胴丸式小札甲が騎兵に向くとはみえず、埴輪の表現などからもこれは歩兵用であった可能性が高い（図1）。そうであれば古墳副葬品として用いられる七世紀前葉までの武装は有力首長層においても歩兵用が主流であったとみなければならない。

騎馬文化の導入される古墳中期中葉以降、一部の上位首長層に騎兵的武装は導入されたであろうし、六世紀中葉以降には東国を中心とした騎兵軍団の設置や整備も行われたであろう。しかし、律令軍制では一部の上位層のみが弓射騎兵で、大部分は歩兵が占めることからしても、古墳後期に遡って騎兵が主戦力になっていたとは考えがたい（筆者は以前、古墳時代中期において小札甲と馬具の出現が歩兵から騎兵への転換を表すという従来の定説を両者の共伴関係の様相からも批判したことがある〈橋本二〇一〇〉）。

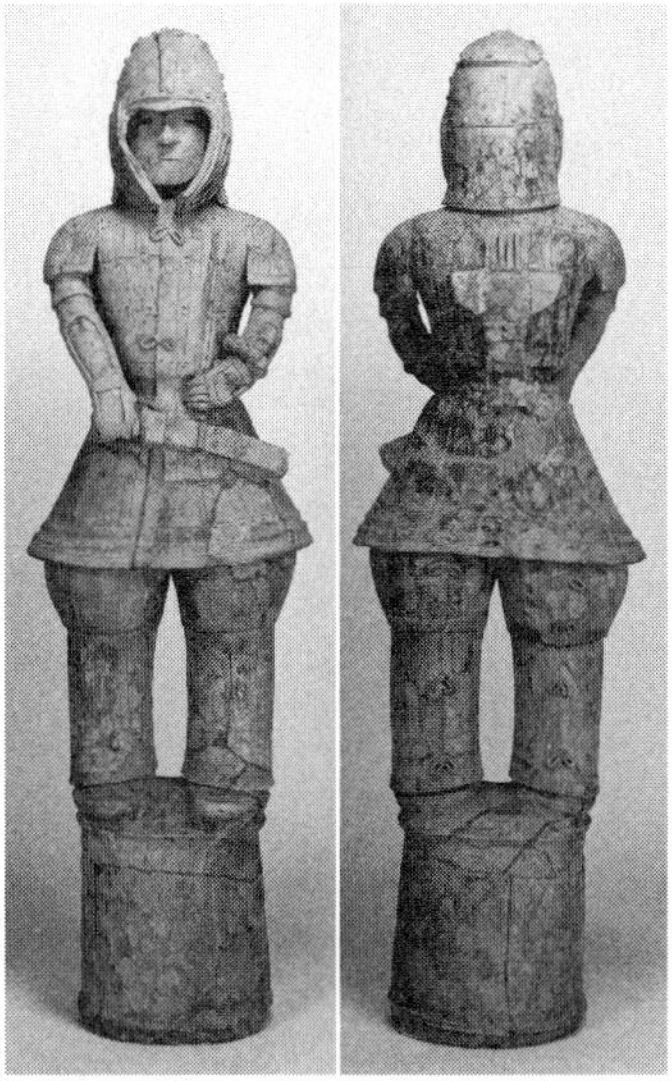

図1　東京国立博物館蔵　武人埴輪
（胴丸式小札甲・衝角付冑等を着用し，左手には弓と鞆，右手は大刀に掛け，靫を背負う歩兵武装の古墳後期首長）

『記紀』の戦闘記述においても、朝鮮半島での長柄《ながえ》武器を主体とする戦闘、攻城戦、騎馬戦、略奪などと、倭国内での戦闘は明らかに書き分けられ、倭では多くが数十人規模の戦闘で、堅牢な城郭は登場せず、激しい戦闘の記述もみられないと指摘されていることも示唆的である〈藤原二〇一三〉。

実際の軍事組織における騎兵の確立は七世紀中葉以降、白村江の戦や壬申の乱を経た七世紀後葉の新たな律令体制の整備と関連するものであろう。そして、古代の兵制においては弓射を行う騎兵が武官の上位に位置づけられ、集団歩兵を統率した。その装備は、弓箭・刀・甲を基本的な組合せとし、これ以降、中世前半まで弓射騎兵を中心に歩兵と組み合わせた戦闘方式が存続するのである（近藤二〇〇五）。

小結　武器・武具・馬具と併記されることの多いこれらの製品は、弥生・古墳時代社会の中で多様な系譜をもっており、内的な発展と外的な刺激による変化がたびたび引き起こされている。弥生前期に出現した武器・武具は、戦闘とともに祭儀の場でも大きな役割を果たしてきた。あるいは戦闘自体に祭儀的な様相を含むものであったことが考えられ、武器および武器形祭器には多様な文化的背景が内包されていることに注意しなければならない。以下、主要品目ごとにその変遷を整理していこう。

2　戦闘の主力・弓矢

弓　日本の戦闘において武器が刀剣類主体となるのは南北朝期以降であり、史料上それまでは弓矢主体であったとされる。とくに、弓矢は律令制下の武官を象徴する武装具として位置づけられたが、太刀や甲冑と異なり伝世品に採用されることが少ないために、主たる武器としての評価が十分になされてこなかった（近藤一九九七）。

古墳副葬品中に占める鏃《やじり》の出土頻度、実戦用以外の特殊な形態や象徴性をもつ鉄鏃《てつぞく》・銅鏃《どうぞく》の存在からみて、古墳時代にあっても武装具のなかで弓矢が基本的な装備であり、そもそも狩猟具から発展した最も原初的な武器であることからすれば、それは弥生時代にも遡るものであろう。ただし、武装具の中では弥生時代以来、使用者が限定されて属人的な性格を帯びやすい刀剣や甲冑の方が重視されたことも事実であろう。

弓には自然木の樹皮を剝ぎ、表面を削り、磨くといった簡易な加工による丸木弓、弓幹に樹皮や繊維巻を行い反発力を強めた強化弓、漆塗りなどを施した装飾的な弓などが縄文時代以来存続している（奈良国立文化財研究所一九九三）。材はイヌガヤ、カヤを用いるものが多い。木を割り削った木弓も弥生中期には出現し、古墳時代、奈良時代にも存在する（松木二〇〇一）。また、一般的には平安時代に木と竹を張り合わせる合せ弓が出現するとされるが（近藤一九九七）、出土資料では奈良時代以降に散見されるようになる（津野二〇一〇）。

『魏志倭人伝』では倭人の風俗として「兵用矛楯木弓　木弓短下長上　竹箭或鉄鏃或骨鏃」が挙げられている。魏の使者にとって「短下長上」の倭人の弓矢は特筆すべきものと映ったらしい。この弓は銅鐸絵画にも表現されており（図2―1）、またそれは正倉院伝来品・中世の戦闘用の弓を経て現代にまで継続する日本に特有の形態として評価されてきたものである（後藤一九三七）。なお、短下長上の弓を描いた銅鐸は扁平鈕2式であり、その時期は弥生中期後半に遡る。

従来、古代以前の弓の研究は文献史料や正倉院・法隆寺伝来品などを対象とするものが主体であったが、近年は考古資料をもとに議論が進んでいる（津野二〇一〇、岡安二〇一三）。その成果を概観すると、日本列島の弓は、極端に短い祭祀用の弓を除くと、一七五～二一〇㌢に及ぶ古墳出土品や正倉院伝来品にみられる長大な弓、一六〇㌢以下で一〇〇～一二〇㌢程度の長さを中心とした主に集落遺跡で出土する弓があり、前者には漆塗りの精製品が多く、また後者は粗製の素木《そぼく》弓で占められるという。津野仁は前者の弓を儀仗の弓、後者を実戦用の弓として捉えたが、岡安光彦は後者がアイヌ弓に近くまた古代の東北南半で出土したものが主であることから蝦夷系武装の一部である可能性を指摘し、前者の長大で精良な弓も戦闘用弓であり、弥生時代以来、連綿と受け継がれてきたことを説く。

全長の判明する資料は多くないが岡安が批判するように、短下長上の長弓がもとは儀仗用の非実用弓で、平安時代以降に戦闘用弓として採用されたとみるのは適切でないだろう。なぜ、このような独自形態の弓が長く継承されたの

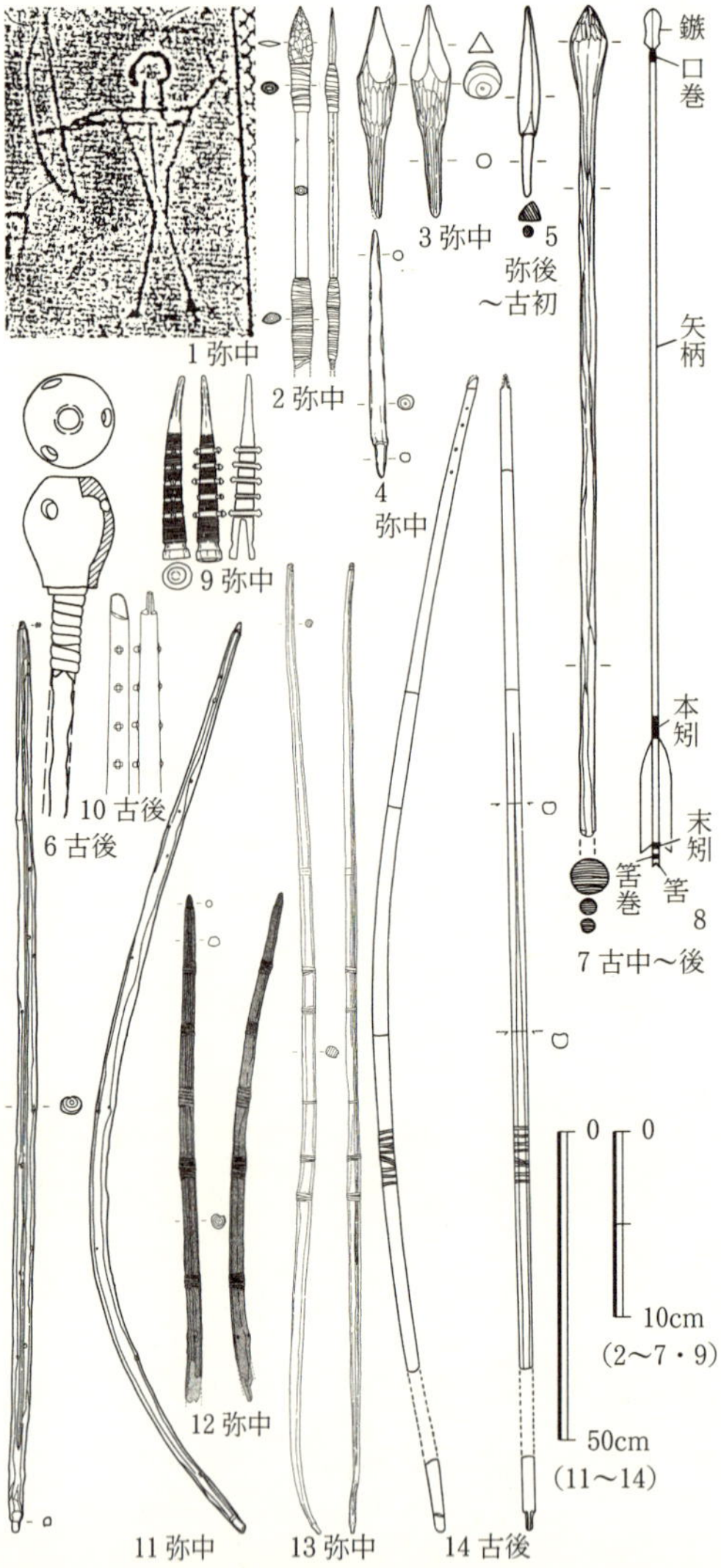

図2　弓矢資料（銅鐸絵画〈1伝香川県〉，木鏃〈2鬼虎川，3・4八日市地方，5六大A〉，鳴鏑〈6七廻り鏡塚〉，鏃形木製品〈7六大A〉，矢模式図〈8杉井1996a〉，弭〈9朝日〉，両頭金具模式図〈10比佐2002〉，弓〈11・12八日市地方，13南方，14七廻り鏡塚〉。キャプションの弥は弥生時代，古は古墳時代，前中後はその時期を表す）

かは明らかでないものの、短下長上の長弓は弥生時代以来の日本列島に特徴的な実用弓であり、またその精製品は儀仗用としても用いられたのである。ただし、弥生時代の弓では一六〇㌢を超えるような弓はほぼみられないので（図2—11～13）、これを超えるような長大化は古墳時代に成し遂げられたものとみられる（実物弓を模したとみられる奈良県メスリ山古墳出土の鉄弓は一八二㌢あることから、古墳時代前期前葉には長大な弓が出現していたとみなし得る）（図2—14）。

弓の握るところを弣《ゆづか》、下端部を本弭《もとはず》、上端部を末弭《うらはず》といい、弣には平坦に削るのみのもの、籐巻きにするもの、骨角器の別材を装着するものがある。弭には直接弦を掛けるもののほか、別造りの骨角器もしくは金属製品を付属することがある。末弭付近には音響装置の両頭金具を付すことがある。

縄文弓では直接弭に弦を結んでいたものが、弥生文化の開始とともに弦輪を作り、それを掛けるようになることが（松木一九八四、神野二〇〇〇）、弓における一大変革とされる。

骨角製弭には弥生中期後半の愛知県朝日遺跡出土例に代表されるような両頭装具を伴うものがある（図2—9）。また、金属製品では古墳前期後葉に青銅製弭があり（奈良県黒石山古墳・大阪府津堂城山古墳）、後期後半には金銅製・銀製が現れ、列島の各地で出土する。古代には正倉院伝来品に金銅製弭を装着した弓が一例だけある。両頭金具は古墳前期に鉄製が現れ、中期にも少数あり（両頭金具には前期に香川県高松茶臼山古墳、新潟県城の山古墳、長野県大星山三号墳、中期に栃木県佐野八幡山古墳、長野県鳥羽山洞窟・岡山県勝負迫古墳出土例などがある）、後期後半に増大する（図2—10）。これは骨角製から鉄へ置き換えたものとみなされ、古代には存続しない。

矢 矢に関しては基本的に石製や金属製の鏃のみが残存し、矢柄《やがら》や矢羽《やばね》、筈《はず》など有機質部分の残存する例はごくわずかしかない。

弥生時代では大阪府鬼虎川遺跡で石鏃《せきぞく》を装着した復元全長一〇〇㌢の矢が出土している。また同遺跡では一九・五㌢分であるが矢柄を伴い鏃を樹皮巻で固定した良好な資料もある（図2—2）。しかし、一〇〇㌢という長さは腕の長さやそれを番える弓のサイズも考慮すると大きすぎであり、実戦用品とみるには問題がある。

古墳時代では七〇〜八〇㌢台の例がいくつか確認できる（滋賀県雪野山古墳は七〇〜八〇㌢、富山県谷内二一号墳は約七二㌢、七廻り鏡塚古墳は八〇〜八五㌢、大阪府土保山古墳は推定六五㌢の出土例がある。また、実物を模したメスリ山古墳の鉄矢は全長八〇㌢である）。奈良時代の正倉院伝来品では最短七三㌢、最長九〇㌢超、平均八〇㌢程度（西川二〇〇〇九）、法隆寺伝来品で鉄鏃を装着した矢は七八㌢台、鏑矢《かぶらや》は八二㌢（東京国立博物館二〇〇三）である。これらから少なくとも古墳時代以降の矢の長さは七〇～八〇㌢台のものが一般的であったといえるだろう。

鬼虎川遺跡の矢柄はカシの幼木、栃木県七廻り鏡塚古墳の矢柄は竹とされる。正倉院・法隆寺伝来品も竹が基本で、竹鏃・骨鏃を装着するものだけは葦《あし》製である。古墳副葬品の残存資料からみても一般的な矢柄はヤダケであろう。古代中国の矢は木製であることが知られ、竹製の矢柄は列島で独自に発展した可能性がある。

大阪府土保山古墳では矢羽に二・三・四枚の三種があり、このうち二枚羽がもっとも多いという。七廻り鏡塚古墳出土品および奈良県メスリ山古墳の鉄矢は二枚羽のみである。

鏃と矢柄の結合には鏃の茎を直接矢柄に差し込み締め巻くものと鏃と矢柄の間に木製の根挟《ねばさ》みを介在させるものがある。後者は古墳時代の無茎鏃・短茎鏃の結合に用いられるもので鏃と矢柄を分離して流通させる機能がある（川畑二〇一三）。

鏃と矢柄との結合部である口巻には主に樹皮を用いるが、古墳前期には糸巻のものもある。また、結合のさいに矢柄に差し込まれる鏃の茎《なかご》部分には糸を巻きつけ滑り止めとすること、また、矢柄の先端部は斜めに削り、切り込みを入れて、鏃を挿入して締め付けやすいようにした細工などの観察される場合がある（川畑二〇一〇）。

矢羽を挟む本矧と末矧には漆を塗ることがあり、この部分のみ漆膜として残存することがある。前～中期古墳では末矧の一部分に鉄紛を散りばめて漆塗りをした杉井健がつや消し部と呼ぶ部位の認められる事例がある（雪野山古墳、福島県会津大塚山古墳、（谷内二一号墳、大阪府七観古墳、兵庫県茶すり山古墳などで確認されている）（杉井一九九六a）。弓弦に掛ける端部の筈は別造りの場合があり、津堂城山古墳では青銅製の例がある。

鏃では、弥生時代に石・銅・鉄のほか木鏃（図2―3・4）・骨鏃の出土例がある。『魏志倭人伝』の「竹箭或鉄鏃或骨鏃」の記述と整合するものであろう。前期古墳の副葬品には銅鏃・鉄鏃、なかには碧玉《へきぎょく》製鏃もあるが、中期・後期古墳出土品ではほぼ鉄鏃のみになる。ただし、古墳中〜後期の奈良県布留遺跡や七廻り鏡塚古墳（図2―6）で木製鳴鏑《なりかぶら》、千葉県内裏塚古墳乙石室・長野県鳥羽山洞穴・和歌山県磯間岩陰遺跡で角製鳴鏑があり、法隆寺・正倉院伝来品にも角製鳴鏑があるので、多少は有機質製の鏃を含んでいた可能性も排除できない。なお、伝天理市布留町出土という碧玉製品群に鏃・矢筈・弭形品と鳴鏑状のものがあり、鳴鏑の出現は古墳前期に遡る可能性がある。

島内地下式横穴墓群を代表とする宮崎県西部盆地地域の地下式横穴墓や東北地方の古墳・洞穴遺跡・低地遺跡では古墳中〜後期の骨鏃が存在する。一般的な古墳副葬品には含まれないもので列島南北の周縁域で確認されているのが特徴である。また、正倉院伝来品にも木・竹・骨鏃がある。これらが古代に突如として復活したとみるよりも、古墳時代の低地遺跡では木鏃も出土していることからすれば、むしろ古墳副葬品が金属製鏃に特化して選択されているのであろう。古墳時代の骨鏃の副葬が列島の南北にみられるのも古墳文化的な副葬品組成に関する規範の緩やかな地域であることによるものであろう。

靫・胡籙・鞆　矢を入れ運搬する道具は本来、矢とともに常に存在していたはずであるが、資料として確認できるのは古墳前期の靫《ゆき》がもっとも古い。靫は鏃を上にして矢を収めるもので、古墳後期後半まで型式を変えつつ存続することが確認できる。古墳前・中期に確認されている箱形の靫は革製ないし植物繊維製の本体を漆塗りして固めたもので、その上部の蓋箱部、下端部の底箱部、背負板は木製である（図3―1）。

古墳後期の七廻り鏡塚古墳からは、本体を革製として木製底板をもつ靫が出土している。この時期の形象埴輪の靫は奴凧《やっこだこ》形と称される形態を採っており、その実物の可能性が考えられる。また、古墳後期には木製の長方形底板をもち、それを取り囲む帯状の金属製責金具《せめかなぐ》を付属する、本体を繊維製とする靫が存在する。

図3　盛矢具（1靫〈鴨都波1号墳〉，2胡籙〈坊主山古墳〉）

古墳中期中葉には朝鮮半島から胡籙《ころく》が伝来し、その系譜に連なるものは法隆寺や正倉院伝来品にも後続している。胡籙は矢を下向きにして方立部内に鏃を納めるものであるが、本体を木製とし繊維で装飾するもの（図3—2、坂一九九〇）、革製を基本として繊維によって装飾するものの復元案が提示されている（福山ほか二〇一二）。後者の場合でも断面半円筒形タイプの胡籙の下端部には木製底板の存在が認められている。

また近年、古墳後期中葉から終末期に幅広裾拡がりで高さの低い平胡籙の存在が明瞭になっている（土屋二〇一三）。これは矢を入れる底板部分を木製として繊維および金具で装飾するもので、これも正倉院伝来品に存続する。

その他、実物の出土資料はないものの、矢の掃射後、跳ね返った弦から左手首を保護するための鞆は古墳中期初頭から埴輪として表現されたものがある。実物は正倉院伝来品でのみみることができ、本体は革製で内部に藁や獣毛を詰めて形を整えるものである。

3　刀剣類の実像

刀・剣　弥生時代の開始とともに北部九州に有柄式磨製石剣など石製短剣が出現し、弥生前期末には細形銅剣、また近畿を中心にして打製石剣などが現れる。鉄製刀剣は弥生中期中葉に舶載品として登場し、古墳前期までは剣を主体として大刀を少数含む組成となり、古墳中期には剣から大刀へ主体が移行し、後期にはほぼ大刀に収斂する。弥生時代以来、祭器化するもののほか、被葬者に伴って副葬される属人的な性格を有することが多く、古墳中期には有銘鉄刀剣、古墳後期には装飾付大刀なども生み出され、武器あるいは武力の象徴として用いられることが多い。

鋭利な刃による刺突あるいは切削という機能がその存在理由である刀剣類において木製品は実用武器とは考えられない。そのため、弥生時代から古代にも存在が認められる刀剣形木製品は一般に祭祀遺物として位置づけられる（図3―1〜3）。

ただし、武器形木製品のうち弥生時代の銅剣を忠実に模したものには実用武器を含む可能性や（春成一九九九）、弥生前期末を中心とする初期の事例にはアカガシなど硬質な材を用いた実用機能を保持するものが含まれることも指摘されているが（寺前二〇一〇：二六一）、それでも基本的には祭祀用であることは変わらないだろう。

一方、金属製武器としての刀剣類の場合、それを使用、保有するためには木製柄と鞘が必要である。弥生中期前半の佐賀県柚比本村遺跡ではきわめて装飾性の高い細形銅剣の鞘が出土している。それは二枚に分割したヒノキ材に内刳りを施し、そこに絹を貼り、その二材を合わせてサクラの樹皮で巻いた上に、ベンガラ・朱漆を塗り、さらに漆に塗り込めた管玉《くだたま》を表出させて飾るというものであった。同じく柚比本村遺跡では青銅飾金具、柄頭に石製把頭飾《はとうしょく》を取り付けた木製柄の痕跡も確認されている。銅剣の木製柄の実物は長崎県里田原遺跡で出土しており、柄端の凸部に把頭飾を差し込む構造になっている。ほか、奈良県坪井・大福遺跡では弥生前期末〜中期初頭の銅剣・有柄式磨製石剣の柄形態・東日本系土器文様を融合させた特徴的な木製柄が出土している（図4―5、川部二〇〇八）。

図4　木製刀剣資料（武器形木製品〈1南方、2鬼虎川、3六大A〉、木製刀剣装具〈4八日市地方、5坪井・大福：川部二〇〇八、6宮ヶ久保：豊島二〇〇四a、7下田、8七廻り鏡塚〉、刀剣装具模式図〈9布留出土資料、10刀装具：豊島二〇〇七、11剣装具：豊島二〇〇八〉）

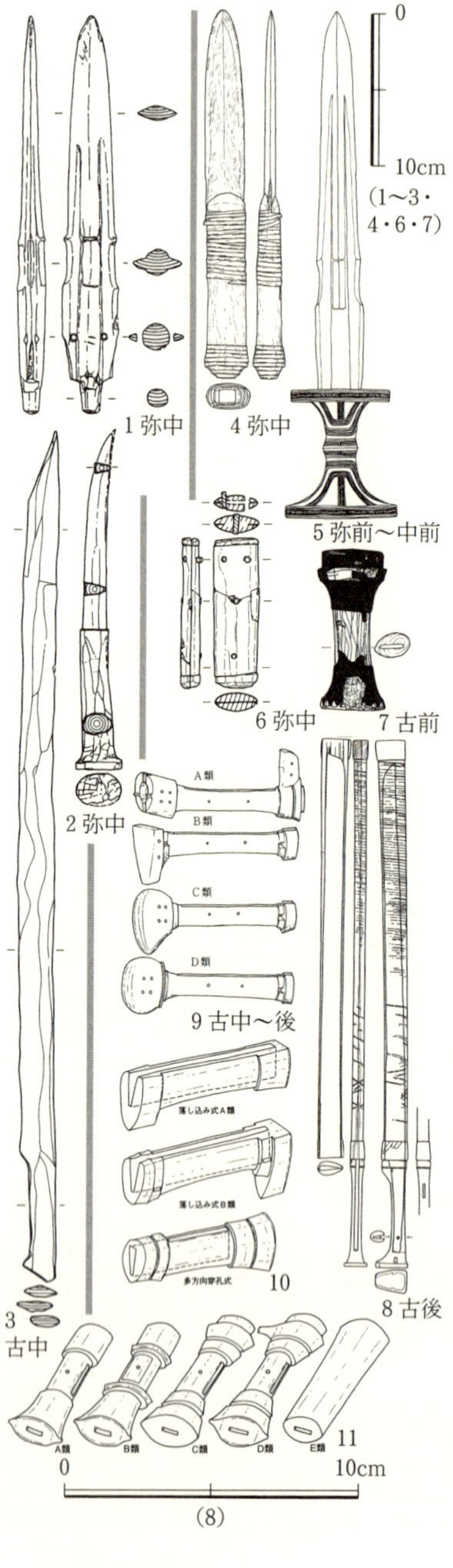

弥生中期後半以降になると鉄剣に伴う木製柄が確認されるようになる。その型式学的研究は豊島直博二〇〇四aが詳しく、二枚合わせ式・一木《いちぼく》造り式柄縁穿孔《つかぶちせんこう》型・一木造り式多方向穿孔型・四枚合わせ式に分類されている（豊島二〇〇四a）。

二枚合わせ式は弥生中期後半に確認でき（図4―6）、一木造り式では後期に柄縁穿孔型、終末期以降、古墳時代に多方向穿孔型が現れる。四枚合わせ式は柄縁を山形突出とするヤリの拵えであり、弥生終末期以降、古墳時代へ存続することが指摘されている。また、弥生中期後半にはわずかながら石剣に伴う木製装具が知られている（図4―4）。木製品以外の装具では、弥生中期後半～終末期の東日本には鹿角Y字式という鹿角製柄も存在する。

古墳時代の鉄剣には弥生終末からの系譜にある多方向穿孔型の柄が存続するが古墳中期には続かない（図4―11、豊島二〇〇八）。また古墳前期後半には面や突起で装飾された柄装具が発達し、それが中期には岩本崇が有段有突起B類と呼ぶ（図4―9A類、岩本二〇〇六）斉一性の高い型式に発展、また、その装具の一部を鹿角で製作したものも出現する。

弥生中期後半以降には舶載品として鉄刀も出現し、その柄には樹皮や繊維を直接巻き付ける巻き付け式、木製の二枚合わせ式・一木造り式柄縁穿孔型・一木造り式多方向穿孔型がある（豊島二〇〇四b）。おおむね鉄剣の柄型式と共通しており、両者の関連性は強い。

一木造り多方向穿孔式（図4―10下）は弥生時代以来、古墳前期まで存続し、また、古墳時代の開始とともに出現する一木造り落とし込み式（図4―10上）は古墳中期にかけて普遍化し、さらに柄頭を楔形として直弧文をもつ装飾性の高いものへと発展する（図4―10中、豊島二〇〇七）。

木製柄や鞘の出土する低地遺跡は首長層の活動に関わる集落や祭祀場とみなされるが、そのなかでも布留遺跡では総数六一点にも上る古墳中期〜後期の木製刀剣装具が河川内から出土している（図4―9）。付近では鍛冶関連遺物も出土することから刀剣を中心とする武器・武具生産を行った近畿中央の拠点集落とみなされる。

長柄武器　長柄の武器として弥生時代に戈《か》・矛《ほこ》・ヤリ、古墳時代にはヤリ・鉾がある。弥生時代の戈には青銅製・鉄製・石製・木製の祭器、石製武器がある。祭器としての銅矛は九州北部を中心に分布するほか、それを模した石製品がわずかながら近畿地方を中心に分布する。鉄矛は北部九州を中心に朝鮮半島からの舶載品がある。古墳前期は鉄製ヤリを中心とし、古墳中期以降に鉄鉾が普及する。

戈形木製品は弥生中期中葉を中心に中期後半に山口県宮ヶ久保遺跡から愛知県朝日遺跡（図5―2）までの広範囲

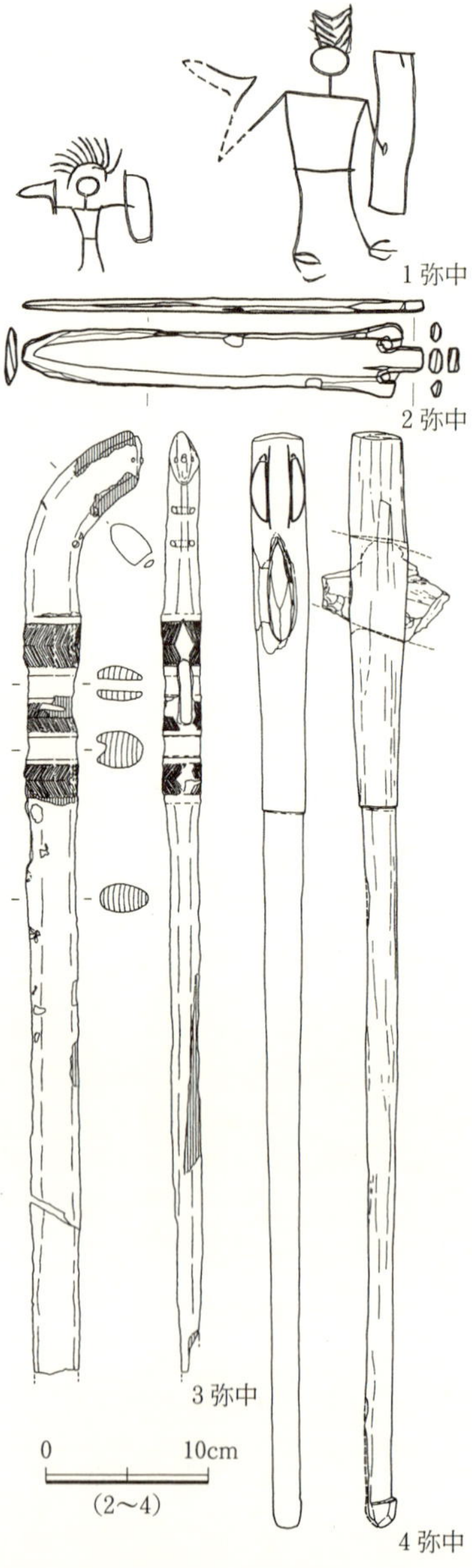

図5　戈関連資料（土器絵画〈1清水風〉，木戈〈2朝日〉，戈柄〈3南方，4鬼虎川〉）

に分布することを特徴とする。また、木製の戈柄も出土しており、石戈《せっか》（宮ヶ久保遺跡・鬼虎川遺跡）（図5—4）、金属製戈もしくは木戈《もくか》（鳥取県青谷上寺地遺跡・岡山県南方遺跡・滋賀県下之郷遺跡）（図5—3）を装着したとみられる各種がある。戈はもともと中国では馬上で扱う長柄武器であるが、弥生時代の出土木柄はいずれも六〇㌢台で、列島では独特の短い柄に換わっている。土器や銅鐸の絵画には左手に盾、右手に戈を持つ人物がしばしば登場し（図5—1）、祭儀の場面を表現していると見られることから、これらも祭器として用いられたとみなされる。

古墳時代のヤリ・鉾の柄では、木柄に菱形編み装飾を施し、漆塗りしたものが前期後葉から後期に二〇例以上知られる。また、全長の判明するヤリでは奈良県東大寺山古墳の粘土槨東側に四五七㌢以上と約三九〇㌢の二点、西側に四一五〜四一九㌢の二点、奈良県上殿古墳では三八〇㌢、大阪府豊中大塚古墳第二主体東槨は三五二㌢のものがある。鉾では土保山古墳で三四五㌢、奈良県後出二〇号墳で約四〇〇㌢、七廻り鏡塚古墳は二一八・四㌢である。おおむね

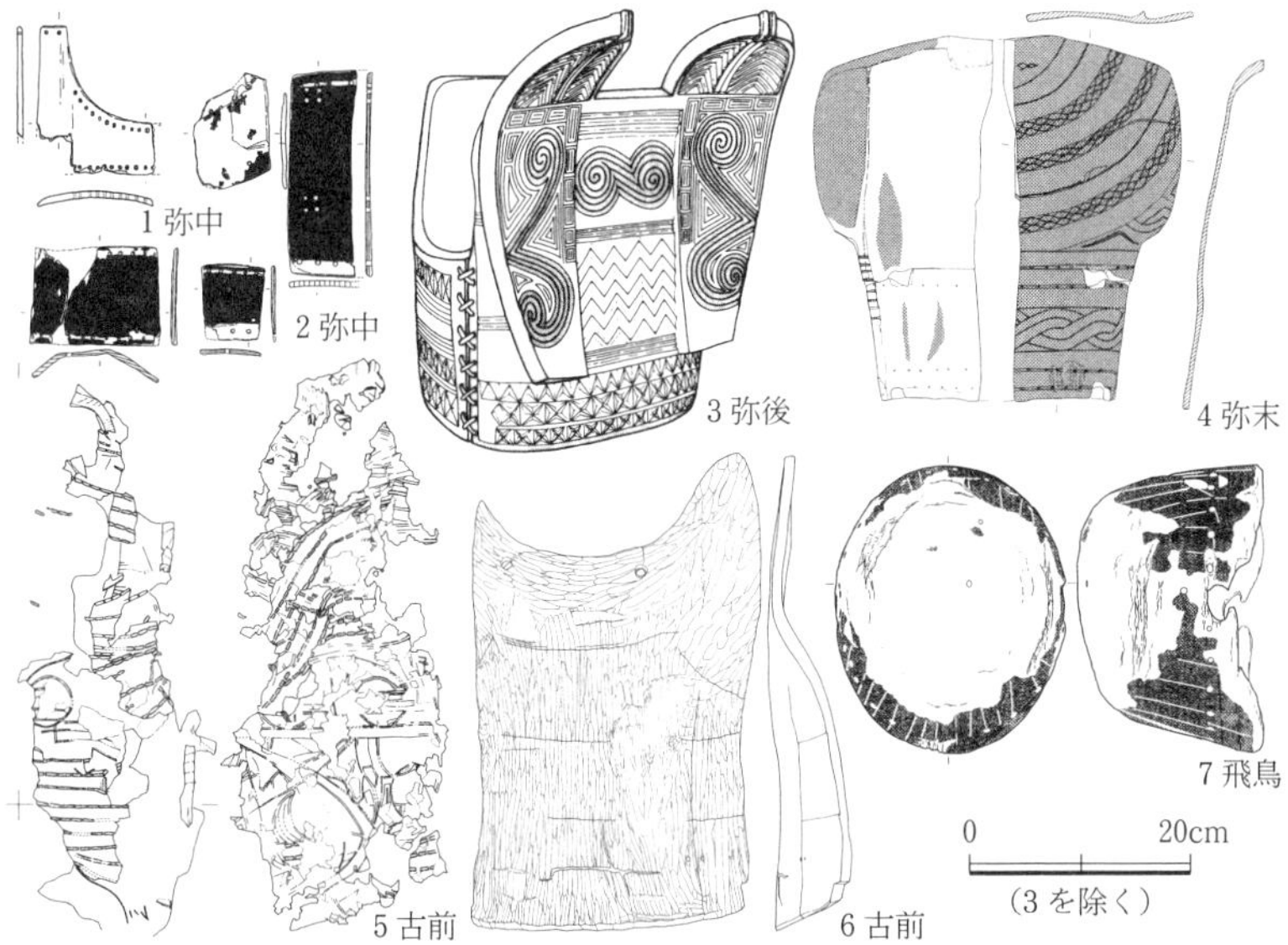

図6　木　　甲（組合式木甲〈1 原の辻，2 南方〉，加飾刳抜式木甲〈3 伊場：鈴木 1999，4 雀居，5 雪野山〉，無飾刳抜式木甲〈6 下田〉，木製冑〈7 徳丹城〉）

三五〇〜四二〇㌢程度のものが多いようだが、資料数の制限もあり規格性までは検討できない。

4　武具の出現と発達

甲冑　弥生時代に出現した木製の甲は大きく二種に区分できる。その一は札状の部品を組み合わせて形成したもので組合式木甲と呼ぶものである（図6―1・2）（国立歴史民俗博物館で復元品が製作されたことから組合式木甲の形態イメージが広く浸透しているが、「組合式木甲」は部品ごとの出土事例しかなく、全体形のわかるものが現在までにない。比較的部品が多く出土している佐賀県生立ヶ里遺跡例でも構造的な特徴は明確でない。そのため必ずしも木甲であることさえ証明されたわけではないことには注意が必要であるが、もっとも蓋然性の高い器物として推定できるためにここでも甲として取り上げる）。もう一方は丸太材を刳り抜き削り出して作るものである。筆者はこれを刳抜《くりぬき》式木甲と呼ぶ（橋本一九九六）。さらに、刳抜式木甲には全体を彫刻や彩色で装飾し、木製品としても特徴的なデザインをもった一群と白木のままでほとんど装飾的要素をもたない一群に分けられる。前者を加飾刳抜式木甲（図6—3〜5）、後者を無飾刳抜式木甲（図6—6）とする。

組合式木甲は愛媛県阿方遺跡出土例、刳抜式木甲は福岡県惣利遺跡出土例が弥生前期末〜中期前半に遡りもっとも古い。両者ともに弥生前期末に出現の画期があるとみてよい。

組合式木甲は韓国光州市新昌洞遺跡でも出土しており、青銅器文化の武器とともに列島に渡来した朝鮮半島系武具とみてよい。おおむね弥生中期中葉まで盛行するもので、弥生後期にも存続する可能性はあるが、その後には継続せず古墳時代の甲冑との系譜的な関連性はない（組合式木甲の系譜に中国戦国期の漆皮甲との関連性を指摘し、さらに古墳前期の方形板革綴短甲へ連なるとする見解があるが〈小林二〇〇二〉、各々に時間的な連続性はない。また、かつて指摘したように〈橋本二〇〇一〉、弥生中期中葉以前に中国系文物が九州北部以外に展開することはなく、瀬戸内・近畿や北陸まで分布するこの甲のみを中国系文物と位置づけることは不可能で、青銅製武器と同様の朝鮮半島系文物とみられる）。

刳抜式木甲は弥生中期中葉に南方遺跡や石川県八日市地方遺跡でその可能性のある破片が出土しているが、存在が明確になるのは弥生後期以降であり、古墳前期には古墳副葬品にも採用され、加飾刳抜式を中心に首長層に用いられていたことが確認できる。一方、古墳中期に有機質製甲冑は特殊な革製衝角付冑を除いて見られなくなり、鉄製品に集約されたものとみなされる。

なお、刳抜式木甲のうち、加飾と無飾の差は樋上昇の指摘した木製品に表される階層差に基づくものである可能性が高く、加飾刳抜式は上位の首長層の所有品に相当するだろう（樋上二〇〇三）。また、羽根状の表現をもち鳥の装飾を取り入れた伊場遺跡例は祭儀において司祭者が用いたものとみなされる（春成一九八九）。

古墳後期では、奈良県新沢三二七号墳で革製甲冑の可能性のある有機質製品が出土しており、静岡県団子塚九号墳では部分的に革製小札を用いた小札甲が存在することから、この時期には革製小札甲の存在が想定できる。また、神奈川県沢狭遺跡では古墳後期の溝から木甲の可能性のある破片が出土している。

岩手県徳丹城の九世紀前半の井戸から発見された木製黒漆塗冑は漆の炭素年代によって七世紀後半に位置づけられ、鉄製竪矧板鋲留衝角付冑を祖型としたものと想定されているが（図6―7）、現状で木冑の類例は他になく、系譜などは不明である。

以上、弥生時代では前期末から中期中葉まで組合式木甲が主要な甲であったが、後期には刳抜式木甲が中心となる。古墳前期には鉄製甲が出現するが、依然として木甲も重用され革製などとともに首長墳の副葬品にも採用された。しかし、古墳中期になると形式的な統一性の高い鉄製甲冑の授受が中央政権との紐帯を表す政治性を帯びることにより、木製品をはじめとする有機質製甲は特殊品を除いて上位首長層の古墳副葬品ではなくなる。ここに弥生後期以来の伝統的な甲冑は大きな変革を迎えたものと認められる。以後、革製・木製・繊維製の存在もうかがえるが、主流の甲は鉄製でありつづける。

盾　木製の盾には大きく二種あり、一つは一枚板に列状に配した穿孔を行い、そこに返し縫いによって紐を通したもので紐列式木盾と呼ぶ（図7―2〜6）。この型式の盾は弥生前期末に出現し、古墳前期までは広く存続し、中期以降もある程度は存続したようである。もう一種は紐列をもたないもので無紐式木盾と呼んでいる（図7―1）。紐列式木盾に比して簡素な作りながら存続期間は弥生中期前葉〜中葉と短い。木盾は多くがモミ材を用いており、白木のもの以外に弥生中期から朱彩による装飾を行うものが多いことを特徴としている（この二種以外にも石川県西念・南新保遺跡の渦文彫刻のある大型板材、滋賀県下之郷遺跡・鳥取県青谷上寺地遺跡の板材を組み合わせたものなどが盾ともされる。これらが盾である可能性を否定するものではないが、形態的に盾には限定できず、系譜的な位置づけも不明である）。

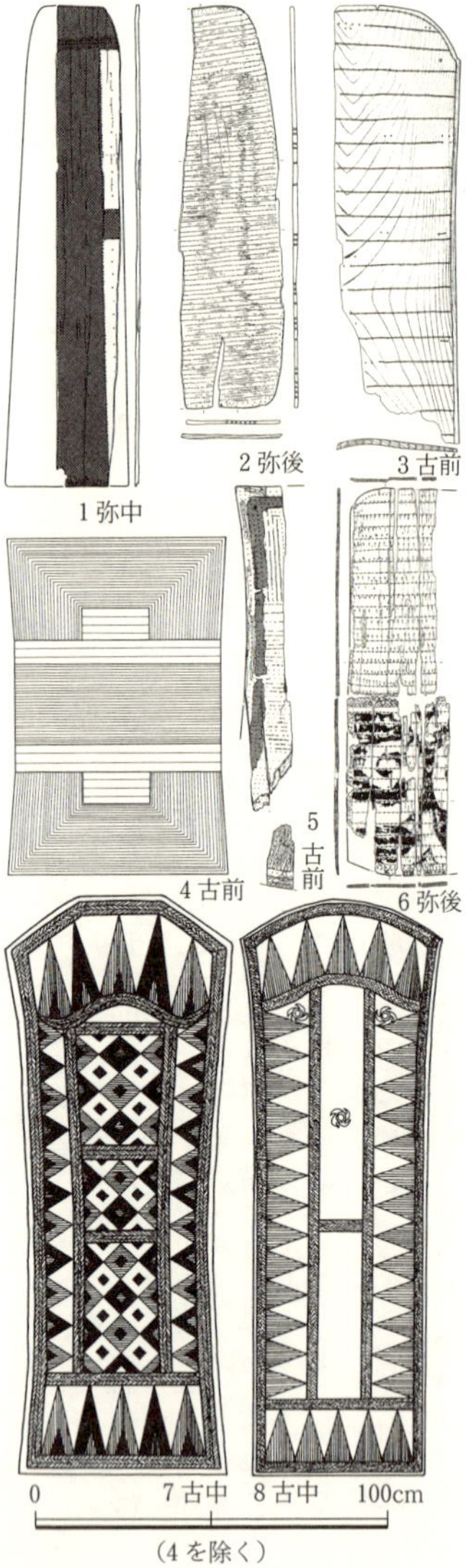

図7　盾　資　料（木盾〈1 鬼虎川，2 青谷上寺地，3 久宝寺竜華，4 保津宮古，5 那珂君休，6 水内坐一元神社〉，革盾〈7 狐塚，8 和泉黄金塚〉）

紐列式木盾の紐列は本来、盾面の縦割れ防止のための機能的な工夫であったが、弥生後期には紐列によって文様表現がなされるようになり、古墳時代前期には縦方向の紐列も現れる（図7―4・5）。縦の紐列は木目に平行して破損しやすくなるので、防御性を犠牲にした装飾である。彩色では弥生後期まではほとんどが朱彩と白木であるが、弥生終末期には黒漆塗りが現れ、古墳前期には黒漆塗りもしくは白木が主となる。

その後、古墳時代中期には目字形の木枠に革を張り、糸の刺し縫いによって鋸歯《きょし》文・菱形文・綾杉《あやすぎ》文を表した漆塗り革盾《かわたて》が首長墳の副葬品に登場する（図7―7・8）。なかには巴《ともえ》形銅器（図7―8）や盾隅《たてすみ》金具を伴うことがある。革盾の普及は古墳中期であるが、古墳前期の石川県雨の宮一号墳出土の漆塗の盾は革製の可能性が指摘されており、古墳前期に生み出されていた可能性がある。他にも雪野山古墳で一・五㍍を超える盾の可能性のある木製品が出土しており、材質は不明ながら奈良県鴨都波一号墳や東大寺山古墳、上殿古墳などでも漆膜や有機質残存物の拡がりから盾の存在が指摘されている。一部の前期古墳で盾の副葬がはじまり、古墳中期になると革盾が鉄製甲冑とともに近畿中央政権から政治的紐帯の証として首長層に配布されるようになったのである。

盾形埴輪からみても古墳中期以降は革盾が主流になったとみなされるが、古墳中期後葉の三ツ寺Ⅰ遺跡では紐列式木盾が出土しており、生活域あるいは東国では木盾も用いられていた可能性がある。同じく、古墳中期後葉の奈良県小立古墳では長方形を呈して中央部に直弧文を浮き彫りに表現した盾形の木製立物が出土している。このようなスタイルは木盾をモデルにした可能性があり、近畿の首長層周辺でも木盾が存在していた可能性は否定できない。ただし、三ツ寺Ⅰ遺跡以降に実物の木盾の確認例はなく、後期へ存続したのか、あるいは近畿やその他の地域で継続したのかなどは明らかでない。それ以降では平城宮内で出土した奈良時代の宮廷儀礼に用いた木盾、「隼人の盾」がある。

なお、盾では「置盾」、「手盾」という分類が用いられることがある。これは『和名類聚抄』などの史料から復元された分類であるが、古代の文献史料では盾の記述が少なく実態は明らかでない。また中世でも置盾は認められるが手盾はほとんど確認できない（後藤一九四二）。そもそも弓射戦を基本とする南北朝以前の戦闘の場で盾を持って防御することは一般的ではないだろう。

すなわち置盾・手盾という分類は普遍的なものではなく、その有効性も明確でない。大きさのわかる事例が少ない弥生・古墳時代の盾に適用できる分類であるかも不明確である。たしかに、銅鐸や土器には戈と盾を持つ人物が描かれた弥生絵画があり（図5—1）、古墳前期の倭製鏡（伝高崎市）にも剣と手盾を持つ人物の表現がある。これらは司祭者や戦いの儀礼を表すものと理解されており、そのような祭儀の場には打撃を防ぐ手持ちの盾も存在したのであろうが、そもそも弥生・古墳時代でも弓射戦が中心であろうから、盾は矢から防御するためのものであろう。

5　馬具の伝来

馬具の構造　日本列島の騎馬文化は古墳中期中葉・五世紀前葉に朝鮮半島からの渡来人たちによってもたらされた。馬具は有機質が腐食して金属部分のみとなって古墳から出土することが多いため、必然的にその研究は金属器的研究がこれまで中心となってきた。しかし、その構造上、馬の運動を妨げない柔軟性、乗り物としての衝撃吸収性、摩擦に対する耐久性といった多面的な性質を兼ね備えていなければならないため、使用部位に合わせたさまざまな材質が使用されている。轡《くつわ》・鐙《あぶみ》・鞍金具・杏葉・鉸具など強度の必要な固定部分は金属（鏡板や杏葉などでは金銀装による装飾性、鉄製品との差別化という性質も備えている）、鐙・鞍などで衝撃を吸収しつつ強度を要する部分は木材、三繋や鐙靼《みずお》の帯紐、障泥《あおり》・韉《したぐら》・鞍褥《くらじき》などの衝撃を吸収し、伸縮する部分には革や繊維が主に用いられる。したがって、以下に挙げる木器としての馬具もその構造の一部に過ぎない。

鐙　古墳時代の鐙には輪鐙と壺鐙があるが、それには木製・木芯鉄板張製・金属製がある。従来は古墳副葬品の木芯鉄板張製および金属製鐙が研究の中心であったが、現在では、低地遺跡の発掘調査によって木製鐙の出土事例も増えつつある。

木製輪鐙（図8―1・2）は、現在五遺跡で八点の出土がある。このうち、古墳時代中期の輪鐙二点出土の大阪府蔀屋北《しとみやきた》遺跡、三点出土の同府讃良郡《さらぐん》条里遺跡は河内の牧に関係する遺跡だと推定されている。樹種の判明している蔀屋北遺跡、讃良郡条里遺跡の木製鐙はアカガシ亜属である。木製輪鐙は一木を刳り貫いて成形しており、縦に木目が走るため踏込部が壊れやすい構造にはなっているが、堅木を用いて実用に耐えうる強度を保っている。一方の木心鉄板張輪鐙の木心は棒状の木材を湾曲させて輪をつくり、さらに両端部を閉じ合わせて柄部をつくり出し、これに鉄板を張り合わせる。木製輪鐙と外観に大きな違いはないものの、木材の加工技術は大きく異なり、きわめて複雑な曲げ加工が駆使されている。

木製輪鐙の中でも、奈良県箸墓古墳周溝からの出土品はとくに注意が必要である。布留1式土器を伴う（三世紀後葉〜四世紀初頭）周溝内堆積層から出土しており、調査所見で混入はないとされている（橋本輝二〇〇二）。日本列島における本格的な馬具の出現、騎馬文化の渡来である五世紀前葉との間に連続性がないことから、文化的な移入ではなく、馬・馬具の舶載が考えられる。箸墓古墳という場からすると魏晋王朝との関係に想像を膨らませたくなるところではあるが、そもそも中国での輪鐙の出現が現状では四世紀初頭を遡らないことから年代的な問題は慎重を期さねばならない。

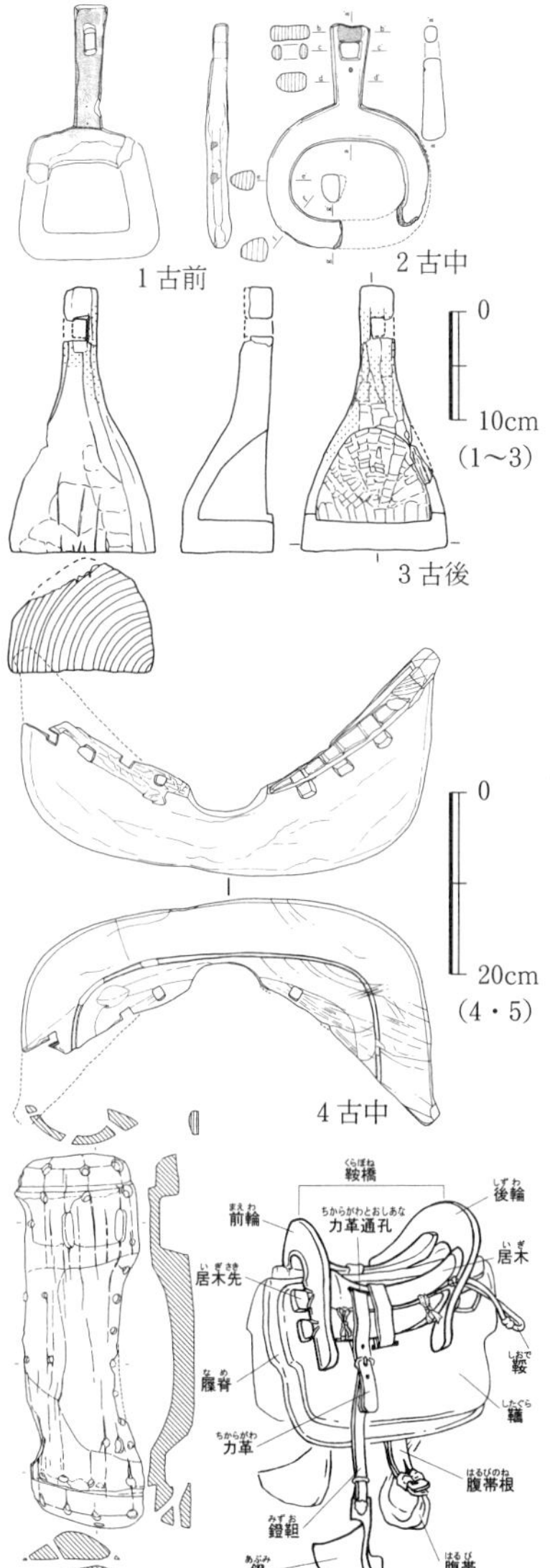

図8　木製馬具（輪鐙〈1箸墓周溝，2部屋北〉，壺鐙〈3六大A〉，鞍〈4部屋北—後輪，5元岡—居木〉，正倉院伝来品鞍鐙模式図〈6西川2009〉）

古墳中期後半には壺鐙が出現し、後期〜奈良時代にまで存続する。古墳後期には本体を木製として鐙鞋のみを鉄製とする木製壺鐙が存在し、首長層をはじめ広く用いられたことを知ることができる。

鞍　鞍は木製の前輪・後輪・居木を組み合わせて本体を形作り、前輪・後輪には多くの場合、金属装具を伴う。多くはないが木製鞍の部材も低地遺跡で出土している（図8―4・5）。鞍の構造物としては他に鞍の下に敷いて馬との接触を緩和する韉、居木の上に載せて乗馬のさいのクッションとする鞍褥の存在を、大仙陵古墳出土例を代表とする馬形埴輪にみることができ、正倉院伝来品には実物もあるがこれらの出土例はない（図8―6）。

出土資料では五世紀前葉の馬具の出現当初から古墳後期の事例があるが、基本は広葉樹材を用いて製作されており、なかには例外的にヒノキ・スギ材のものがある。正倉院伝来品では主に居木にはアカガシ、鞍橋にはヤマグワ・ムクノキが選択されている。

さいごに

日本列島においては農耕社会としての弥生文化の成立とともに戦争という新たな文化が伝来、生成し、それに伴って武器・武具が誕生した。弥生中期中葉以降、とくに後期後半からは鉄製武器が展開し、首長層の副葬品として採用され、古墳前期には汎列島的規模で首長層が武器・武具を共有するようになり大量副葬も行われる。古墳中期には近畿中央政権下で斉一性の高い武器・武具が大量に生み出され、各地の首長層に政治的な紐帯、階層や職掌を表すものとして生産・配布され、最終的には古墳副葬品として消費された。古墳後期以降は軍事組織・制度の整備に伴い武器・武具は徐々に個人の副葬品としては採用されなくなる。

このような動態の中で、弥生時代以来、古代までのもっとも主要な武器は木製の弓であり、木や竹に石製や金属製の刃を取り付けた矢であった。また、刀剣など刃をもつ武器には石器・青銅器・鉄器が採用されるが、それらには木製の柄や鞘が必要であったし、防御具にははじめ木製の盾・甲が採用された。武器・武具の出現以来、そこに木製品は常に必需であり、また武器・武具が木器文化の一翼も担ってきた。

研究史を振り返ると、末永雅雄あるいは後藤守一といったかつての研究者は、非常に幅広く古今東西、各種の武器・武具・馬具に精通し、今日にまで通用する多くの研究を積み上げた。一方で、考古資料の激増した今日、個人の力量で時間・空間を限らずに総覧的な研究に取り組むことはかなり難しい。そのため現在の多くの研究は、鉄器・青銅器・石器など材質ごとに研究を積み重ね、その上で各々の関係性、戦闘や祭儀などの文化、時代的背景の中で叙述することを追求している。ただ、これまでの木器に軸を置く研究では武器・武具研究の成果が十分反映されてきたとは言いがたく、両者の適切な統合が必要である。また、近年では鉄・木製部材両者に注目した豊島直博の刀剣類研究、織維や漆塗製品の分析を進めている杉井健などの研究もあるが、いまだ未解明の問題は多い。

加えて、木製品など有機質製遺物は遺存環境が限定されることもあって、資料的な蓄積、解明が十分に進んでいるとは言いがたい。とくに、弥生時代の遺跡に比して古墳時代以降の木製武器・武具・馬具の出土事例は少なく、集落遺跡では古墳副葬品を中心とした研究の成果とは違った様相がみられる可能性がある。今後の低地遺跡の発掘調査によって良好な資料の出土が俟たれるところである。武器・武具に限ってみても、木製品はきわめて多様であり、本章でも紙幅の都合で記述を削除した部分が相当ある。個々の資料の研究も相当に深く掘り下げる余地が残されており、いまだ多くの課題が存在するのである。

参考文献

岩永省三「戦いのための道具—武器形木製品について—」『季刊　考古学』第四七号、雄山閣出版、一九九四年
岩本　崇「古墳出土鉄剣の外装とその変遷」『考古学雑誌』第九〇巻第四号、日本考古學會、二〇〇六年
岡安光彦「古代長弓の系譜」『日本考古学』第三五号、日本考古学協会、二〇一三年
川畑　純「古墳副葬矢鏃の生産・流通・保有・副葬」『古代学研究』第一八五号、古代學研究會、二〇一〇年
川畑　純「古墳時代の矢の構造」『考古学研究』第六〇巻第一号、考古学研究会、二〇一三年
川部浩司「坪井・大福遺跡木製剣把の再評価」『王権と武器と信仰』同成社、二〇〇八年
貴島恒夫・嶋倉巳三郎・林昭三「正倉院宝物の木材材質調査報告」『正倉院年報』第三号、宮内庁正倉院事務所、一九八一年
後藤守一「上古時代の弓」『民族學研究』第三巻第二号、日本民族学会、一九三七年
小林謙一「古墳時代甲冑の系譜と木甲」『文化財論叢Ⅲ』奈良文化財研究所、二〇〇二年
近藤好和『弓矢と刀剣』吉川弘文館、一九九七年
近藤好和『騎兵と歩兵の中世史』吉川弘文館、二〇〇五年
後藤守一「上古時代の楯（一）」『古代文化』第一三巻第四号、一九四二年
佐原　真「ヒトはいつ戦いはじめたか」『歴博』第七一号、国立歴史民俗博物館、一九九五年
神野　恵「弥生時代の弓矢（下）—機能的側面からみた鏃の重量化—」『古代文化』第五二巻第一二号、古代学協会、二〇〇〇年
杉井　健「矢柄」『雪野山古墳の研究』報告篇、八日市市教育委員会、一九九六年a
杉井　健「靫の構造とその成立背景」『雪野山古墳の研究』考察篇、八日市市教育委員会、一九九六年b
鈴木一有「鳥装の武人」『国家形成期の考古学』大阪大学考古学研究室、一九九九年
種定淳介「銅剣形石剣試論」『考古学研究』第三六巻第四号・第三七巻第一号、考古学研究会、一九九〇年
塚本敏夫「木製冑の製作年代の推定」『徳丹城—第六五次調査—』矢巾町教育委員会、二〇〇七年
土屋隆史「坊主山1号墳出土胡籙」『古代学研究』第一九五号　古代學研究會、二〇一二年
土屋隆史「平胡籙の出現過程」『技術と交流の考古学』同成社、二〇一三年
津野　仁「古代弓の系譜と展開」『日本考古学』第二九号、日本考古学協会、二〇一〇年

寺前直人　『武器と弥生社会』大阪大学出版会、二〇一〇年
東京国立博物館（原田一敏編）『法隆寺献納宝物特別調査概報ⅩⅩⅢ　武器・武具・馬具』二〇〇三年
豊島直博「弥生時代における鉄剣の流通と把の地域性」『考古学雑誌』第八八巻第二号、日本考古學會、二〇〇四年a
豊島直博「弥生時代鉄刀の把」『考古学研究』第五一巻第三号、考古学研究会、二〇〇四年b
豊島直博「古墳時代前期の刀装具」『考古学研究』第五四巻第一号、考古学研究会、二〇〇七年
豊島直博「古墳時代前期の剣装具」『王権と武器と信仰』同成社、二〇〇八年
中村友博「武器形祭器」『弥生文化の研究』第八巻、雄山閣、一九八七年
奈良国立文化財研究所（上原真人編）『木器集成図録　近畿原始篇』奈良国立文化財研究所史料第三六冊、一九九三年
西川明彦「正倉院の武器・武具・馬具」『日本の美術』五二三、ぎょうせい、二〇〇九年
橋本達也「古墳時代前期甲冑の技術と系譜」『雪野山古墳の研究』八日市市教育委員会、一九九六年
橋本達也「盾の系譜」『国家形成期の考古学』大阪大学考古学研究室、一九九九年
橋本達也「弥生から古墳時代の甲冑系譜と形式論」『古代武器研究』二、古代武器研究会、二〇〇一年
橋本達也「古墳時代中期甲冑の終焉とその評価」『待兼山考古学論叢Ⅱ』大阪大学考古学研究室、二〇一〇年
橋本輝彦「纒向遺跡第一〇九次出土の木製輪鐙」『古代武器研究』三、古代武器研究会、二〇〇二年
春成秀爾「弥生時代の木製司祭服」『歴博』第三七号、国立歴史民俗博物館、一九八九年
春成秀爾「武器から祭器へ」『人類にとって戦いとは』一、東林書院、一九九九年
坂　靖「胡簶の復元～寺口千塚の資料を中心として～」『古代学研究』第一二〇号、古代學研究會、一九九〇年
坂　靖「古墳時代の武器生産」『古代武器研究』一、古代武器研究会、二〇〇〇年
樋上　昇「出土木器群からみた本川遺跡」『本川遺跡』愛知県埋蔵文化財センター、二〇〇三年
比佐陽一郎「弓金具の再検討」『考古学ジャーナル』四九六、ニュー・サイエンス社、二〇〇二年
福山博章・小村眞理・塚本敏夫「今城塚古墳出土胡簶の調査と復元製作」『よみがえる古代の煌き―副葬品にみる今城塚古墳の時代―』高槻市立今城塚古代歴史館、二〇一二年
藤原　哲「『日本書紀』戦闘記述における考古学を用いた批判的検討」『古代学研究』第一九八号、古代學研究會、二〇一三年

穂積裕昌「木製品」『講座　日本の考古学』八　古墳時代（下）、青木書店、二〇一二年
松木武彦「原始・古代における弓の発達―とくに弭の形態を中心に―」『待兼山論叢』第一八号史学篇、大阪大学文学部、一九八四年
松木武彦「弓と矢の系譜」『季刊　考古学』第七六号、雄山閣出版、二〇〇一年

〔追記〕　本章は二〇一三年九月に脱稿したものであり、校正までの間に四年以上の月日が流れた。本文の論旨自体に変更は要しないと考えているが、この間に本章に関わるいくつかの重要な発見・研究があったので追記しておく。もっとも大きな成果は筆者自身が調査に関わった二〇一四年度の島内一三九号地下式横穴墓の調査である。ここでは有機質が良好に遺存し、全長八〇㌢で本矧から末矧までの間をすべて黒漆塗とする二枚羽の矢、底板の完存した平胡簶や鳴鏑など新たな資料が加わった。また、熊本県上代町遺跡では赤彩したきわめて良好な状態の銅剣木製柄が出土している。馬具では諫早直人が木材を含む有機質に関する情報について考察を行っている（諫早直人「馬具の有機質―七観古墳出土馬具の分析結果から―」『七観古墳の研究』京都大学大学院文学研究科、二〇一四年）。また片山健太郎は繋の研究を進めており、皮革・繊維などの利用方法と変遷などが明らかにされつつある（片山健太郎「古墳時代馬具における繋の基礎的研究」『史林』第九九巻第六号、二〇一六年。同「古墳時代馬具における繋の変化とその背景」『考古学研究』第六四巻第三号、二〇一七年）。

五　運搬具

宇野隆夫

運搬とはモノを持ち運ぶ行為であるが、その目的には移住、交流・交易、軍事など多様なものがあり、情報の伝達も大きな役割をもったと考えられる。それは社会を支え発展させる最も基礎的な行為であり、ここでは日本列島への人類の到来から、古代にいたるその技術的発展と特色について述べたい。なおその技術においては、木材や有機質の素材が重要な役割をになっていた。

1　旧石器・縄文時代

渡海の道具　日本列島の確実な旧石器時代遺跡は、現在のところ新人（ホモ・サピエンス）の段階のものであり、彼らは地球の寒冷期に陸橋を歩いて到来しただけではなく、温暖期には海を越えて渡来したとされる（図1、小田二〇〇五）。

その渡海については旧石器時代の最寒冷期にも本州と陸続きにならなかった伊豆諸島神津島の黒耀石が関東はじめ広く持ち運ばれたことから、確実なことと考えられる（図1の③）。ただしその渡海の道具についてはまだ確実な資

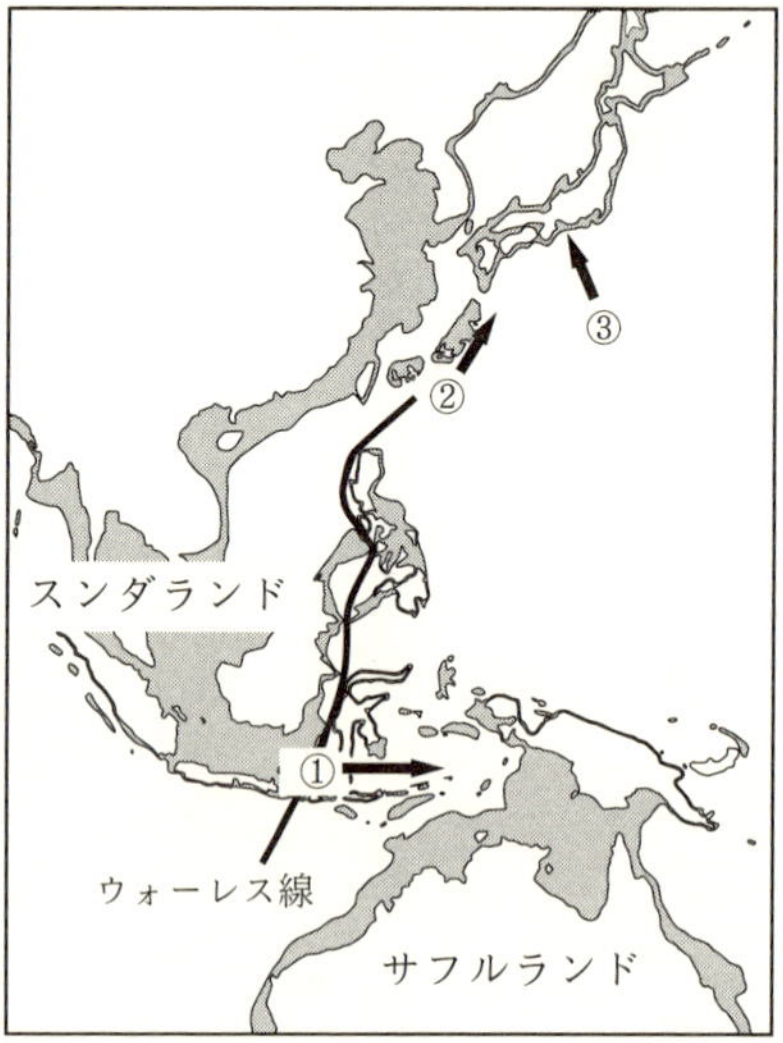

図1　世界最古の航海（①ウォーレシアの道，②琉球列島の道，③黒耀石の道。小田静夫による）

料は得られていない。ここではユーラシアにおいて高緯度地帯では獣皮を使った舟、中緯度地帯では木材を使った舟、低緯度地帯では葦蘆を使った舟が多いことを述べるのにとどめておきたい（宇野一九九六・一九九七・一九九八a）。

また陸運についても、黒耀石やサイカイトなどの優良石材の活発な流通から、人々の遠距離移動やおそらく交易が盛んになされた可能性が高い。

ただし物資を陸上で持ち運ぶ道具についても、皮袋や編物の袋あるいは籠の存在が予想されるが、現在のところ明確な資料は得られていない。

これに対して縄文時代には、木製あるいは有機物製の資料が著しく増加するため、その実態をある程度知ることができるようになる。

丸木舟　縄文時代の運搬の道具で最も多く発見されているものは、一木をくり抜いて製作した丸木舟である（図2）。長さは一〇㍍弱のものが多く、漕ぎ方は、オールを手で自在にあやつるペーロン方式である。このような舟は、縄文時代前期から増加したが河川水運、沿海水運に用いられたと考えられる。橋口尚武によると、丸木舟は樹木の北側の年輪がつまった側を船底にすることによって安定し、岩に当たっても壊れにくく転覆しても回復が容易であるという（橋口二〇〇五）。さらに季節と天候を考慮することによって海で丸木舟を安全に使えるとされる。

縄文時代には旧石器時代と同様の石材流通がなされただけではなく、硬玉（ヒスイ）製装身具のように列島規模で

図2　丸　木　舟（千葉県多古町七升出土，長さ 7.45 m，碇石と考えられる砂岩を積む。縄文時代中期。橋口 2005 から転載）

図3　編　　　物（福井県鳥浜貝塚。森・佐原監修 1993 から転載）

の流通がなされるものが出現するが（宇野一九九八b）、その多くは丸木舟による河川・沿海水運によって運ばれたであろう。日本列島の前近代の運搬においては、水運の役割が常に高かったことを一つの特徴としてあげておきたい。

縄文時代には編物の資料が増加することから、運搬においても編物の袋や籠の類が使われたことが予想される（図3）。ただその立体構造がわかる例は少なく、青森県三内丸山遺跡出土の縄文ポシェットと呼ばれる一例だけである（縄文時代前期、青森県教育庁文化財保護課二〇一一）。これはヒノキ科針葉樹の樹皮を用いた袋状編物であり、中にクルミが入っていた。

それは意外な洗練された事例であったが、縄文時代において大小の袋状編物が陸上また水上での運搬において広く用いられていたと推定しておきたい。丸木舟や編物の発見例は、今のところ縄文時代前期以後であるが、それは保存性の問題であり、それ以前から広く用いられていたであろう。

2　東アジア交流と弥生時代の運搬

準構造船　弥生時代には、人・モノ・情報の運搬が東アジアのレベルで活発になされるようになり、その技術も飛躍的に高まった。

弥生時代に現れた新しいタイプの水上交通具はゴンドラ形を代表とする準構

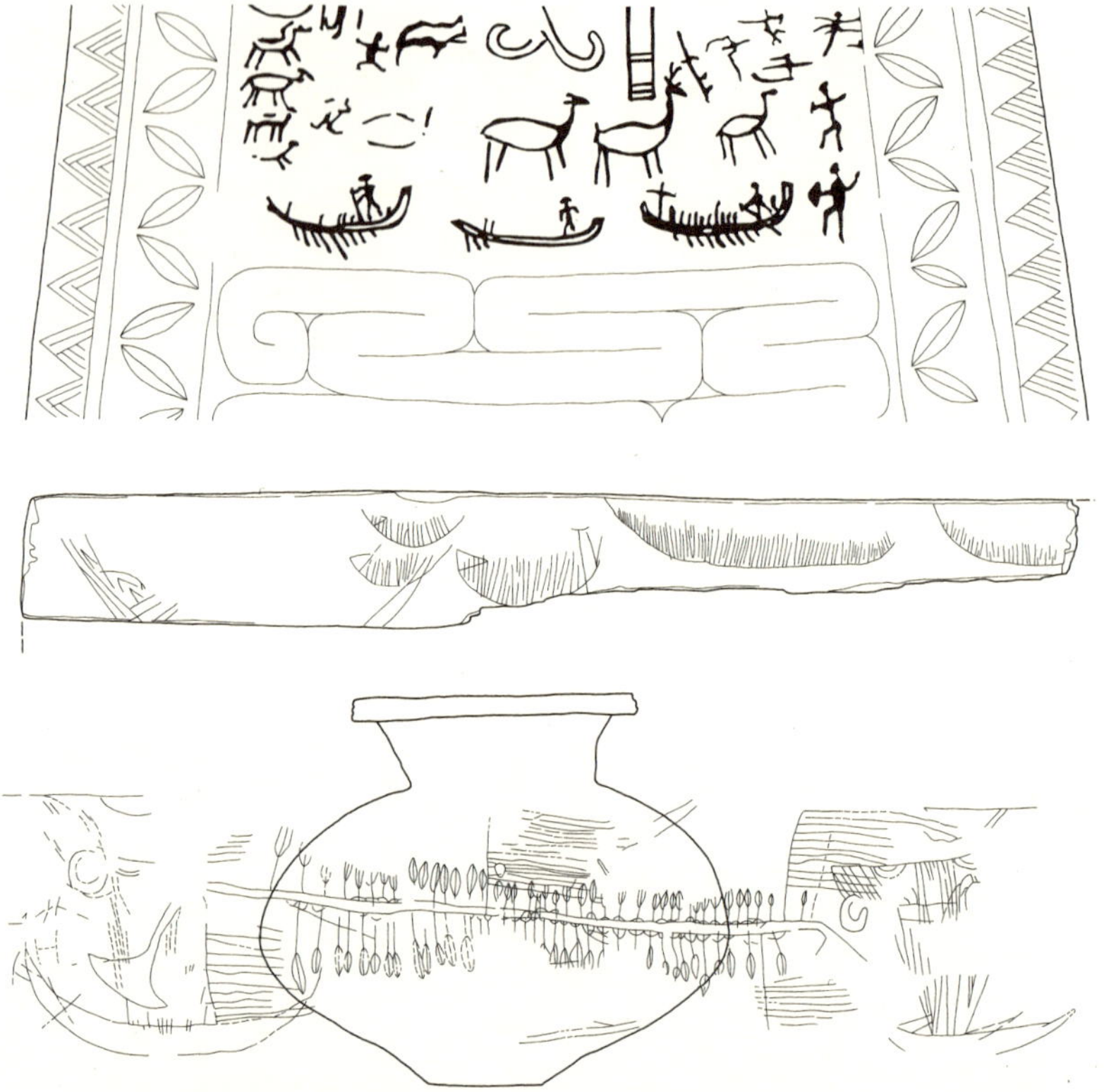

図4　弥生時代準構造船の図像（上から，福井井向銅鐸紋様，鳥取青谷上寺地板線刻画，愛知荒尾南遺跡土器絵画。佐原 2001，大垣市教育委員会 2001 から）

造船と呼ばれるものである（図4）。なお舟と船の区別については、単材の丸木舟あるいは大きさがそれにほぼ等しい複材の水上交通・運輸具を舟、それより規模が大きな（全長約一〇㍍以上）の複材の水上運搬具を船としている（宇野一九九六）。ただし全長が判明する舟・船の資料は少ないため、丸木舟を大型化したものについては、基本的に準構造「船」と呼びたい。ただし絵画資料では準構造船と断定できないものも多い。

弥生時代の舟・船の資料としては、実物資料、絵画資料（銅鐸絵画・土器線刻画・板線刻画）、舟・船形木器などが存在する。縄文時代の丸木舟は基本的に絵画やミニチュア造形の対象にならなかったが、弥生時代以後の舟・船はしばしばそれらの対象になった。このことは実用・象徴の両分野において舟・船の役割が高まったことを示している。

丸木舟の限界は一木材を使用するため大型化が難しいことにあり、弥生時代には丸木舟に板材を付加した準構造船が出現したことは重要な変化であった。このような船は、中国沿海地帯・朝鮮（韓）半島・日本列島で用いられている（林一九七六ほか）。その実物資料は、静岡県角江遺跡例（中期中ごろ）、石川県千代遺跡など（弥生後期）から出土していて（静岡県埋蔵文化財調査研究所一九九六、林二〇〇一）、これに絵画・船形木器資料も加えると、そのおよその技術を復元することができる。

弥生時代の準構造船の典型は、丸木舟材を龍骨《りゅうこつ》にして、船首・船尾を高くそり上がらせる舷側板《げんそくばん》を緊縛によって取り付けてゴンドラ形にしたものである。船首・船尾の正面には、浸水を防ぐための縦板をはめたり、舷側には棒状の飛沫防具をそなえたりするものがあった。久宝寺遺跡例では波除け縦板が復元されている。このほかにも、一木から作り出したゴンドラ形の舟や、舷側上縁が水平になる舟・船が存在したと予想できる。

弥生船は、船首に旗をたなびかせて、船尾に舵があり人が立って操船することができた。船首は古代においても住吉神などの居所であり（宮城二〇〇五）、中国船でも霊鳥や龍首を造形することが多い。弥生船の旗は単なる目印ではなく、宗教的な意味を備えていたであろう。

弥生船の推進については、主に人力による漕走をおこなった。その漕法は、櫂《かい》を両手でもって支点なしで漕ぐペーロン方式に加えて、舷側上縁に突起を作り梃子を利用して漕ぐオール方式も出現した（佐賀県教育委員会一九九四）。

帆走技術　弥生船の推進に関する一つの問題は帆走技術の有無であり、東アジア古代の船ではこれをなかなか確認できない。弥生船でも、帆を描いた可能性があるものは岐阜県荒尾南遺跡の土器線刻画（弥生後期）が唯一の例である（大垣市教育委員会二〇〇一）。従来これが帆の表現であることについて否定的な意見が多いが、帆を描いたものが小型船であることには注意しておきたい。東洋でも西洋でも古典・古代の王の船や軍船は速度と機動性にすぐれた多人数による漕走が重要であり、帆走を主にするものは小型の商船であることが多かった。そのため荒尾南遺跡例で小型船に帆を描くことは理にかなっていると言える。帆船であるか否かは考古資料でも確認が難しいことに加えて、もともと絵画や造形の対象になりにくいことが中国を含めて、帆走資料の少なさの一因と推察する。

弥生船の最大の特徴は、青谷上寺地遺跡の板線刻画や荒尾南遺跡の土器線刻画にみるように、一艘の大型船と複数の小型船が船団をなして航海することがあったことである。これは航海技術上の一大画期であるが、この大型船の実際の大きさと技術は未解明である。それは少し大きめの準構造船かもしれないし構造船の技術が採用されたかもしれないが、ここでは丸木舟材の龍骨を縦に連結した全長二〇㍍級の大型準構造船であった可能性を考えておきたい。

技術の発達　なお舟・船の技術は、丸木舟・準構造船・構造船の順に漸進的に発達したのではなく、先進文明社会の構造船の影響によって丸木舟から準構造船が生まれたと考えられる（宇野一九九七・一九九八ａ）。準構造船そのものは当時の東アジアの最新の船の技術に及ばないが、その出現は中国中原地域と周辺地域との交流の質が飛躍したことを示している。

このように大型化した船を用いかつ、船団を組んで航海するには、船着き施設を備えた港が必要であり、長崎県壱岐原の辻遺跡と岡山県上東遺跡とで、突堤・波止場とみられる施設がみつかっている（図5、安楽二〇〇一、岡山県古代吉備文化財センター二〇〇一）。

壱岐原の辻遺跡は弥生時代の壱岐国の首都と目される遺跡であり、これに接して約一㌶の港地区があり、二列の石造突堤が存在する。それは敷葉工法によって基礎を作り、石積によってドック状施設を作ったものである。敷葉工法

図５　弥生時代の港湾施設（左：長崎県壱岐原の辻遺跡，右：岡山県上東遺跡。安楽 2001，岡山県古代吉備文化財センター 2001 から）

とは、土と有機質素材（木の葉や粗朶《そだ》）を交互に積み重ねるものであり、中国・朝鮮半島渡来の技術である。低湿地での基礎工として現代建築でも用いることがある。この港は海辺から約一・五キロの距離にあり、首都付属型の川港であったであろう。

上東遺跡は、敷葉工法の基盤を木杭の骨組みによって補強したものであり、まさに波止場である。海辺に立地することから、外洋船が着く港の施設であったであろう。その基礎や周辺からは、銭貨や完形土器など祭祀に使用したと考えられる器物が多数出土している。上東遺跡例については、原の辻例との違いがあり祭場とする意見があるが（下澤二〇〇五）、古代でも外洋航海への出発に際して安全祈願祭を実施することが必須であり（宮城二〇〇五）、弥生時代でも異なる所はなかったであろう。

大型船を船着けするには、石塊が露出していることは望ましいことはなく、後世の石造波止場でも基本的に切り石材を使用して、板材などの緩衝材を設置している。切り石積みの技法を採用していなかった弥生時代にあっては、木杭組みを用いた上東遺跡例は波止場として適切なものと理解しておきたい。

なお洋の東西を問わず、港湾施設の整備は港以外での船着けや交易を禁止して、交通・運輸を管理し徴税することを意図することが多かった（宇

図6　中国漢代の大車（荷車。林 1976 から）

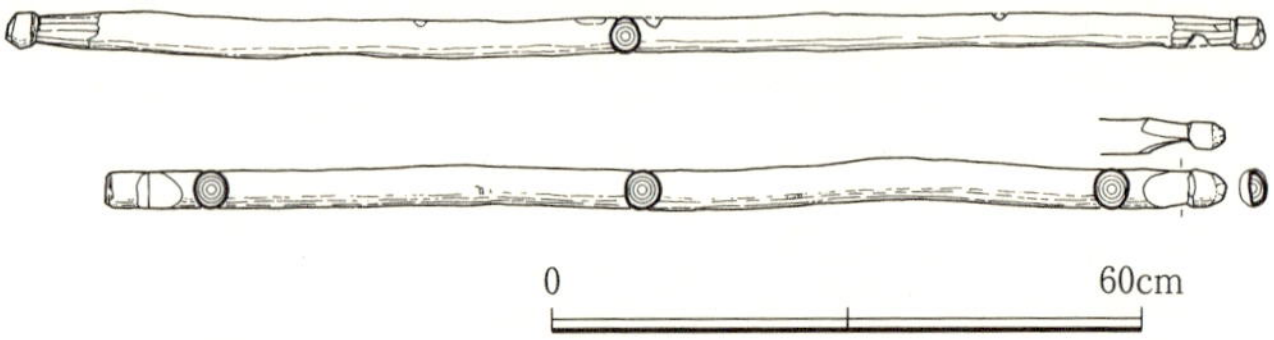

図7　弥生時代の天秤棒（大阪府鬼虎川遺跡）

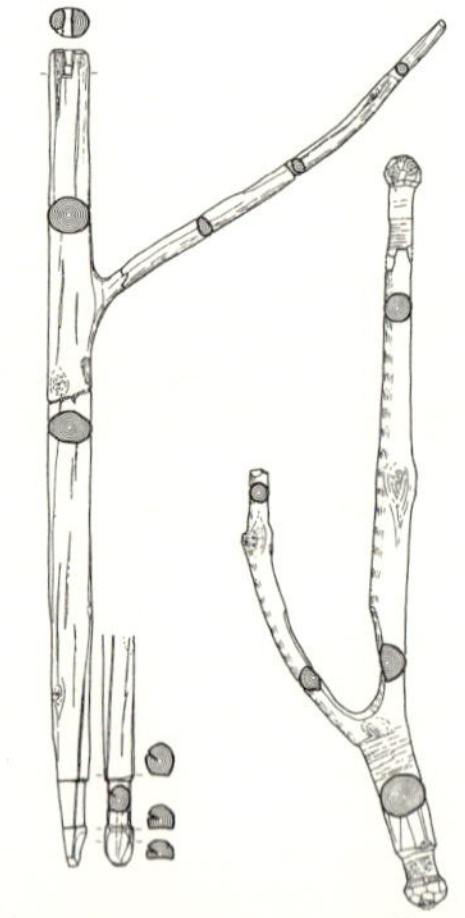

図8　弥生時代の背負子
（大阪府鬼虎川遺跡）

野一九九八ａ）。弥生時代の港の整備も、単に大型船を船着けするためだけに存在したのではなかったであろう。

陸運の道具　陸運については、弥生時代とほぼ同時代の西周～秦漢時代の中国においては、牛馬などの畜力を利用する車馬具が広く存在し、戦国時代中期以後には騎馬もおこなわれた。これらの資料の多くは王墓から発掘されたものであり、貴人や軍事用のものであるが、画像資料や文献資料からは牛に挽かせる荷車（大車）が広く存在して、馬の背に荷を積む荷駄の例もあったことが知られている（図6、林一九七六）。

このような車の道具も、弥生時代に日本に伝えられたが、今のところ本来の用途に使われた形跡はなく、部品を祭祀具として用いていた。弥生時代の陸上交通では、車輪の技術は採用されなかったであろう。

他方、弥生時代の運搬具として、木製の背負子《しょいこ》と天秤棒《てんびんぼう》が知られている（図7、奈良文化財研究所一九九三）。大阪府鬼虎川遺跡から、弥生時代前期末〜中期初めの背負子と天秤棒である可能性が高い木器が出土し、静岡県角江遺跡からは弥生後期の背負子が出土している。この二種の運搬具はおよそ弥生時代を通じて広く存在した可能性が高い（奈良文化財研究所一九九三、東大阪市文化財協会一九八七、静岡県埋蔵文化財調査研究所一九九六）。

この二つの道具については、縄文時代に例がなく、同時代の中国に類例があるため（林一九七六）、この二種の運搬具は、弥生時代に選択的に受容した外来文物であった可能性が高い。選択の理由としては、車馬具を本格的に使うには人工的な道路網の整備が必要であったからと推定している。

3　古墳時代・古代の運搬技術と軍事

軍事・威信のための革新　古墳時代から古代にかけて運搬の技術も東アジア交流の中で進展したが、そこには弥生時代とは違った方向があると理解できる。とりわけ水陸運を通じて、軍事や威信の分野での革新が目立っている。

古墳時代の船も、実物資料や船形埴輪資料や板絵資料などが少なからず知られている。大阪市久宝寺南遺跡で出土した弥生時代末〜古墳時代初頭の準構造船（二股船）について、置田雅昭は船首に竪板《たていた》を取り付けていて、そこにさらに別部材の舳先《へさき》（衝角）を取り付ける構造をとっていること、また滋賀県下長遺跡出土船（古墳時代中期）には実際に舳先の部材を取り付けていることから、軍事用の船と推察した（置田二〇〇五、一瀬一九八七）。船首の衝角を敵船の船腹に衝突させる海戦の戦術はギリシア・ローマの軍船はじめ、世界で広く用いられたものである（宇野一九九八a）。古墳時代には舷側上端に櫂座を配列してオール式で漕ぐ船が一般化するが、これも速度と機動性を重視する軍船の特徴である。

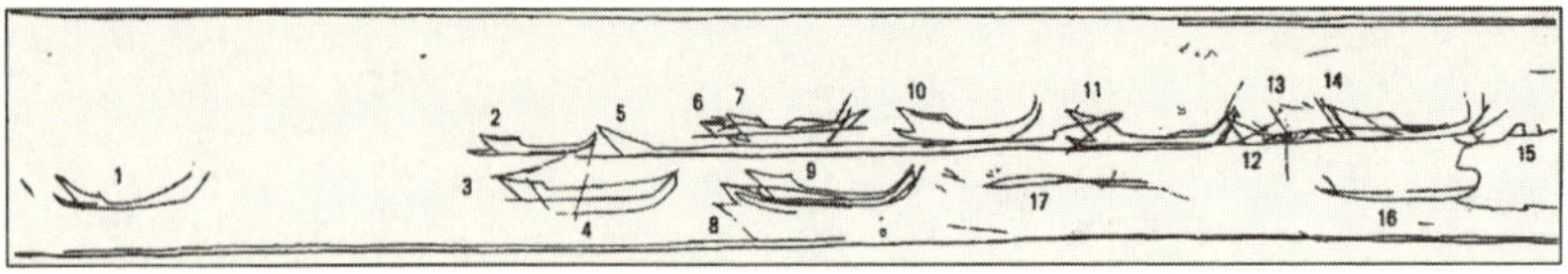

図9　兵庫県袴狭遺跡の船団板絵（置田雅昭による）

また置田はゴンドラ型の船について、船上に幡や鳥や武器や屋形や人物などを表現することが多いことから輸送船とした。そして兵庫県袴狭遺跡の船団板絵について、ゴンドラ状の5・6を輸送船、他の二股形をはじめとするものを護送船と解釈している（図9、兵庫県埋蔵文化財調査事務所二〇〇〇）。とくに5は他の船の約三倍に描いていることから、軍団を乗せるような船と推定したい。その構造は、丸木舟材を三つ連接して龍骨とした準構造船と推定しておく。このように古墳時代は、水軍と言える運搬技術が著しく発展したことがその特色である。

中国へ渡る船　現在までのところ、古代（飛鳥・奈良時代）に遣隋使や遣唐使を運んだ船を復元する同時代の実物・造形・絵画資料は得られていない。ただし記録によりそれが、一〇〇人余が乗船できたこと、北回りの沿海ルートは比較的安全に航海できたが南回りの東シナ海ルートではしばしば難破したこと、とくに波浪で船体が折れることがあったことなどが知られている。これらのことから日本古代の大型船は、古墳時代の大型軍船の技術を引くものと推定しておきたい（宇野二〇〇五）。東アジアの海を自由に行き来できる商船が登場してくるのは中国においても唐末〜北宋時代初期であり、日本も平安時代前期以後に、水運の新しい時代が始まると考えられる。

陸運の道具　陸運については、古墳時代、とくに中期以後に牛馬の飼養が一般化することが重要である。ただし古墳時代には、それらを物資輸送に利用した形跡は認められない。

金銀装のきらびやかな馬具は上層の人々の威信具、質素な馬具は弓矢などの武器ともなうことから騎兵用のものと推定できる。運搬の中でも軍事が重視されて技術が速やかに発展したことは、水上運搬具と同様であった。牛も農耕での力役が主体であり、牛車を引いたと考えられる資料は

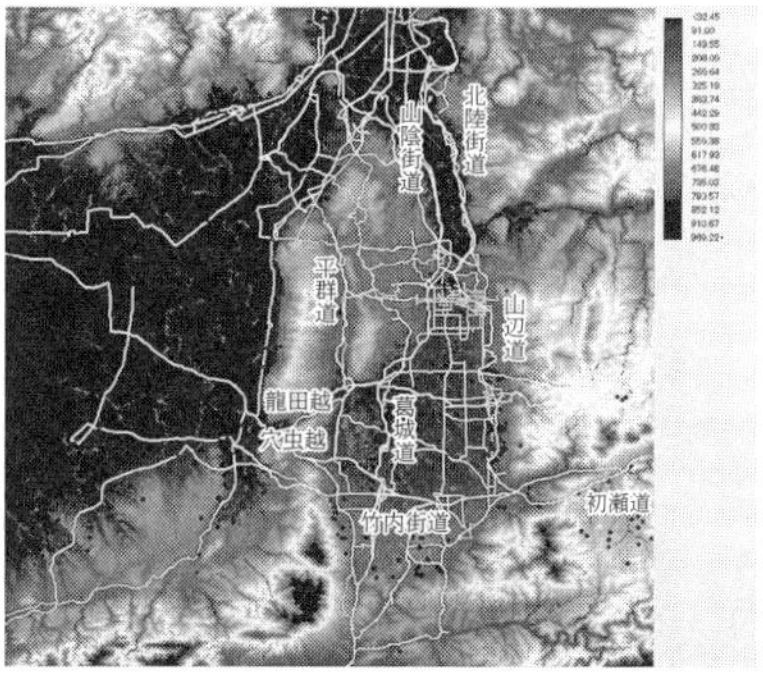

図10　奈良盆地古墳時代の道路復元 a

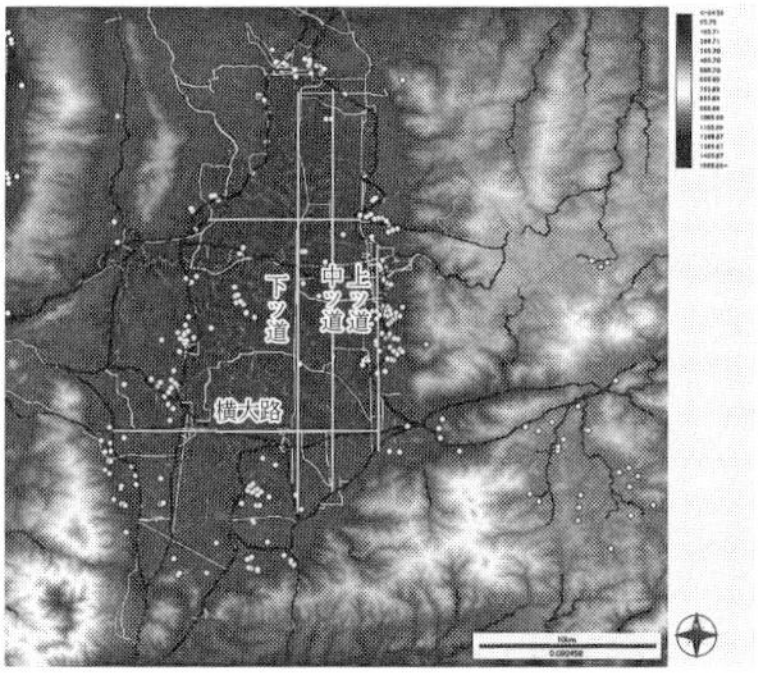

図11　奈良盆地古代の道路復元 b

古墳時代には発見されていない。しかしそれらはいずれも古代になると出現して、日中の運搬技術の質的な違いが解消することになる（奈良文化財研究所一九九三）。

先述したが、陸運における馬車・牛車の採用は、それを可能とする道路建設と深く関わっていたと推察している。私がGPSを用いて遺跡や歴史街道を記録してGISによって復元した、奈良盆地における古墳時代と古代の道路網の例を示す（図10・11）。

古墳と古墳時代の集落の分布と歴史街道との対応から復元した古墳時代道路例では、山辺の道を代表として、山裾（平野と丘陵の境）にそって曲がりくねる道が幹線道路であり、このような道路は奈良盆地の各地に存在した。また平野を横切る道の多くは河川の自然堤防を利用していたと推察される。それはアップダウンが少ない歩行に適した道ではあったが移動に時間を要し、また舗装や道路幅や側溝などの規格のない道であったであろう。

これに対して古代には、出発地と到着地を最短距離で結ぶ駅路と呼ばれた規格性の高い直線道路建設をおこなった。それは丘陵があれば切り通し、低湿地があれば地盤をかさ上げして建設するという大規模な工事を必要とするものであり、基本的に軍用道路の性格をもつものであった。なお古墳時代の道は伝路と呼ばれて、経済道路として使用が続いた。

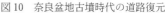

このような大規模道路網建設が可能となった古代社会において、陸上輸送における車の利用が可能になったものと推察している。

むすび

木器の重要性　以上で、旧石器時代から古代にかけての運搬の技術について述べた。そこで木や有機質の素材が重要な役割を果たしたことを理解されたら幸いである。その代表例は舟・船であり、陸上の運搬具も同様であった。馬具における金銀装の鞍ですら本体は木である。最後に本章で述べたことの概要をまとめて結びとしたい。

旧石器・縄文時代において、すでに渡海を含めた水上交通・運搬が可能であった。そして前近代において、水運が常に中心的地位を占めていたことが、日本列島の運搬における一つの特色になるであろう。旧石器時代の運搬具の具体例は知られていないが、縄文時代には丸木舟や編物の袋・籠類が広く用いられていたであろう。それは世界の中緯度地帯における先史時代の運搬文化と大きく変わるところがないものであった。ただ旧石器時代の寒冷期には獣皮の役割が高かった可能性を考えておきたい。

これが大きく変わるのは弥生時代であり、東アジア交流の活発化と深く関わっていた。この時代に出現した準構造船は、丸木舟を漸進的に改良したものではなく、先進文明地帯における構造船の情報に対応して丸木舟の大型化を図ったと理解した。そしてその大型化には舷側材を用いて船高を増す場合と、丸木舟材を連接して船長を増す場合とがあった。また本格的な港湾施設も出現した。

陸運においても背負子と天秤棒という、先進文明地帯の運搬具を採用した。ただし先進文明地帯の最も重要な陸上運搬具である車の技術は採用されず、人担に適した運搬具を選択的に採用した。それは技術的な問題より、戦車、馬車、牛車の使用に適した道路建設を可能にする国力が未成熟であったからと推察した。

古墳時代から古代にかけて、運搬の技術革新において軍事目的の役割が高まっていった。

古墳時代以後、水運においては軍船としての改良が目立ち、多様な船が役割を分担する船団の技術も向上した。他方、それは準構造船という基盤の中での改良と言えるものであった。

古墳時代に運搬の技術革新が最も進んだ分野は陸運であり、乗馬の風習が採用された。ただしそれは上層の人々の威信と騎兵隊の編成が主な目的であったと考えられる。牛の飼養も盛んになったが農耕での力役が主な用途であった。

新しい運搬の時代へ　古代（飛鳥・奈良時代）に至ると、古代国家の国力は駅路と呼ばれた軍用道路網を全国的に施工することが可能となった。この時代に至って車輪の技術も端緒的ではあるが採用されて、東アジアの運搬技術は、ほぼ横並びとなった。

そして平安期以後、軍事だけではなく商業という分野での運搬の役割が高まり、新しい時代が到来して現代に連なる社会の動きが顕著となっていく。

参考文献

青森県教育庁文化財保護課『特別史跡三内丸山遺跡出土資料について』二〇一一年

安楽　勉「原の辻遺跡と港」『考古学ジャーナル』四七四、ニュー・サイエンス社、二〇〇一年

一瀬和夫「倭人船—久宝寺遺跡出土船材をめぐって—」『横田健一先生古希記念文化史論叢』上、一九八七年

宇野隆夫「西洋造船・海運史——丸木舟・皮舟・パピルス舟から鋼鉄蒸気船への歩みと社会変革（上・中・下）」『富山大学人文学部紀要』第二五・二六・二八号、一九九六・一九九七・一九九八年a

宇野隆夫「原始・古代の流通」『都市と工業と流通』古代史の論点第三巻、小学館、一九九八年b

宇野隆夫「船の考古学」『新世紀の考古学』大塚初重先生喜寿記念論文集、纂修堂、二〇〇三年
宇野隆夫「西洋と東洋における海運技術の画期」『文化の多様性と比較考古学』考古学研究会五十周年記念論文集、考古学研究会、二〇〇四年
宇野隆夫「遣唐使船とそれ以後」『月刊　考古学ジャーナル』第五三六号（臨時増刊号、特集「船にまつわる考古学」）、ニュー・サイエンス社、二〇〇五年
宇野隆夫編『実践考古学ＧＩＳ　先端技術で歴史空間を読む』ＮＴＴ出版、二〇〇六年
大垣市教育委員会『荒尾南遺跡』二〇〇一年
岡山県古代吉備文化財センター『下庄遺跡・上東遺跡』岡山県埋蔵文化財発掘調査報告一五七、二〇〇一年
置田雅昭「威風堂々の古墳船」『月刊　考古学ジャーナル』第五三六号（臨時増刊号、特集「船にまつわる考古学」）、ニュー・サイエンス社、二〇〇五年
小田静夫「海を渡った旧石器人」『月刊　考古学ジャーナル』第五三六号（臨時増刊号、特集「船にまつわる考古学」）、ニュー・サイエンス社、二〇〇五年
佐賀県教育委員会『吉野ケ里』吉川弘文館、一九九四年
佐原　真「弥生・古墳時代の船の絵」『考古学研究』第四八巻第一号、二〇〇一年
静岡県埋蔵文化財調査研究所『角江遺跡』Ⅱ、静岡県埋蔵文化財調査研究所調査報告第六九集、一九九六年
奈良文化財研究所『木器集成図録　近畿原始篇』奈良文化財研究所史料第三六冊、一九九三年
橋口尚武「縄文時代の舟と交流・交易」『月刊　考古学ジャーナル』第五三六号（臨時増刊号、特集「船にまつわる考古学」）、ニュー・サイエンス社、二〇〇五年
林　大智「一針遺跡と千代・能美遺跡について」『石川考古』第二六二号、石川考古学研究会、二〇〇一年
林巳奈夫『漢代の文物』京都大学人文科学研究所、一九七六年
東大阪市文化財協会『鬼虎川遺跡の木質遺物――第七次発掘調査報告書』第四冊、一九八七年
兵庫県埋蔵文化財調査事務所「古代船団但馬に現る」『ひょうごの遺跡』第三八号、二〇〇〇年
深澤芳樹「弥生時代の船、川を進み、海を渡る」『弥生創世記―検証・縄文から弥生へ―』大阪府立弥生文化博物館、二〇〇三年

深澤芳樹「港の出現と弥生船団」『月刊 考古学ジャーナル』第五三六号（臨時増刊号、特集「船にまつわる考古学」）、ニュー・サイエンス社、二〇〇五年
宮城洋一郎「船の民俗と神話」『月刊 考古学ジャーナル』第五三六号（臨時増刊号、特集「船にまつわる考古学」）、ニュー・サイエンス社、二〇〇五年
森浩一・佐原真監修『考古学の世界』第2巻関東・中部、ぎょうせい、一九九三年

六　祭具・儀具

穂積裕昌

1　祭祀の枠組みと祭具・儀具

祭祀と祭具とは　「祭具」は、基本的に祭祀に従う物品である。

「祭祀」とは、岡田精司によれば「神もしくは精霊に対し、祈願したり、慰めなだめたりするための、儀礼的な行為」とされ（岡田一九九二）、この多くは何らかの宗教的思考・行為に伴って生成される。この「宗教」について溝口孝司は、「超越存在とその作用を措定・参照することによって、〈世界〉の未規定性／偶発性に対処し、それを処理する志向性にもとづき機能するコミュニケーション領域」と規定した（溝口二〇一一）。溝口によれば、〈世界〉とは（人間に）認識可能、かつ生起可能なものごとの総体を指し、「未規定性／偶発性」とはその生起を確実に予測することができず、また、その原因を完全には特定できないような事態の生起が予測される様相を指すとする。これを『日本書紀』の文脈で読み解くと、崇神六年から八年に語られる倭大魂神と大物主神の霊威発現による政情不安が「〈世界〉の未規定性／偶発性」であり、それに対抗すべく行われた「祭祀」行為を含む崇神の対応が「超越存在とその作用を措定・参照」に相当するとみてよかろう。

さて、以上のような基本認識に立つものの、祭祀に用いられた物品群のすべてを「祭具」や「祭祀遺物」と呼びうることはできない。というのも、祭祀で用いられた物品類には祭場を構成する塀や柵なども含まれてしまい、これらを「祭祀遺物」とは呼び難いからである。そこで、本章では、「祭具」という場合には、「それ自身がカミや霊などへの働きかけを含意した物品群」に限定して用いることにする。

ところで、死者に捧げる儀礼について、岡田精司は「儀礼行為としては神祭りと共通する行為も部分的には認められるが、神祭りとは目的も性格もちがう」として、葬送と祭祀を別個の枠組みで捉えた。これ自体は聞くべき意見であるが、死者も宗教によってはカミに転化すると考えられるなど、「超越存在」との親和性を有する場合がある。考古遺物でも例えば滑石製模造品などは祭祀（神に対する儀礼）と喪葬（死者に対する儀礼）で共通して用いられる物品群であり、「葬祭具」と呼ばれることも多い。

本章では、論述の都合上ひとまず「葬具」も「祭具」の枠組みに包含して扱う。緩やかな使い分けはあるものの、祭具と葬具は対置しうるセット関係にあるものと捉えたうえで、祭具と葬具に分別可能なものについては、それぞれ個別に記述していきたい。

儀具の定義　次に問題とするのは「儀具《ぎぐ》」である。祭祀はその対象たる「カミ」や「精霊」などに対して何らかの働きかけを含意し、喪葬ではその対象が死者となる。祭祀体系には、そうした直接的な祭祀行為の発生以前や以降にも儀礼的あるいは所作的な行為が含まれる。例えば、カミと向き合う以前に祭祀者が自らの身を潔斎するために行う禊や祓い、カミの存在を前提として神意の所在を判断する卜占や誓約などの類である。ここで用いられる物品類は、直接的な祭具ではないが、最終的に祭祀行為に帰結する体系のなかの重要な要素の一つを構成する。これら物品を、ここでは「儀具」と規定しよう。

以下では、喪葬・祭祀に関わる物品群の全体構成を明らかにしたうえで、祭具と儀具のあり方と、技術史的観点を踏まえて位置付けていきたい。

2 祭具と儀具の構成

祭具と儀具をより具体的に把握するためには、喪葬や祭祀、その関連儀礼の現場において、それがどのような意味をもって機能しているのかを見極めることが必要である。これら祭祀に供された物品群の性格がより明確化するのは古墳時代である。古墳時代には次代に「律令木製祭祀具」とも呼称される各種の木製形代の原形が揃い（穂積二〇〇九）、葬送の場でも木製立物《たてもの》（木製墳丘樹立具）が成立する。以下、縄文時代と弥生時代の知見も補いつつ、主に古墳時代の視点から祭祀で供せられる物品類を整理し、下記の六群に分類する。

A群―奉斎品　カミや精霊などへの捧げ物（供献用物品＝お供え品）と、カミの持ち物や乗り物として供進される物品類（いわゆる神宝など）を一括する。かつて別稿（穂積二〇〇九）で示したように、本来の用途（実用品）との関係性や素材から、以下の三類に分類可能である。

a類　武器や農工具、神饌としての食物などの「実用品」グループ。

b類　当初からカミや霊魂、死者への依代や奉斎品、持ち物として製作されたグループ。銅鏡や古墳時代の各種石製品類、儀杖、特別仕様の葬祭容器などが該当する。

c類　a類もしくはb類をミニチュア化したり、別素材に置き換えるなどして供献用の専用物品としたグループ

（「形代」とも形容される石製・木製・土製・鉄製の各種模造品類）。いわゆる祭祀遺物の多くは、これに相当する。

B群―招魂・招神の鎮送用具　喪葬・祭祀において、カミや精霊、死者に対して祭祀者が使用する物品類。狭義の「祭具」はこのB群を指す。そこに含意される主たる機能は、カミや霊、精霊、魂（死者の場合）などを迎えたり、送ったりするところにある。出土品としての証明は難しいが、神事に際して祭祀者が修祓に用いる大幣（大串に榊の葉を付したもの）などに代表される。

C群―神座・表示用具　祭祀においてカミや司祭者の存在表示を含意する物品類。具体的には、貴人の表示とされる蓋《きぬがさ》をはじめ、翳《さしば》、椅子、幡竿《はたざお》類などの木製素材のものが相当し、古墳で樹立される木製立物の蓋（笠）も同様に考えることができる。なお、神は本来不可視の存在であり、擬人化して考えられる古代以降は神像や絵図で表現されるが（伊藤二〇一二）、縄文～古墳期の霊的存在が具体的な造形物として「精霊」「カミ」を表現したかは議論がある。縄文期・弥生期の木偶なども一応ここで扱うか、「辟邪」とみるかは現段階では区別しがたい。

D群―辟邪用具・呪具　祭場へ侵入しようとする悪霊や、奉斎している神や精霊、霊魂等が悪霊化することに対して防御機能の発動が含意された用具類を一括する。木製盾の樹立に代表されるが、辟邪機能が含意されたと思われる特殊な装飾板（孤帯板・直弧文板・三角板など）や、古墳の墳丘に樹立される木製立物（木製埴輪の呼称もある）のうち、盾や靫《ゆき》、甲冑など武具類の立物もここに包含できる。

E群―供献用具　奉斎品を載せてカミに捧げるための入れ物として用いられたもので、木製容器と土器を含む土製の容器類、それに樹皮・蔓製品としての箕《み》や籠がある。木製品では、各種木製容器類（槽・盤・皿・装飾高杯を含む高杯類など）、神饌やそれの入った容器を載せる台（案などの机類）が相当する。ただし、特別精巧に作られた容器類はそれ自体がカミの持ち物として製作された可能性があり、その場合はA群b類と親和性が高くなる。

F群―祭場構成部材群　祭祀を実修する前提として祭場設営が必要となるが、ここで使用される土木・建築用のグループを一括する。板塀や柵、祭祀に際して建てられた仮屋構成材などの建築部材が相当する。古墳時代の例でみると、例えば「導水施設」に伴う施設用材なども、その性格を祭祀施設とみるか（青柳二〇〇三）、筆者のように喪葬施設とみるかなど意見の相違はあるが（穂積二〇〇四）、儀礼に関わる広義の祭場構成部材としてみてよかろう。

上記のうち、祭具はA群（奉斎品）およびB群（招魂・招神の鎮送用具）が相当し、儀具はC群（神座・表示用具）・D群（辟邪用具・呪具）・E群（供献用具）が相当する。ただし、E群は、特別の仕様が施されるなどした場合、「神の持ち物」として奉斎品（祭具）と考えたほうがよい場合がある。

このように、祭祀で用いられる物品群を以上のように整理すると、「祭祀遺跡」とされる場所から出土する遺物群の意味もより明瞭になる。個々の物品の性格はその使われ方（祭祀遺跡における存在形態）によって流動性があり、固定した性格に限定できない場合もあるが、祭祀構成物品群をその性格によって分別していく作業は必要である。以下、上述の祭具・儀具の分類を踏まえ、F群の祭場構成部材群を除く木製素材の祭祀用物品について概観する。

3　縄文時代の祭具・儀具

奉斎品と鎮送用具　縄文時代の祭具・儀具には、土偶・仮面等の土製品、石棒・石刀・石剣等の石製品があるが、木質遺物で確実に祭祀に関わる事例はさほど多くない。塗漆された色彩豊かな物品群には祭祀で供されたものが含まれる可能性はあるが、生活用具として日常で用いられた可能性もまた否定できない。以下、前節で提示した分類を念頭に概観するが、主に古墳時代の知見に基づいた分類を縄文時代にまで遡って適応することは無理があり、ここでの

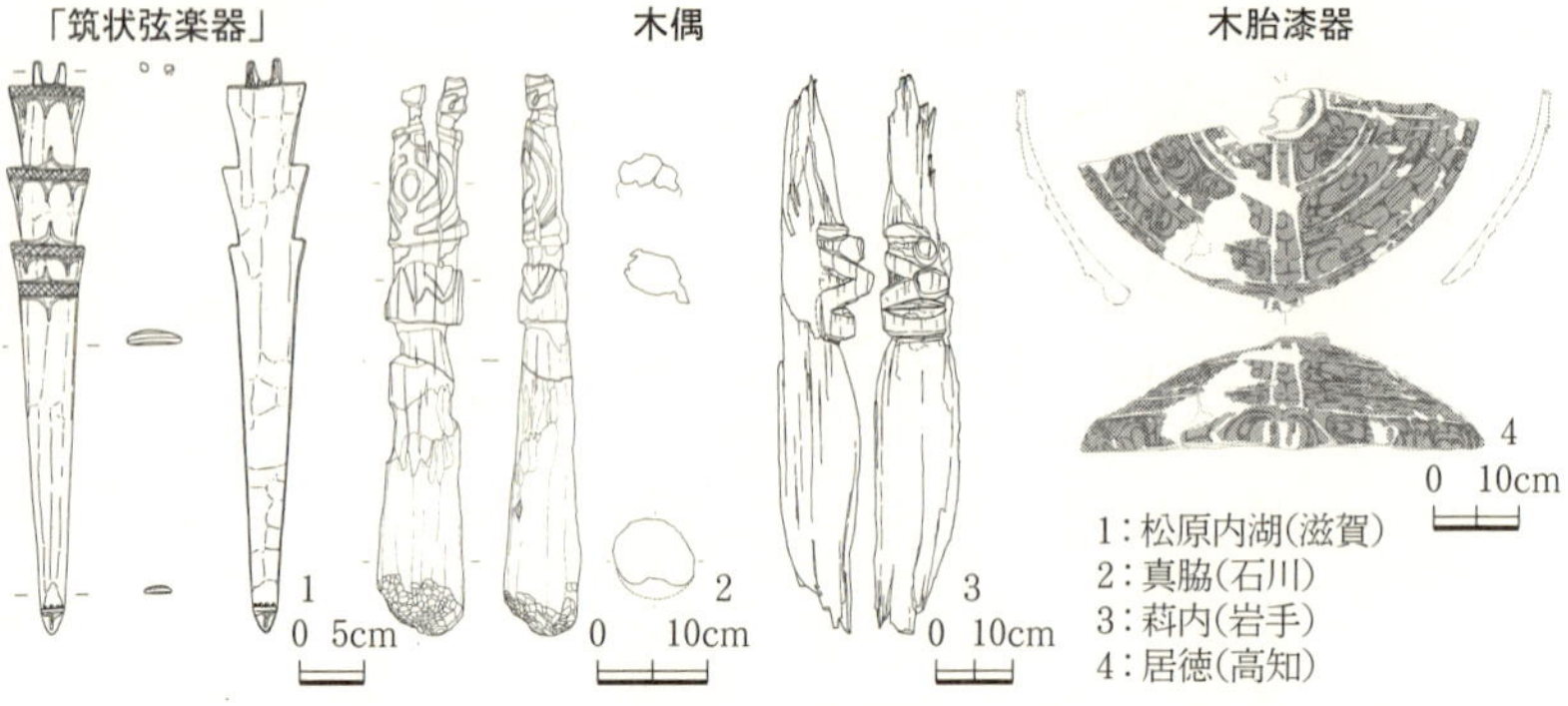

図1　縄文時代の祭具・儀具

分類は参考程度とする。

木製素材で確実にカミ・精霊に供されたとみられる奉斎品としての物品群は明瞭でない。きわめて精巧に作られた漆塗りの樹皮製容器や木製高杯はカミへの供物の可能性はあるが、これらは供献用具として後述する。

一方、招魂・招神の鎮送用具については、明確なものは存在しないものの、研究史上、弦楽器の可能性が説かれた物品が存在する。楽器とすると、祭りのさいの伴奏や霊的存在を送迎する機能が想定されるが、機能同定には異論も強い。主に後晩期に所属する「篦《へら》状木製品」あるいは「筑状弦楽器」と呼称される遺物で、細長い剣身形の薄い蒲鉾《かまぼこ》状の板状具を基本形とし、その頭部（平坦辺側）に二個の角状突起を作出する。北海道小樽市忍路土場遺跡・青森県八戸市是川中居遺跡泥炭層・滋賀県彦根市松原内湖遺跡などに類例がある。弥生期以降に存在する「板作りの琴」に類似することから二弦琴に比定されることもあるが、角状突起の基部に糸ズレの痕跡は認められず、楽器とすることに否定的な見解が強い（笠原二〇〇九）。しかし、豊かな装飾を伴うものがあり、何らかの儀礼に用いられた儀具である蓋然性は高い。

神座・表示用具、辟邪用具・呪具の機能　個々の遺物に関する具体的な性格付けは難しいが、ここで注目できるのは石川県能登町真脇遺跡（前期）や岩手県盛岡市萪内遺跡（後期）で出土した装飾を施した木柱である。

このうち真脇遺跡のものは、「彫刻柱」として報告された長さ二五二㌢、最大径四五㌢の先端を緩く尖らせたクリ製の丸太材である。材上半に横溝を彫ることにより三条の隆帯を作出し、その中央部に縦長の楕円を彫り、それを左右から二重の三日月形の刻みで囲繞して、あたかも上下を欠く三重丸様の装飾を施している。根元から八〇㌢は遺存良好であることから、ここまでが地中に埋められていた立柱と推定されている。

一方、萪内遺跡のものは「木偶」と呼称される径一〇㌢、残存長六五㌢のクリ製の木柱状の丸太材で、長さ一三㌢にわたって人間の顔の造形を施す。目・鼻・口は明瞭だが耳は欠損する。用途・機能については、出土地点近傍に墓壙群が存在したことから遺体埋葬の場所を示す標的なものであった可能性が示されている（山田一九八三）。

両者は場所、時代共に異なるが、いずれもクリ材を用いて曲線を伴う溝を彫ることなどは共通する。萪内遺跡では葬送との関連も想定されたが、それ自体を祭りや葬送のさいのシンボルとしたのか、後世の邪視文のように聖地へ侵入しようとする悪霊退散のための辟邪機能を意図したかは判断しがたい。

供献用具と中国の影響　縄文時代の前期以降、塗漆し、赤色等の色彩を加えた装飾豊かな木製・樹皮性の容器類に関して、東日本を中心に出土例がある。縄文時代後晩期に併行する時期の中国では、神に捧げる飲食物を盛るための青銅製容器があり、漆塗りの木製容器が用いられる場合もある。これを敷衍すれば、列島においても非常に美しく飾り立てられた赤彩・塗漆の容器類は、カミへの捧げ物を盛る容器として使用されたものが含まれている可能性はある。

ここで注目できるのが高知県土佐市居徳遺跡出土の木胎漆器である。これは、クスノキを用いて下地に黒漆を塗布し、生漆を上塗りしたもので、樹皮を母体として幾重にも漆の塗布を重ねた東北の亀ヶ岡文化にみられる籃胎《らんたい》漆器とは技法が異なり、春秋・戦国期の長江下流域との関係の可能性も指摘されている（出原一九九九）。

4　弥生時代の祭具・儀具

奉斎品の特徴　弥生時代の祭具は、銅鐸・銅剣・銅矛などの青銅製祭器に代表され、また儀具には卜占で使用された海亀甲羅や鹿骨などが知られている。木製素材の祭具・儀具では、実物を模した模造品とみられる精巧な木製武器や、鳥形・舟形などが出現する。また、招魂用具としての適応の可能性もある琴や、供献用具としての木製精製高杯も日本海側を中心に発展する。以下、代表的なものをみていこう。

まず、奉斎品では、本来鉄製である武器や、青銅製武器類を模倣した武器形木製品が作られる。これらは実物を写実的に木製へと置き換えているものが多く、簡素化が著しい古墳時代の形代類とは性格が異なるのであろう。よく似たものとして銅鐸を模した銅鐸形土製品があるが、銅鐸は木製品では模倣されることはない。木製品として模造されたのは、可塑性の観点から忠実に模倣するには土製品では限界のある剣や刀、戈など長尺のものが中心となる。一応「奉斎品」の枠組みに措定できるが、丁寧な精製品として作られたものは、むしろ祭祀のさいに司祭者が使用する祭具として機能したものかもしれない。全般的に祭具的な意味合いも強い奉斎品ということができるであろう。また、石川県小松市八日市地方遺跡では、彩色を施した板作りの魚形木製品が出土している。カミに捧げられたものであろうか。

鳥形と舟形　次に、招魂・招神の鎮送用具についてふれる。実物を木製素材で模造したものであっても、鳥や舟は霊やカミを送迎した鎮送用具との親和性が高い。弥生時代でも鳥形や舟形は、形状をデフォルメさせるものがあり、武器形木製品とは「模造化」の過程が異なる。鳥形は、写実的で立体作りをするものと、デフォルメが著しい板作り

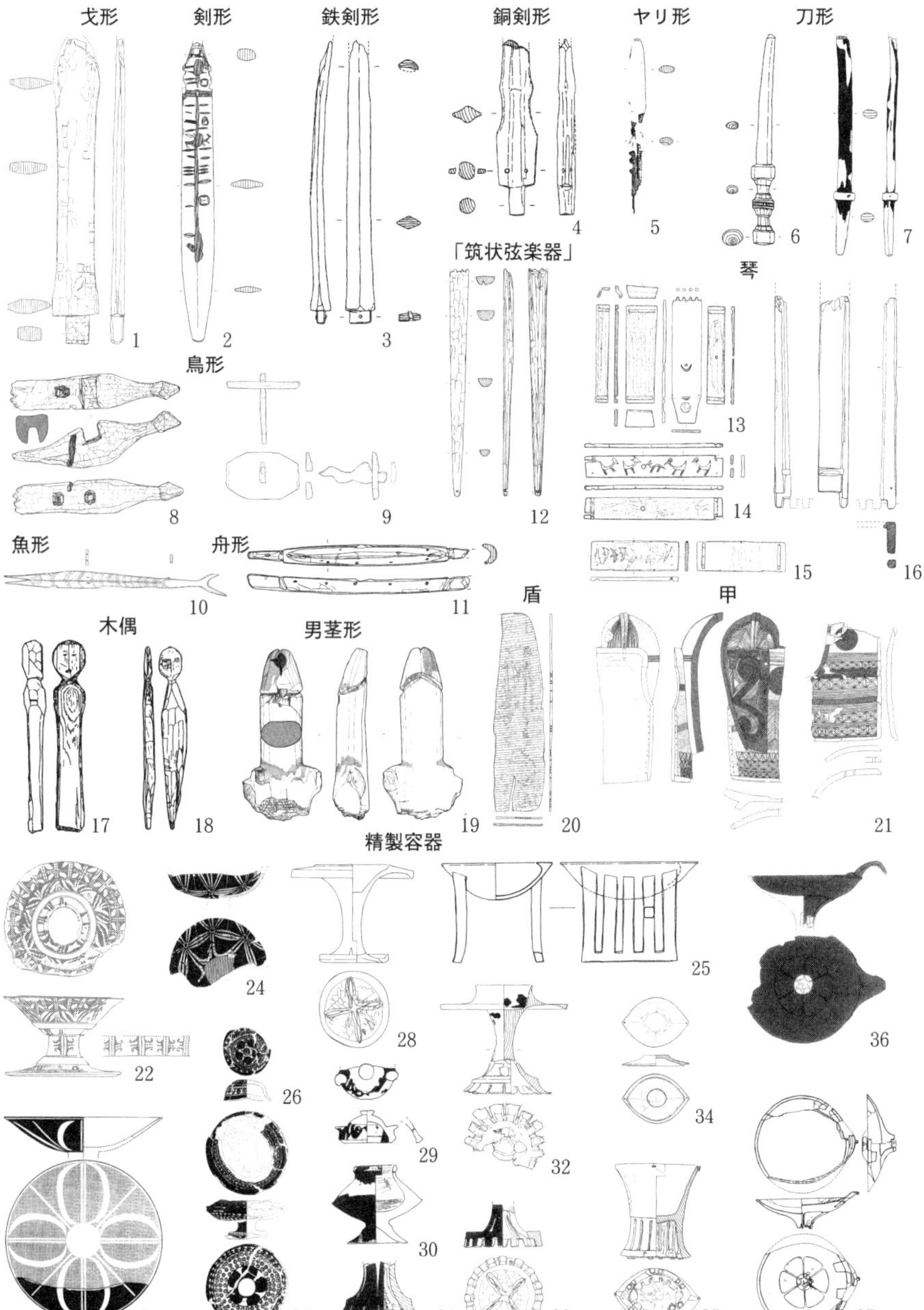

図２　弥生時代の祭具・儀具

1〜7・24：南方（岡山），8・19：池上（大阪），9・10：八日市地方（石川），11・13〜15・20・26〜36：青谷上寺地（鳥取），12：角江（静岡），16：六大Ａ（三重），17：大中の湖南（滋賀），18：湯ノ部（滋賀），21：伊場（静岡），22：池島・福万寺（大阪），23：唐古・鍵（奈良），25：宮ヶ久保（山口），37：西念・南新保（石川）

のものが併存し、次代の古墳期の鳥形の先駆をなす。舟形では、鳥取県鳥取市青谷上寺地遺跡例などすでに弥生Ⅳ期に準構造船をミニチュア化したものが出現している。

『記紀』（神功皇后段）に神霊を依り憑かせるために用いられたことが記された琴は、祭祀現場では祭具として機能したとみられる。縄文期以来の「箆形木製品」に加え、槽《そう》作りの琴が出現する。槽作りの琴は、底板と側板が共鳴槽として一体化し、上部を琴板で塞ぐタイプと、側板と琴板を一体化し、下部を底板で塞ぐ現代の和琴につながる甲作りタイプがある（上原編一九九三）。弥生〜古墳期の槽作りの琴は上部に琴板を張るタイプが一般的だが、図2―16のような甲作りの琴も弥生時代には出現している。線刻を伴うものも多く、青谷上寺地遺跡ではシカを描いた側板や、シュモクザメを描いた琴板が出土しており、祭儀に用いられた特製品であったことを窺わせている。ちなみにサメは、古代においては鰐（ワニ）と呼ばれ、出雲神話の大国主命による因幡白兎譚にも登場する動物である。

人面を刻んだ人形　神座・表示用具では、「カミ」かどうかの議論があるが、人面を刻んだ人形（木偶）が各地で出土しており、注目できる。縄文期の装飾木柱は柱状の丸太材に人面などの模様を刻むものであったが、弥生期のものは多くが簡素な板作りで、抉りなどの外縁加工で頭部と胴部（一部は足部も）を分かち、目や口を刻む。当初から人形状に製作されており、縄文期とは設計思想が異なる。

また、いわゆる陽物《ようもつ》形（男茎形木製品）も存在し、縄文期は石棒などで造形されていた生殖・生成・生産などの霊力が木質素材で示されるようになった。弥生時代の陽物形は、実物の成人陽物と形状比率をほぼ等しくし、非常にリアルである。『古語拾遺』御歳神段では、御歳神（田の神）を祀るには溝の口に牛宍《うしのしし》（牛肉）に加えて男茎形を供することが記されており、男茎に象徴される生命力が農作物の育成を促すとする考えがあったことが知られる。この含意が、『古語拾遺』の書かれる以前に遡ることを窺わせる遺物である。

なお、辟邪用具・呪具に関しては、盾をはじめとする木製武具類、また甲なども木製で作られたものがあり、それらが実用武具として用いられただけでなく、悪霊を防ぐ呪具としても用いられた可能性はある。静岡県浜松市伊場遺跡出土の木甲は、辟邪を含意しているとみられる装飾が著しい。土器や銅鐸の「邪視文」が辟邪を意図したとすると、上述の木偶もここに措定できるかもしれない。

精製容器の出現　供献用具に関しては、弥生時代でも注目すべき木製素材の祭具・儀具として挙げられるのが、高杯に代表される木製精製容器である。弥生中期には北部九州から北陸・近畿・東海の広い範囲で精製容器が出現する。とくに精製化が著しいのは八日市地方遺跡、岡山県岡山市南方遺跡、青谷上寺地遺跡など北部九州・瀬戸内・日本海側の諸遺跡である。これら地域の精製容器は、多脚ないしは脚にスリットの入った高杯などそれぞれ個性的で、近畿地方の精製高杯が土器に模倣されて形態上の照応関係を有するのとは対照的である。山口県山口市宮ヶ久保遺跡の脚付皿などは、それまでの列島にこうした器種が存在せず、大陸の金属器を写したとみられるような形態である。首長の持ち物との見方もあるが、大陸では加飾の金属製容器がカミに酒食を捧げる供献具であったことを敷衍すると、これら精製容器もカミや精霊に捧げる供献具として用いられた蓋然性が高い。近畿地方の精製高杯も、優美な彩色を施した彩色高杯が大阪府東大阪市から八尾市の池島・福万寺遺跡や奈良県田原本町唐古・鍵遺跡、兵庫県姫路市丁・柳ヶ瀬遺跡などで前期からみられ、彩色の伴うより精製度の高い一群は祭祀に供された蓋然性は高い。

弥生後期に入っても、引き続き日本海側での木製精製容器の製作は活発で、木質特有の美的な感覚を意識したとみられるものすらある。例えば青谷上寺地遺跡から出土した蓋を伴う精製の脚付短頸壺《きゃくつきたんけいこ》は、蓋・身ともに美しい彩色を施すが、中央部でソロバン状に屈折した胴部は金属器の形態を彷彿とさせ、胴部上半には横木取り板目の年輪が円弧を描いたかのように美しく入るよう木取りされている（図2—30、ただし報告書掲載実測図には木目表現は未記入）。こうした木取りの妙が、意図的に文様効果を狙ったものとすれば、青谷上寺地遺跡の容器職人は現在の木工作家にも決して劣らない高い技術と見識を獲得していたことになる。ちなみに同形の短頸壺が同時期の山陰地域に存在するが、ソロバン状の胴部、胴上部の円弧文様は中九州・熊本の弥生後期土器である免田式の長頸壺でも特徴的で、これには大陸青銅器の影響を想定する見方もある（森一九九四）。日本海側諸地域の木製精製容器類についても、大陸文物との比較・検討をさらに進めていく必要がある。

なお、弥生後期の精製高杯については、樋上昇が論じたように、外面に花弁の陽刻を作出した一群が青谷上寺地遺跡や島根県松江市西川津遺跡のほか石川県金沢市西念・南新保遺跡、小松市白江梯川遺跡などからも出土しており、列島内の地域間交流を示す資料としても注目されている（樋上二〇一〇）。これらがカミに供する酒食を盛った容器だとすると、祭祀・儀礼の分野においても一定の祭式の共通性を示す資料として注目される。

5　古墳時代における一般化

木製祭祀具セット　古墳時代になると、次代の「律令制祭祀具」に連続する木製祭祀具の基本セット（奉斎品）が成立し、また葬所たる古墳においては木製立物（盾・甲冑・蓋など器財埴輪の同モチーフを木製で作り、埴輪同様に墳丘上に樹立した木製品）が樹立されるなど木製素材の祭具・儀具が一気に一般化する。以下、先の分類基準に従い、奉斎品（木製祭祀具）を中心にその構成と特徴を把握する。

奉斎品では、いわゆる木製形代とされる木製祭祀具が成立する。『木器集成』（上原編一九九三）では武器形・笠形、農工具形、動物形ほか、舟形・修羅《しゅら》形、装飾板、斎串に分類されたが、本章では武器形、農工具形、紡織具形、漁具形、舟形、男茎形（陽物形）に大別した。

〔武器形〕代表的なものは、刀形、剣形、ヤリ・鉾形、矢鏃形の四種である。このうち刀形は、古墳時代の武器形として最も一般的で、基本的に抜身状態を表現する。薄板材の片側を斜めに切り落として切先を、反対側に抉りを入れて把《たば》を形成するが、楕円形のやや厚手の断面形状をもつものもある。前者の多くがスギ材、後者の多くが広葉樹で、利用樹種の差による部分が大きい。把の作出方法により分類できる（穂積二〇〇九）。

a類　把頭と把縁を突起させ、把頭装具と把縁装具を表現したもの（刃幅＜把縁・把頭、図3―1）。

b類　細長い板状具の片端部に抉りや切り込みを入れて把間を表現したもの（刃幅≦把縁・把間・把頭、図3―2・3）。把部の作出方法によりさらに細分が可能。

c類　把表現をせずに刃と茎のみを表現としたもの（本来の刀の刀身と茎という鉄製部のみを表現したもの、図3―4）。

b類とc類は、刃部の幅をもつ材を準備すれば製作が可能だが、a類は刃幅を超える幅をもった材の準備が必要で、古墳時代刀形の主体は最も簡便に製作可能なb類である。

剣形も基本的に細長い薄板材を素材とした簡素な作りで、形状のバリエーションは乏しい。細長い薄板の片側端部を山形に切り落として切先とし、反対側に両側から抉りを入れて把間とし、把を表現する。また、剣身中央に鎬を表現するもの（剣身断面が菱形）とその過程を省略したもの（剣身断面が細楕円形ないしは長方形）がある。剣の大きさに着目するとおおむね三〇㌢を境にして剣と短剣に分かれそうである。

ヤリ・鉾形は、矢鏃や短剣との区別が不明瞭であるが、三重県津市の六大A遺跡や橋垣内遺跡で出土した扁平な紡錘形状の身（穂）に細長い柄を一連で表現し、柄基部が石突状に尖るものは鉾形とみてよかろう。これらは、身部から断面多角形の細長い柄部に緩やかに移行する形状を呈し、身中央に鎬表現をするものもある。ほぼスギ材を素材とする。一方、三重県伊賀市城之越遺跡では茎式の身のみを表現した例があり、ヤリ形とみられる。以上から現時点の資料では、鉾形は身と柄を表現したもの、ヤリ形は身のみを表現したものといえよう。

矢鏃形も、鏃身から矢柄を断面円形に立体的に削り出した精巧な作りの木鏃（実用品か非実用品かの区別が不分明であり、ここでは祭祀具としての扱いを留保）とは別に、細長い薄板を利用した鏃形がある。平身タイプの鏃を造形したもので、鏃身のみを造形したものと矢鏃全体を表現したものがある。

〔農工具形〕『木器集成』では、農具形として鋤形・横槌形・杵形が、工具形として刀子形・斧柄形が挙げられているが、その適応に対しては他の可能性も提示される。筆者が現時点で農工具形と認定できるのは、鍬形、横槌形・杵形、刀子形である。

まず、鍬形は、岐阜県大垣市荒尾南遺跡で肩部の抉り表現からナスビ形曲柄平鍬を模造化したことが窺える鍬形が確認され、その存在が明らかとなった。荒尾南遺跡の実用品の鍬はアカガシ亜属製だが本例はヒノキ製で、模造化は模造元本体の素材とは対応しない。現時点で確認できる鍬形は、いずれも曲柄鍬の模造品である。

横槌形・杵形は、すでに『木器集成』の段階で和歌山県和歌山市鳴神V遺跡などの資料から横槌形の存在が示されたが、これらは小型の実用品であった可能性もないではない。一方、六大A遺跡や滋賀県守山市下長遺跡などから出土した精巧な一群は、身部が先端に向かって円錐状に緩やかに広がり、身部と柄部の間には明瞭な肩部（段）を形成して柄端部にグリップ・エンドを形成する小型の精巧品で、未使用状態と観察される。各地に類例があり、群馬県高崎市高崎天神山古墳出土の石製模造品の「杵形」に形状が類似する。

また、下長遺跡では、身部が先端に向かって円錐状に開く裾広がりの形状をもち、先端を丸くして搗部《つきぶ》（杵先端で

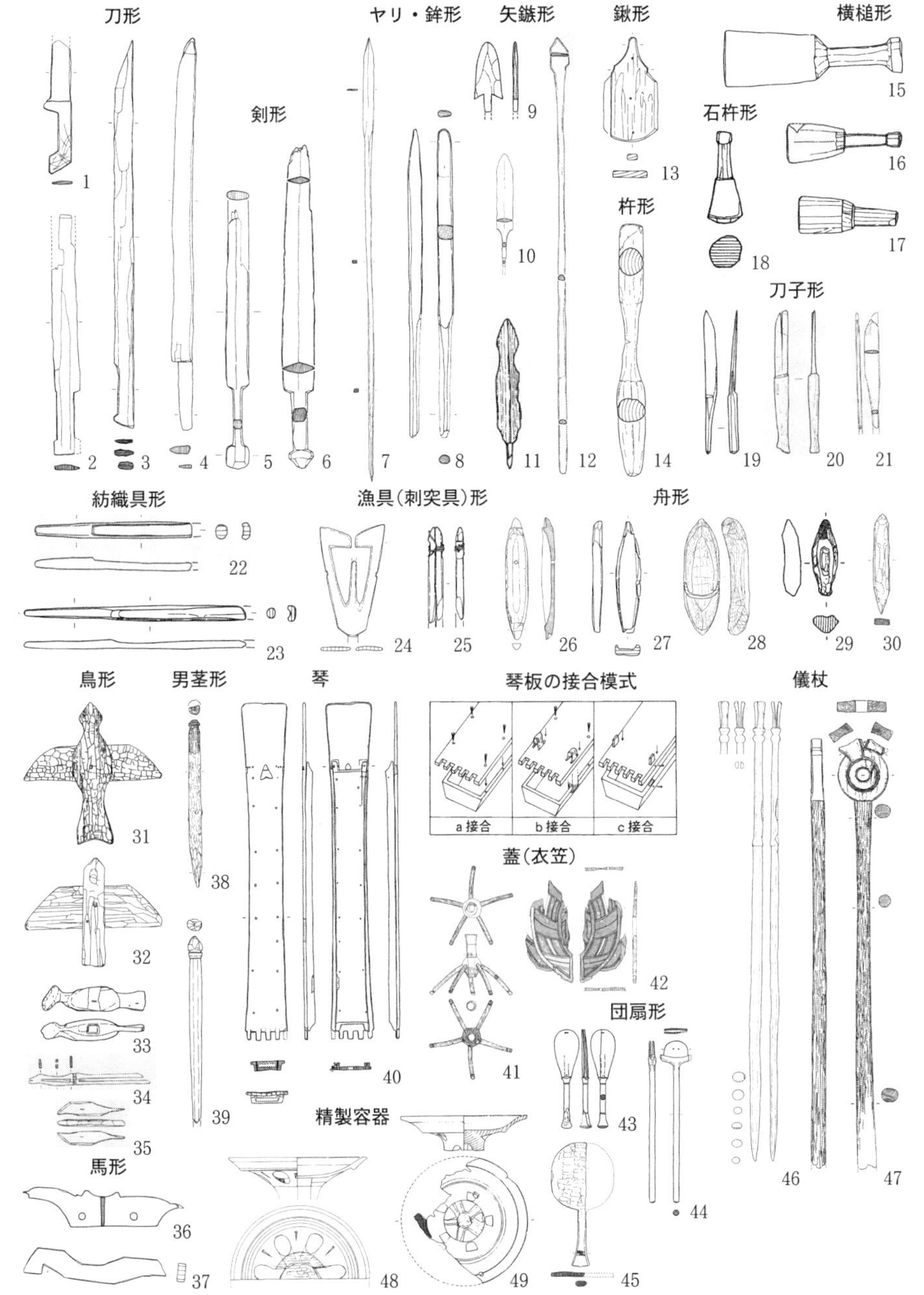

図3　古墳時代の祭具・儀具

1〜4・7・15・30・35・38・45：六大A（三重），5・8：城之越（三重），6・49：入江内湖（滋賀），9・26：山ノ花（静岡），10・12・14・19：谷（奈良），11・28：古殿（京都），13・22〜25・27・37・39：荒尾南（岐阜），16・18・29・47：下長（滋賀），17：米野（岐阜），20：北堀池（三重），21・36：布留（奈良），31：雌鹿塚（静岡），32：石川条里（長野），33四条古墳（奈良），34：水晶塚古墳（奈良），40：前田（島根），41：下田（大阪），42：八ヶ坪（滋賀），43：勝山古墳（奈良），44：乙木・佐保庄（奈良），46：恒武・山ノ花（静岡），48：纒向（奈良）

穀物や粒状品を搗いたり磨り潰す部分）形成のあるものが出土している（図3―18）。この特徴は、岐阜県岐阜市瑞龍寺山第二古墳群一号墳から出土した石杵や山城国乙訓郡大原野村（現京都市）出土の石製模造品の杵と同じであり、本例も杵形（石杵形）とみるのが妥当であろう。瑞龍寺山第二古墳群一号墳の石杵や大原野村出土の石製模造品杵は、ともに石皿や石製模造品石皿とセットとなっており、本例も水銀朱粉砕用の石杵に由来するとみられる。以上のように、横槌形・杵形は、水銀朱粉砕用の石杵など古墳出土品と照応性をもつものが多い。

刀子形は、刀身よりも厚い把から刀身を薄く削り出した抜き身状態を示し、袋に入った状態が一般的な石製模造品とは対象的である。おおむね二〇センチ未満。明瞭な例は乏しいが、奈良県宇陀市谷遺跡例や三重県伊賀市北堀池遺跡例などが古墳時代における刀子形の存在を示す。

〔機織具形〕荒尾南遺跡に類例がある。端部が細く中央がやや太い棒状具で、中央部にアリ状を呈する並行溝があり、地機《じばた》（機台をもつ腰機、東村二〇一一）を構成する緯打具《よこうちぐ》（上糸と下糸の間に入れる緯糸《よこいと》を手前に詰める打具）の一つである管大杼《かんたいじょ》のミニチュア品と推定される。造形元の管大杼は伊場遺跡や三重県伊賀市岡田向遺跡などで出土例があり、また土製模造品は静岡県磐田市明ヶ島五号墳下層に類例がある。本品の確認によって、地機の同じ部材を模造化した土製と木製の模造品の存在が明らかとなった（明ヶ島五号墳下層出土の機織具形土製模造品は他の部材や紡績具も模造している）。

一方、群馬県前橋市上細井稲荷山古墳出土の機織具の石製模造品は、かつては地機を模造化したと想定されたが、東村純子は原始機の部材であることを明らかにした（東村二〇〇八）。以上を時系列で示すと、荒尾南遺跡が四世紀、明ヶ島五号墳下層と上細井稲荷山古墳が五世紀、岡田向遺跡が六世紀、伊場遺跡が古代となり、現況では地機は実物よりも模造品の確認が先行している。なお、荒尾南遺跡では、これ以外に両端に有頭部を作り出した断面円形の棒状具も出土しており、これも機織に関わる模造品の可能性がある。

〔漁具形〕　本類も荒尾南遺跡の調査で確認された。組み合わせ式の銛《もり》をデフォルメした「刺突具形《しとつぐがた》」と推定される。京都府長岡京市恵解山古墳で出土例のある三本の刺突部を組み合わせた複式刺突具が原形となり、両端部のみられる内側（中央側）へ向いた大きな鉤《かぎ》形は内側へ向いた片逆刺をデフォルメしたとみられる。荒尾南遺跡では、他に先端を尖らせて片棘を付けた棒状具二本を蔓《つる》で緊縛したものも出土しており、これも刺突具形の可能性がある。造形元である鉄製刺突具は、しばしば前方後円墳など大型古墳に副葬されることが知られており、刺突具以外では釣針も副葬されるが、木製の釣針模造品は未確認である。

〔舟形〕　a：準構造船（丸木舟の船体に舷側板を架構して大型化を図った船。波切板を加えるものもある）を造形したとみられる精巧な舟形木製品、b：丸木舟を造形したとみられる精巧な舟形木製品、c：紡錘形に粗く加工した材の内部を抉って舟であることを示した全長二〇ｾﾝ以下の小形模造品、d：平面形は舟に似た紡錘形を示すが抉りすら施さず板状に仕上げた全長二〇ｾﾝ以下の小形模造品に分類できる。このうちa類とb類は、法量的なまとまりに乏しく、形代よりも舟形容器として用いられたものも含まれている可能性があり、その場はB群の鎮送用具もしくはE群の供献用具の適応を示す。

〔動物形〕　鳥形と馬形がある。鳥形はいくつか分類案があるが、坂靖によるものが簡潔で（坂二〇〇三）、翼と胴体で構成される大型品の1類、側面観を示す2類に大別され、2類はさらに丸彫りのa類と板状表現のb類に分かれる。坂氏は古墳時代の鳥形が大空を滑空する鷹をモデルとした可能性を説くが、確かに尖った頭部・ずんぐりとした紡錘形の体部・緩やかに開く尾形状は鷹などの猛禽類を想起させるもので、古墳時代鳥形の本質に関わる重要な指摘である。また、2b類には明らかに鶏を表現したものもある。

さて、坂分類の1類および2a類は古墳以外からも出土するが、氏も説くように古墳出土のほうが概して大きく、より精巧である。しかも、古墳出土の鳥形がほぼコウヤマキ製で占められるのに対して、古墳以外から出土するものはヒノキやサワラなどで作られる。形態的な構造は共通しても、古墳とそれ以外では製作者が異なっていたのであろう。

一方、馬形は、大量に増加するのは古代以降であるが、古墳時代にもいくつか類例がある。奈良県天理市布留遺跡出土例は前輪・後輪の表現がみられ、容易に馬と判断できる。荒尾南遺跡出土例は鳥形の可能性もあるが、全体的な形状は馬形とすべきであろう。

〔陽物形〕　古墳時代の陽物形（男茎形木製品）は茎部を長い棒状とし、先端部のみを写実的に表現し、端部に切込みを入れることによって陽物であることを知らしめている。弥生期のものよりも、デフォルメ化が進んだといえよう。

古墳時代における変化　次に、招魂・招神・鎮送用具について触れよう。本群は、祭祀の場で祭祀者が使用する狭義の「祭具」で、木製素材では琴のほか、団扇《うちわ》形木製品・麈尾《しゅび》などの特殊な威儀具がある（鈴木二〇〇二）。

このうち琴は、弥生時代のものに比べて大型化が進む。共鳴槽と琴板の接合には木釘留が一般的だが、薄板による貫を通してそれをさらに木釘留する技法もある。一方、琴はミニチュアの小型品も出現する。鞘板《さやいた》状の薄い共鳴槽と組み合うものもあるが、琴板だけの板作りのものもあり、笠原潔はこれらミニチュア琴の楽器としての機能に疑問を呈した（笠原二〇〇九）。明ヶ島五号墳下層出土の土製模造品には琴形も存在することを勘案すると、これらは木製における琴の形代として評価できるかもしれない。

団扇形木製品自体は、弥生後期にも類例があるが、鈴木裕明は奈良県桜井市勝山古墳出土品を典型例とし、ヒノキ製で芯去り材を用いて作られた同特徴をもつものが纒向遺跡を中心に存在することを明らかにし、画一的生産の可能性にも言及した（鈴木二〇〇三）。さらに、その祖型を後漢後期から魏晋期の壁画墓・銅鏡の主文にみられる麈尾に求め、中国からの伝来に当たっては物だけでなく、その背景にある制度・思想を伴ったものであることを明らかにした。なお、団扇形木製品は、奈良県明日香村高松塚古墳壁画の西壁と東壁の女性群像にも描かれた物品で、葬儀に際しても使用されたとみられる。

神座・表示用具では、蓋（笠）をはじめ、翳、椅子、幡竿類、儀杖などが該当する。本来木製素材として作られる物品であったが、蓋・翳・椅子などは器財埴輪・木製立物としても写され、古墳墳丘に樹立された。蓋や幡竿は、養老喪葬令親王一品条に葬儀用物品として記載があり、高松塚古墳壁画にも描かれることから、葬礼でも用いられた儀具であることが判明する。また、儀杖については、樋上昇による詳細な検討があり、古墳副葬用としては金属製として作られたが、実際の儀礼で用いられたのはこの木製である。ただし、樋上分類のうち、琴柱形石製品に類似する一群（樋上分類Ⅸ類）は奈良県御所市鴨都波一号墳出土の鐖鞘装具と特徴が一致し、鐖鞘を表象したものとみられる（藤田ほか二〇一一）。

辟邪用具・呪具は、悪霊や凶癘魂から祭場や葬所を護る機能が期待された盾などの木製武具に代表され、また古墳に樹立された木製立物のうち、盾や靫、甲冑など武具を造形したものが該当する。前述の鐖鞘装具の表象品を頂部に付した鐖形木製品や、同じものを祖形としたとみられる「石見型立物」もここに含まれよう。武具形の木製立物は、悪霊から場を護る辟邪の機能を含意した遺物で、実物よりも大型に造形される。悪霊に知らしめる必要があったのだろう。

供献用具については、弥生期の流れを引いて、古墳時代初頭には北陸地域に淵源をもつ精製容器が滋賀県や近畿地方の遺跡からも出土する。もっとも著名な例は、奈良県纒向遺跡辻土壙4から出土した精製容器で、やや時代が下るとこれに類似したモチーフが古墳出土の容器形石製品や高杯形埴輪として造形されるようになる。しかし、装飾豊かな古墳時代の木製精製容器はしだいに作られなくなり、装飾性に乏しい実用的な容器に収斂されていく。

6　マツリを復元する

纒向遺跡辻土壙4にみるあり方　さて、祭具や儀具は、農具や建築部材などの生活用具や自然木と一緒の雑多なまとまりとして出土することが多く、単独の出土なのか、他とセットなのか基本的な状況すら見えにくい状態にある。ここでは、奈良県桜井市纒向遺跡辻土壙4（石野ほか一九七六）を素材として、祭祀に供されたとみられる遺物群のあり方を出土状況から探ってみよう。

辻土壙4は、三㍍×三㍍の不整円形を呈し、深さ一・五㍍を測る大形のもので、大量の土器のほか籾殻などとともに多数の木製品と加工木、自然木が出土している。木製品は、出土層序の差から大きく二群ないし三群として把握されているが、品目としては大形装飾容器・舟形・鳥形槽・槽・盤・把手付鉢・木庖丁・団扇形木製品・竪杵・弓・紡織具・腰掛・竪櫛・建築部材・弧文円板などがあり、古墳時代木製品で最も一般的に出土する耕作用農具類を含まない。北陸地域に淵源をもつと思われる装飾容器をはじめ、鳥形槽や団扇形木製品など日常の生活用具とはいえない物品を多く含み、全体として祭祀色が強い。

このうち、大形装飾容器、鳥形槽、槽、盤、把手付鉢などは容器で、木器組成に占める容器の割合が高いことがまず注目される。報告書でも指摘されているが、舟形も供物を入れて容器として用いられたとみられる。さらに、土壙

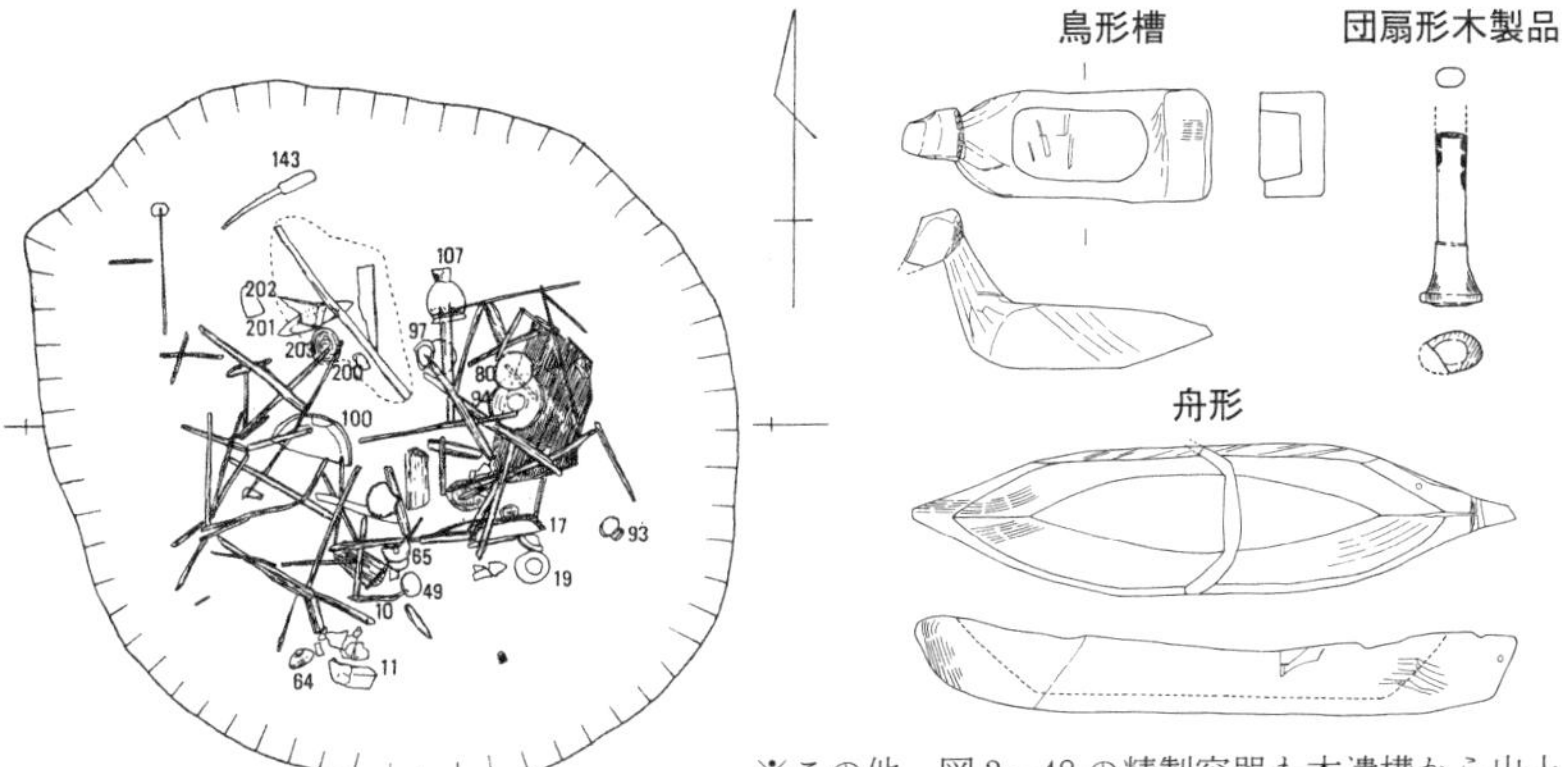

※この他，図3―48の精製容器も本遺構から出土

図４　纒向遺跡辻土壙４と祭具・儀具

からは箕や籠といった樹皮・蔓製の「入れ物」も出土しており、大量の土器の存在も含めて、供献的機能が色濃く見いだせる。つまり、辻土壙４の遺物は、「共食」行為が伴うかどうかはともかく、「供献」行為が第一義的に考えられる遺物組成といえそうである。大量の籾殻や炭化物の存在は、そこに供せられた物品の中心が食物であり、いわゆる「神饌」であったことを推測させる。

次に、出土した木製品を「模造化」という視点でみてみよう。すでに模造品として存在しているものは舟形のみであるが、その舟も含め、鳥形槽のモチーフの造形元である水鳥や装飾容器、腰掛（椅子）は後に形象埴輪として造形される品目である。また、紡織具や竪杵《たてきね》は、出土数こそ少ないが滑石製模造品として古墳の副葬に供されるものがあり、紡織具は滑石製のみならず木製および土製模造品、さらに福岡県宗像市沖ノ島祭祀遺跡や三重県鳥羽市神島などではカミに捧げる金属製ミニチュア品としても造形されている。弓、竪櫛なども古墳の副葬品として供される品目であり、竪櫛はその出土状況から呪的意味の強さがうかがわれる。

つまり、纒向遺跡辻土壙４の遺物群は、時代が下れば埴輪や各素材の模造品としてカミマツリや葬送（古墳副葬品）に供されていくものが多く含まれており、この遺物群が祭祀に供せられた物品群である可能性を逆接的に示している。舟形や鳥形のように早くから模造化が達成された品はともかく、各種模造品が一般的に成立する以前の、実用品を供して祀ることが行われていた時期を反映したマツリの道具立てとみることができよう。

伊勢神宮の祭儀が語るもの　古代以降の木製祭祀具、とりわけ人形には罪穢を人形に託して流した祓えの役割があり、それが中国の道教に由来することが説かれている（金子一九八九）。また、律令期の木製祭祀具は、七世紀後半の天武・持統朝に出現の画期があるとして、この時期以降の新種の出現をもって木製模造品の成立とされてきた経緯がある（金子一九八〇）。

確かに七世紀後半は、人形や馬形が大量に組成化するなど木製祭祀具を構成する形式の組成に変化があり、この時期以降から出現する器種もあって木製祭祀具の変遷のうえで画期となることは確かであろう。しかし、前節でみたように、刀形をはじめ律令期の木製祭祀具の多くが古墳時代（一部はさらに弥生時代に遡る）にその淵源があって、それらを受け継いでいることもまた明らかである。

さて、本章では古墳時代における木製祭祀具の多くを祭具として把握したが、これは伊勢神宮における祭料《さいりょう》（神に捧げられる物品）のあり方の知見に基づいている。伊勢神宮の祭祀は、アマテラスやトヨウケといった擬人化した神に対して行われる祭祀と、山の神・木の神・土地の神・川の神・井戸の神・水の神など特定の場所や自然物、自然とセットになった人工物に宿ると認識された神・精霊に対して行われる祭祀とがある。このうち前者に含まれる祈年祭と月次祭には朝廷から下向した勅使による奉幣《ほうべい》が伴うが、それ以外は基本的に在地の神官層のみで実施された。また、後者のマツリには、御遷宮（式年遷宮）に伴ってその用材を伐採するさいに行われた各種祭りも含まれる。例えば、用材が育つ杣山へ初めて入るさいに山の入口で「山の神」を祀る山口祭、正殿の中心となる心柱（心御柱）を伐採するさいに行われる木本祭、御神鏡を包む御樋代を納める御船木の用材を採奉するさいに行われる御船代祭などである。

木本祭や御船代祭は伐採される当該の樹木の前でも祭儀が行われ、その木に宿ると観念される神に対して祭祀が行われたと考えられる。

これら祭祀で用いられた祭料は、『皇太神宮儀式帳』（内宮）や『止由気宮儀式帳』（外宮）、それに『延喜式』大神宮式に細かく規定されていて、祭祀遺跡における遺物のあり方を研究するうえで一つの指針となる。いずれの祭祀でも、祭料の基本となるものは飲食物（＝神饌）で、これにはそれを盛り、載せるための土器や机（案）の類（＝供献用具）が伴う。正殿の心御柱に対して行われる祭祀では、神饌はムシロの上に載せられたという。祭祀の種類や対象神によって、神饌の種類や量も異なっており、細かく規定されていた。

神饌の次に目立つのは、絹や木綿、麻、錦などの織物、すなわち布《ふ》帛《はく》の類である。ただし、内宮の皇大神宮と荒祭宮のみで行われた神衣祭では、神饌は伴わずに祭料の基本が和妙衣《にぎたえ》（絹）と荒妙衣《あらたえ》（麻）という布帛となり、これに針・糸・箱類・刀子・錐などが伴った。神の着る衣を奉納するための祭りであり、製品としての布と、糸や裁縫に伴う道具類もセットで供献されているところに独自性がある。

神饌と布帛以外の祭料は、祭りの内容によって供えられる種類も大きく異なる。例えば、正殿の心御柱となる木を伐採するさいに行われる木本祭では、クロガネ人形四〇・クロガネ鏡四〇面・クロガネ鉾四〇柄・大刀二〇柄・忌斧《いみおの》四柄・立削《たてけずり》一柄・忌奈太《いみなた》一柄・忌鎌一柄・小刀一柄・カンナ一柄（以上、神宮に所属する忌鍛冶内人による製作）、木綿二斤・麻二斤・五色薄絁各五尺・庸布四端・米一斗・酒一斗・雑腊《くさぐさのきたい》（雑魚の干物）一斗・堅魚二斤・鮑二斤・雑海藻二斤・塩二升・鶏二羽・卵一〇丸・陶器二〇口・土師器二〇口（以上、神税で大神宮司宛奉所）が祭料であった（神道大系編纂会一九七九）。鉄製祭具と樹木伐採に関わる鉄製用具類が祭料に含まれているところに独自性がある。同様の特徴は、同じ用材伐採にかかる祭祀である山口祭や御船代祭でも共通していた。

上述の古代の伊勢神宮の祭祀で鉄製形代として造形される物品と、古墳時代の木製祭祀具は品目のうえで共通性が大きい。これは、素材こそ異なるが、伊勢神宮の視点を敷衍すれば、古墳時代では木製祭祀具が直接カミを祀る奉斎品としての役割もあったことを如実に示すものであろう。笹生衛は、古墳時代祭祀遺物と『皇太神宮儀式帳』に記載された祭料を詳細に対比し、律令期の祭料は基本的に古墳時代祭祀遺物の系統を引き継いだものであることを指摘している（笹生二〇一二）。つまり、神宮祭祀における祭料の差異を詳細に検討することは、古墳時代祭祀遺跡の性格を遺物の組成から検討していくさいにも、考え方として一つの重要な指針となりえることを示す（穂積二〇一三）。

このようにみると、確かに律令期における祓いの具としての木製祭祀具の位置づけは大きいが、律令期へ入っても祓いとしてではなく、カミへの捧げ物としても各種模造品が用いられたことが窺われる。かかる意味においては、古墳時代と古代で模造品の性格にあまり断絶を強調することは適切でなく、古墳時代（さらに一部は弥生時代）以来の模造品利用の伝統があって、古代になると祓いなど中国思想の影響も受けて新たな性格をもって出発するものが加わるとみるのが実態に即していよう（穂積二〇〇九）。

体系的把握に向けて　原始・古代の祭具・儀具について、それらをひとまず「祭祀に供された物品群」に包含させたうえでそれぞれの枠組みと構成を示し、それに基づいて縄文時代から弥生時代、古墳時代までの祭具・儀具を概観した。紙面の都合上、古代の祭具・儀具まで詳細には論じえなかったが、『皇太神宮儀式帳』が示す神宮祭祀の一端を示すことにより、祭具・儀具がもっていた本義の一端をより明確化することに努めた。また、古墳時代に起こった祭祀用専用物品の成立に関して、纒向遺跡辻土壙4の知見を素材として、祭祀に供された実用品から祭祀用の専用物品へと発展していく流れを概観した。とくに縄文・弥生期の祭具・儀具については、用途・機能に関して的確な位置づけができたとは言いがたいが、今後、良好な出土状況の蓄積などから、より精度の増した位置づけを図っていきたい。

祭具・儀具は、縄文期のクリ材に彫刻を施した木柱・木偶や、供献用具として用いられた弥生時代の精製高杯や写実性の強い一部の武器形木製品、古墳時代の琴など高度な木工技術を必要としたものもあるが、多くは比較的簡便な加工で完成した。なかでも主にスギ材を用いて作られた古墳時代の木製祭祀具（木製形代）は、薄板に切り込みを入れただけの簡便な加工による同形態の大量生産を意図したものであった。一方、同じ祭具・儀具でも、古墳に樹立された木製立物は、基本的に古墳樹立用の専用物品として作られ、樹種もコウヤマキやヒノキが用いられるなど集落出土のものとは異なった工人の手になるとみられる。

祭祀・祭具は、本来木製遺物だけで語られるものではなく、各時代、土製や石製、あるいは金属製などの他素材の祭具・儀具と照応させながら全体系を把握する必要がある。従来の研究は、これらが個別に行われ、個々に評価されてきた。本章ではできる限り他素材の祭具・儀具との照応についても言及したが、本書の趣旨上、他素材に関する言及は必要最小限に止めた。

参考文献

青柳泰介「導水施設考」『古代学研究』第一六〇号、二〇〇三年
石野博信ほか『纒向遺跡』奈良県立橿原考古学研究所、一九七六年
伊藤　聡『神道とは何か』中公新書、二〇一二年
上原真人編『木器集成図録　近畿原始篇』奈良国立文化財研究所、一九九三年
岡田精司「神と神まつり」『古墳時代の研究』一二　雄山閣出版、一九九二年
笠原　潔「音楽学から見た出土木製品」『木・ひと・文化～出土木器研究会論集～』二〇〇九年
金子裕之「古代の木製模造品」『研究論集』Ⅵ　奈良国立文化財研究所、一九八〇年

金子裕之「日本における人形の起源」『道教と東アジア――中国・朝鮮・日本』人文書院、一九八九年
笹生　衛『日本古代の祭祀考古学』吉川弘文館、二〇一二年
神道大系編纂会『神道大系　神宮編一　皇太神宮儀式帳・止由気宮儀式帳・太神宮諸雑事記』一九七九年
鈴木裕明「団扇形木製品と麈尾」『日本考古学の基礎研究』茨城大学人文学部考古学研究室、二〇〇一年
鈴木裕明「古墳時代前期の団扇形木製品の展開とその背景」『初期古墳と大和の考古学』学生社、二〇〇三年
出原恵三「〈速報〉高知県土佐市居徳遺跡群―縄文晩期の木胎漆器と鍬―」『考古学ジャーナル』第四四四号、一九九九年
坂　靖「鳥形木製品と古墳―古墳に樹立された木製品の性格をめぐって―」『考古学に学ぶⅡ』二〇〇三年
東村純子「輪状式原始機の研究」『古代文化』第六〇巻第一号、二〇〇八年
東村純子『考古学からみた古代日本の紡織』六一書房、二〇一一年
樋上　昇『木製品から考える地域社会―弥生から古墳へ―』雄山閣、二〇一〇年
藤田和尊・木許守「鐃とその表象品」『勝部明生先生喜寿記念論文集』二〇一一年
穂積裕昌「いわゆる「導水施設」の性格について―殯所としての可能性の提起―」『古代学研究』第一六六号、二〇〇四年
穂積裕昌「古墳時代木製祭祀具の再編」『木・ひと・文化～出土木器研究会論集～』二〇〇九年
穂積裕昌『伊勢神宮の考古学』雄山閣、二〇一三年
溝口孝司「宗教的行為の分析の意味と諸段階の様相―理論考古学の立場からのコメント―」『日本考古学協会第七七回総会　研究発表要旨』二〇一一年
森　浩一『森浩一の語る日本の古代　倭人・クマソ・天皇』大巧社、一九九四年
山田昌久「木製品」『縄文文化の研究』七、雄山閣出版、一九八三年

〔付記〕　紙面の都合上、個別の実測図の出典は省略している。

コラム

丸木舟から準構造船へ

穂積裕昌

縦に半截した丸太を刳《く》り抜いたのが丸木舟（刳舟）で、この丸木舟を船底（基部）として、竪板《たていた》（波切板《なみきり》）や舷側《げんそく》板を上部に付加したのが準構造船である。

丸木舟は、構造的には単純だが、それゆえ堅牢で不沈性が高く、準構造船の出現後も河川や湖沼、沿岸漁撈などに近年まで利用されてきた。『日本霊異記』下巻1に、「熊野の村の人、熊野の河上の山に至りて、樹を伐りて船を作る。（中略）。後に半年を経て、船を引かむが為に山に入る（以下略）」とあるが、これは丸木舟製作を語ったものだろう。そこで丸木舟は、原材を伐った山で製作し、その後、舟を引いて下ろしてきたことがわかる。これは、鹿児島県種子島の丸木舟造りなどの民俗事例とも基本的に一致する。

さて、準構造船は、大別すると、刳舟の両側縁に舷側板を取り付け、船首内側に水切用の竪板を嵌め込んだ二体成形タイプと、両側縁に舷側板を取り付けるのは同じだが竪板を船首・船尾の先端を覆うように付加した一体成形タイプがある。両タイプは、船形埴輪の知見から大枠が把握されたが、二体成形の船は大阪府久宝寺遺跡から船底板・舷側板・竪板がセットで出土し、船形埴輪の一形式と実際に照応することが確認されている。

準構造船は、刳舟をベースに舷側板などを上部に付加した構造であるため、船幅は丸木舟同様に原材の大きさの

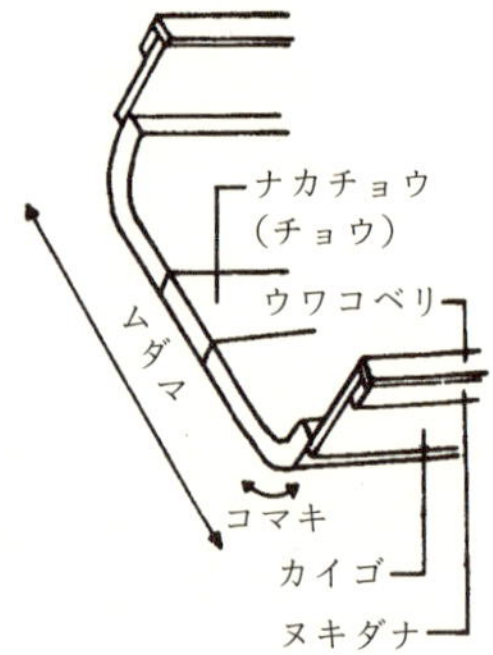

図1　下北の磯船（ムダマハギ）の船体構造

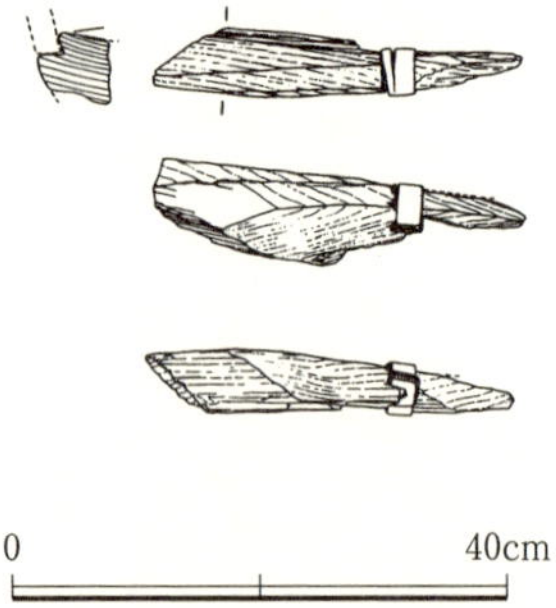

図2　滋賀県下長遺跡出土準構造船の舷側板接合

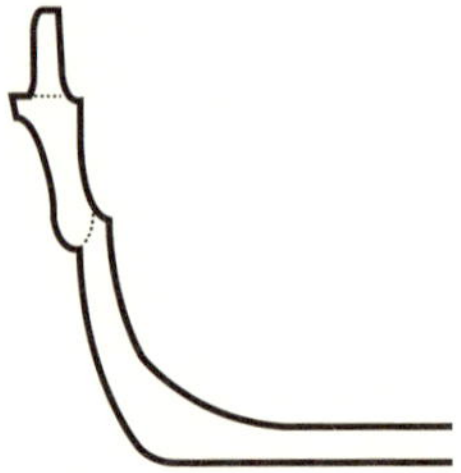

図3　三重県宝塚1号墳出土2号船の舷側板接合模式図

制約を受け、幅広化することには限界がある。これを打開するには、船底を板造りとし、これを組み合わせた構造とする必要がある。青森県下北半島の「下北の磯船」のうち、ムダマハギと呼ばれるタイプや山陰の刳舟であるモロタ舟などは、本来船底を刳舟とし、その上に舷側板を付加する準構造船タイプだったが、船底中央に「チョウ」と呼ばれる縦長の板を配し、その両側に立ち上がりをもつ縦長の板（コマキ）二枚をチキリと呼ばれる蝶形の鎹でチョウに接合した三枚構成の船底構造に変遷する。そして、舷側板は、基本的に上部側を外側にあてて継いでいく。

ひるがえって古墳時代の例をみると、船底部と舷側板、あるいは下部舷側板と上部舷側板の接合は、樹皮巻き・枘《ほぞ》を穿っての栓止め・栓挿入時に樹皮（桜皮など）を巻き込んで水の浸入を防ぐ技術がすでに出現している。さらに、チキリについても、大阪府蔀谷《しとみや》北《きた》遺跡で船材の接合に用いられていることが確認されている。蔀谷北遺跡のチキリ接合を用いた部材は、報告では船底とするが、森田克行氏はその部分を船底から舷側へ一体成形で立ち上がる「面木《おもき》」（＝下北の磯船でいう「コマキ」）とみて、構造船の初現的な形態と評価した。上部舷側板の外側への継ぎについても、滋賀県下長遺跡の部材で確認できるとともに、三重県宝塚一号墳の船形埴輪の舷側板にもそれが転写されている。

このようにみると、蔀谷北遺跡の部材が構造船部材を含むかどうかはともかく、船底を板造りとすることは、技術的にはすでに古墳時代には準備されていたとみてよかろう。今後の当該部材の出土に注視したい。

ただし、縦長の板をチキリで接いだ船底部をもつ船は、民俗例では構造船に含めず、刳舟との技術的な関係性から準構造船においている。民俗事例には、製作にあたって曲面を出すために焼いた木屑や麦藁をあてがって反りをつける技術（佐渡の磯船や和泉の佐野ブネなど）、水を切って進みやすくするために舳先（船首）を細くする事例（佐渡の磯船など）、船形埴輪のように船首が極端に反り上がる船（山陰のソリコ舟）、縦長板を矧ぎ合わせて船底を造る事例などが報告されている。こうした民俗事例で確認できる技術についても、どこまで遡るのかの検討項目になるとともに、出土船材との比較検討を進める必要がある。

参考文献

一瀬和夫「3　交通と伝達　②船とソリ」『古墳時代の考古学5　時代を支えた生産と技術』同成社、二〇一二年
大阪府教育委員会『蔀屋北遺跡Ⅰ』二〇一〇年
多田一臣校注『日本霊異記　下』（ちくま学芸文庫）一九九八年
松阪市教育委員会『三重県松阪市　史跡　宝塚古墳』二〇〇五年
森浩一編『日本民俗文化大系13　技術と民俗（上）海と山の生活技術史』小学館、一九八五年
森田克行「史・資料にみる古代船」『古墳時代の船と水運』高槻市立今城塚古代歴史館、二〇一四年
守山市教育委員会『下長遺跡発掘調査報告書Ⅷ』二〇〇一年

七　樹種の特性・分布と利用

中　原　計

1　木材の特性と研究への利用

木材の特性　木を素材とした道具は、古来より、生活の様々な場面で利用されてきた。プラスチックなどの合成化合物の製品が多量に使われている現代においても一定の地位を占めている。しかし、合成化合物とは異なり、木材は天然素材であるがゆえに、木の種類ごとはもちろんのこと、一本の木の中でも性質が異なる部分がある。古代の人々は、木の種類ごとの生物学的、物理学的、化学的な性質を経験的に把握したうえで、作りたい木製品ごとに利用する木材を選択している。

辺材と心材　維管束形成層（樹皮のすぐ内側に存在し、この部分が活発に細胞分裂を行うことによって、樹木が太く生長する）で形成されたばかりの木材は、辺材と呼ばれ、水や養分を運搬し、生命活動を維持する役割を担う。その後、リグニンという成分の働きにより、心材へと変わっていく。心材は骨格にあたる部分であり、樹木を支える役割を担う。辺材と心材とでは含水率が異なるため、乾燥期間や乾燥時の歪み具合に違いが出る。また、心材は、心材物質と

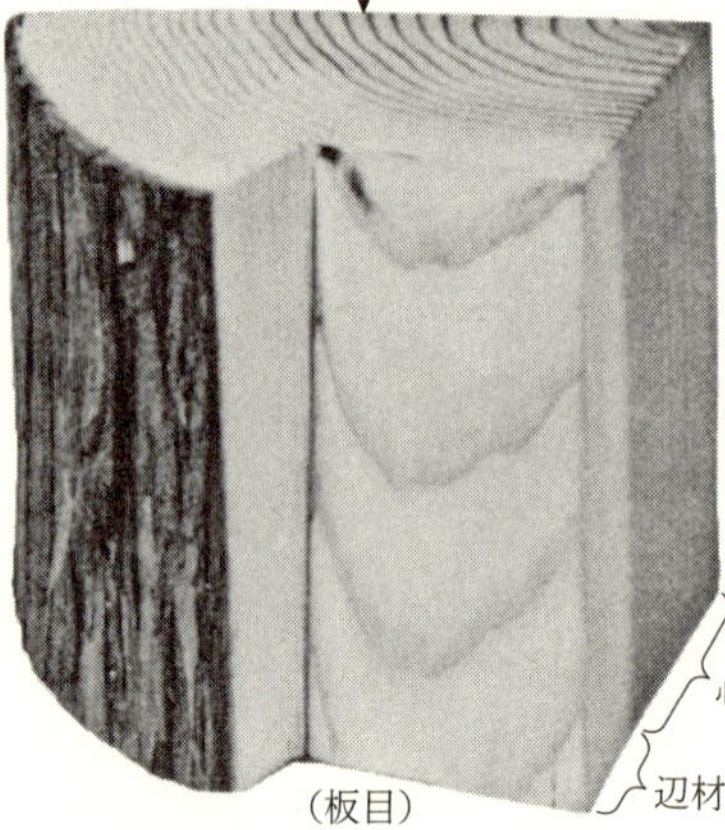

図1　木材の三断面（島地・伊東 1982）

いう化学成分の働きにより辺材よりも耐久性が高い。しかし、弥生時代の木製品をはじめ、辺材を除去することなく加工されたものがみとめられ、以降の時代においても確認できる。

比重・異方性　用材選択においては、木材の物理学的な性質が大きく関わっている。その中でも、木製品に加工するさいに考慮される性質が、比重と異方性である。比重とは、四℃の水の密度（およそ一g／㎤）に対する物体の密度の比のことであり、一より大きければ水に沈む。この数値が高い木材は相対的に重い。また、比重の大きいものは、細胞の密度が高く、相対的に硬い木材である。日本国内では、アカガシ亜属の樹木（シラカシ、アカガシなど）の比重が最も大きく〇・九前後であり、重量や硬さを必要とする鍬・鋤類、伐採用斧柄などに利用されている。

また、異方性という性質により、木取り方向が規定される。木材の細胞は樹木の上下方向に細長く、それらが束になった状態で木材を形成している。また、その配列は放射方向と接線方向で異なっている。そのため、木口面、柾目面、板目面（図1）のそれぞれで荷重に対する耐性が異なり、木口面が最も高い数値を示す。それが異方性と呼ばれる性質である。例えば、鍬・鋤は地面に当たる刃部が木口面になるように作られている。また、刳物容器（ろくろを用いず、手斧やノミなどで製作された容器）は横木取り（口縁部が柾目面や板目面にくるように加工されているもの）が多い。ただし、臼のように打撃による荷重が頻繁にかかるものは、木口面を刳り抜いて作られている。

現代の木材利用においては、香りや色合いなどが重視されることがある。木材には、種類ごとに特有の香りがあり、なかには、ヒノキやクスノキなどのように、非常に強い芳香があるものもある。どちらも樹脂分に含まれている化合物によるもので、防虫、防菌作用などがあり、木材自体を守る役割を果たしている。クスノキの香り成分を蒸留して抽出したものが、一般に防虫剤としてなじみ深い樟脳である。木材の色合いとしては、赤色、黄色、白色などがあり、それらに加えて濃淡がある。色合いと細胞配列により生じる杢との組合せにより、木材の種類ごとに独特の風合いが生み出される。

これらの性質は、遺跡から出土する木質遺物からは失われており、古代の人々がそれらに対してどのような思いを抱いていたかは、考古学的な事例の積み重ねから類推するしかない。弥生時代から古墳時代にかけて、近畿地方を中心に使われたコウヤマキ製の木棺は、その可能性を感じさせるものである。香木など香りを楽しむ文化が古代からあることから、原始・古代の人々が、単に物理学的な性質だけではなく、これらの性質も加味して木材を選択していた可能性は十分考えられる。

樹種の見分け方 樹木は針葉樹と広葉樹とでは大きく細胞構造が異なっており、さらにそれぞれの樹種で細かな違いがみとめられる。このことが、木材の比重が異なる要因となっている。遺跡から出土した木質遺物の樹種同定は、その細胞構造の観察により行われる。

生木であれば、剃刀で木口面、柾目面、板目面のそれぞれの切片を採取し、プレパラートを作成する。プレパラートを生物顕微鏡で観察し、細胞構造の特徴から樹種を同定する（図2）。炭化材の場合は、走査型電子顕微鏡下で観察されることが一般的である。その場合、プレパラートは作成せず、断面観察用のブロックサンプルを作成し、同様に三断面を観察し、樹種を特定する。

樹種同定は、器種の判明しているものについて選択的に行われることが多く、単に用材傾向を把握するだけにとど

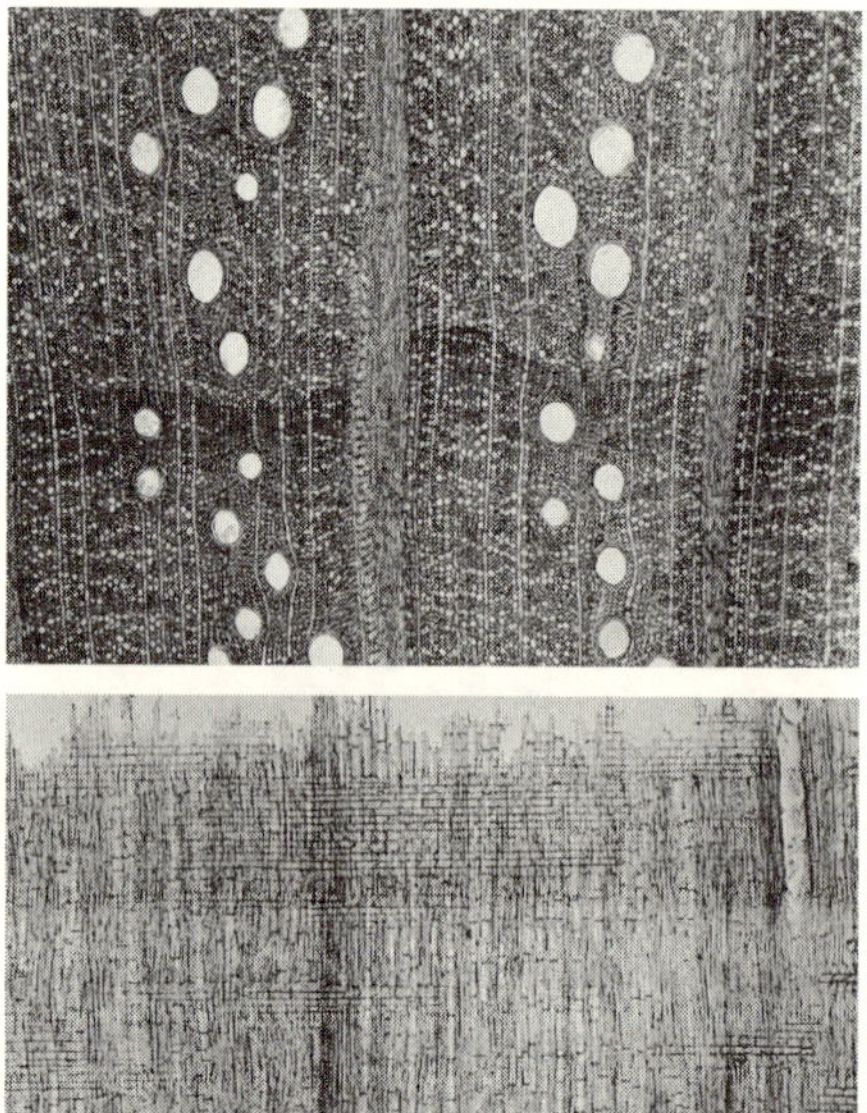

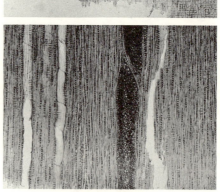

図2　アカガシ亜属の細胞構造（上：木口，中：柾目，下：板目）

まっていた。近年は、杭材や自然木を含めたすべての木質遺物を同定する事例も出てきた。それによって、遺跡の周辺にどのような森林があり、そこから人々がどのような理由で木材を選択していたかの検討も進んでいる。また、破片資料であっても、用材傾向から器種や用途の特定に至る場合もある。

用材研究　近代には、『木材ノ工藝的利用』（農商務省山林局編一九一二）が木材利用の促進を目的に編纂され、当時使われていた木製品とその用材についての知識の普及が図られている。現代において、遺跡から出土する木製品を研究するさいにも、用材とその選択要因を把握しておくことは欠かすことができないものである。

遺跡から出土する木製品とそれらに利用されている木材の種類については、奈良県唐古・鍵遺跡や静岡県登呂遺跡などをはじめ、古くから分析成果の蓄積がなされている。それらにより、木製品に使われる木材には、選択性がみとめられることが明らかとなっている。それらは、近年『木の考古学　出土木製品用材データベース』（伊東・山田編二〇一二）としてまとめられた。それにより、器種ごとの用材傾向やその地域差、樹種ごとの地域的な利用傾向が明らかにされた。今後はこれらの意味を追究していくことが期待されている。

そのためにはまず、周辺にどのような樹木が生育していたかを明らかにすることが不可欠となる。輸送手段がそれほど発達していない原始・古代においては、木材を選択するさいの選択肢、つまり、当時の周辺植生の差異が用材傾向の地域差を生む大きな要因となっている。杭材（堰などの施設の構築や建物の基礎などに用いられた杭に利用された木材）や自然木の樹種分析からは、周辺の植生が復元できることが明らかにされてきた（林・島地・植田一九八八、中原二〇一〇など）。これまでは、これらの樹種が分析されることは多くなかったが、近年は、周辺環境への関心の高まりから、徐々に行われるケースが増えてきている。

周辺植生の中から、どのような木材を選択していたかは、前述した木材の様々な性質が手がかりとなる。それらは、工業的な観点から数値化され、『木材工業ハンドブック』（森林総合研究所監修二〇〇四）などで公表されており、客観的なデータとして広く利用することが可能である。

年輪研究　日本列島のように気候が周期的に変化する地域では、樹木が一年間で生長する過程で、早材と晩材が形成される。早材とは、春から夏にかけて細胞分裂が活発な時期に生長した部分のことであり、晩材とは夏から秋にかけて生長した部分のことである。この晩材部のことが年輪と思われることがあるが、年輪とは、樹木が一年間かけて生長した部分全体のことを指すものであり、年輪と年輪の間には年輪界が形成される。

年輪気候学や年輪年代法では、この生物学上の年輪の幅（年輪界から次の年輪界までの幅）を計測し、一年間ごとの生長量の多寡を読み取っていく。その推移をグラフ化したものが年輪変動パターンと呼ばれるもので、年輪気候学では、そこから年単位の気候変動を復元する。年輪年代法では、複数資料の年輪変動パターンから暦年標準パターンを作成し、遺跡から出土したものから作成した年輪パターンをそれと照合し、重なった部分があれば、年代を割り出すことができる（光谷二〇〇一）。

近年では、年輪ごとの酸素同位体比をパターン化し、照合する方法も開発された（中塚ほか二〇一三）。日本の年輪年代法では、長期の暦年標準パターンが作成され、実用化されているのがスギ、ヒノキ、コウヤマキに限られていたが、様々な樹種が利用可能であることが利点である。

ただし、これらの方法によって算出された年代は伐採年代であって、使用年代と合致するかどうかの考古学的な検証が必要である。木材は、伐採後乾燥期間が必要であり、年代を決めるうえで、その寝かせの期間がどの程度かを考慮しなければならない。また、木材は転用されることが多いため、その有無についても検証が必要である。加えて、辺材部の残存状況が非常に重要である。辺材部が残存していなければ、算出年代は伐採年代と十数年以上の誤差が出てしまう。以上のような課題はあるものの、樹種を限らなければ、辺材を除去することなく加工されているものは一定数みとめられることから、適用できる樹種が増えることは非常に望ましく、今後の年代測定成果が期待されている。

年輪変動パターンは、一遺跡の中で、建築物の柱材が同時期に伐採されたものかどうかを明らかにすることにも利用されている（木村・村越・中村二〇〇二）。年輪数の少ない樹種の場合は、一つの建築物の中での柱材の同時代性を明らかにできるだけであるが、年輪数の多いスギやヒノキなどの柱材であれば、建築物間の前後関係の把握も期待できる。建築物間の構築順を明らかにする方法としては、年輪以外にも木材の加工痕に残された刃こぼれ痕からの研究も行われている（藤井二〇〇四）。これらを組み合わせることで、集落内の建築物の構築順や同時性について明らかにでき、集落規模の復元に有用な情報が提供される。

年代測定以外に年輪を利用した研究としては、年輪弧から計算された木材の径から、材積の復元や材径ごとの利用状況を明らかにし、当時の木材資源利用のあり方を具体的に復元しようとする試みも行われている（山田二〇〇六）。木材は様々な性質を考慮して選択されるが、利用できる太さに生長しているかどうかも重要である。年輪研究からは、大径木（直径五五チセン以上）、中径木（三五〜四五チセン）、小径木（二〇チセン以下）を道具にあわせて使い分けるとともに、その太さまで生長する時間を見越した資源利用が行われていることが明らかにされつつある。愛知県では、年輪数を計測し、用材の分析と組み合わせることで、地域内のより詳細な古植生復元や二〇〜三〇年ごとに集落を移動して伐採を行う資源利用の具体像が復元されている（樋上二〇一二）。

2　樹種選択の傾向と時期差・地域差

樹木の分布　日本列島には、大まかにみて、西日本には常緑広葉樹林が広がり、東日本には落葉広葉樹林が広がる。この違いを生み出しているのは温度差であり、海流（暖流）の影響により、東日本の海沿いにも常緑広葉樹林が分布している地域がみられる（図3）。これに加えて、高度差により垂直的にも様相が移り変わる。ただし、これらは極相林と呼ばれる植物遷移の最終段階の状態で見た場合であり、実際には、よりモザイク状の森林分布がみとめられる。それは、日照条件や土地の水分量、養分量といった土地条件に起因している。それらの組合せによって、生育できる樹木の種類が異なり、河畔林など様々な状態の森が形成される。また、人為的な伐採や洪水などの自然災害などによって、森林が破壊された後にできる二次林やそこから極相林に遷移していく途中のものもある。里山のように、人為的に管理されることで、二次林の状態が保たれている森林もある。

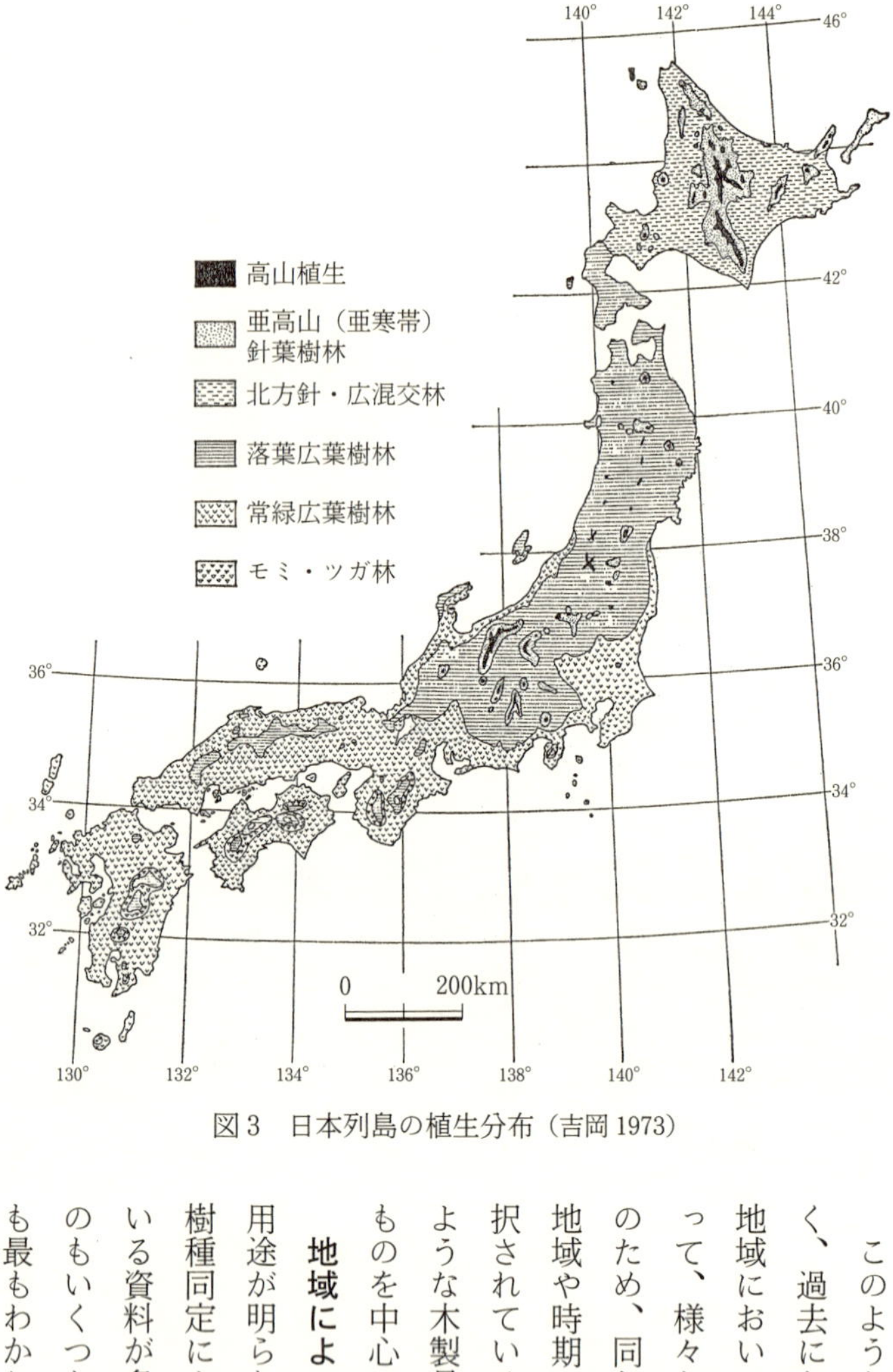

図3　日本列島の植生分布（吉岡 1973）

このような状況は、現代だけでなく、過去においても同様であり、各地域において木材を利用するにあたって、様々な制約となっていた。そのため、同じ道具の用材であっても、地域や時期によって異なるものが選択されている。次項以降では、そのような木製品について、弥生時代のものを中心に紹介していきたい。

地域によって変わる樹種　器種や用途が明らかな木製品については、樹種同定による用材分析が蓄積している資料が多く、地域差が明瞭なものもいくつかみとめられる。なかでも最もわかりやすいものは、鍬・鋤類である。弥生時代以降、各地の遺跡から出土し、樹種同定が行われた資料数も多い。そのため、木製品の中では最も利用樹種の地域差を把握しやすいものの一つである。鍬・鋤類は西日本では、アカガシ亜属が利用され、東海・北陸地方〜関東地方では、アカガシ亜属とクヌギ節（節とは、現在、一般的に生物の分類に用いられる、科・属・種などりンネによる分類体系の階級の一つ。属の下、種の上に位置する。クヌギ節には、日本の樹木としては、クヌギとアベマキの二種がある。これらは解剖学的な特徴からは見分けがつかない）が、東北地方ではクヌギ節が利用されている。ただし、長野県など中央高地ではクヌギ節のみ、東海地方西部〜南関東地方はアカガシ亜属が主体となっている。これらはおおむね、常緑広葉樹林・落葉広葉樹林の分布域と重なっている。

アカガシ亜属やクヌギ節が選択された要因は、入手できる中でこれらが最も重く硬い木材であったことである。鍬・鋤類は、地面の掘削や均す作業などに用い、日常的に利用頻度の高い道具である。そのため、摩耗や打撃による衝撃などの負荷に対する耐久性が最も高く、かつ、振り下ろすさいに重さにより高い威力を得られる樹種が選択されている。

鍬・鋤類とほぼ同様の地域差がみられるものとしては、伐採用の斧直柄がある。これについても、木に打ちつけたときの衝撃に対する耐久性や斧の威力を増すための重量を必要とした木材選択といえる。

容器類に利用されている樹種は、広葉樹ではクリ、トチノキ、ケヤキ、ヤマグワ、クスノキが比較的多く、針葉樹ではスギが多い。これらの木材の特徴として、ケヤキ、ヤマグワ、クリは気乾比重が〇・六九〜〇・六〇で中庸の重さであり、硬さもよく似た数値であることがあげられる。また、環孔材という杢が現れやすい樹種であることも共通している。それらに比べるとトチノキ、クスノキは気乾比重が〇・五二でやや軽く、硬さもやや軟らかい。広葉樹全体でみると、容器類には重さも硬さも中庸程度の木材が選択されているといえる。スギは広葉樹よりも軽く軟らかいが、それらとは器種を違えていることが多く、使い分けがされている。現代においても、クリ、トチノキ、ケヤキは椀などに、スギは桶などに利用されている。とくにケヤキは漆器素材として多用されている。

地域別では、クリ、トチノキは東日本で多く、西日本では利用が少ない。ケヤキは関東地方以西で主体となる樹種である。ヤマグワは近畿地方と山陰地方〜北陸地方で多く利用されている。クスノキは瀬戸内地域から東日本の太平洋側で利用が多い。スギは地域的特徴が最も顕著で、日本海沿岸地域と東海地方東部に利用が集中している。ただし、太平洋側には別の地域にもスギの天然分布がみとめられることから、房総半島や紀伊半島、四国地方南部、九州地方南部でも今後類例が発見される可能性は高い。これら以外の樹種としては、ヤマザクラやキハダなどが各地で利用されている。それらを総合してみてみると、おおむね西日本では常緑広葉樹と落葉広葉樹の両方が利用され、東日本では落葉広葉樹が利用の主体を占めており、植生の分布に影響されている。

器種別にみると、大阪府の遺跡では、加飾性が高く、加工の複雑な高杯や四脚容器などにはケヤキとヤマグワ、加飾性が低く、加工の比較的簡単な鉢などにはクスノキというような使い分けがみとめられる。他地域においても、ケヤキ、ヤマグワは加飾性の高いものに利用されることが多い。ただし、瀬戸内地域ではクスノキが高杯に利用されるなど、同じ木材を利用する地域であってもその利用のあり方には違いがみとめられる場合もある。

弥生時代において、特徴的な利用として知られているのは木棺材である。近畿地方のとくに大阪湾沿岸地域においては、棺材となる板材はコウヤマキとヒノキにほぼ限られている。古墳時代になると、近畿地方を中心に割竹形木棺にコウヤマキが利用される。この樹種選択は、針葉樹が真っ直ぐな材を取りやすいことや板状に加工しやすいことが理由と考えることも可能である。山陰地方のようにスギが比較的多く分布する地域では、スギ材が利用されている。しかし、大阪湾沿岸地域ではコウヤマキ、ヒノキがそれほど多く分布しているわけではないにも関わらず多用されていることが特異な点である。

杭材からみた地域植生復元とその利用　樹種選択の地域ごとの差は、主に植生分布の差が影響しており、それを最もよく反映しているのは自然木や杭材である。自然木は人の手が加わった痕跡のみられないもので、その場所に当時生えていた樹木である。杭材は、堰などの水利施設や水場遺構などに使われ、それを作る場所の近くの木が利用されている。

　大阪の河内平野では、自然木や杭材の樹種同定が行われている事例が比較的多い。また、立地の異なる遺跡の分析成果があり、比較検討できる地域である。鬼虎川遺跡、池島・福万寺遺跡は、生駒山地縁辺部の扇状地端部に立地する集落遺跡である（図4）。鬼虎川遺跡からは弥生時代前期〜中期、池島・福万寺遺跡からは弥生時代後期の資料が分析されている。自然木では、ヤナギ属が最も多く、アカガシ亜属、ヤマグワ、クヌギ節、コナラ節などがみられる。杭材では、アカガシ亜属が最も多く、クヌギ節、シイノキ属、クスノキなどが利用されている（図5）。自然木からは、これらの遺跡周辺には、ヤナギ属やヤマグワなどで構成される河畔林とアカガシ亜属、クヌギ節、コナラ節などで構成される平地林があったと考えられる。ただし、杭材にはアカガシ亜属のほか、クスノキやサカキなど常緑広葉樹が多く利用されている。このことから、これらの集落では、常緑広葉樹林からも木材を獲得できており、地理的にみると、それは生駒山地に分布していたものである。生駒山地には、アカガシ亜属、クスノキ、サカキなどで構成される常緑広葉樹林が分布しており、その林縁部にはアカメガシワやクマノミズキが生育していた様子が復元できる。

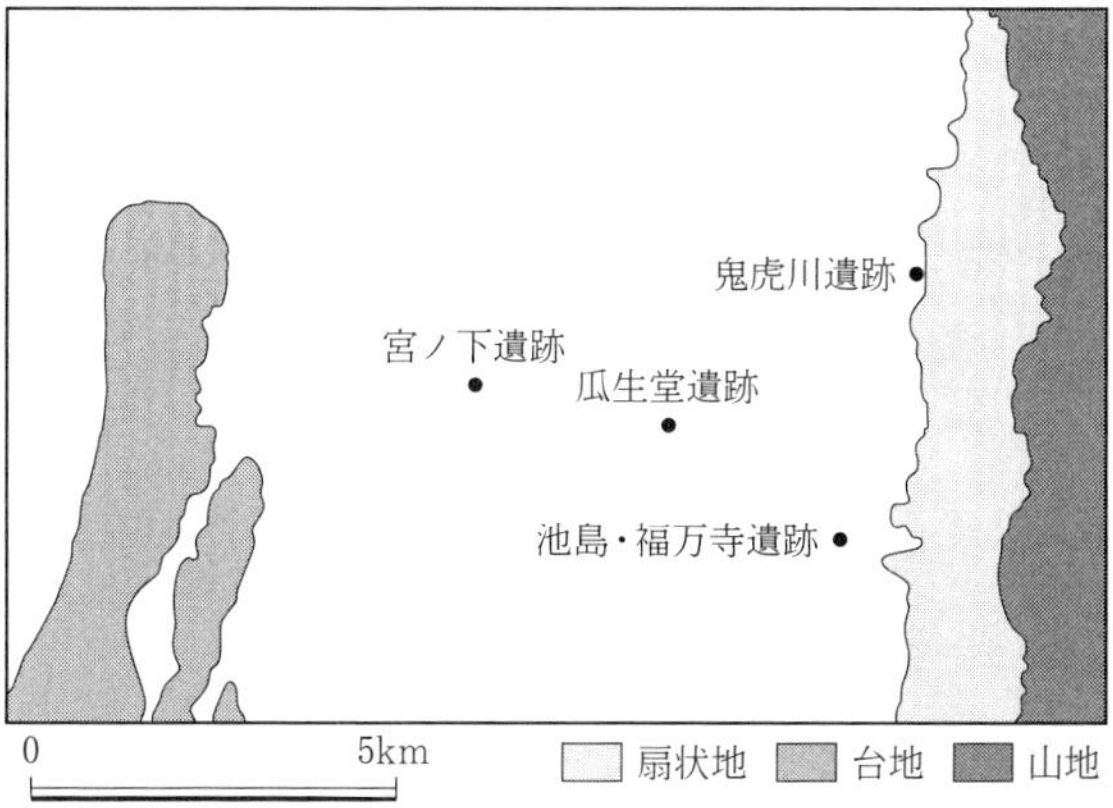

図4　鬼虎川，池島・福万寺，瓜生堂，宮ノ下遺跡の位置関係

　瓜生堂遺跡、宮ノ下遺跡は周辺に丘陵地のない沖積平野部に立地している集落遺跡である（図4）。宮ノ下遺跡では弥生時代中期、瓜生堂遺跡で

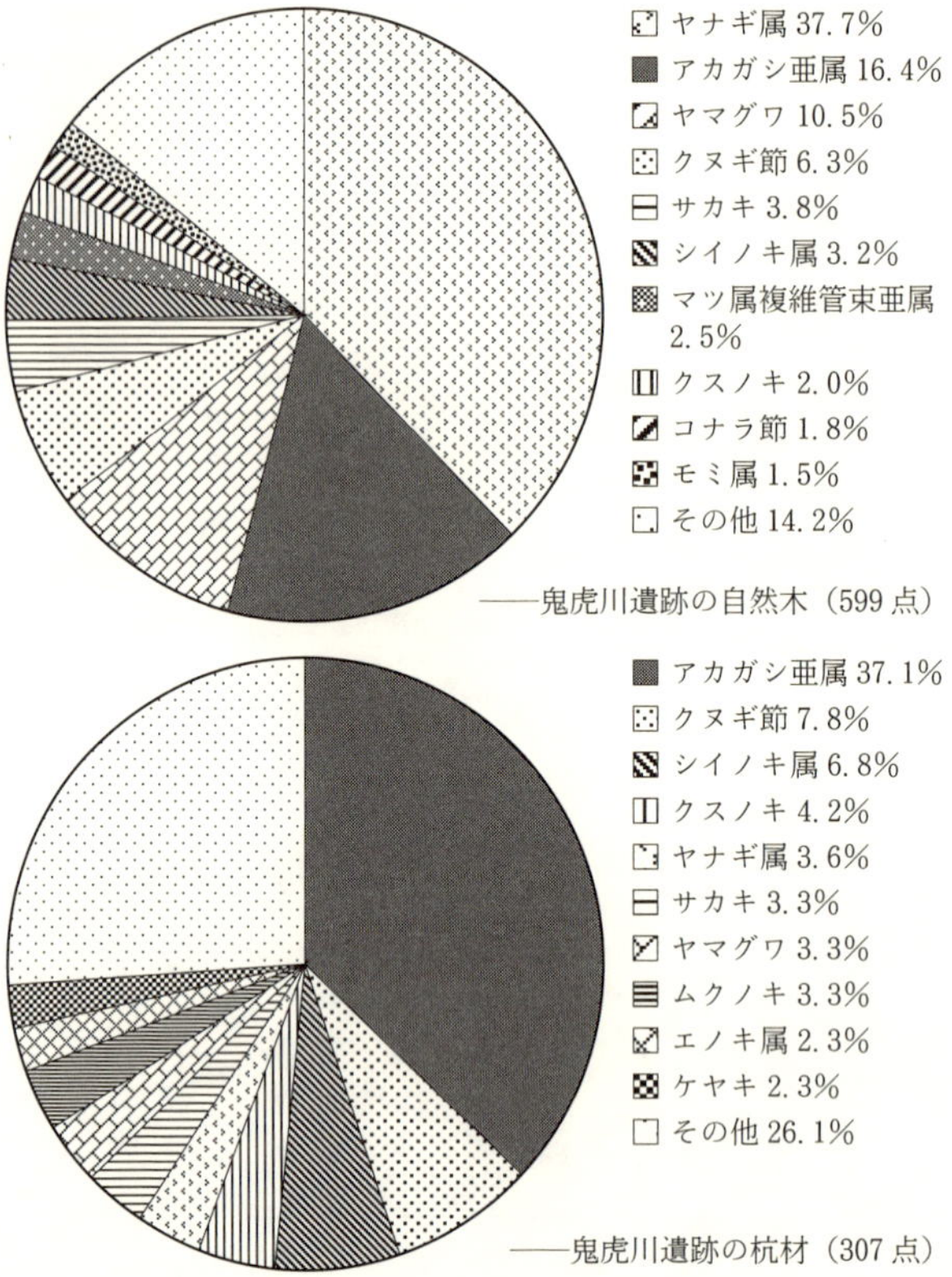

図5　鬼虎川遺跡出土自然木・杭材の樹種

は弥生時代後期の資料が分析されている。自然木では、クヌギ節、マツ属複維管束亜属、アカガシ亜属、シイノキ属、ヤナギ属などがみられる。杭材については、瓜生堂遺跡では、マツ属複維管束亜属が最も多く、クヌギ節、シイノキ属、アカガシ亜属などが利用されている（図6）。宮ノ下遺跡では、コナラ節が最も多く、クヌギ節、シイノキ属、アカガシ亜属などが使われている。沖積平野部では、ヤナギ属、ヤマグワなどで構成される河畔林とマツ属複維管束亜属、クヌギ節、アカガシ亜属、シイノキ属などで構成される平地林が周辺に分布していた様子が復元できる。

これらの分析結果からみると、河内平野の扇状地端部～沖積平野部には、河畔林と平地林が分布していたことがわかる。平地林には、アカガシ亜属なども生育しているが、マツ属やコナラ節、クヌギ節が多いことから、土壌の栄養分はそれほど多くなく、樹径二〇ｾﾝ程度の小径木が中心であると推測される。弥生時代には、奈良盆地から流れ出た大和川が北に向きを変え、河内平野を網の目状に流れており、たびたび洪水が起こっていた。池島・福万寺遺跡や瓜生堂遺跡などで洪水砂の堆積が確認されている。そのため、森林の発達が妨げられていたと考えられる。沖積平野部では、平地林から得られる木材は杭材や燃料材、竪穴住居の建築材には使えるものの、直径五五㌢以上の大径材を必要とする鍬・鋤類や容器類には利用できない状況であった。それに対して、扇状地端部の遺跡では、生駒山地の常緑広葉樹林が利用できていた。次節にて詳述するが、このような状況は、各遺跡における木製品製作に影響を与えており、出土する木製品、とくに未成品のあり方に表れている。

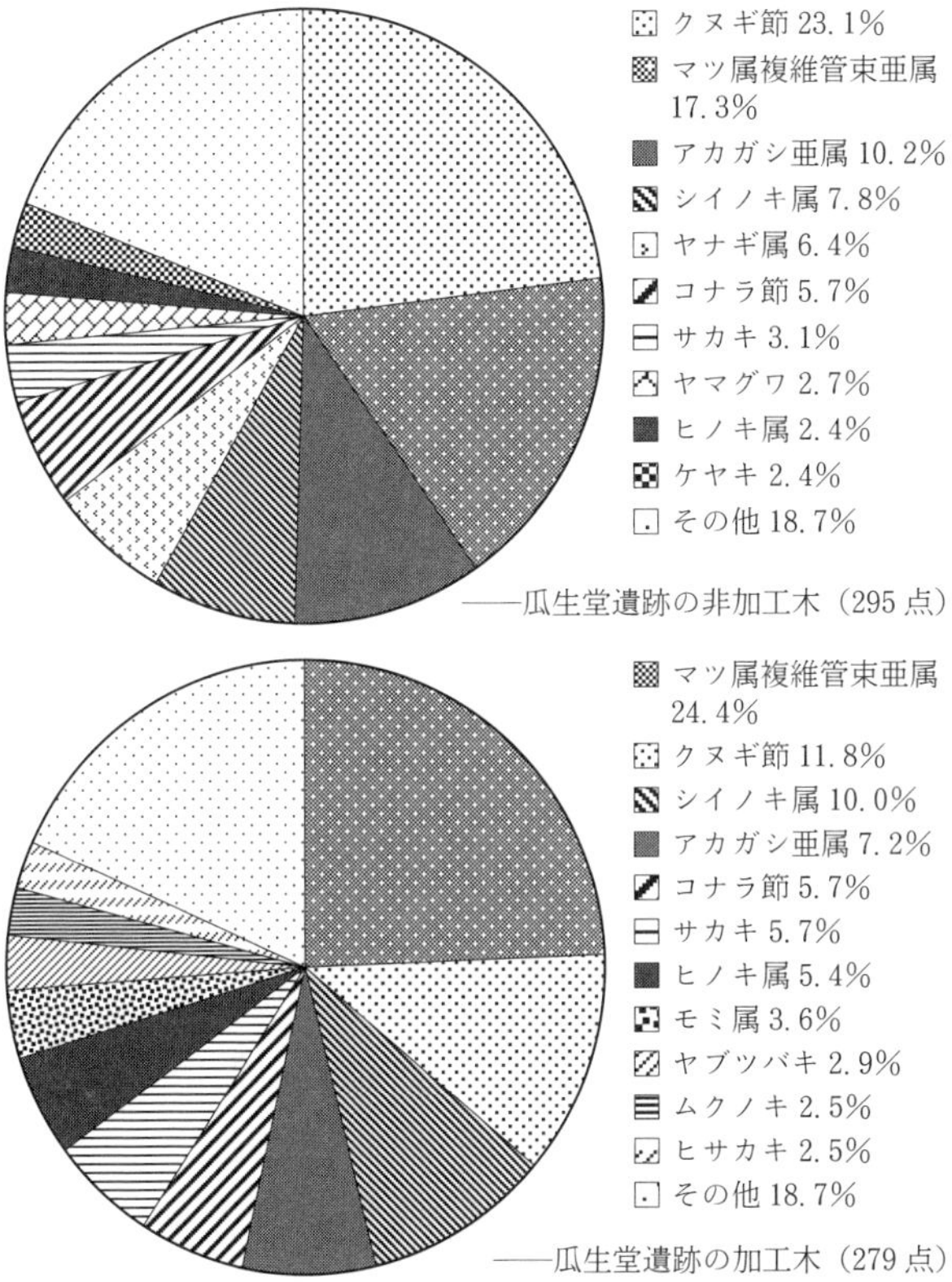

図6　瓜生堂遺跡出土非加工木・加工木の樹種

　また、立地条件が共通する遺跡においても、杭材の樹種構成は似ているものの、若干の違いがみとめられる。扇状地端部の遺跡では、クヌギ節の利用割合が異なっており、沖積平野部の遺跡では、マツ属複維管束亜属の割合が異なる。これは、時期による差の可能性も考えられる。しかし、自然木の傾向にも同様に差がみられる。また、数は少ないものの池島・福万寺遺跡、瓜生堂遺跡から弥生時代前期〜中期の資料も出土しており、それらは後期の資料と同様の傾向がみられる。このことは、杭材などは各集落がそれぞれ調達しており、その趣向の差または微妙に異なる植生の差が反映したものと考えられる。

同じ弥生時代で、より遠隔地の事例としては、徳島平野の南蔵本遺跡（弥生時代前期）、和歌山平野の太田・黒田遺跡（弥生時代中期前葉）の分析事例がある。地域が異なるものの両遺跡とも傾向は類似しており、ヤマグワ、シイノキ属、ヤブツバキなどの広葉樹に加え、ヒノキ、イヌマキなどの針葉樹の利用も多い。これらの遺跡は、中央構造線のすぐ南側に位置している点で共通しており、気候が似ていたことが要因である。河内平野の事例と比較すると、針葉樹材の利用が多く、なかでもイヌマキの利用が目立っているところが地域的な特徴である。イヌマキは比較的暖かいところを好み、関東以南の太平洋側を中心に分布している。これらの地域には、弥生時代から多くイヌマキが生育し、それをよく利用していたことがわかる。

時期によって変わる樹種　過去の地球において、氷期と間氷期のように大きな気候の変動があったことは比較的よく知られている。そのような大きなもの以外にも、過去には何度も気候変動が起こっており、縄文海進などの海水準変動や砂丘の形成などの地形の変化がそれと連動して起こっていたと考えられている。そのような気候変動に伴い、森の様子も移り変わってきていることが明らかにされている（安田・三好編一九九八）。

鳥取市本高弓ノ木遺跡は、鳥取平野西部の釣山という独立丘陵に接する沖積平野部に立地している。ここからは、古墳時代前期の木製構造物と、縄文時代晩期〜弥生時代初頭の木製構造物・貯木施設が発見された（図7・8）。そこで使われていた木材は、すべて樹種同定による分析が行われた。

古墳時代の水利施設に使われていた木材からは、シイノキ属、ヤブツバキ、タブノキをはじめアカガシ亜属、サカキなどの常緑広葉樹林、ヤナギ属、エノキ、ヤマグワやハンノキ属などの河畔林や湿地林、マツ属、コナラ節、クヌギ節などの平地林が存在していたことが判明した。

それに対して、縄文時代晩期の木製構造物に使われていた木材からは、丘陵部にクリやトチノキ、カエデ属などの

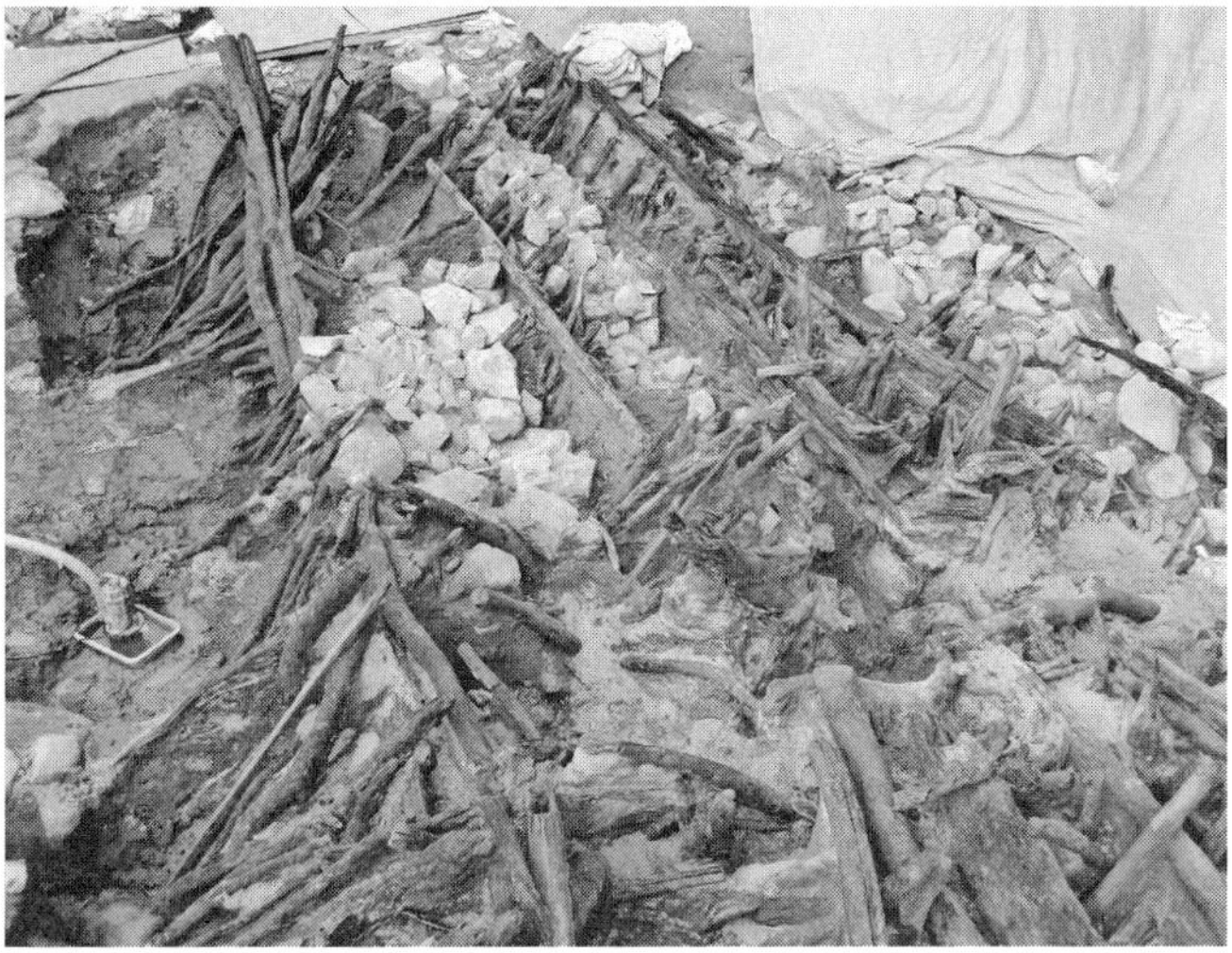

図7　古墳時代前期の木製構造物（公益財団法人鳥取県教育文化財団保管写真より提供）

図8　縄文時代晩期末〜弥生時代前期前葉の木製構造物（図7に同じ）

落葉広葉樹林にアカガシ亜属、タブノキ属、ヤブツバキ、サカキなどの常緑広葉樹が混在した状況が、平地にはオニグルミ、ヤナギ属、エノキ、ケヤキ、カツラなどの河畔林が存在したことが明らかとなった。

それぞれの時期の施設が検出された場所の距離は一五〇㍍ほどであり、立地環境が大きく変化した状況ではない。そのため、このような植生変化は、気候変動と関わりがあることが推測できる。古墳時代前期の植生は、現在の鳥取平野内で見られるものに近い。本高弓ノ木遺跡から北へ二㌔ほどのところにある大野見宿禰命神社には、国の天然記念物となっている社叢林がある。そこで見られる樹種が、古墳時代前期の水利施設で利用されていたものと多くが一致している。それに対して、縄文時代晩期～弥生時代初頭の植生は、鳥取市南部の渓流沿いで見られるものと類似している。現在のこれらの地点の年平均気温差は一℃程度の差である。二つの時代の時間幅はおよそ一〇〇〇年であり、この間に細かな変動がありつつ一℃ほど気温が上昇したことになる。植生は急激には変化しないことから、このようなゆっくりとした気候変動に合わせて、徐々に変化していったものといえる。本高弓ノ木遺跡で見つかった二つの施設は、時間差が大きく、なおかつ、材が近隣の森林から獲得されていたことから、その変化の様子が非常に明瞭に表れた事例である。

人為的植生攪乱による変化　植生の人為的改変によって、もともと利用していた種類が減少し、利用木材の変更を余儀なくされる場合もある。よく知られている事例としては、窯跡から出土する燃料材の樹種変化である。

大阪府陶邑窯跡群における燃料材の分析では、五世紀中ごろ～六世紀後半まではアカガシ亜属など広葉樹主体であったが、七世紀後半にはアカマツ材が主体となることが明らかにされた（西田一九七八）。その後、分析データのさらなる蓄積と窯跡分布と照らし合わせた結果、窯跡集中地域では、集中的な伐採による森林のアカマツ二次林化に伴い材が変化するが、密度の疎らな地域では広葉樹材のままであり、須恵器生産に用いられる燃料の違いは周辺の森林植生の違いによるものであると指摘された（西田一九七八）。

燃料材へのマツ材の導入については、古代を中心に古墳時代から近世までの窯跡出土の炭化材の分析成果を集成した結果、燃料材としてのマツ材の選択的利用は近世まで行われておらず、陶邑窯跡群における二次林化は局地的なものとされている（山口・千野一九九〇）。最近では、山形県高安窯跡群において、燃料材の樹種に加えて年輪数の分析が行われ、新たな見解が示されている。この窯跡でも、当初利用していた広葉樹が少なくなると、マツ材の利用が増加することがわかっている。年輪数の分析を加えたことで、そのマツ材は二次林として増加したものではなく、従来からそこに生育していたものであったことが指摘された（小林・北野二〇一三）。窯を操業するための燃料材は、大量に必要である。そのため、伐採により大量の木材が消費され、気候変動では起こりえないくらい短期間で植生が改変されていたことがわかる。

技術移転と地域植生　植生の異なる地域からの技術移転により、当初は伝えられた樹種選択をそのまま踏襲していたが、その地域の植生に対応する形で、同じ性質の別の樹種に変更することがある。

前述した鍬・鋤類の用材について、北部九州地域の縄文時代晩期のものにはクヌギ節が使われていたこと、弥生時代前期以降の資料はアカガシ亜属であることが明らかにされている（山口二〇〇〇）。このことは、朝鮮半島から鍬・鋤類がもたらされたことに起因している。朝鮮半島における現代の植生分布をみると、南端部を除いて全域が落葉広葉樹林帯である。また、朝鮮半島で出土した鍬・鋤類で樹種が判明しているものはすべてクヌギ節である。朝鮮半島で使われていた鍬・鋤類が北部九州地域にもたらされたときには、道具の形・用途とともに用材や加工技術についての情報が付随していたと推測できる。しかし、北部九州地域は常緑広葉樹林分布域であり、鍬の製作に適した大径木のクヌギ節の入手は困難であった。そのため、伝来当初は、クヌギ節を利用していたが、より入手しやすく、素材としてもより優れているアカガシ亜属に用材が変更された。

これとは逆の現象が、日本列島内で起こっている。北部九州地域で最初に受容された稲作文化は、そのまま徐々に東へ伝播していく。西日本は、常緑広葉樹林分布域であるので、鍬・鋤類の樹種変更を行う必要はなく、そのまま受容された。しかし東に行くにつれ、徐々に落葉広葉樹林分布域に変わっていく。そのため、再度アカガシ亜属からクヌギ節への変更が行われ、東日本に伝わっていった。

作業の効率化を意図した用材変化　時期的な用材変化について、これまで紹介した事例はいずれも周辺の植生に対応した変化であった。それとは別に、素材は豊富にあるものの、作業の手間を省く目的で樹種を変更したと考えられる事例もある。

泥除け（広鍬の背面に取りつけられ、鍬使用時に使用者に泥はねがかからないようにするための道具である）は、弥生時代の中で用材変化がみとめられる木製品である（中原二〇〇六）。西日本では、弥生時代前期には、北部九州地域・瀬戸内地域・近畿地方でクスノキ、山陰地方でムクロジやニガキが使われ、木取りはいずれも板目である。弥生時代中期以降、どの地域でもアカガシ亜属が利用され、木取りは柾目になる。東日本では、西日本と時間差があり、弥生時代中期の資料には、アカガシ亜属に加えて、クリ、キハダなどが利用されている。木取りは、アカガシ亜属のものは柾目であるが、その他のものは板目である。弥生時代後期の資料は、出土しているものでみると、アカガシ亜属で柾目である。

アカガシ亜属が主に使われるようになる以前の樹種は、地域ごとに異なるものの、いずれも各地域で容器類に使われている点で共通している。初期の泥除けは、大きな鉢のような形をしており、刳り物として加工しやすい材がそれぞれの植生にあわせて選択されたものである。

泥除けにおける用材変化は、製作工程における材利用の利便性を意図したものといえる。泥除けは広鍬と組み合わせることで初めて一つの道具となる。泥除けと広鍬に別々の木材を使う場合は、それぞれ適した大きさの木を伐採して製材する必要がある。同じ木材にすることで、一本切り倒せば道具のセットを作ることができる。そのため、素材準備（伐採から製材）の手間を省くことが可能になる。ただし、その分製作できる量は少なくなる。西日本では、弥生時代中期になると、前期に比べて鍬や泥除けの大きさが小さくなっている。それまで三個体しか作れなかった素材から四個体作れるように大きさを変えている。このことが、泥除けの用材変化と対応しているかどうかは検討の余地があるが、当時の人々が、単に植生に左右されていたわけではなく、創意工夫を凝らしながら木材を利用していたことを垣間見ることができる。

3　木材利用と地域社会

獲得と生産　前節で、河内平野の中では、遺跡の立地によって、周辺の植生が異なる事例を紹介したが、このことは、本節で述べる、木材獲得と木製品生産に大きな影響を及ぼしている。

河内平野では、以前から瓜生堂遺跡において未成品がほとんど出土しないことが注目されており、木製品を作らないムラと呼ばれることもあった（田代一九八六）。杭材の樹種構成から、瓜生堂遺跡周辺は森林が発達するような土壌ではなく、木材の獲得に不向きな集落であったことはすでに述べた。しかし、瓜生堂遺跡など沖積平野部の遺跡から出土する鍬・鋤類にもアカガシ亜属が使われている。鍬・鋤類を作るためには、直径六〇チセン以上のアカガシ亜属の大径木が必要である。弥生時代の河内平野において、そのようなアカガシ亜属が生育しているのは、生駒山地などの丘

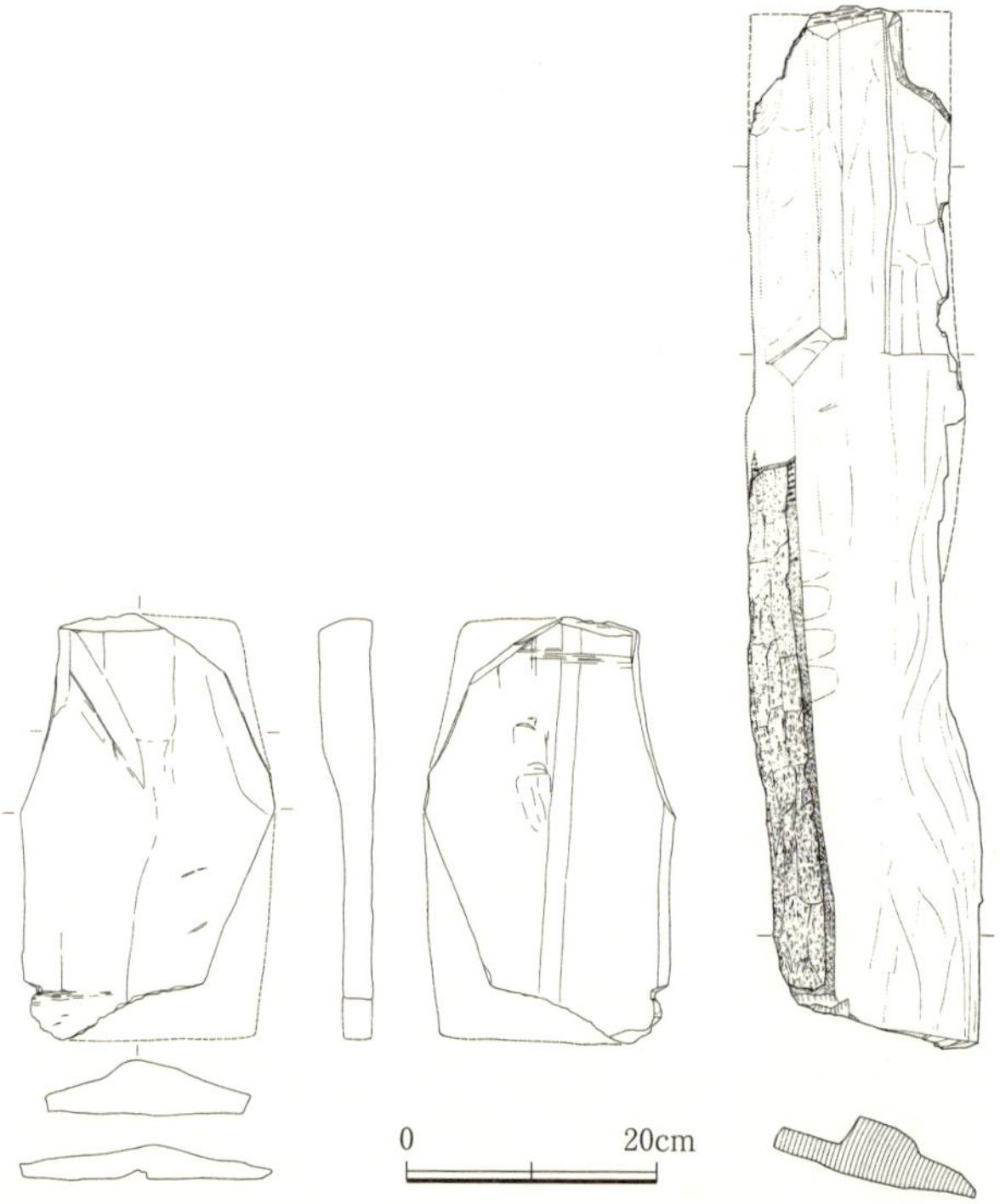

図9　広鍬の製作段階（右：祖形段階，左：整形段階。才原 1988；亀井ほか 1996）

陵地である。鬼虎川遺跡など丘陵地から一キロも離れていない遺跡からは、木製品の未成品が数多く出土し、板材に近い段階のもの（祖形〜原形段階・図9）も含まれている。それに対して、瓜生堂遺跡など丘陵地から三キロ以上離れた遺跡からは、一個体に切り離された段階（整形段階・図9）以降の未成品しか出土していない。

　河内平野と同様の未成品の状況がみとめられるのは、東海地方の濃尾平野と北部九州地域の福岡平野である。これらの地域において、大径木を入手できる丘陵地に近い集落では、すべての木製品について木材の伐採から完成品にいたるまでの製作を行っていた。それに対して、沖積平野部の遺跡では、小・中径木から製作可能な木製品について、伐採から加工まで行っている。大径木が必要な木製品については、丘陵地に近い集落で整形段階まで加工されたものを入手し、完成品までの加工を行った。比較的広い沖積平野に遺跡が展開したこれらの地域では、木材資源の偏りを未成品の供給という形で解消している（図10）。

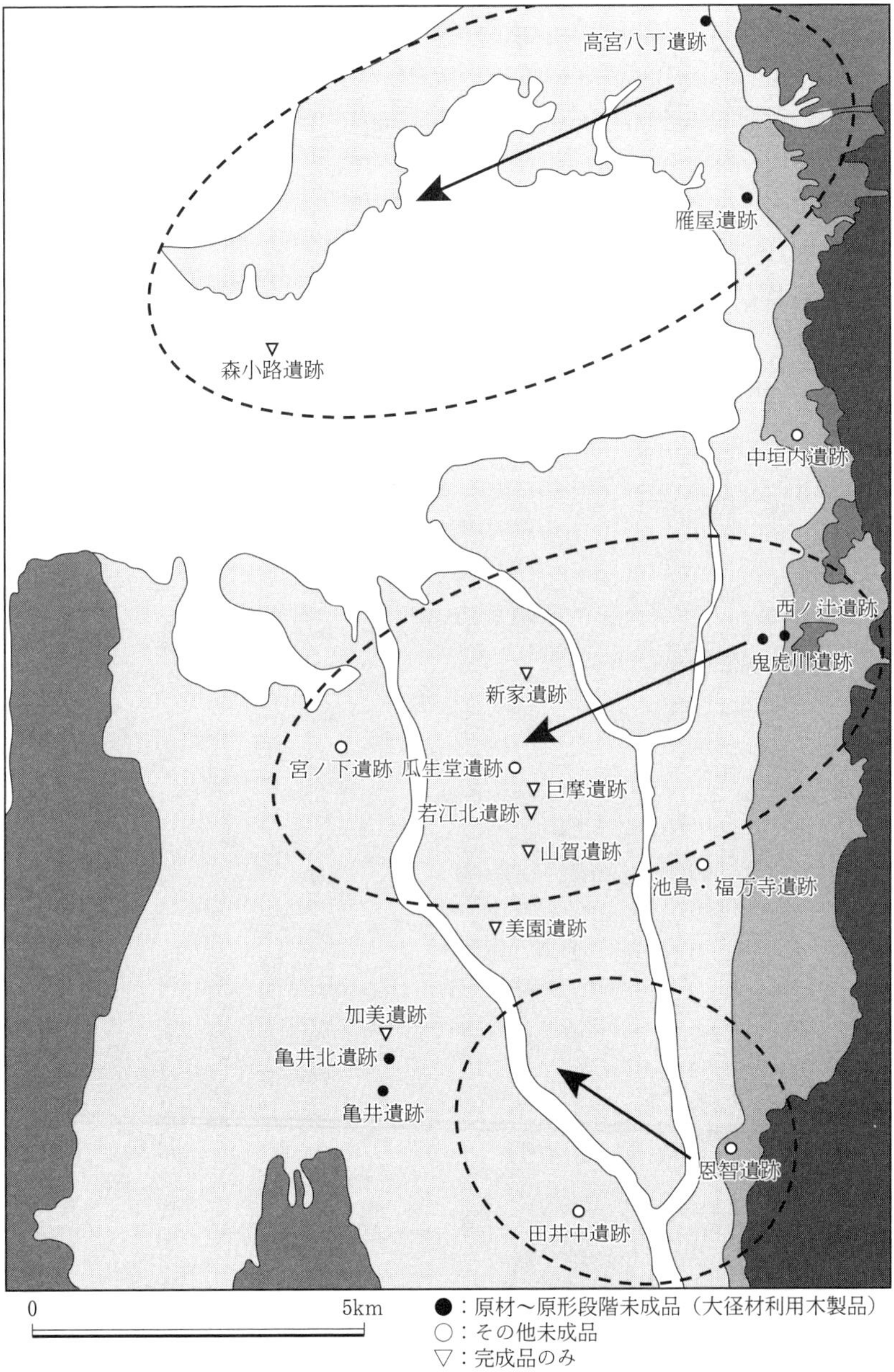

図10　河内平野における木製品の供給（弥生時代中期）

ただし、弥生時代の全時期を通じてこのような状況であったというわけではない。河内平野では、弥生時代前期には、沖積平野部の遺跡であっても未成品が出土している。八尾市田井中遺跡のように原形段階の未成品が出土しているところもある。しかし、弥生時代中期以降、これらの遺跡からの未成品の出土は整形段階に限られるようになる。

未成品出土遺跡の変化は、他地域においても、稲作開始期にみとめられ、西日本では縄文時代晩期～弥生時代前期、東日本では弥生時代中期にあたる。福岡平野の板付遺跡や雀居遺跡などでは、縄文時代晩期～弥生時代前期の未成品は出土している。しかし、それ以降の時期では、木製品は出土するものの未成品はみられなくなる（山口二〇〇〇）。仙台平野では、弥生時代中期後半に、沖積平野部に立地する中在家南遺跡や高田B遺跡から未成品が多く出土している。残念ながら、仙台平野では、津波により集落を放棄せざるを得なくなり、その後の状況が不明となるが（斎野二〇一三）、稲作開始期の未成品の出土のあり方は類似している。

一方で、稲作開始期の状態が継続する遺跡もある。奈良県唐古・鍵遺跡や石川県八日市地方遺跡がそれにあたる。どちらの遺跡も丘陵地から三キロ以上離れた沖積平野に立地しているが、唐古・鍵遺跡では弥生時代前期から後期まで、八日市地方遺跡は中期の間、継続して未成品の出土がみとめられる。河内平野とは異なった形で木材資源の偏りを解消していたといえる。

木材利用とその後　縄文時代までは、ある程度の資源管理は行われていたが、輸送手段が限られるため、あくまで集落周辺の植生の中から適した木材を選択することを基本とした木材利用であった。稲作開始期に、人々は水田を作るために沖積平野部に進出したが、水田経営に必要な道具類を製作するための木材を得にくいという状況に直面することになった。そこで、適した木材を得るために連携し、社会的なまとまりをつくることで、自然環境の制約を克服し、より広い範囲の木材を利用できるような仕組みを作り上げた地域もあった。ただし、多くの地域では、地域植生利用が継続し、用材の地域差には各地の植生の差が反映されていた。また、植生が変化してしまうと、それに合わせて用材を変える必要があった。

その状態は以降の時期も続いていくが、針葉樹材（主に建築材）に関しては、古墳時代には、豪族による木材生産・流通の管理が行われるようになる。奈良市東部山間地域の生産遺跡で伐採・製材された針葉樹材が笠置を経由し木津川を利用して奈良盆地へ搬出された可能性があり、木材生産が豪族の経済基盤の一つであったことが指摘されている（青柳二〇〇九）。それは古代にも継続し、宮殿や役所、寺院の建築材として、さらに広い範囲から中央に木材が運ばれた。中世には、城館や城下町建設のため、さらに建築材の需要が増加することになる。

一方で、建築用材以外では、遠隔地で製作された木製品の流通が本格化するのは近世からである。城下町遺跡から出土する漆器椀の樹種に注目すると、徳島県では、一七世紀後半まではクリが最も多く利用され、コナラ節、シオジがみられたが、それ以降はトチノキ、ブナがあらたに組成に加わり、主体となる（中原二〇〇九b）。トチノキ、ブナへの変化は愛知県や東京都においても、一七世紀後半以降にみとめられることが明らかにされている（北野二〇〇五）。

一七世紀後半はちょうど肥前系陶磁器も全国的に出回る時期にあたる。その背景には、寛永通宝の鋳造が開始され、貨幣体系が整備されることにより、一つの貨幣基準で全国が統一されたことがある。また、交通網が整備され、輸送範囲が拡大した。それらの結果、陶磁器や木製品など様々な商品が全国に流通するようになった。つまり、日本列島では、近世になってようやく地域植生利用から脱却できたといえる。現代では、さらにそれらが拡大し、通信手段が格段に発達したことで、世界中から木製品を入手できるようになっている。

しかし、このような流れとは反対に人々から木材についての知識は失われつつある。弥生時代ぐらいまでは、どの地域においても生産者と消費者はほぼ一致し、自分が使う道具を自分で加工していた。しかし、社会の複雑化に伴い、徐々に両者の距離が離れていく。それに伴い木材を加工する機会が失われていき、素材と道具との関係性が希薄になっていった。また、生産者も作業工程ごとに職人化され、知恵や技術が細分された。

本章で示した通り、木質遺物は様々な知恵や技術が込められて製作されている。また、木材は天然素材であるために、環境情報も内包されている。しかしながら、木は有機物であるために、長い年月の間に微生物や菌類によって分解されて失われてしまうことが多い。現存している木造建築物や彫刻などの様々な木工品、遺跡から出土する木質遺物は、それらを知る数少ない手がかりなのである。

参考文献

青柳泰介「木材の「原材」生産と流通に関する一考察―奈良県東部山間地域での古墳時代～中世の事例をもとに―」『木・ひと・文化～出土木器研究会論集～』出土木器研究会、二〇〇九年

伊東隆夫・山田昌久編『木の考古学　出土木製品用材データベース』海青社、二〇一二年

亀井聡・溝川陽子・堀智美・村上年生・伊藤幸代『河内平野遺跡群の動態Ⅲ』大阪府教育委員会・大阪府文化財調査研究センター、一九九六年

北野信彦『近世出土漆器の研究』吉川弘文館、二〇〇五年

木村勝彦・村越健一・中村俊夫「青田遺跡の柱根を用いた年輪年代学的研究」『「よみがえる青田遺跡」資料集　川辺の縄文集落』財団法人新潟県埋蔵文化財調査事業団、二〇〇二年

小林克也・北野博司「山形県高畠町高安窯跡群にみる古代窯業における燃料材選択と森林利用」『植生史研究』第二二巻第一号、日本植生史学会、二〇一三年

斎野裕彦「仙台平野の弥生時代・平安時代の津波痕跡」『宮城考古学』第一五号、宮城考古学会、二〇一三年

才原金弘『鬼虎川遺跡調査概要Ⅰ』東大阪市文化財協会、一九八八年

島地謙・伊東隆夫『図説　木材組織』地球社、一九八二年

森林総合研究所監修『改訂四版　木材工業ハンドブック』丸善、二〇〇四年

田代克己「石器・木器をつくるむら、つくらないむら」『弥生文化の研究7　弥生集落』雄山閣出版、一九八六年
中塚武・佐野雅規・大石恭平・シュ＝チェンシ・岡部雅高・大西啓子・河村公隆・阪本稔・尾嵜大真・中尾七重・横山操・赤塚次郎・樋上昇・光谷拓実「過去二千年間の本州中部産全木材を対象にした年輪酸素同位体比クロノロジーの確立」『日本文化財科学会第三十回大会　研究発表要旨集』日本文化財科学会、二〇一三年
中原　計「弥生時代の泥除けとその利用木材の変化」『青藍』第三号、考古フォーラム蔵本、二〇〇六年
中原　計「河内平野の弥生時代木製品生産遺跡」『木・ひと・文化〜出土木器研究会論集〜』出土木器研究会、二〇〇九年a
中原　計「徳島県内の中近世遺跡における自然科学分析の利用」『論集　考古学と地域文化』一山典還暦記念論集刊行会、二〇〇九年b
中原　計「弥生時代における河内平野周辺の森林植生と木製品生産」『待兼山考古学論集Ⅱ—大阪大学考古学開設二十周年記念論集—』大阪大学考古学研究室、二〇一〇年
西田正規「和泉陶邑と木炭分析」『陶邑Ⅰ』大阪府教育委員会、一九七六年
西田正規「須恵器生産の燃料について」『陶邑Ⅲ』大阪府教育委員会、一九七八年
農商務省山林局編『木材ノ工藝的利用』大日本山林會、一九一二年
林昭三・島地謙・植田弥生「出土木製品の樹種（第4・5次）」『鬼虎川遺跡調査概要Ⅰ　遺物編　木製品』財団法人東大阪市文化財協会、一九八八年
樋上　昇「出土木製品からみた弥生時代後期〜古墳時代前期の鹿乗川流域遺跡群」『惣作遺跡Ⅱ』愛知県埋蔵文化財センター、二〇一二年
福嶋司・岩瀬徹編著『図説　日本の植生』朝倉書店、二〇〇五年
藤井裕之「木質古文化財に残る「刃こぼれ痕」について」『日本文化財科学会第二十一大会　研究発表要旨』日本文化財科学会、二〇〇四年
光谷拓実『年輪年代法と文化財』日本の美術第四二一号、至文堂、二〇〇一年
安田喜憲・三好教夫編『図説　日本列島植生史』朝倉書店、一九九八年
山口慶一・千野裕道「マツ林の形成および窯業へのマツ材の導入について」『東京都埋蔵文化財センター　研究論集』Ⅷ、東京都埋蔵

文化財センター、一九九〇年
山口譲治「弥生時代の木製農具―韓国光州新昌洞遺跡出土農具から―」『韓国古代文化の変遷と交渉』伊世英教授停年記念論集刊行委員会、二〇〇〇年
山田昌久「弥生時代平野スギ大径木利用構想―静岡県登呂遺跡出土材からの用材法復元―」『特別史跡登呂遺跡再発掘調査報告書（自然科学分析・総括編）』静岡市教育委員会、二〇〇六年
吉岡邦二『植物地理学』生態学講座12、共立出版、一九七三年

コラム

『農事暦』——農具組成の変遷と農耕技術

樋上　昇

本書では山田昌久氏が「実験考古学」の観点から、村上由美子氏は「生活用具」としての杵《きね》と臼《うす》について、そして樋上は「木器組成全般」のなかでの農具の変遷について論じているが、これらを「農耕技術の変遷」という視点から捉え直すとどうなるかが、本コラムの趣旨である。

縄文時代の農耕についてはさておき、弥生時代前期からの農耕の主流を占めるのは、言うまでもなく「水稲耕作」である。この水稲耕作は、近世以降においては『農事暦《のうじれき》』と呼ばれる一年間を通じた労働と行事のサイクルから成り立っている。

当然のことながら、本書が対象とする弥生時代から古代においても、同様の『農事暦』のようなものは存在したであろう。ただし行事、とくに農耕儀礼やマツリの具体相を明らかにするのは困難であるため、ここでは四季それぞれにおける水稲耕作をめぐる労働の内容と、そこで用いたであろう農具の変遷についてみていくこととしたい。

次頁図は、筆者がフィールドとする濃尾平野から出土する木製農具（一部、石製農具を含む）について、四季を通じてどの場面で使用されたのかを推定したものである。

水田における一年間の農作業は、冬の間に堅くなった田の土を起こすことから始まる。そこで使用されたのは、

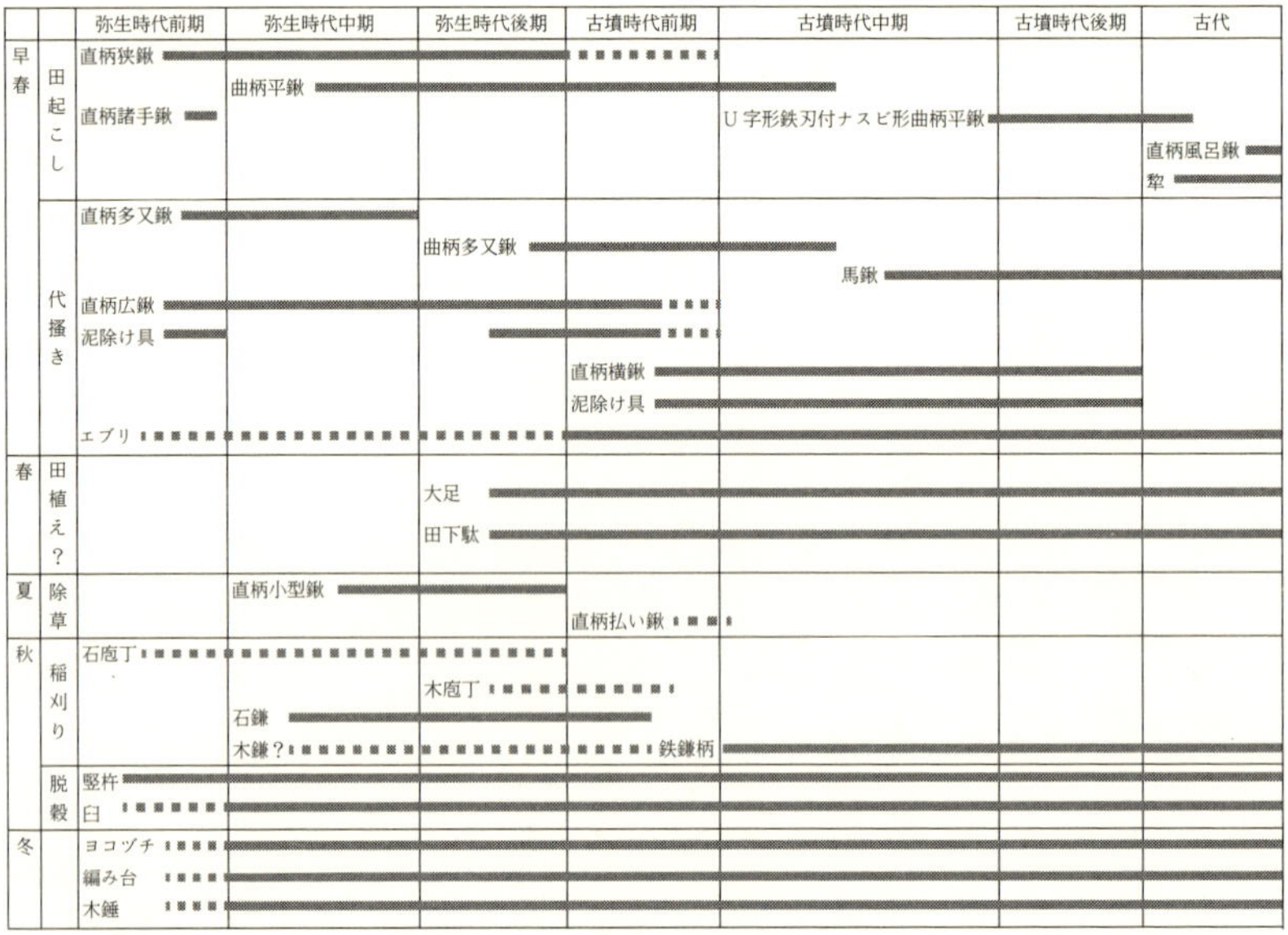

図　農具と農事暦

堅い地面に深く突き刺さり、土を掘り返すことができる「直柄狭鍬」である。それに出現時期が若干先行をする「直柄諸手鍬」もここに含まれる。この機能を弥生時代中期には「曲柄平鍬」が土木作業と兼務しつつ、この曲柄平鍬が「ナスビ形」へと変化し、さらにU字形の鉄刃を装着することによって直柄狭鍬を完全に駆逐する。その後、古代にいたって「直柄風呂鍬」と「犂」がその機能を引き継ぐ。

田起こしが終わった田には水が引き込まれ、代掻《しろか》きがおこなわれる。ここでは土をさらに細かく砕く作業として「直柄多又鍬」が、そして砕いた土を移動して田面を均す作業に「直柄広鍬」と「エブリ」が用いられたと推定できる。このうち直柄多又鍬は弥生時代後期までほとんど残らないことから、「曲柄多又鍬」がその機能を引き継いだ可能性が高い。そして、古墳時代後期に「馬鍬」が導入されると、曲柄多又鍬もその姿を消していく。

濃尾平野においては、弥生時代前期こそ直柄広鍬に「泥除《どろよ》け具（その機能については山田論文を参照のこと）」

が付くが、弥生時代中期には泥除け具は完全に消滅し、弥生時代後期にいたって再度、直柄広鍬に付設されるようになる。この弥生時代中期の泥除け具消滅と後期以降の再出現については、気候変動（弥生時代中期には温暖化と乾燥化が進み、中期末〜後期には急激に冷涼・湿潤化する）と連動している可能性がきわめて高い。この直柄広鍬の消滅とほぼ同時期に出現する「直柄横鍬」にも泥除け具が付くことから、この直柄横鍬が直柄広鍬の機能を引き継いだと考えられる。

弥生時代中期末〜後期において急激に進行した湿潤化と関連するとみられるのが、「大足《おおあし》」「田下駄《たげた》」の出現である。このうち、大足は代掻きののち、刈敷《かりしき》などの踏み込みに用いられた可能性があるが、板状の田下駄は田植えのさいに足が水田に一定以上めり込まないために使われた。これが濃尾平野においては弥生時代後期から出現し、さらに東の静岡平野では同時期の出土木器の半数以上が田下駄を占めるという現象にいたるには、水田畦畔の矢板による補強と併せて気候の冷涼・湿潤化にともなう極度の湿田化と無関係ではあり得ないであろう。

水田での夏の主たる作業は除草だが、これに用いられた木製農具は、じつはよくわかっていない。しいていえば、弥生時代中期に用いられた「直柄小型鍬」が、その作業に用いられた可能性があるにすぎない。

秋の稲刈りで活躍するのは「石庖丁《いしぼうちょう》」である。そして、これと同じ形態の木器として「木庖丁」も弥生時代後期には存在するが、石庖丁ほど一般的ではない。さらに、石庖丁や木庖丁で穂刈りしたあとに残る茎は、「石鎌」あるいは「木鎌」で切られ、これはのちに「鉄鎌」に置き換わる。

穂刈りされた籾は、竪杵と臼で脱穀される。

秋に切られた稲の茎は「稲藁」として、ムシロやコモの材料となる。冬場の作業として用いられるのが、稲藁を敲くための「ヨコヅチ」、そしてムシロを編むための「編み台」と「木鎚」である。

執筆者紹介（生年　現職）

宇野隆夫（うの　たかお）　一九五〇年　別掲

山田昌久（やまだ　まさひさ）　一九五三年　首都大学東京人文社会学部教授

樋上　昇（ひがみ　のぼる）　一九六四年　（公財）愛知県教育・スポーツ振興財団　愛知県埋蔵文化財センター調査研究専門員

村上由美子（むらかみ　ゆみこ）　一九七二年　京都大学総合博物館准教授

橋本達也（はしもと　たつや）　一九六九年　鹿児島大学総合研究博物館教授

穂積裕昌（ほづみ　ひろまさ）　一九六五年　三重県埋蔵文化財センター主幹

中原　計（なかはら　けい）　一九七六年　鳥取大学地域学部准教授

編者略歴

一九五〇年　熊本県に生まれる
一九七七年　京都大学大学院文学研究科博士課程修了
現在　帝塚山大学文学部客員教授　博士（文学）

主要編著書・論文

『ユーラシア古代都市集落の歴史空間を読む』（編著、勉誠出版、二〇一二年）、『ダブシア城―中央アジア・シルクロードにおけるソグド都市の調査―』（編著、真陽社、二〇一三年）、「世界の宗教都市と白山平泉寺」（勝山市編『白山平泉寺―よみがえる宗教都市―』所収、吉川弘文館、二〇一七年）

モノと技術の古代史　木器編

二〇一八年（平成三十）五月十日　第一刷発行

編者　宇《う》野《の》隆《たか》夫《お》

発行者　吉川道郎

発行所　株式会社　吉川弘文館
郵便番号一一三―〇〇三三
東京都文京区本郷七丁目二番八号
電話〇三―三八一三―九一五一〈代〉
振替口座〇〇一〇〇―五―二四四番
http://www.yoshikawa-k.co.jp/

印刷＝株式会社　理想社
製本＝株式会社ブックアート
装幀＝渡邉雄哉

ISBN978-4-642-01739-8

モノと技術の古代史 全4冊

人間は自然界で得られるあらゆる材質に手を加え、生活や文化を豊かにしてきた。木・漆・土・金属という四つの素材に焦点を当て、様々なモノの作り方、使い方を追究。日本人のモノと技術に関する足跡を辿る注目のシリーズ。

金属編　村上恭通編　六〇〇〇円
陶芸編　小林正史編　六〇〇〇円
木器編　宇野隆夫編　六〇〇〇円
漆工編　永嶋正春編　（続　刊）